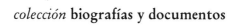
colección **biografías y documentos**

La Pandilla Salvaje

Osvaldo Aguirre

LA PANDILLA SALVAJE
Butch Cassidy en la Patagonia

GRUPO
EDITORIAL
norma

Buenos Aires, Bogotá, Barcelona, Caracas, Guatemala,
Lima, México, Miami, Panamá, Quito, San José, San Juan,
Santiago de Chile, Santo Domingo

www.norma.com

Aguirre, Osvaldo
La Pandilla Salvaje - 1ª ed. -
Buenos Aires: Grupo Editorial Norma, 2004.
416 p.; 23 x 16 cm. - (Biografías y documentos)
ISBN 987-545-181-9

1. Investigación periodística - I. Título
CDD 070.44

Grupo Editorial Norma
San José 831 (C1076AAQ) Buenos Aires
República Argentina
Empresa adherida a la Cámara Argentina de Publicaciones
Diseño de tapa: Ariana Jenik y Eduardo Rey
Fotografía de tapa: Butch Cassidy en 1894

Impreso en la Argentina
Printed in Argentina

Primera edición: junio de 2004

CC: 20673
ISBN: 987-545-181-9

Hecho el depósito que marca la ley 11.723
Libro de edición argentina

Índice

a Joaquín

Prólogo
Del mito a la historia

En 1969 el cine norteamericano hizo una importante contribución a la historia del bandolerismo. *Butch Cassidy and the Sundance Kid*, el film de George Roy Hill estrenado ese año, redescubrió para el gran público a unos personajes de inquietante magnetismo y los hizo todavía más carismáticos al encarnarlos en Paul Newman (Cassidy), Robert Redford (Sundance) y Katharine Ross (Etta Place). La película idealizaba los hechos y los personajes y los simplificaba al extremo. A pesar de los errores y omisiones, o más bien justamente por ellos, contribuyó como pocos estudios al conocimiento de los sucesos porque puso en cuestión y abrió interrogantes sobre el conjunto de la saga y desató una serie de investigaciones cuyo impulso persiste hasta la actualidad.

En la versión cinematográfica, Cassidy y Sundance huían de los Estados Unidos a Bolivia para escapar de la ley y de los pedidos de captura por los asaltos a trenes y bancos que les habían dado celebridad. Quedaba al margen uno de los capítulos más importantes, el que transcurría en la Argentina. Mientras los grandes robos, la amistad y el amor, la fuga y la muerte, daban lugar a una abundante literatura, aquella parte de la historia parecía carecer de existencia formal. Relatos orales, atribuidos a protagonistas o descendientes de protagonistas, y contados artículos periodísticos testimoniaban sin embargo el paso de los norteamericanos por Chubut. A fines de 1969 la justicia y la policía de esa provincia comenzaron a revisar sus archivos en procura de comprobar aquellas narraciones inspiradas por el olvido y la imaginación. Había un testigo: Pedro Peña, a los ciento tres años, aún recordaba los episodios que le había tocado vivir como soldado de la Policía Fronteriza, la fuerza de seguridad creada para combatir al bandolerismo en los territorios del sur. En abril de 1970, al fin, el juez Alejandro Godoy y Enrique Himschoot, jefe de policía de Chubut, anunciaron que existía un expediente judicial que documentaba las aventuras de Cassidy y sus compañeros.

Era el expediente iniciado en 1911 a propósito del secuestro del estanciero Lucio Ramos Otero, con el anexo de otros dos sumarios abiertos con relación a la misma causa. Allí estaban preservadas las voces de policías, comerciantes, jornaleros, hacendados y viajeros que habían protagonizado o presenciado los hechos. Surgían nombres de otros bandidos: Andrew Duffy, Robert Evans, William Wilson. En medio de los relatos siempre cambiantes de la tradición oral, el material proveyó una base firme donde hacer pie y comenzar a distinguir los acontecimientos de la fantasía, o al menos a plantearse la veracidad y exactitud de algunas versiones. La historia emergente parecía menos rutilante que la del cine, pero contenía mayores emociones y nuevas preguntas. A este *corpus* se agregaron más tarde un minúsculo sumario elaborado por la policía de Santa Cruz y una serie de informes expurgados por investigadores norteamericanos de los archivos de la Agencia Pinkerton, que se había dedicado a la persecución de los fugitivos.

Ese expediente permanece como la fuente principal de información sobre la banda que Cassidy armó al radicarse en el oeste de Chubut y que continuó en actividad después de su partida. El secuestro de Ramos Otero pasó rápidamente a segundo plano ante los testimonios que traían a la superficie robos y crímenes que habían conmocionado al país y permanecían en el misterio. La pesquisa funcionó así como una especie de foro donde pobladores de la región informaron y debatieron sobre esos hechos que antes no habían tenido necesidad de explicarse, porque todos los conocían.

A excepción de uno de los sumarios agregados, que siguió de una querella de Ramos Otero, los expedientes de Chubut correspondieron a actuaciones de la Policía Fronteriza. El resultado de las averiguaciones parece pobre, en la medida en que apenas pudo ratificar que, entre otros, "los sujetos Enrique Place o Ed Jones o Harry Longbaugh o Sun Dance Kid, jefe de una gavilla de bandoleros de los Estados Unidos de América; su mujer Ethel o María Place; Santiago Ryan o James P. Ryan o George Parker o James P. Ryan o Patricio Cassidy (a) Butch Cassidy" habían estado en el territorio. Ahora los expedientes son tan valiosos por lo que dicen como por lo que ocultan. Los norteamericanos se vincularon estrechamente con funcionarios, comerciantes y hacendados, pero casi ninguno de estos ilustres personajes debió dar cuenta de tales relaciones. El mismo hombre que cedió su propiedad para que la Policía Fronteriza se instalara en el oeste de Chubut había empleado hasta poco tiempo antes a dos de los bandidos más conocidos. Por lo que se sabe, nunca fue convocado a declarar.

Si se examinan con atención esas actuaciones surgen enseguida los interrogantes, y a veces el desconcierto. Los testigos e imputados se contradicen e incriminan sin que, por lo general, los investigadores procuren aclarar las divergencias; las conclusiones presentan datos cuya procedencia no está determinada; los distintos hilos de la pesquisa quedan en la incertidumbre. Por momentos se tiene la sensación de avistar la punta de un iceberg: policías y acusados actúan como si hablaran sobre o a partir de algo que conocen y no explicitan simplemente porque los sobreentendidos no necesitan aclaraciones.

La intervención posterior de un juez, que teóricamente prosiguió la causa, no disipó ninguna de estas dudas. Por el contrario, agregó un fuerte cuestionamiento: la mayoría de las personas acusadas de complicidad con los norteamericanos denunciaron haber sido torturadas. Las supuestas confesiones, advertían, eran el efecto de terribles palizas. Y no se trataba de un ardid. Los relatos de los pobladores y testigos de la época coincidieron en afirmar que la Fronteriza aplicaba tormentos como norma habitual de procedimiento y que los detenidos, sobre todo si se trataba de chilenos, aborígenes o criollos pobres, eran apaleados antes de los interrogatorios. También existen testimonios según los cuales hubo declaraciones que fueron fraguadas; en otras se advierte que sirvieron para volcar datos supuestamente obtenidos en averiguaciones previas o bien inventados para comprometer a algún sospechoso. A la inversa, es notorio el respeto dispensado a algunos personajes influyentes a los que se llamó a declarar y que fueron completamente desaprovechados, porque no se los indagó en profundidad.

De modo que ese expediente es la principal fuente de información de la presente historia. Pero sólo puede serlo si a partir de ahora se contemplan las circunstancias mencionadas y se deja de confiar en él como si contuviera la verdad definitiva; si se lo pone en relación con otras fuentes y documentos de la época que permanecen casi inexplorados; si se tienen en cuenta las circunstancias de enunciación de testimonios clave, como el del comisario Eduardo Humphreys, cuyos relatos varían en función de cada coyuntura; y, sobre todo, si los hechos son colocados en el marco histórico en que ocurrieron.

La historia de Butch Cassidy y su banda supone algo mucho más complejo e interesante que un cuento romántico sobre bandidos o una atracción para turistas. Para entender su significado es imprescindible tener en cuenta los sueños por los que lucharon y vinieron a la Argentina; los hombres con que se relacionaron; el funcionamiento de la sociedad que les dio cabida y el particular medio geográfico en que pudieron sentirse como si estuvieran en casa. Es imposible apreciar qué hicieron y cómo actuaron sin examinar el problema de la propiedad de la tierra en esa época, por otra parte determinante de la legalidad. Vivieron en medio de conflictos en los que tomaron partido, en un momento en que el orden dependía menos de las leyes que de las creencias personales. Recorrieron la frontera, un espacio en el que se cruzaron con estancieros, buscadores de oro, ladrones de ganado, peones que buscaban un pedazo de tierra donde instalarse. Se vincularon con personas notorias, y ellos mismos alcanzaron ese estatus.

La figura de Cassidy, en particular, se volvió tan atractiva que terminó por ocupar la escena. Encandilados por su sonrisa, y por la pareja que formaban Sundance Kid y Etta Place, los relatos corrientes terminaron empobreciendo su experiencia: en el final del recorrido no quedan sino unos *cowboys* que huyeron en busca de un sitio donde establecerse como honestos ganaderos y que un buen día, sin que se sepa bien por qué, decidieron hacer un poco de gimnasia y volver al asalto a mano armada. A través de estas simplificaciones se pierden de vista cuestiones centrales. Cassidy y Longabaugh encarnaron un tipo particular de bandido que no coincidía con el estereotipo del criminal y es incomprensible si se lo observa desde una perspectiva convencional. Formado durante la segunda mitad del siglo XIX en el oeste americano, ese personaje se cargó de un sentido reivindicativo al elegir deliberadamente como blancos de sus ataques a los bancos y las compañías del gran capital que imponían sus valores al mundo campesino. Y esto no es una interpretación sino un intento de reparar en lo que ellos mismos manifestaron y en la notable conciencia con que asumieron sus actos. Ponerse fuera de la ley, además, no significaba marginarse de su medio. Cuidaron sus vínculos en los distintos lugares en que se asentaron, como demuestran las incontables leyendas acuñadas a cada paso. No querían mucho más que una parcela de tierra donde trabajar; a la vez pensaban que no era reprochable apoderarse de hacienda o bienes de otros, si se trataba de grandes empresas.

El concepto mismo de bandido, dado por sentado, encubre una serie de conflictos en la Patagonia: es la definición del orden y de la ley lo que comienza a plantearse como problema para una sociedad que está en trance de constituirse. Bandido era en primer lugar aquel que, desde la óptica de un grupo dominante, disputaba sin derecho una fracción de tierra. La ficción fue un componente principal de su definición, que a través del discurso de la prensa y de ciertos testigos procesó temores colectivos. Incesantes relatos dieron cuenta de los riesgos de vivir en una región desprotegida y prepararon las condiciones para que una fuerza brutal y retrógrada, la Policía Fronteriza, fuera considerada como agente del orden ansiado. Las máximas expresiones de ese proceso cristalizaron en el caso de "los caníbales de Río Negro", presuntos actos de antropofagia atribuidos a aborígenes chilenos, y en la saga de Basilio Pozas, un chileno que sembró el terror en la cordillera en 1911 a la cabeza de una fantasmagórica banda.

Cassidy y su grupo han sido observados con abstracción de ese marco. Sin embargo, funcionan como reveladores de los problemas sociales de su tiempo, porque padecieron las dificultades de los pobladores para asegurarse la propiedad de la tierra que trabajaban. Y su inserción e íntima relación con autoridades y vecinos notables hablan de una sociedad en que la ley, tal como se la entendía en la lejana Buenos Aires, podía ser menos importante que las lealtades tramadas en la dura existencia cotidiana. Hay que volver a iluminar el escenario, entonces, para traer de regreso a los protagonistas que quedaron en la sombra y también a los que se observa como si fueran ajenos a la historia. Los norteamericanos no estuvieron solos. En la misma época actuaron personajes como Ascencio Brunel o Elena Greenhill; las leyendas a que dieron impulso son narradas en forma individual, pero es su articulación la que puede hacer visibles los procesos que explican tanto su origen como su perduración en la memoria.

El mito conformado a través de artículos periodísticos y narraciones orales preservó a estos personajes al precio de desdibujarlos y convertirlos en estereotipos. Etta Place, por caso, ha quedado congelada en un par de rasgos: su habilidad con las armas y su destreza como jinete. Los relatos se verosimilizan unos a otros: parecen creíbles porque repiten la misma canción monótona, pero en tales palabras no encontramos a esa misteriosa mujer, se ha desvanecido. Es necesario rescatarla, hasta donde sea posible, de semejante confusión. Parece que tales "fuentes" afirman cierta visión del personaje, pero en realidad la niegan: nadie parece advertir que Etta Place era una mujer (más bien se destaca que, supuestamente, vestía y actuaba como un hombre) y que su figura elusiva puede recibir nuevos sentidos si se la ubica en los lugares que ocupaban las mujeres a principios del siglo XX en la Patagonia. Lo mismo ocurre con Cassidy o Evans: las fantasías tramadas sobre los delitos que les adjudicaron impiden ver la realidad de pequeños actos en los que se empeñaron y que resultan también significativos.

Sin embargo, los relatos de la memoria y la imaginación colectiva no deben ser descartados. Son también indicios de la forma de percepción y de los valores de una comunidad o grupo; con frecuencia, como se verá, sitúan el pensamiento y la visión de quienes conocieron a los bandidos y dan cuenta, en forma solapada, de su propia posición ante la ley. El mito es, en fin, el borrador de la historia. En el doble sentido: articula la primera versión de un relato y aquello que borra la inscripción de lo histórico; plantea una condición de posibilidad y un obstáculo.

Los funcionarios que redescubrieron los expedientes sobre los norteamericanos aprovecharon la ocasión para destacar el papel abnegado y supuestamente no valorado que había cumplido la policía en aquel tiempo. Reabrieron, así, la disputa por la interpretación de los hechos, otro aspecto importante que apenas ha llamado la atención. Algunos escritores e historiadores respaldaron tal apropiación, divulgando ideas respecto a la presunta inseguridad que se vivía durante aquellos años en la Patagonia y de la panacea que habría aplicado, con excesos disculpables, la Policía Fronteriza. Ésos son mitos menos visibles, y en consecuencia más perniciosos. Es necesario desandar el camino: en el horizonte, más allá de los espejismos de las fábulas y las versiones oficiales, hay una historia por recuperar.

Capítulo 1
Los hijos del Lejano Oeste

*En los Estados Unidos de América, hace cuarenta y seis años,
el conocimiento geográfico sobre la Argentina, aun entre maestros,
se limitaba principalmente al antiguo nombre de Patagonia,
que figuraba en los mapas de la América del Sur de las geografías
de la época, junto con el extraño nombre de Buenos Aires,
que ellos pronunciaban "Bonus Airs" y que se destacaba netamente
en el centro del mapa, y a las ilustraciones, contenidas en esos mismos
libros, de largas filas de carretas que cruzaban planicies interminables.*

JENNIE E. HORWARD, 1931

El hombre acababa de llegar al país. Era robusto, de estatura mediana, pelo y bigote color castaño, y sus ojos azules transmitían seguridad. No parecía un inmigrante común, de los que en aquellos años desembarcaban prácticamente con lo puesto y en busca de un lugar donde hacer fortuna. Con su aspecto atildado y prolijo, sus maneras rígidas pero amables, evocaba la figura de un caballero. "Acostumbra a peinarse con cuidado", anotaron los policías que lo buscaban. Y se hacía todavía más respetable porque traía consigo cierta suma de dinero. La sucursal porteña del Banco de Londres y el Río de la Plata lo recibió con los brazos abiertos cuando abrió una cuenta para depositar doce mil dólares. El nuevo cliente se llamaba Harry A. Place y daba como domicilio el Hotel Europa, de Cangallo y 25 de Mayo; no estaba solo en Buenos Aires, ya que lo acompañaban su esposa, Etta, y un amigo, Santiago Ryan, con quienes había viajado desde Nueva York.

Era el 23 de marzo de 1901, y esa fecha permanece como el primer dato cierto de la presencia en la Argentina del trío más buscado entonces en los Estados Unidos. Los recién llegados decían estar interesados en conseguir tierras y criar hacienda y querían instalarse en la Patagonia. Pero no habían viajado en un barco de pasajeros sino casi como polizones en un carguero británico, el *Herminius*, al que abordaron el 21 de febrero anterior. El viaje era una fuga, no la simple búsqueda de mejores horizontes.

Harry A. Place se llamaba en realidad Harry Longabaugh, y en su país lo conocían como el Sundance Kid. El verdadero nombre de su amigo era Robert LeRoy Parker, aunque también se había vuelto célebre bajo otro seudónimo, el de Butch Cassidy. En los carteles donde se recomendaba su captura vivo o muerto mostraba una actitud desdeñosa: su mirada se dirigía a un costado, como sustrayéndose a la escena. Un poco más bajo que Sundance, tenía tez blanca, el pelo rubio claro y los ojos azules que, decían, había heredado de su madre. La historia de ambos hombres se hallaba ampliamente documentada en los Estados Unidos y constituía el objeto de una investigación que en poco tiempo más se extendería a la Argentina. La mujer, en cambio, preservaba su identidad. El apellido que usaba era un alias, adquirido poco tiempo antes de viajar y presentarse como esposa de Harry. Su nombre también ha quedado en duda. Los detectives de la Agencia Pinkerton la llamaron Ethel, Ethal, Eva y Rita, antes de decidirse por Etta en sus avisos de búsqueda. Tenía poco más de veinte años, era atractiva e inteligente; y su belleza crecería con el paso del tiempo y el misterio.

La leyenda focalizó desde el principio la figura de Robert LeRoy Parker. Nacido el 13 de abril de 1866 en Beaver, estado de Utah, fue el mayor de trece hermanos. Recibió su nombre de pila del abuelo paterno, quien había emigrado desde Inglaterra como parte de una peregrinación de mormones en procura de la tierra prometida y entrevista en sueños por el profeta Brigham Young. El bautismo evocaba la historia de un hombre que murió sin alcanzar la tierra que buscaba, drama que condensa el propio destino de Parker. En 1879 la familia se mudó a zona rural de Circleville, también en Utah. El invierno de ese año la dejó en la ruina, ya que el poco ganado que criaban al pie de una colina no sobrevivió al rigor del clima. El padre, Maximilian Parker, tenía la parcela que le correspondía como colono, pero debió salir en busca de empleo; contratado en forma temporaria por empresas mineras, comenzó a pasar largos períodos lejos del hogar.

Maximilian Parker aspiraba a recibir una segunda porción de tierra. Una ambición modesta, pero fuera de lugar. El hombre, enseñaba Brigham Young, sólo debía poseer aquello que pudiera trabajar por sí mismo. En consecuencia el pastor de la congregación mormona, máximo referente de la comunidad, asignó la parcela a otro vecino. La familia no creyó en aquellas razones: la decisión, pensaron, era una recompensa para alguien que, a diferencia de Parker, acostumbraba a ir a la iglesia y observar estrictamente los hábitos religiosos. Esta circunstancia pudo sembrar en el ánimo del pequeño Robert el rechazo hacia la legalidad. Lo significativo es que la anécdota gira alrededor de la propiedad, planteando un conflicto que será central para el hijo. Y si algo tuvo en común con su padre fue ese deseo nada alocado: poseer un poco de tierra donde criar ganado.

Robert Parker trabajó como peón rural desde los trece años. A los quince conoció a un joven vaquero, Mike Cassidy, en quien vio, dicen los testigos de la época, al hombre que quería ser. La identificación se producía con un ladrón menor de ganado, que se empleaba aquí y allá y vivía sin mayores preocupaciones. Pero en el mundo campesino ser vaquero representaba la dimensión de riesgo y aventura. Mike Cassidy tenía una experiencia que transmitir: le enseñó el uso de las armas, lo puso en contacto con el mundo de los *cowboys* vagabundos que vivían al margen a la ley, acaso lo inició en el robo de hacienda y, de acuerdo con el relato de la tradición, le hizo conocer Robbers' Roost, un paraje desértico de difícil acceso en Utah, que funcionaba como refugio de delincuentes. El sitio suponía una de las principales paradas en lo que se conoció como "la ruta de los bandidos", que atravesaba el país desde la frontera con Canadá hasta el límite con México, a lo largo de Montana, Idaho, Wyoming, Colorado, Utah, Nevada, Arizona y Nuevo México. Si alguien quería criar hacienda y carecía del dinero para comprarla, explicó Cassidy, debía salir de recorrida por las colinas y lugares apartados, separar a los terneros de las vacas y ponerles su marca. Con los recursos de tal educación Robert Parker decidió abandonar a su familia, lo que hizo en 1884, sin despedirse del padre, que como de costumbre estaba ausente por motivos de trabajo. Ya era un hombre y quería buscar su oportunidad en Telluride, pueblo del estado vecino de Colorado que experimentaba un crecimiento explosivo a causa del descubrimiento de oro. Parece que en realidad llevaba una tropilla de caballos robados por encargo de un célebre ladrón, Cap Brown, o bien que había tomado algunos caballos a un vecino y temía verse descubierto.

Ese supuesto incidente creció a través de diversos relatos que agregaron circunstancias y personajes. De acuerdo con la versión sedimentada, dos oficiales de la ley siguieron a Robert Parker y lo detuvieron con los animales del vecino. Pese a que no ofreció resistencia, lo esposaron, se aseguraron de que estuviera desarmado e iniciaron la marcha de regreso a Circleville. Por la noche hicieron campamento para descansar y comer; uno de los oficiales se puso a preparar un fuego mientras el otro fue hasta un arroyo cercano en busca de agua para el café. Robert aprovechó la distracción para quitarle el arma al primero, arrojándolo al piso de un golpe, y luego tomó también por sorpresa al segundo, a quien redujo cuando regresó, para al fin quitarse las esposas. En menos de un minuto escapó con los caballos robados y los de los policías. A poco de andar, sin embargo, advirtió que llevaba las cantimploras de los otros, que quedarían sin agua para hacer el largo viaje que tenían por delante. Entonces regresó para devolvérselas.

La anécdota carece de circunstancias concretas (lugar, fecha, identidad de los protagonistas) por lo que su veracidad no está acreditada. Por la misma razón, tampoco es posible desecharla, ya que no hay elementos para demostrar su falsedad. A la luz de la historia siguiente, los datos importan menos que el significado. Parker aparece retratado en un acto de solidaridad, como alguien que procede casi sin violencia y ve en sus rivales hombres con las mismas necesidades que las suyas. La fuga queda en segundo plano ante el gesto humanitario, ya que el bandido salvó las vidas de los agentes de la ley que querían cometer la iniquidad de llevarlo preso. Allí habría, por otra parte, una ilustración de las cualidades de Parker: inteligencia, sentido de la oportunidad, rapidez. Desde el principio, entonces, la leyenda duplica cada uno de los hechos que se le atribuyeron o que cometió. Ese movimiento sigue un sentido unívoco, martilla una y otra vez en una imagen con rasgos simples y claros. Parker no tiene nada que ver con el criminal común y se distingue como un caso único en el ámbito del bandolerismo rural, fenómeno que se desató con intensidad en los Estados Unidos a partir de la segunda mitad del siglo XIX. Esa singularidad, sin embargo, no significa que su aparición no pueda explicarse por razones históricas. El historiador Charles Kelly, que publicó en 1938 un libro decisivo en la construcción de su leyenda, lo describió como una persona ejemplar. "Nunca se emborrachó, fue siempre amable con las mujeres, generoso con el dinero cuando lo tuvo y extremadamente leal con sus amigos", dijo, en lo que constituye el resumen de una impresión general.

El surgimiento del personaje, y de la generación de ladrones y asaltantes que encabezó, encuadra en el marco del desarrollo económico de Estados Unidos. En 1869 el tendido de líneas férreas de la

Union Pacific (desde Nebraska) y el de la Central Pacific (desde California) se unieron para formar el llamado ferrocarril transcontinental. A partir de entonces hombres de empresa y grandes compañías iniciaron la ocupación del oeste del país. Las compañías ferroviarias alentaron ese proceso con campañas publicitarias para atraer agricultores y a la vez recibieron extensas porciones de tierra fiscal, con las que pronto se dedicaron a la especulación. Eran empresas que mostraban una organización moderna, la de las corporaciones, donde el poder no estaba personalizado y se advertía por primera vez la separación entre accionistas, directores y trabajadores. El avance del ferrocarril impulsó la industrialización, el desarrollo tecnológico y, por extensión, una serie de cambios en la economía que conmocionaron al mundo campesino.

Las tierras que hasta poco antes habían pertenecido a las tribus indígenas pasaron a manos de unos pocos propietarios, que dieron origen a una nueva clase, los *cattle barons*, dedicada a la cría de ganado extensivo. Sólo los grandes capitalistas (entre ellos los accionistas de las compañías ferroviarias) podían operar en aquellos días. Pero para hacer efectivas sus posesiones requerían mano de obra y así aparecieron los *cowboys*. Esta clase de trabajadores podía ser reclutada entre los hombres salvajes de la frontera, esa región ambigua y móvil extendida entre las tierras de los indios y las zonas de colonización estructuradas y cuyos primeros exploradores fueron ladrones de ganado, cazadores de pieles y buscadores de oro. La frontera fue el espacio donde los vaqueros aprendieron a sobrevivir en duras condiciones, sin domicilio fijo y desligados de lazos familiares. Los *cowboys* comenzaron a ser vistos como una amenaza por los hacendados porque se apropiaban de parte de su ganado, para revenderlo o a los fines de la simple subsistencia, y además a veces pretendían ocupar tierras. Ese enfrentamiento fue el germen del bandolerismo, alrededor de 1875, y su naturaleza puede condensarse en el primer arresto de Harry Longabaugh. Ocurrió en 1887 en Miles City, estado de Montana, y se debió al robo de un caballo perteneciente a un poderoso establecimiento: una infracción mínima conllevaba un castigo, pero el gigantesco negocio con las tierras y los actos de hostigamiento contra quienes disputaran la hegemonía de los hacendados quedaban legitimados de hecho por la ausencia de cualquier sanción. Esta situación reforzaba la percepción de los bandidos como héroes o vengadores.

Los pequeños propietarios terciaban entre ambas clases. El desprecio de los hacendados los acercó a los vaqueros, cuyas actividades ilegales toleraban o incluso apoyaban. Además desarrollaron una hostilidad manifiesta hacia las compañías ferroviarias y la banca comercial; los precios del transporte y almacenamiento de granos y las condiciones de los créditos eran motivos constantes de sus quejas. Ése era el sector de donde provenían mayoritariamente los *sheriffs*, que en consecuencia no daban mayor importancia al examen de las marcas del ganado. La posesión indicaba propiedad y no se hacían demasiadas preguntas. Algunos *sheriffs* habían sido en su origen delincuentes y otros combinaban las dos actividades, que eran vistas como complementarias. No obstante, las compañías ganaderas también se valieron de vaqueros para combatir a productores establecidos en tierras públicas, echándolos por la fuerza o robándoles sus haciendas. Y a la vez surgieron *sheriffs* dedicados exclusivamente a la caza de bandidos: las empresas manejaban los hilos del delito y la represión.

Los ganaderos preveían un promedio de pérdidas anuales debido a los predadores animales y al abigeato; el aumento de la cifra, o el control más estricto de los *stocks*, hizo que decidieran asociarse para crear cuerpos especiales de policía y combatir los robos. Los inviernos inclementes, como el de 1886-1887 o el de 1892-1893, y la recesión que afectó a la economía norteamericana entre 1893 y 1898 convirtieron a muchos vaqueros en desocupados. Los *cowboys* errantes buscaban trabajo para el invierno, pero los empleadores preferían a los más viejos y sedentarios. Los delitos se diversificaron: además del robo de ganado, los trenes y los bancos se convirtieron en objetivos de asaltos y surgieron bandas dedicadas específicamente a esas actividades. Sólo entre 1890 y 1899 hubo doscientos sesenta y un golpes contra trenes en Estados Unidos, con ochenta y ocho muertos y ochenta y seis heridos.

Robert Parker habría anunciado que quería grabar su marca en el mundo. Es probable que tuviera en mente el sentido específicamente campesino de esa frase: no tanto dejar huella de su paso como señalar lo que a él le correspondía. El primer compañero de andanzas fue William Christiansen. En la tradición romántica del bandolerismo, un hombre se pone al margen de la ley como consecuencia de un acontecimiento preciso. Ese hecho está despojado de la brutalidad común de los crímenes; por el contrario, muestra algún gesto o cualidad admirable.

Para reforzar la simpatía, se desprende de un equívoco, de una interpretación errónea por la cual el protagonista sigue una vida azarosa que pudo haber sido evitada, donde una persona noble y valiosa corre el riesgo de perderse de manera definitiva. Éste fue el caso de Christiansen, un *cowboy* de Utah que tenía raíces mormonas como Parker y andaba prófugo después de darle una terrible paliza a un vecino. Creyéndolo muerto, se largó al camino y adoptó el nombre de Matt Warner, con el que lo conoció la posteridad. El vecino se recompuso y aunque quedó trastornado nadie hizo reclamos por la agresión; Warner lo ignoraba, pero pronto incurrió en actos más graves a los ojos de la justicia y no estuvo en situación de reintegrarse sin más a una vida normal. Ya se había convertido en otro, abandonando la ciudad, el sitio del orden, por el campo de frontera y la montaña, los espacios donde se asilaban los delincuentes.

"Enseñé a Butch Cassidy todo lo que él supo sobre robo de caballos", se jactó Warner en sus últimos años. Parece haber sido una exageración; ambos maduraron su formación junto a Tom McCarty, quien tenía mayor experiencia, por pertenecer a una familia especializada en abigeato. El método de McCarty consistía en comprar pocas vacas, no más de diez, y arrearlas hacia una estación de trenes donde un comprador lo esperara. En el camino, engrosaba su manada con los animales que lograra arrebatar de los campos que atravesaba. Según la distancia, podía alcanzar su punto de llegada con hasta quinientas cabezas. En Utah, las bandas dedicadas al rubro utilizaban el mismo sistema pero en escala mayor. Después de establecer una meta, dada por el sitio de reunión o de venta del ganado, los animales eran conducidos a través de una serie de postas; cada tramo estaba a cargo de una persona diferente, que incrementaba su arreo con los animales ajenos que pudiera incorporar y los entregaba a su relevo.

Aunque les adjudicaron al menos otros dos casos, el primer asalto que cometió el trío, sin duda, fue el del San Miguel Valley Bank, en Telluride, el 24 de junio de 1889. Dos hechos de ese día se proyectan en lo sucesivo. Los ladrones habían sido vistos, poco antes de entrar al banco, bebiendo en un *saloon* y gastando dinero alegremente, como si fueran vaqueros en un día de cobro. Este comportamiento se repitió más tarde casi al modo de un ritual, tanto para disipar sospechas como a fin de "entonarse" para la acción. Por otra parte, con la ubicación y las características del banco estudiadas por anticipado, la fuga había sido preparada con postas de caballos frescos situadas en distintos puntos: precauciones que se convirtieron en la marca de fábrica de Parker.

En su escape, acosados por partidas destacadas en su búsqueda con guías navajos, se dirigieron hacia el norte y cruzaron al estado de Utah. El conocimiento que tenían de caminos ocultos y antiguas sendas, y la hospitalidad de algunos hacendados, les permitieron eludir a sus perseguidores después de una prolongada marcha a través de la frontera con Colorado. Acampaban fuera de las huellas, cabalgaban en zigzag y cocinaban de vez en cuando para proveerse de comida por varios días. Recién estuvieron a salvo al llegar a Brown's Park, un valle de difícil acceso a orillas del Green River, rodeado de montañas, en un área de frontera entre los estados de Utah, Colorado y Wyoming. El aislamiento hacía de la zona tanto un sitio ideal para ocultar ganado robado como para evitar las búsquedas de la ley.

En esta época Parker resolvió cambiar de nombre, tal vez porque en mitad del escape se cruzó con uno de sus ex patrones, quien lo delató ante las autoridades de Telluride. De acuerdo con Warner, la desgraciada casualidad significó asumirse como "verdaderos bandidos", ya que a partir de ese momento fueron identificados por la justicia. En realidad, la decisión estaba forzada por la propia circunstancia: andar fuera de la ley implicaba regirse por otras normas y asumir una nueva identidad. En principio Robert adoptó el apellido Cassidy, en memoria de quien había su mentor; Mike Cassidy había cumplido el rol de una figura paterna al revés, al mostrar el camino que podía seguir al margen de la ley. Luego se agregó Butch (carnicero), que según explicaciones ramplonas remite a un eventual empleo en una carnicería o a la posesión de un arma. Pero lo más probable es que se haya desprendido de su competencia como vaquero (faenar una res era parte de las habilidades estimadas), que esté relacionado con alguna historia concreta que se ha perdido en el tiempo o bien que fuera un apelativo común, sin un sentido en especial. Los nombres falsos funcionaban a menudo como guiños, ya que podían aludir a situaciones conocidas en la parroquia de los bandidos: una extravagancia en la forma de vestir o en las costumbres, una forma particular de hablar o pronunciar determinada frase, algo, en definitiva, que distinguía a la persona. La elección de Butch aumenta la figura de Mike Cassidy y desafía la interpretación de los investigadores. Es posible que, para él, fuera menos importante de lo que se piensa. Cuando dejó de lado ese nombre, poco antes de viajar a la

Argentina, eligió el de James (Santiago) Ryan, que correspondía a un *sheriff* de Miles City. Parece haber sido una broma: invocaba a un policía al que Sundance había dejado en ridículo en febrero de 1887, cuando escapó del tren en que lo llevaba detenido.

En Brown's Park, Butch Cassidy conoció a William Ellsworth "Elzy" Lay, un *cowboy* de inusual inteligencia y muy aficionado a la lectura. A modo de diversión Lay solía identificarse con el nombre de un antiguo amigo que había llegado a ser gerente de un banco. Después de emplearse como vaquero en varias haciendas de la frontera entre Utah y Wyoming, Cassidy se asoció con otro amigo, Al Hainer. Intentaron el sueño del rancho propio en Horse Creek, condado de Fremont. "Estoy ubicado con una buena casa —escribió Butch a uno de sus hermanos en marzo de 1890— con el plan de criar caballos, para lo cual creo que esta zona se ajusta muy bien. Hainer y yo trabajamos juntos nuestros terrenos. Tenemos treinta y ocho caballos entre los dos y quisiéramos conseguir más pero hemos pasado un invierno frío, con mucho viento y nieve." Butch dejó gratos recuerdos en esa parte de Wyoming: los investigadores que siguieron sus pasos encontraron allí a vecinos que lo describían como una persona encantadora y servicial, especialmente simpática con los chicos. Pero por alguna razón misteriosa desapareció de repente junto a Hainer. Poco después compró otra parcela en el mismo estado, donde habría formado una tropilla con caballos ajenos, aunque también debió abandonarla ante los rumores de que era buscado por el asalto al banco de Telluride. Una lección de Matt Warner, su socio en esa ocasión, pudo haber comenzado a sonar como retintín en sus oídos: "Un hombre que ha tenido un pasado criminal nunca está seguro, no importa cuán lejos se haya ido. Ése es el precio que paga. Cualquier cosa perdida de su pasado puede volverse contra él y cambiar su vida en cualquier momento". Pero Cassidy ya había desarrollado una reputación; algunos ganaderos querían contratarlo porque sabían que no robaba a sus empleadores y suponía una garantía contra los ladrones. A fin de cuentas era como contratar un seguro, y no demasiado caro. No le faltó trabajo, entonces, con grandes propietarios; uno de ellos, Charlie Ayers, le pagaría sus servicios actuando como informante de la Agencia Pinkerton, dedicada a la caza de Butch.

La suerte lo abandonó por primera vez el 11 de abril de 1892, cuando fue detenido junto a Hainer por el robo de un caballo en Star Valley, otro reducto de perseguidos por la ley en Wyoming. Allí confluían asaltantes, ladrones de ganado y los Ángeles Exterminadores, como se llamaba a los mormones que cultivaban la poligamia por amor al Señor. La acusación era infundada, ya que el caballo había sido sustraído por otro hombre, que lo vendió a Cassidy en cinco dólares. El abogado Douglas A. Preston consiguió su libertad y dilató el juicio, que tenía lugar en la vecina ciudad de Lander, pero al fin no logró evitar que en julio de 1894 fuera declarado culpable y condenado a dos años de prisión, mientras Hainer terminó absuelto. El asunto llevado a proceso resultaba minúsculo; la presión de los hacendados y las compañías ganaderas, que ya financiaban ejércitos particulares, tornaba a los pequeños sucesos en asuntos de importancia pública. El fallo judicial, por otra parte, estuvo mal dictado: Butch fue condenado por robo, pero el Estado sólo probó que había comprado el caballo en cuestión; el artículo por el que se lo sancionó penaba los robos de bienes que superaban los veinticinco dólares, lo que no se aplicaba al caso. La leyenda dice que Cassidy le salvó cierta vez la vida a Preston y que desde entonces éste se comprometió a ayudarlo; el abogado no parece haber sido eficaz para honrar el supuesto juramento, aunque es posible que haya pactado desistir de una apelación a cambio de obtener una pena de cárcel leve.

La historia del proceso, ampliamente divulgada, proporciona una de las razones para explicar la popularidad del personaje. Servía tanto para definir al acusado como al Estado y los hacendados que estaban detrás de escena. La vida de Butch Cassidy cambiaba de rumbo tras ser víctima de una injusticia; el pueblo, que por otra parte no avalaría a un verdadero criminal, le prestaba su apoyo, conmovido por la arbitrariedad. Prototipo del ladrón noble, Cassidy alimentó esa adhesión al elegir como blanco de sus ataques a los poderes impersonales que eran vistos como presencias ajenas o incluso hostiles en los ambientes campesinos en que se insertaban. Los bancos habían arruinado a muchos pequeños agricultores con sus préstamos usurarios, y las compañías ferroviarias eran conocidas por su inescrupuloso afán de lucro y sus fraudes con dineros públicos: alguien que los tomaba como blanco de sus ataques podía erigirse en una especie de vengador, para los sectores que se veían postergados ante el dominio del poder financiero.

El 15 de julio de 1894 ingresó en la cárcel de Laramie, "la gran casa de piedra", en Wyoming, con el nombre de George Cassidy. Allí le tomaron una foto que poco después daría la vuelta al mundo en carteles de búsqueda. Observó buena conducta y el gobernador William A. Richards se interesó por su suerte. Butch se habría comprometido en su presencia a no volver a robar ni provocar problemas en Wyoming y en enero de 1896 quedó en libertad.

El regreso de Butch a Brown's Park marcó entonces una etapa decisiva en la historia del bandolerismo norteamericano. Allí se reencontró con Elzy Lay, quien le presentó a un conocido, Bob Meeks. El trío sería el germen de una nueva y famosa banda. Los viejos amigos enfrentaban mientras tanto problemas graves. Tom McCarty, con quien había compartido la emoción del primer golpe, estaba desaparecido (y nunca volvería a saberse de él) después de un desastroso asalto al banco de Delta, Colorado (septiembre de 1893), en que un empleado mató a uno de sus hermanos y a un sobrino. Parecían invulnerables, pero un hombre decidido les había puesto freno.

Matt Warner, a su vez, había sido detenido tras actuar como guardaespaldas de un minero y barrer a tiros a dos de sus competidores. Necesitaba un abogado y no podía pagarlo, porque ya había empeñado su parte del botín del robo en Telluride para zafar de otro proceso penal. Butch Cassidy decidió financiar su defensa. Claro que estaba sin fondos, y no conocía otra manera de reunir dinero rápido que asaltar un banco. "Por supuesto, estoy loco (como se dará cuenta) –escribió a la mujer de su amigo–, pero es mi forma de ser y no puedo cambiarla."

El lugar elegido fue Montpelier, en el sudeste de Idaho. Fundado por mormones, el pueblo había crecido a partir de la llegada del ferrocarril; su cercanía con las fronteras de Utah y Wyoming, donde los bandidos conocían múltiples refugios, lo hacía ideal para el golpe. Cassidy, Lay y Meeks aparecieron varios días antes del robo y se emplearon como peones en un campo. El plan era hacerse conocidos, de modo de evitar las sospechas y explorar las posibles rutas de escape y los sitios para establecer postas de caballos. Demostraron ser excelentes trabajadores, aunque llamaron la atención por andar fuertemente armados y emprender largas cabalgatas por los alrededores. El 13 de agosto de 1896 asaltaron el banco y huyeron sin inconvenientes. Nadie sufrió actos de violencia ni mayores consecuencias, a excepción de un cajero trastornado por la superstición, que afirmaba ante quien quisiera escucharlo que el robo había ocurrido el día decimotercero del mes, trece minutos después de las quince, justo cuando cerraba el depósito decimotercero de la jornada, consistente en trece dólares.

El botín fue a parar a las manos del abogado Preston. El proceso contra Warner y otros dos acusados se realizó en Ogden, Utah. Una atmósfera tensa pesaba en la ciudad, ya que corrían rumores respecto a que Butch iría a liberar a su compañero. La tradición oral dice que ambos discutieron el asunto a través de una serie de notas; un *sheriff* interceptó la comunicación, pero resolvió no levantar la perdiz para vigilar la evolución del posible plan. "Los muchachos están aquí. Cuando lo digas, vendremos a sacarte", habría prometido Cassidy en uno de los mensajes. Finalmente Warner desechó la propuesta, lo que sería coherente con sus posteriores propósitos de vivir de acuerdo con la ley. La historia se correspondía además con el culto de la amistad atribuido a Butch. Finalmente Warner fue condenado a cinco años de prisión por doble homicidio. Así se apartó para siempre de la ruta de los bandidos.

En el verano de 1896 Butch y sus amigos habrían formado la banda que les daría celebridad. Según una versión, el nombre pudo haber sido la sedimentación de un comentario popular, que hablaba de "esa Pandilla Salvaje [*Wild Bunch*] de Brown's Park". Otros creen que surgió de la costumbre de cabalgar a toda velocidad por los pueblos en busca de diversión, que remitía a las antiguas celebraciones de los vaqueros en día de cobro o al concluir un arreo. También pudo haber sido un invento de la Agencia Pinkerton, como un efecto de propaganda para impresionar a la ahorrativa Asociación de Banqueros Americanos y convencerla de la necesidad de contratar sus servicios (de hecho el término *Wild Bunch* apareció por primera vez, en 1903, en un memorándum de la Pinkerton). En tren de interrogación, ha sido puesto en duda además el liderazgo del propio Butch, que algunos revisionistas atribuyeron a un efecto de las leyendas. En algunos casos el rol de Cassidy consistió, o por lo menos así se transmitió por tradición, en planear la acción, sin participar en ella, y su ausencia en el escenario provocó esas dudas. Por otra parte, la banda no tenía una formación estable y su composición en los distintos robos es materia todavía de debate. Cassidy parece haber sido el centro en torno al que se nuclearon los miembros de distintos grupos, que reconocían su mayor autoridad o bien intentaban reagruparse después de algún grave revés. George Currie y los hermanos Harvey y Lonny Logan se incorporaron al desarticularse la banda de Hole-in-the-Wall (el Agujero en la Pared), sitio cuyo nombre aludía a una sinuosa abertura en una formación rocosa en el condado de Johnson, Wyoming, paraíso de ladrones de ganado; de la banda del *Black Jack*, liderada por los hermanos Tom y Sam Ketchum, llegaron Will Carver y Ben Kilpatrick. Estos hombres violentos cabalgaron junto a Cassidy a condición de observar disciplina. Por un lado compartían un código no escrito (ya que los bandidos han de regirse por otras leyes), según el cual matar a un hombre desarmado constituía el crimen más abyecto, y el abuso de chicos o mujeres no tenía defensa posible. Por otro, actuaban con un sentido profesional, lo que se verificó en la fórmula que impusieron y donde se combinaban las tareas de inteligencia previas, el estudio de la zona de operaciones y la preparación de la ruta de escape.

Probablemente en aquel momento inicial estuvo también Harry Longabaugh, aunque se ignora la fecha exacta de su encuentro con Cassidy. Nacido en Mont Clare, Pennsylvania, en 1867, procedía de una familia bautista. Fue a la escuela de manera irregular, pero le gustaba leer y componer historias. No obstante, apenas ingresado en la adolescencia marchó a trabajar en una granja, donde aprendió a cabalgar y domar caballos, de lo que hizo su especialidad. Esa destreza pudo haber sido un punto importante en su posterior amistad con Cassidy: la vida de ambos giraba alrededor de los caballos, fuera en el comercio, el trabajo, la diversión o el robo. En 1885 conoció a Harvey Logan, alias Kid Curry, personaje que suele provocar juicios superlativos: dicen que fue el más violento y peligroso de los hombres que se juntaron con Cassidy. Después de su primera detención, en 1887, Longabaugh mostró sus aptitudes para escribir, al redactar una extensa carta en respuesta a la publicación de un diario. De esa manera reclamaba el derecho a contar su propia historia: "En su edición del día 7 [de junio] leo un artículo sensacionalista y en parte falso, que me pone ante el público no demasiado lejos del célebre Jesse James (...) Pido un poco de su espacio para exponer mi caso ante los lectores bajo la verdadera luz". Después de tal introducción se definía como un hombre que trataba de llevar una vida honesta y se veía obligado a deambular, sin encontrar trabajo. "A diferencia de lo que afirma el diario –proseguía–, niego haber robado algún caballo en Canadá y haberlo vendido en Benton, o en cualquier otro lugar, antes de ser detenido, época en la que cabalgaba un caballo que compré y pagué, sin tener el menor propósito de andar robando. Sé que muchos lectores pensarán que mi descargo debe ser tomado como de quien viene, a causa de la fama que me han hecho."

Es de lamentar que haya sido un gesto aislado. En lo sucesivo tanto él como Cassidy se esmeraron por borrar rastros. No se preocuparon precisamente por llevar diarios íntimos y sus familiares y amigos desoyeron pocas veces su recomendación de quemar las cartas que les enviaban. Acudieron a nombres falsos para despistar a quienes los seguían; las palabras que dejaron tras de sí llegaron a través de voces ajenas. Por eso, sus historias son no tanto el relato de lo que hicieron como el relato de lo que otros observaron, escucharon e imaginaron al respecto.

Longabaugh fue recluido en la cárcel de Sundance, donde debía cumplir dieciocho meses de trabajos forzados por el robo de un caballo y un revólver. El 4 de febrero de 1889 un perdón del gobierno de Wyoming puso fin a su encierro; por entonces comenzó a ser identificado como Sundance Kid, al parecer por referencia a la prisión. Una vez en libertad trató de trabajar honradamente en compañías ganaderas haciendo valer su destreza para domar caballos. Pero era difícil encontrar empleo. El catastrófico invierno de 1886-1887, en el cual la mortalidad del ganado alcanzó al noventa por ciento de las existencias, y la extensión del alambrado, que transformó a la pradera libre en una sucesión de establecimientos privados, convirtieron a la mayoría de vaqueros del Oeste en desocupados. La única industria que creció e incorporó empleados fue el robo de hacienda.

Los ladrones controlaban el norte de Wyoming desde sus cuarteles en Hole-in-the-Wall. Un cuento popular sostenía que ese lugar daba entrada a una ciudad habitada por bandidos. Aunque el sitio no existía, quienes vivían al margen de la ley podían estar tranquilos; entre 1886 y 1889, pese a los miles de cabezas robadas, allí sólo hubo diecinueve multas y una pena de prisión por abigeato. La estadística no es sorprendente, porque el *sheriff* local formaba parte de la banda. Un *cowboy* sin trabajo como Longabaugh, entonces, podía ser requerido para conducir arreos ajenos. Y si allí no tenía oportunidades, los asaltos a trenes se habían vuelto más fáciles después que algunos bandidos descubrieron, hacia 1889, la utilidad de la dinamita para abrir los vagones que transportaban caudales. En diciembre de 1892 Sundance Kid participó en su primer gran golpe: el asalto a un tren en inmediaciones de Malta, cerca de la frontera con Canadá, una zona que conocía por haber trabajado como vaquero. Detenido, consiguió escapar y encontró refugio en Hole-in-the-Wall.

El robo al banco de Montpelier comenzó a sedimentar el prestigio de Cassidy como jefe de banda. La consagración tuvo lugar después del asalto al pagador de la compañía de carbón Pleasant Valley: "Fue el golpe más espectacular llevado a cabo en Utah en esa época e hizo más por la fama de Butch Cassidy en los círculos de bandidos que cualquier otro asunto", según el historiador Kelly. La empresa mencionada había nacido con la extensión de los ferrocarriles y era virtualmente dueña de Castle Gate, en Utah, a la mayoría de cuyos habitantes empleaba. El pueblo quedaba cerca de Robbers' Roost, donde la banda mudó su cuartel central después de la Navidad de 1896.

El pagador llegaba en tren desde Salt Lake City en la segunda semana de cada quincena, pero nunca viajaba el mismo día. Según la versión tradicional, Butch resolvió acudir cada mañana a la estación para ver la llegada del tren, haciéndose pasar por un *cowboy* tonto al que fascinaba el espectáculo del ferrocarril. Secundado por Lay y otros dos hombres, el 21 de abril de 1897 pudo alzarse con el dinero de la compañía. Para facilitar la fuga, cortaron la línea del telégrafo. El mundo del Oeste americano era un pañuelo: la partida que salió a perseguirlos estaba encabezada por Joe Meeks, primo de Bob Meeks, antiguo cómplice de la banda, y Butch utilizó uno de sus caballos para escapar. Un diario local –la prensa cumpliría un papel importante en la edificación de la leyenda– identificó a Cassidy como uno de los autores del asalto.

El 28 de junio del mismo año, La Pandilla Salvaje asaltó el banco de Belle Fourche, en Dakota del Sur. El pueblo, enclavado sobre la frontera entre ese estado y Wyoming, en la confluencia de dos arroyos, terminaba de hospedar un encuentro de veteranos de la Guerra de Secesión, por lo que los forasteros no despertaban sospechas. En el robo participaron seis hombres, de los cuales fueron identificados Longabaugh, Harvey Logan, George Currie y Tom O'Day, este último detenido. No hubo evidencia de la participación directa de Cassidy, aunque se presume que planificó el golpe, posteriormente objeto de una celebración al viejo estilo, con alcohol, música y carreras a caballo. Sin embargo, asomaban nubarrones en el horizonte. El 19 de septiembre de 1897, después de un tiroteo, fueron apresados Longabaugh, Logan y otro conocido bandido, Walt Punteney. Los tres consiguieron escapar el 31 de octubre de la cárcel de Deadwood, aunque la amenaza que pendía sobre ellos no se disipó. El incremento de los robos de hacienda hizo que en marzo de 1898 los *cattle barons* exigieran a los gobernadores de Colorado y Wyoming la exterminación de los bandidos. La situación se complicó en Brown's Park después de que un trío de criminales inconscientes mató sin razón al ranchero Valentine S. Hoy y al adolescente Willie Strang, en febrero de 1898; los habitantes de la zona, que hasta entonces toleraban las actividades ilícitas de los delincuentes, repudiaron esos actos y, créase o no, pidieron la intervención de la ley. La guerra con España, declarada dos meses después, postergó la consideración oficial del problema; por el contrario, surgió la idea de formar un regimiento de *cowboys* para enviar al frente de batalla. Butch Cassidy, según la leyenda, habría tenido un gesto patriótico: se comprometió ante el gobernador Richards a garantizar la seguridad de los trenes que transportaran armas y pertrechos del Ejército. Esta anécdota da cuenta de una metamorfosis habitual en los bandoleros: el opositor de la ley se transforma en el mejor colaborador de la ley, llega a un pacto con la ley, porque en definitiva no se propone un cambio sino la restauración de un orden tradicional. Pero las compañías ferroviarias y los bancos no consideraban a los bandidos como un factor en el juego del poder sino como un peligro al que había que eliminar. Los robos a trenes se volverían pronto más difíciles, tanto porque la utilización de acero en la construcción de vagones haría casi inexpugnable a las formaciones, como por el incremento del personal de guardia y la introducción de presiones laborales que llevaban a los empleados a resistir los asaltos para no sufrir sanciones o postergaciones en sus carreras.

La excarcelación de algunos bandidos, entre ellos O'Day, provocó protestas de banqueros de Wyoming, quienes propusieron, de nuevo, formar una fuerza de policía especial. Poco después la Agencia Pinkerton tomó el caso de La Pandilla Salvaje, y con ella comenzaron a desplegarse los métodos modernos de lucha contra el crimen. A diferencia de intentos anteriores, no se trataba de una fuerza armada hasta los dientes que se lanzaba a la batalla sino de hombres que actuaban en forma individual y se camuflaban en el mismo medio donde se hallaban aquellos a quienes procuraban detener. Fundada en 1850, la agencia introdujo la costumbre de tomar fotografías de los perseguidos por la ley y su logotipo (un ojo abierto) se transformó en ícono del detective privado. Charles Siringo fue quizás el más exitoso de los primeros investigadores: había mostrado sus aptitudes en 1892, al infiltrarse en un sindicato minero durante un conflicto laboral en el norte de Idaho, para después declarar como testigo en un juicio contra los obreros. Luego trabó amistad con la familia Parker y se jactó de cortejar a una hermana de Butch, aunque no le sirvió de nada. Un personaje de estas características, actuando casi a traición y por la espalda, nunca podía provocar admiración; por añadidura, se cuenta que Butch Cassidy salvó la vida de un empleado de la Pinkerton que precisamente quería capturarlo.

Los detectives no se privaban de los actos de represión más brutales, en particular para sofocar huelgas de trabajadores. El 26 de enero de 1875, un atentado de la Pinkerton destruyó la cabaña del célebre Jesse James, mató a uno de sus hermanos y dejó gravemente herida a su madre; ese episodio provocó rechazo y volcó la opinión popular a favor del bandido.

Cassidy abandonó Robbers' Roost, el paraje de Utah donde permanecía escondido, y se dirigió hacia el sur. Atravesó Arizona y Nuevo México, para llegar al pueblo de Alma, no muy lejos de la frontera con México. Allí se empleó junto con Lay en el rancho ws, para tener una pantalla con que proteger sus actividades o bien porque buscaba una vida distinta. Los ladrones de ganado desaparecieron de la región como por arte de magia. El 2 de junio de 1899, en cambio, un grupo armado asaltó un tren de la Union Pacific, poco después de salir de Wilcox, Wyoming. El golpe, planeado por Butch Cassidy, se ejecutó sin pérdidas de vidas ni molestias a los pasajeros. De todas maneras implicó la ruptura de la promesa concedida al gobernador Richards para salir de prisión. Lo más grave fue que en la fuga los asaltantes mataron al *sheriff* que encabezaba la persecución. El crimen desató una nueva ola de indignación y fue tratado por la prensa como un suceso nacional. El clamor público exigía la identificación de los responsables. Las mayores sospechas recaían sobre George Currie, y los hermanos Harvey y Lonny Logan. Pese a que no había pruebas de su participación, Cassidy terminó implicado en el robo: el 25 de junio su foto, la que le tomaron en la penitenciaría de Laramie, apareció en el *New York Herald*. De pronto se convirtió en una figura pública. Comenzó a circular el comentario de que había ocultado y perdido su parte de las ganancias: el dinero estaba en una caja de hierro, sepultado en el punto equidistante entre cuatro árboles, pero el sitio había sido arrasado por un incendio. El botín enterrado fue una leyenda recurrente en su historia (y en la de otros bandidos): volvió a plantearse después de un asalto a un tren en Tipton, dando pie a una búsqueda del tesoro que se prolongó durante años.

Los agentes de la Pinkerton demostraron que los hermanos Logan habían participado del asalto en Wilcox, ya que pusieron en circulación parte del dinero robado. El cerco comenzaba a cerrarse. Tras el fallido robo a un tren expreso en Folsom, Nuevo Mexico, el 11 de julio, cayeron presos Elzy Lay y Sam Ketchum, el antiguo jefe de la banda del *Black Jack*, quien murió envenenado. El amigo más cercano a Cassidy fue condenado a prisión perpetua en octubre de 1889. Esto debió ser un duro golpe y acaso la piedra de toque para un examen de conciencia, si es que algo parecido pasaba por la cabeza del bandido. Los días en el rancho ws, cabe presumir, fueron una temporada de paz para alguien buscado en al menos cuatro estados. Ese sentido de normalidad pudo haber dado a Butch una perspectiva diferente sobre el camino que había tomado y acaso explicar por qué habría pensado en un cambio. No obstante, se despidió de Nuevo México con una nueva muestra de su espíritu burlón: robó unos caballos a un hacendado que se había iniciado como ladrón y presumía de nuevo rico.

Consciente de que la era de los bandidos llegaba a su fin, Cassidy habría meditado la necesidad de reformarse o de ponerse a salvo en algún lugar antes de sufrir su Waterloo. Existía un lugar en el extremo sur del continente, comentaban los vaqueros, donde se vivía con la antigua libertad del Lejano Oeste. A la sentencia contra Lay se sumaron las muertes de Lonny Logan, el hermano de Harvey, acribillado por agentes de la Pinkerton en Missouri el 28 de febrero de 1900, y de George Currie, el asaltante del banco de Belle Fourche, el 17 de abril del mismo año, en Utah. La tradición cuenta que Butch se presentó un día en la oficina del fiscal Orlando Powers y le pidió asesoramiento: cansado de andar ocultándose, pensaba presentarse ante la justicia para responder a los cargos que le hacían. "Sólo robé a bancos y ferrocarriles, que estuvieron robando durante años a la gente", habría argumentado, en una anticipación de la conocida máxima de Bertolt Brecht: "¿Qué es robar un banco comparado con fundarlo?". Powers creía, parece, en la posibilidad de otro arreglo: Butch podía ser un excelente custodio de la Union Pacific, a cambio de que esta compañía renunciara a perseguirlo. Butch también habría intentado contactar al gobernador de Utah. Las tratativas quedaron suspendidas el 29 de agosto de 1900, cuando se produjo un asalto a un tren de la Union Pacific en Wyoming.

El escenario del robo tenía resonancias familiares para Cassidy. Era conocido como la Montaña del Púlpito, en alusión a un sermón que pronunció Brigham Young para animar a un grupo de emigrantes mormones descorazonados con la travesía hacia la pretendida tierra santa. Uno de los bandidos abordó el tren en el pueblo de Tipton y, con el rostro cubierto, forzó la detención de la marcha al llegar a ese punto. Allí subieron otros tres hombres, también enmascarados. La banda ordenó al conductor desprender los vagones de pasajeros. Luego hicieron volar con dinamita la puerta del coche expreso. Los ladrones tranquilizaron a los empleados diciendo que nadie sería herido si podían evitarlo; por otra parte, afirmaron, tenían un acuerdo por el cual el que mataba sin necesidad debía ser a su vez eliminado. El monto robado nunca fue verificado; se presume que era insignificante y llevó a un nuevo asalto. Un testigo dijo que Cassidy, a quien conocía de vista, formaba parte del grupo que abordó el tren. La creencia generalizada es que participaron también Longabaugh y Harvey Logan, mientras la identidad del cuarto hombre es materia de discusión. La Union Pacific envió coches con jinetes armados para que participaran en los operativos de búsqueda, pero no consiguieron resultados. El episodio es bastante similar a la historia de *El gran robo al tren* (*The great train robbery*, 1903), la película que inició el cine de acción en los Estados Unidos, aunque el final es diferente: en la ficción, los policías alcanzan a los bandidos y les dan muerte cuando se reparten el botín en un bosque.

El rastro de los bandidos volvió a esfumarse, al parecer tras ser ayudados por un campesino en la frontera de Colorado. Siguieron en movimiento hacia el oeste, a través de Utah, hasta alcanzar el estado de Nevada. A principios de septiembre de 1900, un niño de diez años, Vic Button, descubrió que unos desconocidos habían acampado cerca del campo de su padre, en el condado de Humboldt, en el noroeste de Nevada. De inmediato se sintió atraído por uno de ellos, el que parecía más simpático y al mismo tiempo mandaba a los demás. El hombre le obsequió golosinas, con una amplia sonrisa, y se puso a conversar. En medio de la charla, hizo algunas preguntas sobre la zona, a la que recién llegaba, y sobre el banco del pueblo más cercano, Winnemucca. El chico quedó deslumbrado por el caballo del desconocido; "algún día será tuyo", le prometió el otro.

Vic Button tomó la costumbre de visitar diariamente el campamento, donde jugaba y pasaba el rato. El décimo día, 19 de septiembre, no encontró a sus amigos. Pero el hombre de la ancha sonrisa recordaba su promesa: antes de partir a todo galope llamó a un vaquero del lugar y le dejó un caballo, con la indicación de que debía ser entregado al chico. Los desconocidos, supo después Vic, volvían de asaltar el banco de Winnemucca. Cassidy –por supuesto el protagonista del acto de generosidad–, Longabaugh y Will Carver habrían sido los autores del golpe, que más tarde el pueblo conmemoró con una fiesta anual, llamada "Los días de Butch Cassidy". En el campamento abandonado se hallaron restos de cartas; una de ellas tenía el membrete y la firma del abogado Douglas A. Preston, y un mensaje lo suficientemente difuso como para bloquear la interpretación ("muchas partes influyentes están comenzando a interesarse y las posibilidades para una venta se están volviendo favorables"). Según el detective Siringo, la banda redactaba sus cartas con un lenguaje cifrado: la clave para la decodificación consistía en leer sólo una de cada cuatro palabras. Tal vez se tratara de otro invento policíaco con fines propagandísticos. Butch Cassidy se refirió al asalto en Winnemucca en una carta a Mathilda Davis, la suegra de Elzy Lay, con una alusión transparente: "Otro de mis tíos murió –señaló– y dejó treinta mil dólares a nuestra pequeña familia de tres miembros". El botín rondaba los treinta y tres mil dólares. La frase de Butch suele ser interpretada como una referencia a su relación con Sundance y Etta (y en consecuencia ha alimentado conjeturas sobre un *menage à trois*); en realidad el tercero invocado es Will Carver, ya que se refiere al reparto del dinero obtenido en el banco.

La banda se reunió en Fort Worth, Texas, para descansar y asistir al casamiento de Carver con la pupila de un prostíbulo local. La ocasión fue conmemorada luego con una célebre foto en que aparecen retratados Carver, Logan (ambos de pie), Cassidy, Longabaugh y Ben Kilpatrick (sentados). Los cinco bandidos más buscados de la época posaron vestidos como hombres de negocios. Las interpretaciones divergen: para algunos investigadores hicieron una broma con la clase a la que burlaban con sus robos pero en realidad envidiaban; representaban sus fantasías de una vida acomodada, dicen otros. El fotógrafo quedó tan satisfecho que expuso una copia en la vidriera de su negocio. Allí la vio un empleado de la empresa Wells Fargo, quien reconoció a Carver, pese al disfraz. La imagen sería utilizada de inmediato para ilustrar los avisos de búsqueda.

La era de los bandidos llegaba a su ocaso, por lo menos en los Estados Unidos. Carver no pudo disfrutar del matrimonio ya que fue muerto en abril de 1901, mientras que en noviembre del mismo año cayó detenido Ben Kilpatrick, el ex miembro de la banda de *Black Jack*; al año siguiente le siguió Harvey Logan. Por su parte, después del desliz con la foto, Cassidy y Longabaugh habrían ido al sur de Texas, hasta San Antonio, donde el segundo pudo haber trabado relación con una prostituta, con una maestra o con una prima o ex amante de Butch (no hay certeza): en definitiva, la mujer conocida como Etta Place.

Lo cierto es que el 1º de febrero de 1901 los tres estaban en Nueva York. Al registrarse en un hotel, Sundance Kid dijo llamarse Harry A. Place, con domicilio en Wyoming, de ocupación ganadero; presentó a Etta como su esposa. Butch se identificó con su flamante nombre de James Ryan, diciendo ser hermano de Etta. Mientras esperaban el barco que los llevara a Buenos Aires, recorrieron la ciudad, hicieron compras, disfrutaron del ocio: tal vez el día de los enamorados, Sundance regaló a Etta un reloj adquirido por ciento cincuenta dólares en Tiffany, se compró un prendedor de diamante y finalmente ambos se tomaron una foto. En la imagen los dos aparecen de pie, juntos pero sin tocarse; él luce como el hombre distinguido que decía ser, con el saco prendido, un moño o lazo al cuello, el sombrero en la mano y bien arreglado; ella lleva el pelo recogido sobre la cabeza y muestra con orgullo su reloj nuevo, prendido en el pecho.

Después de la fecha en que el distinguido señor Place abrió la cuenta en el Banco de Londres y el Río de la Plata, en Buenos Aires, se abrió un breve paréntesis. "Probablemente le sorprenderá tener noticias mías de este país tan lejano –diría Butch en la carta a Mathilda Davis, fechada el 10 de agosto de 1902–, pero los Estados Unidos me resultaron demasiado pequeños. Los últimos dos años que estuve allí la pasé mal. Quería ver algo más del mundo. Conocía todo lo que en Estados Unidos merecía visitarse." Según la versión corriente, en una fecha no determinada, tal vez en mayo de 1901, los tres viajaron en el Ferrocarril del Sud desde Buenos Aires hasta la actual estación Cipolletti y de allí pasaron a Confluencia (hoy ciudad de Neuquén). Desde ese punto, hacia la cordillera, se abría "el camino del robo", según la expresión del perito Francisco P. Moreno, "trazado por el paso de centenares de miles de vacas arrebatadas por los indios en las pampas argentinas, que después (...) iban a engordar en los alfalfares de grandes hacendados chilenos". Pero los norteamericanos siguieron hacia al sur. El primer paso acreditado en esta región es su encuentro con el chileno Francisco Albornoz, un nombre que reaparecería en la historia siguiente de los bandidos. "Venía del río Limay para esta Colonia [16 de Octubre] –se lee en la posterior declaración de Albornoz a la Policía Fronteriza de Chubut– y como media legua más arriba del paso del río, halló a Enrique Place, Santiago Ryan y la señora Etta que venían en un *wagon* [carreta de cuatro ruedas, con freno, que se accionaba con una manija giratoria]."

Los norteamericanos lo contrataron como baqueano durante tres días, "hasta llegar a Carhué Grande [Río Negro], donde se separó de ellos". Otras versiones dicen que en el camino, o quizá como relevo del baqueano chileno, Butch, Sundance y Etta se encontraron con John Gardner, un escocés radicado en la zona, que los llevó hasta el valle de Cholila, en el territorio del Chubut. El huésped debió contarles su historia: había dejado su país natal, a los diecisiete años, para vivir con unos tíos, en la provincia de Buenos Aires; luego trabajó como maestro y comerció con los indios, hasta afincarse en la Patagonia.

El trío llegaba a una región desconocida y apenas poblada, y el contacto con alguien que hablaba la misma lengua debió ser particularmente importante. En el informe a la gobernación del año 1901, el jefe de policía de Chubut, Pedro I. Martínez, señalaba: "El Territorio es vasto y extenso, cuenta con numerosos pobladores que están aislados, cuyas personas e intereses es difícil proteger con la prontitud requerida debido a la gran distancia a que se encuentran las poblaciones, máxime si se tiene en cuenta los malos caminos, falta de pastos, etcétera, que hacen dificultosas las comisiones". Las dependencias policiales más cercanas a Rawson se comunicaban con la Jefatura una vez a la semana por correo, servicio que estaba a cargo de la propia policía; pero la comisaría de la Colonia 16 de Octubre (actualmente, Trevelin), la más próxima al punto donde se instalaron los norteamericanos, enviaba sus novedades teóricamente cada quince días y dependía incluso de los comerciantes que viajaban en carro hacia Trelew. "Estoy muy lejos de la civilización", dijo con razón Cassidy en la mencionada carta.

Butch, Sundance y Etta ocuparon un lote de tierra fiscal en el valle del Río Blanco, en Cholila, a mitad de camino de las actuales ciudades de Esquel y El Bolsón. "Tengo una buena casa de cuatro habitaciones y galpones, establo, gallinero y algunas gallinas", escribió Cassidy a Mathilda Davis. La cabaña todavía se encuentra en el sitio donde fue levantada, a orillas del río mencionado, en un terreno ideal para la cría de ganado: "Hay pasto alto hasta las rodillas en todas partes y excelente agua fresca de montaña". Estaban en situación de ocupantes ilegales, pero en ese aspecto, como se verá, querían vivir de acuerdo con la ley.

Según un mapa de la época, el vecino más cercano era el chileno Telésforo Díaz, ubicado del otro lado del Río Blanco; más abajo, sobre el mismo río, se encontraban las poblaciones del austríaco Agustín Zeltmann y el español Miguel Iribarne; al este, sobre el Lago Los Mosquitos (hoy Lago Carlos Pellegrini), estaba el chileno Eduardo Colihueque y poco más tarde se radicarían José Jaramillo, Esteban Pinedo y Nicanor Hernández; más al norte, en la misma línea vivía el español José Barrera; al noroeste, cerca del Lago del Cisne, se instalaría pronto el chileno Alejandro Villagrán.

Entre los tres recién llegados, Etta Place fue quien despertó mayor curiosidad. La circunstancia de que no se supiera nada concreto sobre ella alimentó desde entonces el misterio y el deseo de develar quién era. Según la Agencia Pinkerton, al llegar a la Argentina tenía veintitrés o veinticuatro años; era de ojos verdes, pelo castaño, estatura mediana (un metro sesenta y cinco), delgada (cincuenta kilos) y "tipo refinado". Una gran ama de casa, habría recordado en sus últimos momentos Butch Cassidy, "con el corazón de una puta". Los vecinos de Cholila fueron menos duros. La compañera de Sundance se convirtió, dice la tradición oral, en motivo de admiración. Era una belleza salvaje: tenía la particularidad de ser atractiva y a la vez lo bastante varonil como para montar a caballo a lo *cowboy* y manejar con habilidad las armas. "Mi abuela –cuenta Raúl Cea, de Cholila– le preguntó cómo era la vida de las mujeres en Estados Unidos. Etta le contestó que una mujer del Oeste tenía que estar preparada para criar hijos, cocinar y defender su tierra, su persona y su hombre." Los idiomas podían ser diferentes, pero el rol de las mujeres no cambiaba demasiado.

Los encantos de Etta resultaron irresistibles para John Gardner, quien comenzó a frecuentar la cabaña de los nuevos habitantes de Cholila. Algunos detalles de tal amistad trascendieron a través del irlandés Frank O'Grady, quien dijo haber recibido las confesiones del escocés en su vejez. "Etta era una gran lectora –afirmó–. Gardner recibía libros y revistas de Inglaterra y las compartía con ella." La enigmática mujer fue "su primer y único amor"; comprensiblemente, Gardner detestaba a Sundance. Las aficiones de Etta fueron confirmadas por otro visitante, el constructor italiano Primo Capraro, quien pasó una noche en la cabaña: "Sobrios de hablar, nerviosos de mirada fuerte, altos y delgados los hombres [Butch y Sundance], bien vestida la señora, que leía".

Entre los primeros amigos se contó también el galés Daniel Gibbon, quien alrededor de 1886 se había afincado con su mujer y sus hijos en la zona donde años más tarde se fundaría Esquel. Gibbon hizo de enlace entre los norteamericanos y el resto de la población: los testimonios recopilados en la investigación policial posterior lo señalan una y otra vez como el hombre más cercano a ellos y el que mejor conocía sus historias. Afrontaba problemas con la ley, que se agravarían con el transcurso del tiempo. El 11 de agosto de 1900 el juez letrado Fernando Villa solicitó su detención en un sumario donde se investigaba un incendio. La orden se cumplió recién en enero de 1901; el 29 de ese mes Gibbon ingresó en la cárcel de Rawson. Parece haber estado poco tiempo tras las rejas, ya que en los archivos policiales consta que el 21 de marzo volvió a ser llevado a prisión, esta vez por la sustracción de un documento. Y el 30 del mismo mes "fue detenido por el sargento Paz por haber golpeado a Juan Wynne según confesión propia". Gibbon demostraba cierto saber para manejarse en esas circunstancias, ya que invocó el Código Rural y "solicitó se le imponga multa". Por otra parte, uno de sus mejores amigos era Eduardo Humphreys, el comisario de la Colonia 16 de Octubre, quien pronto integró asimismo el círculo íntimo de Butch y Sundance.

Según pobladores de Cholila, el jefe de La Pandilla Salvaje se mostraba más sociable que Sundance Kid. Le gustaba leer y pedía libros prestados a sus vecinos. De acuerdo con esos testimonios, hablaba mejor la lengua del país. Sin embargo, en la mencionada carta a Davis, Butch se lamentó porque "el único idioma que se habla aquí es el español y no lo hablo suficientemente bien para conversar sobre los últimos escándalos que tanto agradan a la gente de cualquier nacionalidad y sin los cuales la conversación carece de gracia". Los tres se hicieron notar por el cultivo de cierto confort: hacían cosas tan raras como poner formalmente la mesa para comer, perfumar el agua para bañarse y usar un lavamanos. "Por lo que me contó mi papá –dice Cea–, ellos estaban acostumbrados a un nivel de vida más alto que el del resto de los pobladores. Por ejemplo, la palangana donde echaban el agua era de cerámica y usaban ropas buenas. A él lo que más le impresionó fue la soltura con que se movía y conversaba la mujer."

"Los últimos escándalos" de que se hablaba en Cholila, en el momento de la llegada de los norteamericanos, podían estar referidos a una frustrada investigación por irregularidades en la policía del Territorio del Chubut. Esta causa parece haber surgido por efecto de una interna política, ya que fue impulsada por el secretario general de la gobernación, Florencio Basaldúa, cuando el gobernador, Alejandro Conesa, tomó una licencia para viajar a Buenos Aires. En principio se procuraba aclarar episodios mínimos, como la insubordinación del sargento Juan Caminada contra el comisario inspector José Pedro Moré, en jurisdicción de Telsen, y "la simulación de nombres en listas de revista de las planillas de policía" para recibir más dinero por sueldos. Esta denuncia afectaba a la comisaría de la Colonia 16 de Octubre. El sumario comenzó en octubre de 1900. "La repartición policial –consignó un dictamen del contador de la gobernación, José Penna– se encuentra enteramente desorganizada, relajada su disciplina, perdida su autoridad moral; no existe respeto de inferior a superior, el servicio es malo y deficiente, las atribuciones de los empleados se encuentran confundidas, el espíritu moral decaído..." El 11 de enero de 1901, John Morley, un inglés radicado en Telsen, denunció por telégrafo, ante el encargado de negocios de Gran Bretaña, que era perseguido "por una gavilla de ladrones, tolerados por las mismas autoridades del territorio, al punto que el jefe de policía, Pedro Martínez, favorece y defiende ostensiblemente al jefe de la cuadrilla, de nombre [Benjamín] Artiles". El bandolero había sido detenido y liberado por falta de pruebas, ya que el juez asistió a un curioso desfile de testigos que declaraban en su favor. La comunicación de Morley se produjo poco después de una nueva detención de Artiles, ante el temor de que quedara otra vez impune. Salían a la luz delitos que involucraban a las principales autoridades del Territorio, y sobre todo al jefe de la policía, por lo que un oportuno regreso de Conesa y el envío de un comisionado del Ministerio del Interior se combinaron para clausurar las actuaciones en febrero de 1901. Aunque hubo una demostración pública en apoyo de Martínez, el malestar y los comentarios persistieron, ya que varios vecinos denunciaron amenazas. El diario *La Nación* publicó un *interview* a Florencio Basaldúa:

–¿Qué antecedentes tiene el jefe de policía Pedro Martínez?

–Su foja de servicios es deplorable. En los quince años que hace que ocupa empleos en aquel territorio, ha sido exonerado tres veces; otras tres veces ha sido preso; una vez fugó de la cárcel pública.

El dedo acusador de Basaldúa apuntaba también a Conesa: "Me ofreció la renuncia de Martínez con la condición de echar tierra al asunto", dijo. A su vez el comisario Moré cuestionaba la parcialidad del jefe de policía, "que favorece al delincuente Artiles, negándose a recibir mis notas probando sus delitos mientras acepta las acusaciones del procesado por pretendidos abusos de mi parte". Al tener el respaldo del gobierno nacional, Conesa pudo silenciar a sus opositores, apartarlos de sus funciones (tal fue la suerte de Basaldúa, Moré y el secretario del juez letrado) y hasta llevarlos a prisión, como ocurrió con José Penna. Este último no se dio por vencido: el 20 de diciembre de 1901 publicó en *La Nación* una nueva denuncia contra las comisarías de las colonias 16 de Octubre y San Martín: había empleados fantasmas, que figuraban a los fines de embolsar más dinero por sueldos, y entre los que prestaban servicios se contaban prófugos de la justicia de Neuquén y chilenos. La policía negó estas acusaciones y las atribuyó a un espíritu de revancha. Para salvar las apariencias, el juez Villa condenó a Artiles a un año de prisión, sin investigar su complicidad con el jefe de policía del Territorio.

El cobro indebido de sueldos en la Colonia 16 de Octubre permaneció también en una nebulosa, y no sería el último manejo financiero dudoso del comisario Eduardo Humphreys, quien recibió un apercibimiento y poco después escucharía otros reproches de Pedro Martínez, por no hacer las recorridas de rigor en la jurisdicción.

Las consecuencias de una inundación en el valle del río Chubut dieron lugar también a situaciones polémicas. La crecida alcanzó su pico en septiembre de 1901; aunque no fue tan grave como la ocurrida en julio de 1899, cuando las aguas destruyeron los pueblos de Gaiman y Rawson y arruinaron a los agricultores galeses, influyó en el ánimo de la población asentada en la zona, que debió mudarse con sus pertenencias en busca de tierras más altas. Al mes siguiente la prensa de Buenos Aires denunció que los galeses habían enviado a dos representantes a Gran Bretaña, para pedir una intermediación en su favor ante el gobierno argentino. Los dirigentes de la colonia negaron esa gestión.

Otro tema sostenido de la conversación cotidiana giraba en torno a la disputa de límites con Chile. En 1899 el gobierno transandino comenzó a construir el llamado camino de Cochamó, que partía del estuario de Reloncaví y siguiendo el curso del Río Cochamó llegaba hasta el Río Manso, en territorio argentino. Las obras progresaron lentamente y a medida que avanzaban levantaban rumores y fantasmas. Al año siguiente se descubrió una nueva senda, a la altura de El Bolsón. En marzo de 1901, la revista *Caras y Caretas* reportaba un episodio casi ridículo al respecto. "Los argentinos y los chilenos del lejano sur, que viven casi al habla –señalaba–, sueñan con mutuas invasiones de territorio que mermen la soberanía de sus respectivas banderas, y casi no pasa día en que no se griten cosas que no son para [ser] oídas." El artículo daba cuenta de la alarma que recorría Santa Cruz al saberse que veinticinco marineros chilenos se hallaban acantonados con armas en el Cerro del Cazador y habían pedido refuerzos a Valparaíso y Santiago. Los chilenos temían una invasión argentina, mientras los argentinos, al mando del comisario *ad honorem* Alberto Ulbelhode, se acercaron a la frontera para averiguar las intenciones de sus vecinos. "El señor Ulbelhode, que es un vecino de Punta Arenas establecido en el lado argentino, es demasiado conocido en la localidad para ser tomado como invasor –concluía la revista–, y aquello, que fue comienzo de un poema heroico, acabó en un sainete de corte modernísimo."

Pero el humor y la ironía quedaron pronto de lado. Como se explicará más adelante, la tensión entre Chile y la Argentina fue en aumento hasta llegar a los preliminares de un conflicto armado. La misma revista denunciaría la apertura de caminos cordilleranos por parte del gobierno chileno "en violación de los tratados" entre ambos países. También en marzo de 1901 el comisario Humphreys informó sobre el paso cordillerano en la zona del Río Manso; mientras que Juan I. Milher, comisario de la Colonia San Martín, advertía sobre las obras del camino del Aysen, emprendidas por un ejército de ciento treinta trabajadores chilenos. "Están construyendo un amplio camino carretero de primer orden, haciendo puentes y volando con dinamita los peñascos que obstruyen la traza del expresado camino", indicaba. Y luego de inspeccionar la zona retransmitía informes de vecinos preocupados: "De Osorno, sur de Chile, el gobierno ha mandado ochocientos hombres a trabajar en los caminos del Pacífico, a río Manso, Colonia 16 de

Octubre y lago Fontana". Al mes siguiente el jefe de policía del Territorio le ordenó a Humphreys constatar supuestas incursiones de chilenos en la zona de Corcovado. Y a fin de diciembre envió al cabo Severiano Britto (o Britos) en comisión a la Colonia Cushamen para investigar movimientos atribuidos a los chilenos en esa región.

No pasó mucho tiempo para que la Agencia Pinkerton descubriera el nuevo refugio de Cassidy y sus amigos. Pero los banqueros y las compañías ferroviarias norteamericanas se desinteresaron de la captura del trío al saber que andaban por el otro extremo del continente. Por el momento no estaban decididos a financiar una expedición en su búsqueda.

Capítulo 2
Una tierra sin dueño

*Pasamos el paradero de Quelujagitro
y entramos en tierras desconocidas, en los antiguos
pagos de Chululakenes, hermosos campos,
por cierto... Hoy, aquella región se llama Cholila.*

FRANCISCO P. MORENO

La elección de la Patagonia como lugar de residencia es el primer enigma que plantean Butch Cassidy y Sundance Kid en la Argentina. En noviembre de 1897, febrero de 1900 y enero de 1901 la revista *National Geographic* publicó artículos referidos a la región. Ambos eran *cowboys* cultivados (Sundance hasta integró un grupo literario en su adolescencia) y aficionados a la lectura. Acaso, como Elzy Lay, el amigo y compañero de aventuras de Butch, llevaban libros y revistas en la montura y alguna noche, junto al fuego del campamento, mientras sus compañeros jugaban a las cartas, se entretuvieron con esos artículos. Cassidy dio a entender que el destino final del viaje era el resultado de una exploración. "Visité las mejores ciudades y lugares de América del Sur hasta que llegué aquí –escribió en la carta de agosto de 1902 a Mathilda Davis, la suegra de Lay– y esta parte del país me pareció tan buena que me establecí, creo que para siempre." Sin embargo, el buque que lo trasladó desde Nueva York a Buenos Aires no debió hacer más que escalas breves en su trayecto.

El nexo entre los bandidos y la Patagonia puede haber sido otro norteamericano, George Harkness Newbery, tío del famoso as de la aviación nacional. Nacido en Nueva York en 1856, Newbery obtuvo un título de dentista en 1877, año en que se radicó en la Argentina. El hermano mayor, Ralph Lamartine, también odontólogo, lo había precedido en la búsqueda de aventuras por el país. El general Julio A. Roca era uno de sus pacientes; siguiendo su consejo, compró tierras y fundó la estancia La Media Luna, y se interesó por las posibilidades de la Patagonia.

Ralph Newbery consiguió una concesión de tierras en Neuquén, fundó la estancia La Primavera y siguió camino respondiendo al llamado del oro, que lo llevó a hacer exploraciones en Tierra del Fuego.

Por su parte, George Newbery viajó a Estados Unidos en busca de inversores para hacer negocios con la compra de tierras. Si bien no los consiguió –dice un biógrafo de la familia, J. Luqui Lagleyze–, a su regreso trajo "unos cuantos vaqueros que encontró en algunas tabernas, nostálgicos y desconsolados" y los llevó como peones a La Media Luna. "En esos tiempos –agrega el informante– Buenos Aires se había convertido en el lugar de cita de vaqueros con cuentas pendientes con comités de vigilantes en Nuevo México y Texas." Es curioso que George Newbery frecuentara a delincuentes buscados en su país, si se piensa que él era vicecónsul honorario de Estados Unidos. Pero según la tradición oral tales personajes encontraron las puertas abiertas en la casa de los hermanos dentistas; Butch y Sundance reunían los requisitos para ser admitidos.

En julio de 1885, en sociedad con su cuñado Ralph Huntington, compró bonos de tierras en remate. Con esos documentos, en marzo de 1891 solicitó la ubicación de quince mil hectáreas en el departamento Los Lagos, territorio de Neuquén. Pero las tierras a las que aspiraba fueron obtenidas por Jarred Augustus Jones, un vaquero texano radicado en la zona que había trabajado hasta poco antes con Ralph Newbery y consiguió diez mil hectáreas situadas sobre el Río Limay y el Lago Nahuel Huapi, con las que fundó la estancia Tequel Malal. En el mapa de antiguas leyendas, ése era el sitio de la fabulosa Ciudad de los Césares, donde la riqueza y el oro esperaban a los aventureros. El episodio, dice la tradición, habría sido el origen de una rivalidad prolongada, que dividió asimismo a la colonia norteamericana en formación. El enfrentamiento debió ser relativo, si se piensa que George Newbery apareció entre los principales clientes del almacén de ramos generales que instaló Jones; además obtuvo un dulce consuelo del gobierno argentino, ya que recibió otras quince mil hectáreas para colonizar en Neuquén, que vendió de manera especulativa. En 1893 se estableció con su esposa en una estancia de la zona del Nahuel Huapi, aunque luego volvió a Buenos Aires, donde atendía su consultorio de dentista en Rivadavia 614.

Enseguida Newbery tuvo entre manos un nuevo plan de negocios: la formación de una colonia de inmigrantes norteamericanos. Para eso pretendía una enorme fracción de tierras al sur del Nahuel Huapi, de la frontera con Chile al Valle de Cholila, en el área más fértil de la región. E indudablemente se hizo escuchar. En una carta de 1899, John Murray Thomas, uno de los miembros prominentes de la colonia galesa afincada en Chubut, se quejaba de la atención que el gobierno nacional prestaba a los requerimientos de Newbery y de Rafael Igarzábal (beneficiado entre 1894 y 1895 con la concesión de treinta mil hectáreas a determinar en Chubut). "Ninguno de los dos ha hecho hasta ahora nada para el desarrollo de este territorio", destacaba el colono, aunque ambos eran atendidos, mientras se ignoraba a los pioneros que efectivamente ocupaban y trabajaban las tierras. Newbery formalizó su pedido en diciembre de 1903, cuando se presentó junto con un tal Hiram S. Kribs ante el Ministerio de Agricultura. El cónsul argumentaba que había convencido a ciudadanos norteamericanos para establecerse en la flamante Colonia 16 de Octubre. "Recibe continuamente cartas de los Estados Unidos preguntando por información sobre tierras para colonizar", aseguraba en marzo de 1904 un suelto del *Buenos Aires Herald* que hacía un transparente *lobby* por sus aspiraciones.

Butch y Sundance pudieron ser algunos de los supuestos colonos. Newbery los recibió en Buenos Aires y debió hablarles de esas tierras que acababan de ser arrebatadas a los aborígenes. Pero ellos tenían dinero propio, es decir, independencia. En definitiva llegaron a la Patagonia por su propia cuenta, y poco más tarde se preocuparon por marcar sus diferencias con el cónsul.

Milton Roberts, un argentino-galés de veintiún años que vivía en la Colonia 16 de Octubre, los encontró en Cholila, acampados con una carpa. Debió ser alrededor de octubre de 1901, cuando todavía no habían levantado la cabaña. En esa fecha Roberts, que cumplía funciones de policía, intervino en la gestión de marcas de hacienda para los recién llegados. Cassidy y Longabaugh lo invitaron a que se acomodara junto al fogón y le dijeron que necesitaban peones, ya que querían dedicarse a la ganadería. Roberts había llegado al país procedente de Nueva York, tras zarpar de Liverpool; quizás intercambiaron recuerdos. Hubo otros dos encuentros; la conversación giró alrededor de la cría de caballos de raza y de parejeros. El visitante se percató de que habían recorrido la zona y tenían un conocimiento preciso de sus características. Por entonces los norteamericanos habrían llegado a Súnica, paraje situado al sudoeste, donde pudieron relacionarse con otros galeses, los hermanos Mauricio y Eduardo Humphreys, y con el inglés Richard Clarke. En particular, el segundo anudaría lazos estrechos con Cassidy y sus amigos. "A Place [lo conoció] en circunstancias en que pasaron éste y Ryan por el [Río] Corintos y a su esposa la conoció en Cholila, donde fue invitado por Ryan", declaró más tarde. Era una relación importante: Eduardo Humphreys cumplía las funciones de comisario.

El Valle de Cholila debió resultarles un espacio familiar. Un jinete norteamericano podía sentir que cabalgaba por el sur de Utah y que contemplaba los Apalaches al llegar a las cercanías de la cordillera. "El clima local es bastante más benigno que en el valle de Ashley –dijo Cassidy en su carta a Davis–. Los veranos son hermosos y nunca alcanzan las temperaturas de allá (...) En cambio, los inviernos son sumamente lluviosos y desagradables, pues las lluvias son casi incesantes y a veces nieva mucho, pero esto no dura, pues nunca llega a bajar tanto la temperatura como para que el agua se congele. Nunca vi ninguna helada de dos pulgadas como allá." El paisaje humano incluía aspectos que evocaban fenómenos sociales del país natal: los galeses, con sus normas estrictas de vida, podían ser asociados con los mormones que habían rodeado a Butch en su infancia y adolescencia; el fenómeno de la fiebre de oro, que había vivido de cerca en el pueblo de Telluride, todavía desvelaba a colonos y aventureros en la nueva tierra que pisaban; la frontera vecina significaba recuperar el espacio de libertad que habían perdido. Para completar la ilusión levantaron su cabaña al estilo americano, con troncos de ciprés acostados, techo a dos aguas de tejuelas de alerce y pisos de madera.

Las posibilidades económicas eran también similares. Como en los buenos tiempos del Oeste americano, el ganado circulaba en manadas comunes, y el robo era una actividad no muy controlada, en este caso tanto para llevar carne a Chile como para formar el propio rebaño. "La única industria por el momento es la ganadería –decía Butch en la carta citada–, por lo menos en esta región, y resulta insuperable para esta actividad. Nunca vi tierras con pasturas tan excelentes y con centenares y centenares de kilómetros sin colonizar y relativamente desconocidas." Hablaba como un honesto ganadero; estaba tan entusiasmado, se sentía tan lejos de quienes lo perseguían, que firmó la carta con su nombre y la situó en el lugar donde estaba radicado.

La llegada del trío de fugitivos no podía despertar sospechas en una región que recién comenzaba a poblarse. Había una tradición de viajeros que acudían en busca de lo desconocido. El abogado William Andrews, partícipe de la segunda "campaña al desierto", en 1881, y el periodista C. E. Ackers, que cruzó la cordillera en 1892 por el paso de Puyehue, desde Chile, fueron algunos curiosos que se arriesgaron por su cuenta. El camino estaba abierto desde 1869, cuando el marino inglés George Ch. Musters viajó desde Punta Arenas hasta Carmen de Patagones como invitado de una tribu tehuelche. La travesía inauguró las exploraciones modernas de la Patagonia, al impulsar los recorridos de científicos y militares argentinos, y también el reconocimiento de tehuelches y araucanos como pueblos con historia y cultura, contra la opinión dominante que los definía en términos negativos (no ser blanco equivalía a no ser humano). Esa visión, elaborada por los misioneros y los conquistadores españoles, serviría para justificar su exterminio y la apropiación de sus tierras, que pasaron a ser consideradas fiscales. "Se realizaron matanzas inútiles de seres que creyéndose dueños de la tierra la defendían de la civilización invasora", dijo el perito Francisco Moreno. Los primeros habitantes carecían de derechos en el suelo donde vivían. Paradójicamente, la ocupación de la tierra como fundamento para su propiedad fue uno de los argumentos esgrimidos en la disputa de límites con Chile, agudizada a partir de los últimos años del siglo XIX y que tuvo como eje precisamente la zona que deslumbraba a Cassidy.

La ocupación del oeste cordillerano se inició luego del combate final contra las tribus aborígenes, en una guerra, como dijo el perito Moreno, que era innecesaria y se hizo a los fines de expulsarlos de los valles donde vivían, y en particular para conquistar el país de las manzanas del cacique Valentín Sayhueque. El último combate se libró el 18 de octubre de 1884, a orillas del arroyo Genoa, en Chubut, donde tropas del ejército a las órdenes del general Lorenzo Vintter derrotaron a los restos de la tribu del cacique Foyel. Dos días antes el presidente Julio A. Roca había dispuesto la creación del Territorio Nacional del Chubut, siendo nombrado gobernador Luis Jorge Fontana. Y el 1º de enero siguiente Sayhueque se rindió en el fortín de Junín de los Andes, hecho que según la historiografía marcó el sometimiento definitivo de los indios de la región. El objetivo militar era claro: "concluir con los moradores de aquellos territorios, haciéndolos emigrar allende las cordilleras o destruyéndolos", según las palabras del general Conrado A. Villegas, jefe de la expedición. El perito Moreno pudo constatar *in situ* el éxito del ejército en su plan de despoblamiento. "El ancho valle del Collón Curá está hoy menos poblado que veinte años atrás, cuando las indiadas de Molfinqueupu tenían allí sus tolderías", anotó en el camino de Neuquén a Nahuel Huapi, que recorrió a principios de 1896, en misión de estudio para preparar la defensa argentina en la disputa de límites. Poco más adelante registraba la misma decepción: "Más población había en las tolderías indígenas sometidas a los caciques Inacayal y Foyel que la que hoy vive en la región andina del Chubut". Este "exceso" en la represión –así lo consideraron– se convirtió poco después en un problema para los estancieros, que no encontraban mano de obra disponible.

El camino al oeste quedó establecido después que el gobernador Fontana organizó un viaje de exploración al frente de Los Rifleros del Chubut, cuerpo de treinta colonos galeses ansiosos de llegar a las tierras que conocían por los relatos de los aborígenes. También los impulsaba una ambición: "Querían encontrar el oro en venas, metal que hasta ese momento se les ofrecía con gran trabajo y pérdida de tiempo en laminillas y granos pequeñísimos", dijo Fontana. Como guía iba John Daniel Evans, único sobreviviente de un grupo de cuatro jóvenes galeses que seducido por "la idea de un nuevo Perú" se había arriesgado en el interior del territorio y que el 4 de marzo de 1884 fue atacado por indios de Foyel en el valle de Kel Kein –en adelante *Dlyffryn y Merthyron*, Valle de los Mártires, en homenaje a los tres colonos asesinados–.

Después de navegar el Río Chubut hasta la confluencia con el Arroyo Tecka, la expedición de Fontana siguió por tierra hasta llegar, el 25 de noviembre de 1885, "al valle más majestuoso de la cordillera austral", al que llamaron 16 de Octubre, en alusión al día en que se sancionó la Ley de los Territorios Nacionales. Previamente hicieron una parada en el Cañadón del Oro, "llamado así desde años anteriores por los colonos que habían llegado hasta él y encontrado granos del metal precioso", como explicó el gobernador. Los exploradores detectaron "granos de oro perceptibles al ojo desnudo" en el lecho del Río Charmate (Gualjaina), el Arroyo Tecka y el Río Senguer.

Las noticias sobre hallazgos de oro circulaban de boca en boca entre viajeros, aborígenes y colonos. En esos relatos resonaban ecos de leyendas sobre ciudades encantadas y tesoros ocultos al pie del arco iris que remitían a la época de la conquista española. Los resultados eran escasos; pero "en vez de desalentarlos, [eso] avivaba sus ilusiones", observaba Fontana. "Después que hube comprado tabaco y otros artículos –escribió por su parte Musters en Punta Arenas, a punto de iniciar el viaje a través de la Patagonia– la conversación giró sobre el oro." Ya en esa época "un americano conocedor de las minas de California" exploraba el río Santa Cruz. En Futalaufquen los rumores sonaban con más fuerza. "Les he oído [a los aborígenes] conversaciones interminables sobre un gran fragmento de oro puro con el que hicieron una boleadora que luego vendieron en Carmen de Patagones, por una insignificancia, a un comerciante que en Buenos Aires obtuvo una fuerte suma por ellas", anotó Francisco Moreno.

Las búsquedas de los colonos de Chubut eran parte de una fiebre del oro que perduraba. El nombre de la Patagonia trascendía las fronteras, llegaba a remotas partes del mundo, asociado con la riqueza, y retornaba con hombres de diversa condición y procedencia, unidos por el deseo de realizar la quimera de la fortuna rápida. La epidemia se desató en 1876, cuando un cúter pesquero encalló cerca de Cabo Vírgenes, en la entrada oriental del estrecho de Magallanes. El cazador de lobos Gregorio Ibáñez, capitán del velero, y su tripulación debieron esforzarse para alcanzar la costa. Valió la pena: al excavar un pozo en procura de agua potable encontraron partículas de oro puro. Estaban en una zona que se denominaría Zanja a Pique y que enseguida se pobló de soñadores. Agrupados en campamentos por nacionalidad o bien por simples afinidades, los buscadores trabajaban con dos métodos: usaban una batea de madera que se cubría de arena y sobre la cual se vertía agua para disolver la arcilla y fijar el oro o bien construían canaletas a cierta altura del suelo con declive, para hacer el mismo procedimiento y depositar las partículas en la base del instrumento. El español Eugenio Fernández fue uno de los que probó suerte en Cabo Vírgenes. "Encontramos allí a más de un centenar de personas, en su mayoría franceses y españoles y gente toda aventurera, entre ellos bastantes con gran cultura y educación", contó. El rumano Julio Popper, que impuso mediante un régimen de terror su empresa Lavaderos de Oro del Sur, en Tierra del Fuego, describió en cambio a sus competidores como "atorrantes, criminales y bandidos de casi todos los países del orbe". En el caso de Santa Cruz, la explotación de oro no constituyó una actividad económica importante pero permitió a los más precavidos acumular algún capital para comprar hacienda, arrendar tierras y disputar un lugar en la clase terrateniente. "En el lavado de aquellas arenas el éxito sólo dependía del rudo trabajo individual –recordó Eugenio Fernández–. Las compañías atraídas por los exagerados informes de riqueza sufrieron todas grandes descalabros (...) Guiado por el consejo de mi tío José Montes, cambié mi oro por ciento ochenta ovejas en la estancia San Gregorio, de don José Menéndez."

En el territorio de Chubut los hallazgos parecen haber sido aun menos significativos, pese al entusiasmo de algunos exploradores. El año del oro fue 1890. "En el mes de septiembre era tal el entusiasmo por su búsqueda –cuenta el historiador Matthew Jones– que se resuelve organizar una expedición al interior, en la casi certeza de la existencia de oro y otros metales preciosos en la zona cordillerana." El promotor era un minero australiano, William E. Richards, a quien acompañaba, entre otros, Edwyn C. Roberts, quien había localizado minas de plomo y cinc cerca del Lago Fontana. "Regresaron al valle en febrero de 1891 –agrega Matthew Jones–, después de muchas peripecias y luego de hacer campamento y de haber lavado arenas del Arroyo Tecka, frente al Monte de Edwyn [nombre puesto en homenaje a Roberts] con resultados más bien pobres, pero que ellos suponían de buenos rendimientos." La novedad provocó revuelo. Edwyn C. Roberts vendió su chacra en el Valle de Chubut, viajó a Inglaterra y formó una sociedad con David Richards y Reid Roberts para explotar el oro que, según creían, se hallaba en la zona. "De ello se hablaba de día y con ello se soñaba de noche", dice otro cronista de la colonia galesa, W. M. Hughes. Se preparó al mismo tiempo una segunda expedición, llamada La Compañía Voladora (*Flying company*) por la rapidez con que se formó. La integraban, según Jones, "alrededor de setenta hombres", quienes "partieron hacia la zona de Tecka en los primeros días de marzo [de 1891] y tuvieron que vencer muchas dificultades". El esfuerzo no tuvo recompensa: "Se lavó arenas y grava en grandes cantidades, pero lo encontrado fue muy escaso".

No obstante, David Richards y Reid Roberts pensaban que los intentos anteriores "habían fracasado por la forma desordenada en que habían trabajado y no por la falta de oro", que creían existía en los alrededores de Tecka. En 1892 anunciaron el descubrimiento de oro en la región del curso superior del Río Corintos, aunque tampoco se trataba de un yacimiento importante. Las búsquedas continuaron y entre 1893 y 1894 se instaló una compañía de carácter formal, conocida como "la Sociedad Anónima", en el Corintos. La aparición de desconocidos, que llegaban en procura de riquezas, suponía por otra parte un problema de seguridad. En 1895, el jefe de policía de Chubut, Arturo Woodley, informó al gobernador del territorio "el mayor aumento de la población a consecuencia de la gran entrada de empresas mineras que se encuentran diseminadas en este territorio y que año por año toman mayor incremento". Por lo tanto proponía crear destacamentos y reforzar los planteles para "prevenir en todo lo posible los actos criminales que se han llevado a cabo en California, Australia y Tierra del Fuego en donde se agrupan grandes cantidades de hombres de toda clase". De hecho a fines del mismo año se designó a Juan James como comisario en el área de la explotación minera. Los sueños seguían sin concretarse. "Por el momento –observó el naturalista Clemente Onelli en 1901– esos placeres son los que los norteamericanos llaman *poor men's diggins* [sic] [minas para gente pobre] y que sirven para llamar afluencia de población."

Uno de los que cayeron en el hechizo fue Martin Sheffield. Nacido en Texas en 1867, llegó a Nahuel Huapi en 1889, procedente de Chile. Según una de sus hijas, Juana Sheffield, "vino como *sheriff* corriendo a unos asaltantes de bancos". Si bien conservó hasta su muerte una estrella de *sheriff*, no hay constancia de que persiguiera a ladrones. Parece raro que siendo tan joven pudiera ser nombrado en tal cargo; y su relación con la ley fue más bien de enfrentamiento, aunque por causas menores, dado su ánimo un tanto violento y proclive a bromas bizarras. Como ocurrió con otros personajes de la época, su puntería con las armas fue haciéndose cada vez más infalible con los relatos que disparaba. "Cuentan que una vez –dijo Manuel Blanco, poblador de El Bolsón– les jugó a unos amigos cinco pesos a que le sacaba el taco a una señora que se encontraba bailando. Gatilló y le arrancó el taco. A partir de ese momento parece que le prohibieron usar las armas." En otros relatos la víctima es una mujer obesa, o la esposa de un alto funcionario, y quien propone el desafío es un comisario de Esquel que después debe llevarse preso a Sheffield. Lo cierto es que trabajó en la estancia de Jarred Jones, donde hizo amistad con su compatriota John Crockett, atendió un almacén en Tecka y obtuvo en 1894 un permiso de cateo para un afluente del Arroyo Lepá. Con su hermano Santiago (o con Crockett, en otras versiones) también buscó oro en el Arroyo Minero, en la zona de Traful. Se estableció por un tiempo allí, en un punto al que llamó Klondike, como la región de Alaska que atraía a buscadores de oro norteamericanos. "Juntaba unos gramos y los iba a vender a Esquel y después se los chupaba porque le gustaba mucho el vino –dijo Manuel Blanco–. Andaba con la mujer. No tenía más capital que tres caballos de los cuales uno montaba él, el otro la mujer y el tercero lo utilizaba como pilchero en el que cargaban las mantas y los elementos para cocinar." Sheffield se convirtió en un personaje popular por su destreza en el manejo de las armas y por su capacidad para inventar historias. Era un vagabundo: según otros testigos, "solía pasar una semana o quince días en Ñorquinco [...] Otras veces en Cholila o en Esquel. Los recorridos habituales eran entre Bariloche y Esquel. En todos esos pueblos tenía amigos y pasaba días o meses enteros por esos lados".

Al margen de los aventureros y solitarios, los galeses conformaron otra corriente de pobladores que se dirigió hacia el oeste. Fontana propuso poblar el Valle 16 de Octubre cediendo cincuenta leguas de tierra a otras tantas familias. En febrero de 1891 Martin Underwood estableció la primera familia. Nacido en la provincia de Buenos Aires en 1863, hijo de inmigrantes escoceses, Underwood fue durante años la persona con mayor ascendiente en la zona. La condición de pionero garantizaba esa influencia, tanto como el hecho de que podía obtener respuestas de los lejanos poderes territoriales (la travesía en carro desde 16 de Octubre hasta Rawson, una distancia de ciento treinta leguas, insumía según cálculo del perito Moreno "por lo menos dieciocho días de marcha"). Después de haber sufrido un asalto, cuando volvía de vender un arreo de animales en Chile, un reclamo suyo, sumado a la creciente tensión con el país vecino, hizo que en diciembre de 1901 fuera enviado a la cordillera un destacamento del Regimiento 6° de Infantería, acantonado en Trelew. En la estancia de Underwood tenían lugar los actos fundacionales y los sucesos extraordinarios: allí se realizó el primer oficio religioso de la colonia (1896) y encontraron hospedaje en abril de 1902 el perito Moreno y Thomas Holdich, delegado de la corona británica, que debía fallar en la cuestión de límites. "Se había construido una casa buena y considerable, con jardín, una huerta con diferentes árboles frutales, buen ganado, establos y campos bien cuidados", aprobó el geólogo norteamericano Bailey Willis, otro visitante destacado de la comarca, que en cambio juzgó con severidad al resto de la colonia. Underwood era una autoridad, en sentido literal:

llegó a la Colonia 16 de Octubre designado como comisario de policía, cargo que desempeñó hasta 1897, cuando pasó a ser juez de paz y lo sucedió Eduardo Humphreys.

Pero la corriente más importante de pobladores vino del otro lado de la cordillera y del norte de la Patagonia. En los últimos años del siglo XIX comenzó a desplazarse desde Chile una corriente de inmigrantes que accedía al territorio argentino a través de los pasos cordilleranos que antes transitaban los indígenas, en Neuquén y Bariloche, y seguía rumbo hacia el sur. Esos grupos confluyeron con poblaciones aborígenes de Río Negro desplazadas de sus sitios de residencia por el avance de estancieros y comerciantes. Se perfilaba así un grupo heterogéneo, formado por pequeños productores, crianceros y peones, en busca de trabajo y un sitio donde establecerse. Si no tenían suerte podían alistarse como agentes de policía, empleo que nadie codiciaba.

La política colonizadora del gobierno chileno para el sur del país, a partir de una ley de agosto de 1874, implicó virtualmente la expulsión de los nativos, ya que apuntaba a reservar la tierra para compañías o inmigrantes con poder adquisitivo. El Estado podía conceder grandes superficies a empresas particulares que estuviesen dispuestas a radicar colonias con inmigrantes europeos o norteamericanos y a hacerse cargo de su traslado. Los extranjeros recibían del gobierno animales, útiles de labranza y materiales de construcción, entre otras regalías. La desigualdad en el trato con los nativos era evidente: éstos podían aspirar sólo a pequeñas extensiones, sin ningún auxilio. Al mismo tiempo, la producción agrícola, demandada por Estados Unidos, Australia e Inglaterra, llegó a cuadruplicarse y liderar las exportaciones nacionales, lo que incidió en la disminución de la ganadería extensiva tradicional. Estas circunstancias provocaron el desplazamiento de la población que podía emplearse en esas tareas y que encontraba justamente demanda en el oeste argentino, donde grandes estancias británicas y de capitales argentinos y chilenos comenzaban a criar ganado teniendo como mercado principal las ciudades y puertos de Chile. El movimiento de los grupos aborígenes, por su parte, estaba relacionado en forma directa con la supervivencia. Entre fines del siglo XIX y principios del XX fueron expulsados de las áreas fértiles y los pasos cordilleranos de los valles de Junín de los Andes, Bariloche, El Bolsón y Foyel, por lo que comenzaron a conducir sus arreos hacia el sur. En Chubut, sin embargo, se desarrollaba el mismo proceso de segregación. El noroeste del territorio debió ser particularmente atractivo, ya que ofrecía enormes extensiones de tierra disponibles. Pero más que una oportunidad, tal situación suponía que la propiedad iba a ser objeto de disputa. Y dada la ausencia del Estado argentino, sus dificultades para imponer la ley, esa pelea se libraría por lo general de manera violenta.

El movimiento de la población chilena parece haber seguido el mecanismo de la cadena migratoria: las familias se desplazaban a partir del viaje de uno de sus miembros, por lo general el padre o el hijo mayor y en base a informes de parientes o conocidos. Al declarar desde Chile en 1911, en la investigación por las andanzas de los bandidos norteamericanos, Juan Fermín Solís González señaló que "hace como once años" había enviado "a su hijo Wenceslao Solís Vidal a solicitar campo a la República Argentina para establecer crianzas de ganados vacunos o lanares". Wenceslao Solís enfrentaba en ese momento una situación comprometida, a la luz de los múltiples testimonios de su sociedad con los "gringos". Al abandonar el lugar natal, había seguido un camino abierto por otros miembros de su familia: se dirigió a Cholila, cuyo primer habitante fue Ventura Solís, instalado en 1897. Y otros parientes seguirían su rumbo, al punto que una encuesta divulgada en 1905 mencionó entre los pobladores de la zona, en su mayoría chilenos, a Claudio y Carlos Solís. El relevamiento dio cuenta de un total de ciento ochenta y nueve habitantes, entre ellos Santiago Ryan, Enrique Place –como se hacía llamar Sundance Kid– y David Moor (en realidad, Moore). Este último fue descripto como norteamericano, soltero, con un año de residencia en Cholila y "socio del señor E. Place". Según Milton Roberts, el joven argentino-galés que les dio la bienvenida, habían instalado un boliche de campaña; el tal Moore trabajaba como encargado.

El viaje emprendido por Musters en 1869 atrajo la atención y suministró información a inversores británicos. Uno de los primeros en conocer la zona fue Ashael P. Bell, ingeniero inglés y cabeza de una familia de terratenientes que recorrió los valles cordilleranos en 1887. No se trataba de una visita turística: a partir del contacto con Lewis Jones, el dirigente histórico de la colonia galesa, Bell había sido el impulsor de la *Chubut Company Ltd.*, concesionaria y contratista del Ferrocarril Central del Chubut. La empresa terminaba de construir una línea ferroviaria entre el Golfo Nuevo y el valle del Chubut, que pronto daría nacimiento a los pueblos de Puerto Madryn y Trelew, y se proponía continuarla hasta la cordillera. El proyecto implicaba la concesión de una vasta extensión de tierras, en el noroeste del territorio y hasta Pilcaniyeu y Maquinchao, en Río Negro. Tal fue el origen de la Compañía de Tierras Sud Argentino (*Argentine Southern Land Company*), creada en Londres en 1889, la primera empresa formada con el propósito de adquirir tierras en la Patagonia. El grupo, presidido por John Augier, contaba con veintiocho leguas cuadradas de tierra entre Trelew y Puerto Madryn, obtenidas por la construcción de las vías férreas, y recibió otras doscientas treinta y cuatro, especialmente aptas para la ganadería, en Chubut y Río Negro, de acuerdo con la Ley de Colonización.

Esa norma, sancionada el 19 de octubre de 1876, autorizó al gobierno a conceder "en regiones de los territorios nacionales que no estuvieran medidas y dadas a la colonización, lotes a empresas que los solicitasen para poblar". Las condiciones establecían "que el área concedida no excediese para cada empresa de dos secciones de cuarenta mil hectáreas cada una" y los beneficiarios debían introducir un mínimo de "doscientas cincuenta familias en el término de cuatro años contados desde la fecha de firma del contrato". La Compañía de Tierras declaró que su principal propósito sería "subdividir la tierra en chacras para colonos, y ofrecer incentivos a los inmigrantes para que se establezcan", es decir, especular con la valorización de la propiedad; también quería "formar una estancia para ganado mayor". La crisis política de 1890, el abandono del proyecto para extender los ferrocarriles y el descubrimiento de que la única inmigración considerable en la zona era la chilena, a la que se juzgaría indeseable, impusieron una reformulación de los planes.

En 1911, un informe de la Comisión de Investigaciones de Tierras y Colonias reseñó el fracaso de la Ley de Colonización. En vez de "empresas dignas", el Estado habilitó a "simples particulares" atraídos por el afán de especulación. En menos de un año (en junio de 1887 el gobierno nacional suspendió los trámites ante la avalancha de presentaciones) se otorgaron doscientas veintitrés concesiones, de las cuales sólo doce cumplieron con las obligaciones de la ley. El resto fue tierra regalada a empresarios u oportunistas que sólo se preocupaban por un rédito inmediato. En ese tren, por un contrato acordado en 1892 con el presidente Carlos Pellegrini y convertido en ley en 1893, un grupo encabezado por el prestamista alemán Adolfo Grünbein obtuvo una concesión por un millón de hectáreas en Santa Cruz y Chubut, que enseguida fueron revendidas con jugosas ganancias; quizá para demostrar que no era egoísta, el gobierno extendió la oferta de compra a los arrendatarios instalados en Santa Cruz antes de julio de 1893. Así se conformaron los principales latifundios; en total se entregaron más de dos millones y medio de hectáreas. Los beneficiarios recibieron los títulos de propiedad de sus tierras; muchos fueron ciudadanos británicos o empresas privadas con sede en Londres.

La Compañía de Tierras se encontraba en infracción respecto a la obligación de colonizar prescripta por la ley de 1876. "El Directorio –señala el historiador Eduardo José Míguez– decidió poblar las tierras [que aún no le pertenecían] con ovinos y bovinos." Los testigos de la época dan fe al respecto. "Encontramos grandes cantidades de ganado, algunos miles de cabezas (...) pero no vimos un solo hombre", dijo el perito Moreno, al recorrer "las pampas de Esquel" con su grupo de colaboradores, en marzo de 1896; asimismo, en el Valle del Río Maitén "ya no existe un solo toldo; sólo un pobre rancho aloja algunos indios que cuidan las haciendas de la Compañía inglesa de tierras". Por entonces, la empresa ya se había acogido a una ley que vino a favorecer a especuladores y oportunistas. Esta norma, dictada el 21 de noviembre de 1891 y llamada Ley de Liquidación, permitió a los concesionarios devolver una cuarta parte de las tierras recibidas y conservar las restantes sin colonizar. La Compañía de Tierras ordenó entonces la administración de sus propiedades en secciones y, en vez de lo que mandaba la ley, acordó con el gobierno renunciar a una de cada cuatro concesiones obtenidas, por lo que entregó tierras de los accionistas Charles Lockwood, Wilson Bell, J. H. Higgins y Charles Krabble. En definitiva conservó catorce secciones, cinco de ellas en Chubut (Esquel, Lepá, Fofo Cahuel, Leleque y Cholila). El casco principal se estableció en Leleque, con edificios para vivienda o almacenamiento, instalaciones para el manejo del ganado y un almacén de ramos generales donde encontró empleo como tenedor de libros Ricardo Knight Perkins, un cordobés de padres norteamericanos que se hizo amigo de Butch y Sundance.

Sin embargo, la preocupación de los accionistas ingleses no era excusarse de la obligación de colonizar en sí misma. El problema, para ellos, consistía en que según la ley de 1876 los títulos de propiedad serían otorgados al cumplirse esa disposición. Lo que se buscaba era asegurar la tenencia de la tierra. La Ley de Liquidación tranquilizó definitivamente a los socios, ya que les permitió firmar las escrituras correspondientes, un trámite que concluyó en 1898. Ese privilegio, todavía más notable si se piensa que la Compañía no había realizado mayores inversiones, fue sistemáticamente negado a colonos y pioneros, verdaderos hacedores del progreso de la región. El conflicto de límites con Chile era el argumento oficial para retacear los títulos, ya que los valles cordilleranos estaban comprendidos entre la línea divisoria de aguas (límite pretendido por Chile) y la línea de altas cumbres (propuesta por la Argentina). No obstante, los colonos que ocupaban tierras fuera del área en litigio tampoco pudieron asegurar la propiedad, y el problema persistió aun después del laudo arbitral. Todavía en abril de 1908 los vecinos de Cholila hacían a coro sus reclamos. "No es posible que hombres que han contribuido a acrecentar la riqueza nacional y que se han formado una posición no tengan seguridad respecto de su estabilidad", los apoyaba entonces el corresponsal de *La Nación*. El problema de la tierra es central para comprender el funcionamiento de una sociedad en ese momento en gestación y, al ser la propiedad privada el fundamento del orden legal que se pretendía imponer, aparece asimismo como el determinante principal de la forma en que eran entendidos los conceptos de ley y delito y de la percepción que tenían los pobladores del fenómeno del bandolerismo.

La Ley de Liquidación pareció confeccionada a medida para favorecer a las empresas que habían obtenido tierras en los territorios de la Patagonia. Por si fuera poco, también fue burlada. La norma estipulaba que los beneficiarios recibían el título de propiedad definitiva y se quedaban con la tierra en donación o pago de mil quinientos pesos por cada dos mil quinientas hectáreas, siempre que además invirtieran determinado capital en una "industria" y construyeran una casa por cada diez mil hectáreas. El engaño generalizado consistió en hacer pasar el cumplimiento de esas obligaciones con ganado o mejoras introducidas por arrendatarios u ocupantes autorizados. No había ninguna actividad fuera de la pastoril, y la mano de obra requerida (para los arreos, la aparcería, la esquila) era en buena medida de empleo temporario y a veces carecía de formas salariales plenas (los peones de las grandes estancias debían abastecerse en proveedurías y almacenes de ramos generales de propiedad de sus mismos patrones). Las instalaciones de Leleque, por ejemplo, constituían toda la inversión edilicia de la Compañía de Tierras en Chubut. Las empresas del grupo inglés obtuvieron mayores beneficios cuando el Estado argentino, obligado por el conflicto de límites con Chile, reforzó su política intervencionista en el sur y les acordó subsidios y liberación de impuestos.

Además, la extensión de las tierras en posesión de la Compañía superaba lo autorizado. Para evitar las restricciones de la Ley de Colonización, las concesiones fueron obtenidas en nombre de diversas empresas o accionistas, que luego las transferían a la Compañía. Según el informe de la Comisión de Investigaciones mencionada, J. Best hermanos, A. Gilderdale y J. D. Rodgers recibieron en definitiva 80.000 hectáreas cada uno; J. H. Higgins, 40.000; Charles Krabble, 42.900; la Compañía de Tierras propiamente dicha, 85.638; Enrique Rushton Rodgers, 96.919. La adjudicación, se lamentó el perito Moreno, tuvo lugar "sin haber tenido en cuenta el menor estudio sobre su valor económico y estratégico". No era la excepción sino la regla: la utilización de testaferros fue el sencillo recurso que se empleó a lo largo de la Patagonia entre los últimos años del siglo XIX y los primeros del siglo XX para la formación de latifundios.

La Compañía Comercial Ganadera Chile-Argentina utilizó el mismo mecanismo para conformar su emporio de estancias. En la región de Bariloche, donde instaló su cabecera, actuó como centro de gravitación de la actividad económica, el mismo rol que cumplió la Compañía de Tierras en el noroeste de Chubut, y en consecuencia sus opiniones sobre la seguridad pública tuvieron amplia difusión en la prensa e influencia en las decisiones de gobierno. El germen de la empresa, que tenía la particularidad de asociar capitales argentinos y chilenos, fue la sociedad comercial de Federico Hube y Adolfo Achelis. La casa matriz estaba en Puerto Montt y su expansión a la Argentina se produjo en el marco de una emigración de colonos alemanes y suizos que desde los últimos años del siglo XIX impulsaron el desarrollo de Bariloche. Los dueños de Hube y Achelis, decía Clemente Onelli, "han iniciado la civilización de ese lago poco conocido [el Nahuel Huapi] con chalets, molinos, casas, caminos, muelles, el vapor mismo en que navego". La compra de una estancia en las cercanías del Nahuel Huapi, con instalaciones de saladero y aserradero, fue el primer pie que apoyó la compañía en suelo argentino. Luego absorbió al estratégico almacén del pionero Carlos Wiederhold, origen de la población de Bariloche, y continuó sus actividades de acopio de lana y cueros y de transporte por vía lacustre a Chile, explotando un servicio semanal de comunicación con Puerto Montt por el boquete Pérez Rosales.

En su casa matriz, Hube y Achelis comerciaba los productos argentinos al tiempo que se proveía de las mercaderías para el consumo de la población del área de Nahuel Huapi. El ritmo de sus actividades explica que se viera en la necesidad de instalar una línea telefónica para su uso exclusivo, que cubría ciento setenta kilómetros entre Puerto Blest y Puerto Peulla (Chile). En marzo de 1905, la Dirección de Correos y Telégrafos constató que la línea carecía de autorización tanto del gobierno argentino como del chileno y ordenó que se suspendiera su funcionamiento.

De acuerdo con el registro de 1904, la empresa tenía 998 clientes en Chile y otros 400 en la Argentina. Podía ser vista como un ejemplo de integración entre ambos países, pero su procedencia chilena despertaba suspicacias al calor de la disputa de límites: a fines de septiembre de 1901 la prensa recogió comentarios según los cuales Hube y Achelis había abierto un camino a través de la cordillera con ayuda del gobierno transandino y advertía con resquemor que "los capitalistas de la compañía residen en Chile". Se aludía a un camino cuyo costo, de acuerdo con la contabilidad de la compañía, insumió ciento veinte mil pesos oro. No obstante, Luis Horn, gerente de la sucursal en Bariloche, actuó como informante del comisario Juan I. Milher, cuando éste, en el mismo año, investigaba las actividades chilenas en la cordillera. Y Federico Hube era cónsul argentino en Puerto Montt. En realidad la casa sacaba partido de ambos gobiernos, ya que mientras el chileno subvencionó las instalaciones de la línea de navegación "el progresista gobierno argentino", como reconocieron los propios empresarios, "ha acordado [en 1904] la liberación de derechos para una zona determinada para lo que se importe del esterior via del Pacifico [sic]". Esta política de plantear exigencias a los dos países fue recurrente entre las grandes compañías radicadas en la frontera.

A través de distintos compradores, Hube y Achelis adquirió en 1904 las tierras de cuatro concesionarios, en total 419.737 hectáreas, y estableció seis estancias, en los departamentos Huilliches, Lacar, Los Lagos y Collón Curá, en Neuquén. En el informe a los accionistas del mismo año precisaron que, además de las tierras, la Compañía era propietaria en Chile de casas comerciales en Puerto Varas y Frutillar; bodegas y muelles en Puerto Ensenada, Lago Todos los Santos y Puerto Peulla; un vapor, cuatro lanchas y nueve embarcaciones menores; del lado argentino, contabilizaban una casa de comercio y dependencias en Comallo (entre Bariloche e Ingeniero Jacobacci); muelles y bodegas en Puerto Blest y Puerto San Carlos; casa de comercio y dependencias en Nahuel Huapi; otro vapor; lavadero de lana y aserraderos; dos coches, veintinueve carretas, doscientos veintiocho bueyes y ciento noventa y seis caballos y mulas. Al margen, la familia Hube poseía un importante molino harinero en Las Golondrinas, cerca de El Bolsón. Las estancias, administradas como una única unidad de producción, tuvieron como propósito la cría de ganado para abastecer la demanda de carne del mercado chileno. Pero la actividad entera de la compañía giraba en torno a la región que integraba la cordillera entre ambos países. En junio de 1908, después de una visita a Bariloche, el inspector Marrazzo informó a la Dirección de Tierras y Colonias que "el movimiento comercial está casi acaparado por la compañía chileno-argentina, que introduce las mercancías por vía chilena, sirviéndose del vaporcito de su propiedad, El Cóndor, que es a la vez el único medio de comunicación entre los pobladores que ocupan los lotes pastoriles ubicados alrededor del Lago".

Las únicas voces que cuestionaron la forma de entrega de tierras y la administración de los terratenientes fueron las del perito Moreno y sus colaboradores. La diferencia entre los proyectos alentados pocos años antes y su realización saltaba a la vista y la destacaron en sus diarios de viaje y anotaciones, aunque esto no les impidió ser funcionarios o empleados de los mismos gobiernos responsables del problema. "Treinta y cuatro años han transcurrido desde que el cacique Ñancucheo desapareció defendiendo el suelo en que nació –se amargaba Moreno en su vejez–, desde que, con medios violentos, innecesarios, quedó destruida una raza viril y utilizable, y desde esa fecha, aun cuando ya hay en la región florecientes pueblos y la cruza en parte el riel, estorban su progreso concesiones de tierras otorgadas, a granel, a potentados de la Bolsa, lo que hace que decenas de leguas estén en poder de un solo afortunado, el que espera que las valorice el vecino." En particular la zona de Nahuel Huapi, "pertenece a muy pocos dueños, que la obtuvieron en su mayoría por vil precio y por condescendencia de los amigos en el gobierno". El desierto podía convertirse en un paraíso, pero no serían los terratenientes los encargados de concretar esa posibilidad. "El tan mentado empuje anglosajón –se burlaba Clemente Onelli, quien necesitó cuatro días de marcha para recorrer las posesiones de la Compañía inglesa en Chubut– no se ha revelado allí. En esas estancias se explotan los campos a la usanza indígena (...) de lo que resulta que los ingleses son también susceptibles de regresión hacia los pueblos primitivos." En cambio, la colonia aborigen de Cushamen, formada en 1899 con tierras pobres y sin capital, "tiene más aptitudes para el progreso". El inspector Santiago Bello, de la Dirección de Tierras y Colonias, quedó también sorprendido tras visitar la reserva indígena en 1905, aunque sus impresiones no se referían tanto a las actividades económicas como al modo pacífico y ordenado de la vida social, bajo la autoridad del cacique Miguel Ñancuche Nahuelquir. "Reinaba allí la prosperidad, la armonía, las buenas costumbres (...) –dijo–. No había allí una sola casa que expendiera bebidas, y sólo una vez al año la tribu se entregaba a una orgía conocida como Camisco [Camaruco], para festejar la Navidad (...) Allí no había comisaría, pero sí una escuela de ambos sexos, cuya instalación se debe a los mismos indios (...) La población es laboriosa y los sembradíos se hacen en condiciones regulares." Estas observaciones contestaban, en cierta medida, los lugares comunes respecto a las supuestas haraganería e inmoralidad de los aborígenes; los hábitos antisociales que les atribuían era un efecto del contacto con la civilización.

Por su parte, mientras veían postergarse las posibilidades de convertirse en propietarios, los colonos de los valles cordilleranos contemplaban con inquietud los negocios de especuladores y las ambiciones de terratenientes que disponían de otros instrumentos legales para apropiarse de tierras. El 5 de septiembre de 1885 el Congreso nacional sancionó la Ley de Premios Militares con el propósito de otorgar tierras a quienes habían participado de las campañas de represión de la población aborigen. Como no se precisaba la forma de adjudicar esas recompensas, un decreto de 1891 dispuso la emisión de cincuenta y seis mil quinientos certificados, destinados a acreditar el derecho de cada portador a cien hectáreas en los territorios del sur. "Apenas sancionada la ley –informó la Comisión de Investigaciones de Tierras y Colonias–, el Ministerio de Guerra confeccionó la lista de los expedicionarios; pero inmediatamente se notó que en ella figuraban personas que no habían tomado parte en la expedición." En septiembre de 1892, un nuevo decreto estableció que los premios serían concedidos en Chubut; tres años después la localización quedó extendida a Río Negro. "Emitidos los títulos al portador (...) los tenedores cedieron sus derechos; esto se hizo un instrumento de especulación". En total, treinta y dos personas o empresas obtuvieron adjudicaciones en Chubut, por lo que se enajenaron más de un millón doscientas mil hectáreas en el territorio.

Los colonos podían invocar en su defensa la Ley del Hogar, sancionada en 1884, que preveía destinar lotes de seiscientas veinticinco hectáreas a pobladores nativos o residentes en las áreas solicitadas. Tampoco esa norma se ajustaba a la realidad de los hechos, ya que en los valles cordilleranos de Chubut la propiedad media era de entre dos mil quinientas y cinco mil hectáreas, pero al menos suponía un recurso con que plantear las demandas. Con la Ley del Hogar se crearon, entre otras, las colonias Sarmiento y Cushamen, en Chubut, y Nahuel Huapi, en Río Negro. Los adjudicatarios recibían constancias provisorias de propiedad hasta que se hiciera la mensura definitiva. A modo de ejemplo de la forma en que evolucionaba la situación puede observarse que en 1911 en Sarmiento había cincuenta y siete propietarios con título definitivo y doscientos dieciséis con título provisorio.

La disputa por la tierra implicaba la confrontación entre poderes locales y poderes nacionales, ya que las empresas de capital extranjero concretaban sus negocios en Buenos Aires. En la capital, por caso, un comité específico hacía *lobby* por los intereses de la Compañía de Tierras, que así pudo obtener nuevos beneficios, como una concesión forestal en Epuyén. El regreso del árbitro inglés Thomas Holdich a la región, en diciembre de 1902, provocó desconfianza al remover esos fantasmas en una opinión pública todavía sensibilizada por la confrontación con Chile, aunque se interpretó que el fallo emitido el 20 de noviembre anterior había sido favorable para la Argentina. El propósito de supervisar la colocación de los hitos limítrofes encubría, según una crónica periodística, "el encargo de una sociedad de capitalistas ingleses para indicar el paraje (...) para adquirir en compra trescientas leguas de campo, fraccionados, que contengan valles". El temor tenía cierto fundamento histórico, si se piensa que la Compañía de Tierras afincó sus estancias en el recorrido informado por George Ch. Musters en *At home with the patagonians* (1871), su crónica de viaje por la región. Y se hizo persistente. "Circula el rumor de que una empresa de Buenos

Aires gestiona la concesión de una gran extensión de campo en la zona comprendida entre Punta Ninfas y la colonia galense –decía así el corresponsal en Rawson de *La Nación* el 5 de marzo de 1904–. Los ocupantes de esta tierra se hallan alarmadísimos por la noticia."

La incertidumbre sobre la tenencia de la tierra se convirtió en un factor de violencia en las relaciones humanas. El fantasma del especulador o el favorito del gobierno nacional, la amenaza cierta de los desalojos, se encarnaban con frecuencia en los propios vecinos. Los límites entre los campos constituían motivo de discusiones que se volvían sangrientas, tanto como la identificación del ganado, aunque se dispusiera de un régimen de marcas para discriminarla. El periodista y escritor chubutense Ascencio Abeijón relata el caso de un habitante de la Colonia San Martín, de nombre Erasmo, "quien había dado muerte en forma alevosa al ocupante de un campo lindero al suyo. De acuerdo con las normas vigentes en esos años [1910] ambos habían ocupado con ovejas los respectivos campos fiscales, para luego elevar el correspondiente permiso de ocupación a la Dirección de Tierras y Colonias en Buenos Aires". La anécdota indica que prevalecía el más fuerte. Las condiciones de la competencia por la posesión de los campos o la expansión de las tierras ya obtenidas hizo que algunos colonos decidieran vender o abandonar sus propiedades. Un poblador de Corcovado, Pío Quinto Vargas, se hizo célebre por sus continuas quejas y denuncias, que planteaba directamente en Rawson, ante el gobernador. En 1901 acusó a un colono de apellido Nixon –tal vez el norteamericano que guió a través de Chubut al perito Moreno en 1896 y que lo asombró cuando, en zona de la Laguna Blanca, "mató, en un juncal, el puma de mayor talla que haya visto en la Patagonia"–. El 4 de noviembre de 1901 la jefatura de policía del Territorio cerró el sumario y lo envió al juez letrado Fernando Villa, "no comprobándose los ataques y atropellos de que se hace víctima Vargas". Como se verá, cuando las instituciones demoraban o no atendían sus demandas, Vargas acudía a las armas. Y su posterior rivalidad con el estanciero Lucio Ramos Otero se transformó en el símbolo de esta situación, al ser recreada a través del tiempo en incontables relatos.

El problema de la propiedad de la tierra, sumado a la extrema precariedad del aparato policial y judicial, resultaba el indicio más elocuente de la ausencia del Estado nacional. En todos las poblaciones que comenzaban a desarrollarse por esos años en el territorio de Chubut se plantearon una y otra vez los mismos reclamos. Había situaciones insólitas: en Comodoro Rivadavia, según *La Prensa* del 24 de septiembre de 1901, "un súbdito alemán fue juzgado por los vecinos, a falta de autoridad, y condenado por ladrón; pero se fugó por la costa sur. Declaró a un puestero que proseguirá el viaje, a pesar que tiene setenta leguas para [Puerto] Deseado". Al margen de la distancia, la justicia letrada estaba desprestigiada por su burocracia e incompetencia. Ascencio Abeijón relata la desventura de dos de sus víctimas al regresar a Comodoro Rivadavia tras haber estado detenidos en Rawson. "Uno de ellos –cuenta– era un suizo procesado por lesiones graves y el otro un taciturno paisano que, luego de permanecer cuatro años preso acusado de robar un capón, salió absuelto de culpa y cargo (...) El suizo, que no aceptó el arreglo del sumario propuesto por el comisario a cambio de doscientos pesos y una tropilla, tuvo que permanecer casi dos años en Rawson, para salir con una condena de seis meses. Además, lo mismo perdió la tropilla, porque los certificados adolecían de fallas. Le agregaron un revólver como cuerpo del delito (...) A los tres días de haberle tomado declaración indagatoria en Rawson, el juez letrado tuvo que viajar a Buenos Aires donde permaneció tres meses y como el juez que quedó a cargo del Tribunal ya había actuado en su causa como fiscal no pudo actuar como juez y el asunto quedó estacionado. ¡Qué gran negocio habría hecho pagando los doscientos pesos!" Este comentario da la pauta de una impresión general: los problemas podían ser "solucionados" al margen de la ley, y los responsables de tales irregularidades eran los propios encargados de cuidar el orden. La rectitud del colono suizo había sido la causa de su perdición.

El juez letrado nacional, nombrado por el gobierno central, atendía en Rawson todos los fueros: civil, comercial, correccional y criminal. Además resolvía sobre las apelaciones de los casos resueltos por los jueces de paz del Territorio, que se ocupaban de las faltas menores. El escaso presupuesto, las distancias y las comunicaciones precarias restaban eficacia a tan débil aparato. La justicia se veía en problemas no ya para cumplir el papel de árbitro en los conflictos sino para que la ley desplazara a la costumbre y a la creencia personal; el problema de la tierra, los conflictos étnicos y las dificultades para imponer el aparato policial socavaban su base. En el oeste cordillerano, en particular, debía ser un poder tan lejano y ausente como el Estado nacional;

el rechazo al control, la tolerancia de la violencia y el individualismo combinado con un sentido práctico de la vida comunitaria constituían rasgos de esa sociedad de frontera en la que Cassidy y Longabaugh se sentían a gusto.

A principios de marzo de 1908 el corresponsal de *La Prensa* en Rawson anunció el viaje del juez letrado Luis Navarro Careaga a Buenos Aires, "con permiso por estar enfermo". El desbarajuste siguiente era notable. "Con motivo de la ausencia del juez titular han quedado acéfalas todas las causas criminales —informaba el diario el 19 del mismo mes—. La mayoría de los sumarios, por no decir todos, duran seis y siete meses, y durante este tiempo los sumariados carecen de libertad." Cuatro días después agregaba que "la Cámara Federal absolvió al procesado Máximo Eytel, acusado de domicilio [sic], que había sido condenado a seis años y medio de presidio. Es digno de reflexión que el noventa y cinco por ciento de las sentencias y providencias son revocadas por la Cámara". Aquí se observa un conflicto entre la justicia letrada y su instancia superior, que aparentemente trata de reparar los excesos represivos en la aplicación de la ley. Estos enfrentamientos se plantearon simultáneamente entre el juzgado letrado de Rawson y los juzgados de paz locales y entre la jefatura de policía del Territorio y los comisarios del interior e indudablemente incidieron en la forma en que eran valoradas las instituciones.

Por otra parte, los mismos representantes del Estado aprovechaban su condición para apropiarse de tierras y ganado. Ante la escasez de personal y el bajo nivel de los empleados que se conseguían, los gobernantes de los territorios patagónicos designaban comisarios *ad honorem* en los parajes apartados y en las nuevas poblaciones. El criterio de selección era el mismo que para los jueces de paz: teóricamente debían ser los vecinos más antiguos y respetados, "gente de trabajo, hacendados o comerciantes". Es decir, se trataba de personas con intereses económicos privados. El problema aparecía cuando alguna de estas autoridades utilizaba su posición de agente estatal en beneficio propio, lo que ocurría con frecuencia. La corrupción, por otra parte, era crónica en los cuerpos policiales supuestamente profesionales. Los abusos solían tener como víctimas a la población indígena. Martina Calumil, pobladora de Ñorquinco, denunció en diciembre de 1909 que el comisario de Cholila (a quien no identificaba) intentaba desalojarla del campo "que ocupo hace siete años con grandes sacrificios". El funcionario fue reemplazado, pero el sucesor volvió a la carga por el mismo motivo en marzo de 1910. "Soy una pobre indígena viuda cargada de familia con quien parece que las autoridades se han conjurado", protestó de nuevo Calumil, dirigiéndose al gobernador de Chubut, aunque su propiedad pertenecía a Río Negro. Otro funcionario, Juan Ahumada, ex comisario y juez de paz en Paso de Indios, estaba acusado en la misma época de apropiarse de ovejas ajenas y ponerles su marca. Su colega de Telsen, Juan Vilches, fue denunciado con gran despliegue en *La Prensa*: "Es un intruso en un campo, [y] con el nuevo comisario de policía ordenó hacer desalojar al puestero, su vecino inmediato, que ocupa el campo desde hace años, amparado por la Ley de Tierras". La misma persona encargada de imponer el orden cometía los delitos. El perjudicado era el indígena Juan Espinoza, quien fue llevado preso. El comisario y el juez, de acuerdo con la denuncia, le pidieron dinero o su equivalente en "treinta vacas, treinta yeguas y un caballo a elección" a cambio de la libertad. Espinoza imploró una rebaja y consiguió escapar.

En otros casos se enfrentaban pequeños propietarios y hacendados. El 16 de septiembre de 1909 el alemán Carlos von Ahlefeld compró por la módica suma de ciento cincuenta pesos un lote ubicado a dos leguas de su estancia La Elvira, en Gualjaina (tenía además tierras anexas al Río Collón Curá, sobre el antiguo camino indígena). La operación apuntaba a extender sus posesiones. Sin perder tiempo contrató a un puestero, Marcelo Raimill, peón errante que dijo vivir en el boquete de Nahuel Pan, "donde cuida animales yeguarizos del señor Tomás Freeman". El estanciero lo envió a tomar posesión de su flamante adquisición.

El campo no tenía dueño legal, pero sí ocupante de hecho: el subcomisario Pedro Larrechou reivindicaba su posesión, como herencia paterna. Ahlefeld no podía ignorar ese dato, porque lo tenía como vecino y porque en el lote había sido construida una vivienda. Y en cuanto la noticia llegó a sus oídos, Larrechou se presentó en compañía de un peón.

Raimill vio cómo el subcomisario y el peón sacaban sus pertenencias de la casa y las tiraban, pero se abstuvo de reaccionar. A fin de cuentas lo mandaban como cabeza de turco.

–No es el primer intruso de mierda a quien desalojo así –le advirtió Larrechou–. De otro modo no es posible.

Y luego, más tranquilo:

–Vaya, avísele a su patrón que aquí lo espero si quiere hablar conmigo.

Ahlefeld denunció el episodio ante la justicia de paz, que delegó la investigación en el comisario José Pedro Moré. Escandalizado por lo que consideraba un avasallamiento, el alemán expuso que había comprado la tierra al anterior puestero, antes que dejara la zona para radicarse cerca del Río Senguer. Convocado a declarar, Larrechou dijo que el puesto había sido construido en 1902 por su padre y que él "hacía uso de su legítimo derecho de primer ocupante de un campo fiscal". El subcomisario respondía con munición gruesa. "El señor Ahlefeld es un intruso como cualquier otro en campo fiscal", decía. Y hacía memoria: en Collón Curá, "cansaba a las autoridades con sus interminables quejas o denuncias por desalojos de campos que él sólo quería ocupar con sus numerosas haciendas". El entredicho puso al descubierto la fragilidad de los argumentos legales de las partes intervinientes: el vendedor no era sino un medianero vagabundo que había criado unas ovejas en el lote para después seguir camino rumbo al sur; Ahlefeld presentó como "documento" un papel con membrete, que bajo el título de "Memorándum" registraba el pago y una firma del puestero desaparecido; Larrechou atesoraba un telegrama recibido del ex titular de la Dirección de Tierras y Colonias, Octavio Pico, que él interpretaba como permiso de ocupación, mientras tramitaba la propiedad del terreno. Se planteaba nuevamente un conflicto entre poderes locales y poderes nacionales, ya que mientras Larrechou pertenecía a la policía territorial, Ahlefeld advertía que contaba con vínculos poderosos en Buenos Aires y que recurriría al representante del gobierno alemán. "Abusando de la gran fortuna que dicen tiene y de la que él mismo hace alarde –dijo Larrechou– pretende llevarse a los demás por delante cuando no se le da la derecha en todo." La pesquisa quedó suspendida, porque Raimill se perdió de vista y el propio Larrechou, después de poner custodia en el campo, salió de viaje al frente de una tropa de carros.

Un Estado y una justicia ausentes, que permanecían indiferentes o demoraban en resolver las cuestiones que se planteaban, no podía despertar demasiadas simpatías. Aunque reclamaban la seguridad de la ley, los pobladores del oeste cordillerano rechazaban algunos puntos de vista de aquellos poderes. Butch Cassidy y Harry Longabaugh podían ser titulados delincuentes por los jefes de policía de Buenos Aires, pero los pobladores de Cholila observaban que con sus nuevas identidades de Santiago Ryan y Enrique Place, además de comportarse pacíficamente, estaban integrados en la comunidad, participaban de sus demandas –ya que también exigían la titularidad de las tierras que ocupaban– y compartían sus valores. Esta apreciación se extendió a otros miembros de la banda que comenzaron a formar. Incluso en mayo de 1911, cuando hubo consenso respecto a la necesidad de terminar con el bandolerismo, vecinos de la Colonia 16 de Octubre firmaron un telegrama al gobernador pidiendo el cese de la persecución policial a Mansel Gibbon, uno de los hijos de Daniel Gibbon, aunque sabían de su responsabilidad en el secuestro de Lucio Ramos Otero, que terminaba de descubrirse. En un medio ambiente en que la mayoría de los hombres estaba armado, en que matar no era anormal y cuando en determinadas circunstancias, como por ejemplo al atravesar la cordillera, resultaba más seguro disparar primero y preguntar después, la abstención de la violencia caprichosa por parte de Butch y Sundance resulta hasta sorprendente. El único indicio respecto al pasado podían ser las exhibiciones de doma de caballos que hacía Longabaugh, y su malhumor, que lo apartaban de algunos vecinos. El silencio de Sundance era el signo de una historia oculta. En una carta dirigida años más tarde a la Agencia Pinkerton, Milton Roberts lo describió como "un auténtico *cowboy*, muy diestro con los animales" y a la vez señaló su "frialdad"; en su opinión era el jefe, ya que Butch parecía obedecer sus órdenes en las tareas de la cabaña. Etta Place, en cambio, se mostraba más extrovertida. Roberts quedó, como muchos, encantado con ella y la describió como "buena moza, buen jinete y experta con el rifle pero no con el revólver". El policía Julio Antueno redondeó el retrato de la amazona norteamericana: "Nunca usaba vestido sino pantalones y botas", dijo.

Etta hacía performances en que combinaba sus habilidades. Según la tradición oral de Cholila, para demostrar a Griselda Morales qué era capaz de hacer una mujer del Oeste americano, puso dos botellas de malta en los pilares de una tranquera y luego, cabalgando con la rienda entre los dientes, las hizo volar por el aire con sus revólveres. La anécdota la aproxima a otra mujer radicada en la misma época en la Patagonia: Elena Greenhill, la Inglesa Bandolera, sobre cuya supuesta puntería se tramaron también numerosas leyendas.

Lo extraordinario de Etta Place consistía, además, en que las mujeres estaban excluidas de las tareas ecuestres de la economía rural. Si

bien podían cumplir trabajos domésticas, los hacendados no las acep-
taban con la excusa de que provocaban riñas de celos entre los peones.
El hecho de que Etta fuera amazona desafiaba una arraigada superstición, según la cual no debía permitirse que las mujeres montaran un
buen caballo, porque lo corrompían, lo volvían desobediente y flojo y
hasta le hacían perder el pelo. "Mucho se ha dicho y escrito de la fibra
de los 'pioneers' varones –dijo Andreas Madsen, poblador de Santa
Cruz–; sin embargo su valor es muy inferior al de aquellas mujeres ad-
mirables que abandonaron hogar, parientes y amigos, [y] renunciaron
a todas las comodidades de la vida civilizada para seguir al compañero." El rol de esas mujeres, de acuerdo con el testigo, consistía en ocuparse de las tareas de la casa, más valoradas por la carencia de medios
y el aislamiento, y en la crianza de los hijos. Etta rompía el molde: no se
quedaba en el ámbito del hogar; su belleza y sus cualidades la hacían
visible allí donde sólo había hombres.

Nadie sospechaba, entonces, que esa mujer y sus compañeros eran
considerados como peligrosos bandidos. Esa categoría estaba reservada expresamente a los chilenos y aborígenes. Su extensión para los
norteamericanos, como se verá, se produjo cuando la banda que formaron Butch y Sundance apareció en la costa chubutense, para asustar al
incipiente poder financiero, y sobre todo cuando rompió el contrato
que la ligaba con su medio e incurrió en el asesinato. Recién entonces
comenzó a hablarse de "la gavilla de Cholila". Pero en los primeros
años del siglo XX el bandido se definía con relación al robo de ganado, una actividad que históricamente habían desempeñado las tribus
indígenas. En 1895, el delirio místico del adivino Gabriel Cayupul,
que decía estar en comunicación con Dios, causó alarma en el Valle
16 de Octubre. Los milagros que se atribuían a Cayupul congregaron
a numerosos indios y el cacique reconocido por el gobierno perdió
su puesto. Fue un movimiento inofensivo, pero las voces de varios
estancieros y el recuerdo de los muertos en el Valle de los Mártires
lo convirtieron en un problema de seguridad. La cuestión de fondo
era la propiedad de las tierras que los aborígenes ocupaban cerca
del valle del Arroyo Genoa. El gobernador Tello definió los hechos
como "actos de bandolerismo" y tomó a Cayupul y su segundo,
Juan Salpú, como prisioneros de guerra. En los años siguientes la
expresión se hizo cada vez más frecuente para estigmatizar a los
aborígenes, así como los inmigrantes chilenos solían ser acusados

de intrusos en tierras ajenas. Los ganaderos Ryan y Place nunca fueron considerados de esa manera por sus vecinos, aunque algunos se pondrían al tanto de sus antecedentes.

La Compañía de Tierras cumplió un rol importante para sancionar qué conductas eran delictivas. La atención y el celo dedicados a satisfacer sus mínimos reclamos demostraron su influencia en la administración de la policía y la justicia en el oeste de Chubut y Río Negro. En enero de 1902, el gerente de la empresa, Francisco Preston, denunció en Rawson a un peón llamado Julio García "por haberle éste carneado una mula". Esta minucia motivó la intervención del propio jefe de policía del territorio, Pedro I. Martínez. "En consecuencia –informó al juez Villa el 2 de enero– [García] ha sido detenido e ingresado en la cárcel"; al mismo tiempo ordenó a sus subordinados reunir los testigos "sin pérdida de tiempo".

En general las demandas de la Compañía apuntaban al disciplinamiento de la población utilizada como mano de obra. En septiembre de 1909, por caso, se obtuvo el traslado de un encargado de correos que vendía alcohol a los peones de la estancia Leleque. "En esta administración –explicó el gerente Francisco Preston, al recurrir a la policía para perseguir a otro mercachifle en Epu Lafquen, Río Negro, sede de otro establecimiento– tenemos un arreglo que prohíbe la entrada a nuestros campos y estancias de licores y bebidas intoxicantes (...) Actualmente hay muchos boliches alrededor de estos campos adonde se venden bebidas, pero en ningún momento se encuentran más cerca que tres leguas de una de las estancias." Otra preocupación persistente consistió en hacer cumplir la prohibición de las boleadas de guanacos, estipulada en el Código Rural de los Territorios Nacionales (1894). Se trataba de una antigua práctica india que molestaba a la Compañía y le impedía conseguir trabajadores en época de esquila. Francisco Preston realizó una activa campaña al respecto ante los gobiernos de Chubut y Río Negro. En una carta de 1898 a la policía rionegrina observaba que si la ley se cumpliese "los indígenas tendrían que trabajar con más consistencia" y "serían más industriosos y respetables ciudadanos de lo que ahora son". El gerente estaba convencido de que "la boleada es la causa de tanta vagancia" y las autoridades no dejaban de darle la razón. El 24 de diciembre de 1901 el jefe de policía de Chubut envió al cabo Severiano Britto al frente de una misión que debía vigilar a la población chilena afincada en la cordillera; al mismo tiempo, decían las instrucciones oficiales, "se informará del gerente de la Compañía de Tierras, señor Preston, si han sido atendidas sus quejas sobre boleadas y en caso contrario tomará todos los antecedentes necesarios para el esclarecimiento de los hechos y castigo de los que resultaran culpables".

Preston era un hombre atento a los negocios. Así como vigilaba a los trabajadores se preocupaba por hacer relaciones públicas con los vecinos distinguidos. La llegada de los ganaderos Place y Ryan no le pasó inadvertida. El 12 de junio de 1901 les escribió una carta desde la estancia Fofo Cahuel invitándolos a elegir caballos. Se dice que Martin Sheffield, el minero bromista, hizo de intermediario. Los recién llegados aceptaron el convite y cinco días después compraron dieciséis potros por ochocientos cincuenta y cinco pesos. El gerente habrá estado satisfecho, además porque volvieron para comprar ovejas y vacas; pero los clientes se resarcirían del dinero gastado, y a costa de la propia compañía.

Capítulo 3
Los bandidos y el hombre lobo

El valle de Cholila constituyó uno de los cuatro puntos de la Patagonia donde se asentaron colonos de origen norteamericano entre fines del siglo XIX y principios del XX. Las tres restantes fueron los alrededores del Lago Nahuel Huapi, la zona de Ñorquinco (sudoeste de Río Negro) y la región comprendida por Lago Blanco, Valle Huemules y El Chalía (sudoeste de Chubut). No se trató de una inmigración planificada, como las que permitieron el arribo de galeses, a partir de 1865, o de boers, en 1902. Tampoco, salvo contadas excepciones, de familias que se desplazaran en bloque. Los que llegaban eran hombres aislados que acudían a partir de los informes de algún conocido, atraídos por la búsqueda de oro, con la expectativa de la aventura o simplemente de paso hacia otros destinos, ya que en general no deseaban instalarse. Tenían experiencia en el rudo trabajo rural, pero no toleraban la relación de dependencia; las estancias y compañías ganaderas de Chubut y Santa Cruz no los querían como encargados y preferían contratar a su personal de confianza en Gran Bretaña.

La comunidad más importante se formó en Nahuel Huapi en torno al almacén de ramos generales de Jarred Augustus Jones y su estancia Tequel Malal. Nacido en Fort Worth, Texas, en 1863 y huérfano a temprana edad, Jones fue el típico *self-made man* y a la vez el ejemplo del inmigrante que llegaba con lo puesto y se convertía en un hombre rico y poderoso. En su país natal comenzó por dedicarse a la venta de caballos, en compañía de un amigo, John Crockett, quien afirmaba ser descendiente del legendario explorador Davy Crockett. Ambos arribaron a la Argentina, después de pasar por el Brasil, con cuarenta dólares en los bolsillos. En los montes de Chaco y Entre Ríos aprendieron sus primeras palabras de castellano, al tiempo que se ofrecían para tareas de campo. En 1884 estaban empleados como peones en la estancia Currumalal, en la provincia de Buenos Aires. Se encargaban de tareas de albañilería, es decir, los trabajos que despreciaban los gauchos; un buen día, cuenta la historia, los dueños de la estancia organizaron una doma y los jóvenes norteamericanos demostraron sus cualidades de vaqueros.

Crockett se asoció entonces con Ralph Newbery, el dentista y buscador de oro, para trasladar ganado en pie desde la provincia de Buenos Aires a Chile. Jones era el responsable de conducir los arreos, para lo cual utilizaba los pasos de la cordillera en Neuquén. En el país vecino, dicen, vendía la hacienda a cinco centavos por cabeza y pudo formar un pequeño capital. Parece que en un viaje llevó una remesa de ganado a la estancia Leleque, de la Compañía de Tierras, empresa que luego contrató sus servicios; y al regresar decidió que alguna vez se instalaría en los alrededores del Lago Nahuel Huapi. Ese momento llegó en 1889, cuando la sociedad de Crockett y Newbery quedó disuelta; a fines de ese año, Jones ocupó un sector de tierras en las ruinas del Fortín Chacabuco. Poco después inició la primera explotación ganadera de la región a orillas del Nahuel Huapi, en las nacientes del Río Limay. Contó con la colaboración de otros norteamericanos: Andrew (Ben) Stone, Martin Sheffield, el vaquero que jugaba a ser *sheriff*, y Juan Pedro Murray. Por su parte, aunque siguió ligado a su amigo, Crockett cambió de rubro y comenzó a explotar una mina de sal en Quetrequile, Río Negro. También se ocupó del transporte de cargas, como lo demuestra el dato de que aparezca mencionado entre los dueños de las primeras tropas de carros que llegaron a Trelew, a fines del siglo XIX.

Jones se dedicó a la cría de hacienda y al transporte de cargas. De acuerdo con sus minuciosos libros de contabilidad, pronto pasó a ser la principal fuente de trabajo: entre 1896 y 1898, por ejemplo, contó con cincuenta y seis empleados. El perito Francisco Moreno, que lo visitó en marzo de 1896, quedó admirado por la estancia, "situada en el viejo valle morenisco del lago, resguardada por los montes y rodeada de praderas hermosísimas. Sus haciendas de raza alegran la vista y el espíritu". El tejano se portó como un buen anfitrión, ya que además de dar alojamiento al explorador, le hizo cruzar el Río Limay con su bote (servicio por el cual se cobraba un peaje) y le prestó una tropilla de caballos y mulas para recorrer la región. Moreno devolvió las gentilezas a su regreso a Buenos Aires, cuando se interesó por agilizar los trámites de propiedad de las tierras.

Al año siguiente Jones abrió su almacén de ramos generales, que atendía el escocés Enrique Neil, en la confluencia del Limay y el Nahuel Huapi. Era un punto estratégico, de cruce de rutas y con fluido tránsito de viajeros y colonos. El negocio fue la referencia para que comenzara a formarse una población: a quinientos metros se estableció en 1899 una comisaría, en la costa opuesta el juzgado de paz (aunque a partir de 1902 ambas dependencias se mudarían a San Carlos de Bariloche) y en los alrededores otros pioneros, varios de ellos norteamericanos, en busca de tierras donde apacentar ganado.

La figura de Jones adquirió un relieve comparable a la de Martin Underwood, en 16 de Octubre, o Francisco Pietrobelli en Comodoro Rivadavia: era el primer poblador, una especie de patriarca, alguien que, en una época en que las autoridades estatales resultaban dudosas, provocaba respeto y cohesión, y cuya palabra podía dirimir un conflicto. Además, su influencia comenzó a extenderse a través de lazos familiares. Dos de sus hermanas, Sarah Caroline y Amanda, se instalaron en Cholila. La primera había llegado de los Estados Unidos sola con su hija, Meda Cocker, quien se casó en Nahuel Huapi con el tejano William Smith Veck; la segunda era esposa del también norteamericano James Madison Sowell. Una hija de este matrimonio, Alberta Sowell, se establecería también en Cholila, casada con el ex *sheriff* de Texas, John Comodore Perry.

La llegada de Butch Cassidy, Sundance y Etta no pudo pasar inadvertida para esa comunidad. Eran compatriotas en una tierra todavía desconocida y salvaje, y por añadidura provenían del mismo mundo de vaqueros. Sin embargo, parece que el mutuo interés y la amistad quedaron pronto en suspenso. Butch no giró en la órbita de Jones; aunque de menos importancia que las de la estancia Tequel Malal, las actividades de la cabaña de Cholila reunieron a otro grupo de norteamericanos. El almacén que instalaron allí pudo ser un punto de encuentro; aunque hay escasos datos al respecto, algunos vecinos dejaron testimonio de su existencia, como el citado Milton Roberts o el hacendado Tomás T. Austin, quien se refirió a "la casa de negocios" de Ryan y los Place. Allí circulaban Daniel Gibbon, John Gardner, Ricardo Knight Perkins, el misterioso Moore del censo de Cholila de 1905 y los no menos borrosos Emil Hood y Grice, que trabajaban como conductores de carros. También hay que incluir a Mansel Gibbon, hijo de Daniel, por entonces un adolescente, quien ayudó a Butch y Sundance en el trabajo de la cabaña y haría de esa manera su propio aprendizaje como bandido. Este núcleo fue en general menos visible que el de Nahuel Huapi, porque sus integrantes, al margen de que algunos ocultaron sus identidades, prefirieron el ritmo del vagabundeo, como en el Oeste americano. Butch ya no podía quejarse de no tener con quien hablar, como había escrito en la carta a Mathilda Davis.

Ricardo Perkins fue uno de sus principales interlocutores. Nacido en zona rural de Villa María, Córdoba, en 1874, era hijo de un norteamericano que trabajaba como contratista de ferrocarriles, y según su propio testimonio se educó en el colegio militar de Richmond, en Estados Unidos. De regreso en la Argentina, trabajó durante dos años en el ferrocarril, radicándose en Junín, y luego viajó a la Patagonia. El comisario Humphreys lo conoció en 1899, cuando ya estaba empleado en la Compañía de Tierras. Según Perkins, a poco de llegar Butch y Sundance se convirtieron en animadores de la vida social en Cholila.

–¿En qué circunstancias conoció a Place y a Ryan? –le preguntó el diario *La Nación*.

–Durante una fiesta que ellos organizaron y que se efectuó en el Lago de Cholila. Concurrieron allí varias familias.

El 15 de febrero de 1902 el libro del boliche de Jones registró el paso de Harry Place y Santiago Ryan. Los *cowboys* estaban al tanto de los hábitos gauchos, ya que compraron dos kilos de yerba, un kilo de azúcar y una bombilla. Según el historiador Ricardo Vallmitjana, "fueron invitados a alojarse unos días visto el mal tiempo reinante en esos momentos. Intercambiaron noticias de los Estados Unidos y en los momentos de ocio compartieron con los dueños de casa juegos de naipes (...) A su partida invitaron a Jones a visitar su establecimiento en Cholila. Los viajeros aparentemente no visitaron la pequeña aldea que se estaba formando frente al almacén San Carlos", el negocio de Carlos Wiederhold, en la ribera sur del Lago Nahuel Huapi. El censo ganadero de ese año permitió saber que Jones contaba con 2000 vacunos, 3000 ovinos y 350 caballos y yeguarizos; la contabilidad del almacén, por otra parte, registraba 186 cuentas corrientes de vecinos.

Los simpáticos vecinos de Cholila, junto con Etta, siguieron rumbo a Buenos Aires. Los Jones comenzaron a prepararse para recibir a otro visitante: el oligarca Aarón de Anchorena, quien había salido el 15 de diciembre de 1901 desde Buenos Aires en viaje de exploración por la Patagonia. Con sus amigos Esteban Llavallol y Carlos Lamarca, desembarcó en Puerto Madryn a fines de ese mes. Después de viajar por tren a Trelew, contrató los servicios del malvinero George Hammond, "tal vez el que mejor conoce la Patagonia", según el propio Anchorena. En efecto, era un experto arreador; terminaba de conducir un rodeo de mil cien vacunos de Martin Underwood hacia Chile y, como vecino de Cholila, fue una de las amistades de Butch y Sundance. Cuatro soldados del Regimiento 6º custodiaron a los señores mientras atravesaban la estepa patagónica costeando los ríos Chubut y Senguer hasta el Lago Fontana. Los turistas depredaron huemules y pumas (un taxidermista integraba la expedición a los efectos de conservar los trofeos de caza), se sacaron fotos en tolderías tehuelches y luego continuaron rumbo al norte, parando primero en la casa de Underwood y después en la Compañía de Tierras. Visitaron lavaderos de oro en la cordillera, pasearon por el Nahuel Huapi en el vapor Cóndor y el 23 de marzo, en la estancia de Jones, como antes el perito Moreno, deleitaron su vista con las "haciendas de raza". El 3 de abril los expedicionarios llegaron sanos y salvos a Buenos Aires. Anchorena obtuvo 10.536 hectáreas en Nahuel Huapi, donde fundó la Estancia Península Huemul, en sociedad con la familia Ortiz Basualdo.

Según las averiguaciones posteriores de la Agencia Pinkerton, en marzo de 1902 Santiago Ryan y el matrimonio Place volvieron a registrarse en el Hotel Europa, en Buenos Aires. El 3 de ese mes Harry y Etta abordaron el *Soldier Prince*, un vapor que hacía su segundo viaje, con destino a Nueva York: esta vez no embarcaron como polizones sino en primera clase. Las razones de la travesía son misteriosas. Se sabe, de acuerdo con los detectives, que al llegar a aquella ciudad Longabaugh ingresó en un hospital; antes del viaje a la Argentina había consultado a un médico por una vieja herida de bala en su pierna izquierda y acaso esa dolencia se agravó. La pareja se dirigió a Mont Clare, Pennsylvania, para visitar a una hermana de Harry, a quien le hablaron de la cabaña de Cholila; algún día, dijeron, sus hijos podrían visitarlos en aquel confín del continente. A continuación fueron a Atlantic City, donde vivía un hermano. Pasaron unos días allí; Sundance, quizás ablandado por la distancia, fue con su sobrino a la playa y jugó con él en las olas.

El 2 de abril, un día antes de que sus amigos llegaran a destino, Cassidy se presentó en la Dirección de Tierras y Colonias, diciendo que había colonizado un lote en Cholila (cuatro leguas, de acuerdo con el informe de la Pinkerton, lo que sería una errata por un cuarto de legua, es decir, seiscientas veinticinco hectáreas) y tenía mil trescientas ovejas, quinientas vacas y treinta y cinco caballos; formalizó la denuncia con una nota firmada junto a su socio. Luego viajó en vapor hasta Bahía Blanca, y de allí fue a Rawson en una embarcación menor. En el camino de regreso al valle, paró en Trelew, donde Ángel M. Botaro, propietario del Hotel del Globo y uno de los comerciantes más importantes de ese pueblo, le extendió un cheque por 3546 pesos. Butch depositó el dinero, obtenido probablemente por la venta de ganado, en la cuenta del Banco de Londres y el Río de la Plata; se supone que sirvió para solventar algún gasto extra en el viaje de Sundance y Etta.

El 16 de mayo, otra vez en Cholila y con su nombre de Santiago Ryan, firmó una nota presentada ante el Ministerio de Agricultura, donde un grupo de dieciocho pobladores "en representación de las treinta y seis familias que ocupan actualmente con sus ganados y sembrados este hermoso rincón de tierra" solicitaron acogerse a la Ley de Hogar, "animados por las promesas del eminente hombre de Estado, Dr. Francisco P. Moreno, que en sus viajes por estos valles andinos nos aseguró que Cholila, concluido el litigio con la República de Chile, sería decretada colonia agropecuaria". A modo de fundamento, recordaron que "hace varios años nos encontramos radicados en este punto, adonde hemos construido nuestras casas y grandes cercos que encierran extensiones de tierra bastante considerables, dedicadas al cultivo del trigo, papas, verduras, etc., al mismo tiempo que cuidamos nuestros rebaños y hacienda mayor". La nómina de firmantes estaba encabezada por el policía Severiano Britto; también adhería John Gardner, el amigo de Etta. La sección Geodesia de la Dirección de Tierras y Colonias observó que "los recurrentes no precisan la ubicación de las tierras que dicen ocupar en el Valle [de] Cholila por lo que esta sección sólo tiene que manifestar que el lago y arroyo de ese nombre quedan dentro de la zona en litigio con la República de Chile". Como los demandantes hacían referencia a la Colonia Cholila, se advertía que "con ese nombre se conoce la concesión para colonizar que los señores Benito Peralta y Cía. transfirieron al señor Carlos de Krabble [es decir, la Compañía de Tierras Sud Argentino], a quien el Superior Gobierno le otorgó el título de propiedad con fecha 4 de diciembre de 1897". En definitiva la Dirección de Tierras y Colonias consideró que "hasta la fecha no se ha practicado ninguna inspección en aquel paraje" y el 15 de septiembre remitió el expediente a la gobernación de Chubut al no poder establecer "si los terrenos a que se hace referencia son fiscales o de propiedad particular".

Mientras un bandido visitaba a sus parientes y el otro se ocupaba de engorrosos trámites, la prensa y el público de Estados Unidos demostraron que no los olvidaban. El 3 de julio, dos hombres enmascarados asaltaron un tren en Dupont, Illinois. Dos testigos identificaron a Cassidy y Longabaugh como los autores del robo: los disfraces, dijeron, no habían sido tan buenos como para engañarlos. Empezó a rodar una especie de bola de nieve: el maquinista aseguró que uno de ellos era chueco y separaba un poco sus piernas al caminar, como Sundance Kid, y aparecieron varios vecinos que afirmaron haber visto al dúo antes del golpe. El rumor llegó a la prensa y el 6 de julio un diario de Chicago publicó fotos de ambos. Si Harry tuvo algo que ver en el asunto, debió apurarse al máximo, ya que cuatro días después estaba en Nueva York junto a Etta. Los dos zarparon en un buque de carga, el *Honorius*; el agente Frank Dimaio, perro de presa de la Pinkerton, revisó la lista de la tripulación y comprobó que él figuraba como contador y ella como camarera.

En ese momento, al parecer, Cassidy estaba fuera de Cholila. Según descendientes de Jarred Jones, pasó otra vez por la estancia de Nahuel Huapi con un amigo no identificado y rumbo a Neuquén, donde iba a hacer un negocio con caballos. La inclemencia del invierno fue una buena excusa para que Butch volviera a disfrutar de la hospitalidad del dueño de Tequel Malal. Los Jones observaron que su compatriota jugaba demasiado bien al poker, como si fuera un profesional, o incluso un tramposo; de todas maneras prometieron devolver la visita. El 10 de agosto, Butch se hallaba de nuevo en la cabaña, escribiendo la carta que, a través de Mathilda Davis, le enviaba a su viejo amigo Elzy Lay, quien cumplía pena de prisión perpetua desde octubre de 1899. Al menos dos detalles apuntaban al real destinatario: "Supongo que hace mucho que piensas que te he olvidado (o que estoy muerto) –decía, al comenzar– pero (...) sigo vivo y cuando pienso en los viejos amigos siempre estás primero". Una elocuente muestra de aprecio. Más adelante, como se vio, comparaba el Valle de Cholila con el de Ashley, en Utah: este sitio (al margen de ser la dirección de Davis) estaba ligado íntimamente a la historia de ambos, ya que allí se habían ocultado de sus perseguidores y fue en los *saloons* de esa región donde el grupo de Butch recibió el nombre de "La Pandilla Salvaje de Brown's Park". Cassidy detalló, por otra parte, que tenía trescientos vacunos, mil quinientos ovinos y veintiocho caballos de silla, lo que arroja una diferencia, seguramente producto del movimiento de las actividades, respecto de las cifras indicadas ante la Dirección de Tierras. Además, decía, "tengo dos peones que trabajan para mí": uno de ellos se llamaba Wenceslao Solís y el otro probablemente fuera Juan Aguilar, ambos chilenos. "Lo único que me falta es una cocinera –se lamentó–, ya que todavía sigo en estado de amarga soltería y a veces me siento muy solo."

Para su consuelo, Sundance y Etta habían llegado el día anterior a Buenos Aires. Según la Agencia Pinkerton, la pareja se alojó, otra vez, en el Hotel Europa y permaneció cinco días en la capital. El 14 de agosto, antes de embarcarse rumbo a Puerto Madryn, Harry cerró la cuenta en el Banco de Londres, en la que quedaban 1105,50 dólares; los gastos de la instalación en Cholila y el viaje a Estados Unidos habían consumido "la herencia del tío", como llamaba Butch al botín del robo en Winnemucca. El gerente del banco lamentó perder a su cliente, pero lo tendría presente; incluso tampoco olvidó a su esposa y a su amigo cuando el tenaz agente Dimaio le exhibió sus fotografías.

Los colonos de Cholila insistían por la propiedad de sus tierras. El 26 de julio de 1902 reiteraron el pedido de acogerse a la Ley de Hogar ante el Ministerio de Agricultura. Y el 4 de octubre, en la misma repartición, Harry Place solicitó la compra de dos mil quinientas hectáreas dentro del valle, presentándose como poblador. Esta gestión puede implicar que todavía seguía en Buenos Aires, a diferencia de lo que sostiene el informe de la Pinkerton; pero la nota mencionada de mayo anterior demuestra que tales trámites no se hacían necesariamente en forma personal.

Si la distancia de Buenos Aires otorgaba tranquilidad, por otro lado suponía desventajas. Las sociedades que, como la Compañía de Tierras, consiguieron terrenos a precio de oferta y establecieron latifundios en la Patagonia, contaban con grupos o mecanismos de presión directos sobre las autoridades del gobierno nacional y, por extensión, sobre los funcionarios de los territorios. Los pequeños propietarios eran ocupantes efectivos y no absentistas como las grandes compañías; sus reclamos podían ser planteados ante las autoridades locales, y éstas por lo común los hacían suyos (ya que pertenecían al mismo sector), pero contaban con pocas posibilidades de ser escuchados en los niveles de decisión.

El problema de la ocupación de tierras y la incertidumbre en que se hallaban los colonos del oeste cordillerano comenzó a despejarse a fines de 1902. El 20 de noviembre un laudo arbitral del rey de Gran Bretaña, Eduardo VII, puso fin al conflicto de límites con Chile. Entre otros territorios en disputa, la Argentina recibió de su graciosa majestad las zonas más fértiles: los valles de El Bolsón, Cholila, Corcovado y la Colonia 16 de Octubre. El fallo fue interpretado como un triunfo argentino, y esa supuesta inclinación de la balanza se habría debido sobre todo a dos circunstancias: por un lado, la inteligencia y la estrategia desplegada por el perito Moreno; por otro, la obsecuencia servil del gobierno argentino con los intereses ingleses, manifestada entre tantos hechos, como se ha visto, en la entrega de propiedades a la Compañía de Tierras Sud Argentino, en la rifa de terrenos en Santa Cruz y en la celeridad para satisfacer los reclamos de los "inversores".

La colonización galesa en el Valle 16 de Octubre habría sido también determinante; de acuerdo con la óptica inglesa, la ocupación daba derechos. Al visitar la zona el árbitro Thomas Holdich constató el "fuerte sentimiento nacionalista" de la comunidad, que lo recibió con una bandera argentina, un té-concierto con canciones en castellano, inglés y galés y "un poema de bienvenida bastante patético". Pero ese sentimiento era hacia la patria natal, no hacia el gobierno de Buenos Aires. Lo argentino se definía por oposición: "Sus experiencias con los vecinos chilenos en el Valle Nuevo [El Bolsón] y alrededores no son muy felices", anotó el enviado, que viajó a la Argentina en momentos en que la Corona británica masacraba a los boers en Sudáfrica. Es curioso que el representante de un gobierno que se apropiaba de países por la fuerza pudiera determinar los derechos de otros en un conflicto.

La disputa de límites había congelado el otorgamiento de los títulos de propiedad. Los colonos de la zona querían el fin del conflicto para regularizar su situación y elegían la Argentina porque era el gobierno que los había asistido (a los galeses, desde su primer desembarco en la costa de Chubut) y en cuyo régimen de asignación de tierras querían inscribirse. Precisamente cuando la comisión de límites y el árbitro inglés pasaron por Cholila, a fines de abril de 1902, Santiago Ryan gestionaba en Buenos Aires los títulos de la parcela en que se había instalado en sociedad con Place. El laudo arbitral se pronunció en un sentido aproximado al de los colonos, ya que estableció una línea de frontera intermedia entre las que pretendían los dos países y que surgía de la ocupación efectiva de las tierras y de las acciones de los gobiernos sobre ellas, antes que de los accidentes geográficos. "Desde aquí [la Colonia 16 de Octubre] envían ganado al mercado chileno, pero reciben insumos desde la Colonia del Chubut [Rawson]", dijo Holdich, en una frase que condensa la situación: en lo económico la región estaba integrada con Chile, pero en lo político dependía de la Argentina. El fallo señaló un punto determinante en la articulación de la incipiente sociedad, ya que a partir de entonces podía discriminarse la propiedad y se abrían nuevas tierras por ocupar. En el mismo movimiento, la autoridad y el orden encontraban una base más sólida para imponerse, ya que la propiedad privada era el fundamento de la legalidad.

Uno de los argumentos de la posición argentina consistió en señalar que la frontera entre ambos países estaba dada por la naturaleza: la misma cordillera separaba de manera tal, se decía, que no había relación humana, física o económica posible. El saber elaborado por los exploradores permitía presentar los accidentes físicos como fronteras lógicas, a la vez que naturalizar las diferencias entre las regiones. Holdich puso de relieve esas falacias: "Una cosa es segura —consignó en una carta al secretario del Tribunal Arbitral—: no hay una cadena principal de la cordillera para apoyar un límite. Hay muchas cadenas que corren en muchas direcciones y las altas cumbres pueden estar en cualquier parte (...) Aquí no hay cordillera continua alguna; no la hay en la línea argentina ni en la chilena". La instauración de límites permitió circunscribir, pero uniéndolos de modo indisociable, lo propio y lo extraño, lo nacional y lo extranjero. El mismo acto que definía un área de pertenencia hacía visible la figura del otro, entendida en términos negativos: el que estaba más allá de la frontera no tenía derechos válidos más acá, el simple hecho de trasponer la cordillera podía constituir al menos una actitud sospechosa. La frontera aparecía como una zona vacía de civilización, que el Estado debía ocupar. El "desierto" no tenía historia sino por referencia a la sociedad que emprendía su ocupación.

La Patagonia argentina aparecía como tierra amenazada por ese otro (definido respecto del Estado nacional), siempre dispuesto a invadirla o a apropiarse de sus recursos. Lo que había de particular en ese territorio, desde la perspectiva oficial, era que no había nada. Pero el desierto contenía el germen de la tierra prometida. Así la habían entrevisto los galeses, que al salir de Liverpool rumbo a la costa chubutense en el velero *Mimosa*, el 28 de mayo de 1865, cantaban:

Hemos encontrado una tierra mejor
en una lejana región del sur,
es la Patagonia.

Y así la contemplaban los viajeros y los colonos que los siguieron, quienes exigían la intervención del Estado nacional para que la realidad se acercara al sueño. El "vacío" generaba el temor de que otro –fantasma materializado en Chile– se adelantara y aprovechara sus posibilidades inexploradas.

En 1893 John Murray Thomas solicitó autorización a fin de abrir un camino a través de la cordillera, en el Valle 16 de Octubre, "para que el gobierno argentino conozca los pasos que puede serle necesario conocer en caso de guerra". El pedido, como otros que se realizaron en el mismo sentido, habría apuntado en realidad a ocupar nuevas tierras. Ya entonces la relación con Chile era un problema de seguridad. "Con este camino el paso para un ejército enemigo sería facilísimo", se alarmaba el comisario de la Colonia San Martín, Juan I. Milher, al redactar en marzo de 1901 un informe sobre la construcción de la senda del Río Aysen. Esta entrada "viene de la costa del Pacífico en dirección al Este por el mazizo central de la Cordillera remontando el Río Aysen entre el Lago Fontana y el Río Güemules" [sic].

Los fantasmas de la invasión extranjera comenzaron a agitarse a fines del siglo XIX. El censo de 1895 registró la presencia de 104 chilenos que ocupaban tierras en el oeste de Chubut. Sin embargo, el gobernador Eugenio Tello constató *in situ* que esos pobladores querían vivir de acuerdo con las leyes nacionales. En un informe al Ministerio del Interior, apuntó que "se me han presentado espontánea y libremente para pedirme permiso con el objeto de establecerse con cría de ganado mayor y menor en la Cordillera unos y otros en la pre y ante precordillera". Daban garantías de ser "guardianes del orden y de la integridad territorial argentina en toda eventualidad". La gobernación otorgó permisos provisorios de ocupación, que luego obtuvieron otros veinticuatro pobladores chilenos "situados separadamente, sin formar colonia, mezclados con argentinos y sujetos a las autoridades policiales que he nombrado". Este intento de integración no tuvo continuidad y quedó bloqueado por el temor al bandolerismo y los recelos respecto de los supuestos planes expansionistas de los vecinos. Al llegar a Nahuel Huapi en 1896, el perito Moreno encontró alarmados a los pobladores. "Un grupo de salteadores chilenos –relató– anda haciendo fechorías, y dos días antes de nuestra llegada han asesinado a un vecino y más tarde a uno de los de la pandilla para robarle las botas que había quitado al vecino. Esa tierra nuestra está completamente abandonada." El gobernador de Neuquén, Lisandro Olmos, informó al gobierno nacional en 1900: "La depredación que llevan a cabo hordas de forajidos capitaneados por chilenos en este Territorio son el azote que despiden la próxima salida del verano [sic]. Los salteadores en gavilla armados a Winchester, Malincher, bien municionados y mejor montados, recorren todas las estancias próximas a la cordillera donde hacen sus salteos, asesinatos y robos de haciendas y dinero sin que la policía pueda darles caza a los más fuertes".

El temor a la invasión tenía un "fundamento": los caminos abiertos en la frontera por orden del gobierno chileno. En total hubo siete vías nuevas de comunicación, de las cuales cuatro atravesaban la zona en disputa. De norte a sur eran el camino de Cochamó, el del Río Aysen, el del Río Baker o Las Heras y el del Río Pascua o Toro. El primero, el más importante y transitado, conducía al paso del Río Manso (también llamado del Bolsón), cercano al límite entre Río Negro y Chubut, utilizado por los indígenas desde tiempos ancestrales y "descubierto" en 1896 por Hans Steffen, perito que representaba a los chilenos en la cuestión de límites. Los trabajos comenzaron en el verano de 1899; partiendo del estuario de Reloncaví, en Chile, la senda seguía el curso de los ríos Cochamó, Morros y Manso, para ingresar a la vera de éste en territorio argentino, hasta el corral de Foyel. Las obras incluían puentes y una traza de tres a cuatro metros de ancho como promedio; emplearon a centenares de trabajadores: una masa de población inestable, que pronto se largó a explorar la región en busca de mejores oportunidades y que constituyó otro motivo de alarma para las autoridades argentinas. "Usa y abusa de él –dijo el naturalista y viajero

Clemente Onelli, a propósito del corral de Foyel– un araucano chileno que ha cursado en las escuelas de aquel país los estudios primarios, que me dijo ser descendiente directo de Lautaro y Caupolican, y que por eso era el dueño [*ad referendum*] de un gran valle rodeado de bosques de guindos y de manzanos, y cuya ubicación precisa se había perdido en la tradición oral de sus antepasados, y (...) hasta encontrarlo, utilizaba para sus vacas el valle de Foyel."

En abril de 1901 el Ministerio de Relaciones Exteriores argentino denunció el camino de Cochamó como violatorio de tratados preexistentes. Butch Cassidy veía la cuestión desde un punto de vista diferente: "Para llegar a Chile es necesario cruzar la cordillera –anotó en su carta a Mathilda Davis–, lo cual se consideraba imposible hasta que el verano pasado se comprobó que el gobierno chileno había abierto un camino, de manera que el verano próximo podremos llegar hasta Puerto Montt, en Chile, en unos cuatro días, cuando antes eran necesarios dos meses por el antiguo sendero". Es probable que esta opinión fuera compartida por otros colonos; como argumentaba Cassidy, mejoraban las condiciones del comercio. "Esto será un gran beneficio para nosotros –agregó–, porque Chile es nuestro gran comprador de carne vacuna y podemos llevar nuestro ganado allí en la décima parte del tiempo que nos hacía falta antes, sin que disminuya su peso. Además, podemos obtener mercadería en Chile por un tercio del costo del mismo artículo aquí." Butch era un agudo observador de las posibilidades económicas de la región: "Las tierras que yo ocupo son excelentes para la agricultura y en ella crece toda clase de granos menores y legumbres sin necesidad de riego, pero estoy al pie de la cordillera de los Andes. Y al este de aquí toda la tierra consiste en praderas y desiertos, muy buena para la ganadería, pero para la agricultura sería necesario irrigarla. Con todo, hay tierra excelente y en abundancia al pie de la cordillera para cuantos quieran establecerse aquí en los próximos cien años".

El paso de Cochamó ya había sido advertido por el comisario de la Colonia 16 de Octubre, Eduardo Humphreys, en marzo de 1900, pero fue la visita de Onelli, como miembro de la comisión argentina de límites, la que le dio publicidad. En sus averiguaciones, Humphreys había entrevistado a un tal Francisco Trafián, vecino del Río Manso. "Me aseguró –dijo– que actualmente tiene de peones a tres chilenos venidos a pie por ese camino y que han sido empleados de la comisión que lo trabaja. La cual, según la misma fuente de información, se compone de cuatrocientos individuos (...) En tres días de marcha a pie se llega al pueblo chileno Reloncaví de donde en tres horas de navegación se va al Puerto Montt, Océano Pacífico." El comisario no mostraba demasiado interés en continuar la pesquisa: "Como ya tengo dicho anteriormente, el camino caerá en jurisdicción del Río Negro y espero se sirva decirme si a pesar de esto debo siempre seguir tomando noticias de dichos trabajos", decía en una carta al jefe de policía de Chubut.

Los informes que llegaban desde la cordillera hallaron amplia repercusión en los diarios. "Los oficiales del [Regimiento] 6° de Línea –decía *La Prensa* en abril de 1902– tienen conocimiento que no se trata solamente de los viejos caminos sino también de nuevos, con rumbos no sospechados hasta ahora. Los caminos del Río Aysen, y especialmente el del Bolsón están muy adelantados, y todos los trabajos se llevan a cabo en territorio argentino a tal punto que en breves días acaso quede terminado el último hasta la cabecera del camino a Nahuel Huapi." La descripción de las ambiciones chilenas constituía una exhortación al Estado nacional para que asumiera un rol más activo en la región; en la misma línea, las denuncias sobre las actividades de bandidos servirían poco más tarde para reclamar mayor presencia policial y mayor represión contra la población estigmatizada como delincuente.

La resolución del conflicto con Chile no disolvió estos temores. Las dilaciones burocráticas en torno a los títulos de propiedad prolongaron la incertidumbre; ante la lenidad de las autoridades la disputa por la tierra constituía una cuestión privada, que se resolvía con frecuencia a través de la violencia. El vacío de la Patagonia estaba colmado de peligros, y andar armado era normal. Butch Cassidy y Sundance Kid no fueron la excepción. Descendientes de Eduardo Humphreys recuerdan que, al llegar a una casa, buscaban un perchero para aflojarse los cinturones y dejar sus armas. En este caso la costumbre coincidía con la ley. En su artículo 253, el Código Rural para los Territorios Nacionales establecía: "La policía no podrá prohibir o restringir el derecho de llevar armas; en consecuencia, ninguna persona será registrada con el objeto de averiguar si lleva armas consigo". Las armas no debían estar a la vista; una restricción irrisoria. En ese marco no es extraño que situaciones cotidianas o discusiones mínimas preludiaran hechos de sangre. Ascencio Abeijón describió bien esa atmósfera al evocar en sus relatos las temporadas de esquila: "Los hombres, con los nervios en tensión a causa del cansancio de meses en ese trabajo muy pesado y sucio, suelen estar inaguantables unos con otros, al extremo de que basta la más insignificante insinuación personal para que (...) reaccionen brutalmente". Había allí, según el narrador, una población bajo sospecha, integrada por "elementos poco deseables", "desertores" y otros prófugos de la ley que buscaban un lugar donde no los alcanzara la policía. "No son criminales peligrosos –advirtió Abeijón–, sino [hombres] endurecidos en el medio ambiente, capaces de quedarse sin recursos por ayudar a una familia en la mala o de provocar la desgracia de una familia matándose entre amigos por la discusión de un tiro de taba. A fuerza de hablar de peleas y muertes y de admirar a matones desalmados, se adquiere el hábito cruel. Se repudia el asesinato a traición, pero una vez iniciada una discusión violenta se mata por no aflojar ante los demás, por amor propio." Como la policía era siempre insuficiente y carecía de los medios elementales, se entendía tácitamente que el delito podía castigarse con mano propia; la forma más desarrollada de esa idea fueron las partidas que conformaban los vecinos, por lo común al mando de un referente local, para salir en busca de bandoleros.

Aunque daban cuenta de un alto grado de violencia, los delitos contra las personas, en particular el homicidio, no eran vistos como una amenaza significativa. Los criminales podían perderse en la cordillera y contaban con buenas posibilidades de eludir las búsquedas policiales, que tampoco eran demasiado esforzadas. Los pedidos de captura caían en el olvido; la muerte violenta aparecía como un recurso legítimo, por ejemplo si se trataba de zanjar cuestiones relativas al honor. En cambio, los delitos contra la propiedad –el robo de ganado y la ocupación de tierras– constituyeron problemas de seguridad y como tales fueron presentados en incontables reclamos ante las autoridades y en denuncias periodísticas. Ese consenso surgió como resultado de una especie de lucha librada en torno a aquello que debía ser sancionado como ilegal.

El tráfico de ganado a través de Neuquén y Río Negro era la actividad económica más antigua de la región. Al navegar el Río Negro, en septiembre de 1782, el piloto español Basilio Villarino recibió informes de tehuelches sobre los arreos de ganado desde la provincia de Buenos Aires a Chile. En 1870, cuando el explorador George Ch. Musters terminaba su viaje, ese comercio había desarrollado una especie de sociedad entre criollos chilenos y aborígenes. La toldería de

Esgel-Kaik (Esquel) donde fue alojado funcionaba como uno de los paradores del circuito. "Esos indios –relató el inglés– eran muy diestros para manejar el lazo, y galopaban a través de la selva cazando animales de la manera más maravillosa; sólo se requería un hombre para tomar y asegurar un animal, después de lo cual seguía en busca de otro (...) Durante los dos últimos años habían estado ocho valdivianos ocupados en cazar animales vacunos junto con los indios de Foyel (...) como habían logrado formar ya una manada como de ochenta cabezas pensaban regresar en breve a Valdivia." La actividad parecía haberse multiplicado seis años después, cuando el perito Moreno llegó por primera vez a la región. "En el Valle del Limay –apuntó en sus *Reminiscencias*– encontramos tropas de ganados que de las estancias saqueadas en la provincia de Buenos Aires pasaban a Chile. Llegué a contar ciento veinte sendas, tan antiguo, tan frecuente y tan importante era el negocio, causa principal de los malones indígenas." Al salir desde Neuquén hacia el sur, Clemente Onelli pudo orientarse con certeza por el mismo motivo: "La ruta es ésta –dijo–, por donde envueltos en nubes de tierra han cruzado en pesado tropel, incitadas por la lanza despiadada del indio, miles y miles de cabezas de ganado robadas". Los indígenas advirtieron la importancia estratégica de las sendas cordilleranas y trataron de mantenerlas en secreto cuando comenzaron a llegar los primeros exploradores enviados por los gobiernos de Buenos Aires y Santiago de Chile. Valentín Sayhueque, el gobernador del País de las Manzanas, fue entonces descripto por Moreno como "dueño del paso a Chile" del lado argentino; se comprende que Julio A. Roca haya dicho, al anunciar en 1883 la segunda "campaña al desierto", que su etnia, ubicada hasta la llegada del ejército en el centro-sur de Neuquén, el Lago Nahuel Huapi y el Río Limay, era uno de los objetivos de la expedición.

Las tribus asentadas en la zona de la cordillera incluso resistían el avance de los aborígenes de los valles. Musters dejó testimonio de la rivalidad entre las huestes de Foyel y Cheoeque, que "viven cerca de los pasos de la cordillera y saquean a todos los viajeros". El inglés puntualizaba el caso de unos comerciantes valdivianos, que "habían estado detenidos más de un año esperando un salvoconducto". Ante la progresiva ocupación de la región por parte de los gobiernos chileno y argentino, algunos caciques trataron de administrar sus dominios. Así, el pehuenche Purrán, con autoridad en el norte neuquino, arrendó parte de sus tierras a hacendados chilenos, que la utilizaban como invernada para su ganado. Al mismo tiempo, los indígenas comenzaban a quedar capturados en la lógica del comercio, ya que se proveían de mercaderías con los vendedores ambulantes o en los boliches de campaña y en consecuencia estaban obligados a negociar en forma pacífica.

El control de las tribus aborígenes sobre la cordillera constituyó también materia de leyenda. El misterio del camino de Vuriloche, cuya huella fue descubierta y perdida varias veces, condensó las particularidades de un escenario inaccesible. Allí había un secreto cuyo develamiento podía ser penado con la muerte. Los primeros que lo utilizaron, al parecer, fueron los conquistadores españoles de Chile; extinguidos los indios de la región, fue abandonado y su memoria se perdió. Se sabía que el recorrido estaba indicado por un manantial de aguas termales, los llamados baños de Vuriloche; con esta referencia pudo ubicarlo el padre Juan José Guillelmo, en 1711, del lado oriental de la cordillera, a no mucha distancia del Lago Nahuel Huapi. El religioso no dejó mayores indicaciones, porque murió tras beber una chicha envenenada por los indígenas. Tras otro período de olvido, fray Francisco Menéndez creyó redescubrir el sendero en 1791 al hallar un manantial al pie del cerro Tronador. En realidad se trataba de una senda distinta. En el siglo XIX, exploradores, militares y científicos buscaron el camino y polemizaron sobre su ubicación; Onelli lo dio por "desaparecido bajo la poderosa vegetación del bosque cordillerano". En 1883 el capitán Jorge Rohde, del ejército argentino, anunció su hallazgo, luego de llegar hasta el cordón del Ñirihuau, pero sus superiores desautorizaron tales inquietudes. Una de las comisiones de límites chilenas, al mando de Arturo Barrios, reencontró la huella seguida por Menéndez en abril de 1900. Las discusiones continuaron sin arribar a un punto de acuerdo. El camino de Vuriloche parece haber sido, en definitiva, la designación de sendas distintas para hacer el recorrido entre Ralún, en Chile, y la zona de Nahuel Huapi.

Según testimonios de la época, los primeros pasos arrebatados al control aborigen fueron los de Vacas Negras (punto cuya localización se ha perdido) y Junín de los Andes. Por allí comenzaron a circular los transportes de los comerciantes del oeste cordillerano. La Compañía de Tierras abrió el camino en 1892, con el envío de la primera remesa de ganado en pie a Chile. La actividad de la estancia donde se criaban los animales venía a reemplazar la organización tribal y familiar de la economía indígena por modos de producción capitalista. La antigua práctica de los arreos clandestinos había sido observada con impotencia cuando la frontera llegaba al Río Negro; después de la "conquista del desierto" mejoraban las condiciones para proceder a su represión. Por otra parte, ciertas diferencias culturales redundaron en conflictos legales. La principal concernía a la noción de propiedad privada, que no se correspondía con la de las tribus patagónicas. En todo caso los aborígenes la aprendieron por contacto con la civilización, cuando el ejército los expulsó de las tierras en que circulaban. "Dios nos ha hecho nacer en los campos –expuso el cacique manzanero Chacayal ante el perito Moreno–, y éstos son nuestros; los blancos vinieron del otro lado del agua blanca y vinieron después (...) a robarnos los animales y a buscar la plata de las montañas." Y en otro pasaje de su discurso: "Nosotros somos dueños y ellos son intrusos". Claro que esta visión del mundo pertenecía a los vencidos. La antigua práctica maloquera, por la cual un hombre en viaje entendía que podía proveerse con lo que encontrara a mano, pasó a ser llamada cuatrerismo.

El aborigen se transformó en bandolero. Considerado un depredador, sus hábitos constituían "vicios" y sus pautas de conducta, una "inmoralidad". Los hacendados los denunciaban y los religiosos salesianos aprovechaban la coyuntura para cuestionar la creación de colonias indígenas al margen de su control. "La ley fundamental determina, manda la conversión de los indios a la religión católica, para incorporarlos a la vida civilizada", pregonaba el periódico rionegrino *Flores del Campo* en 1905. Las quejas de estancieros y comerciantes crearon un consenso respecto a que los indígenas desaprovechaban las tierras que recibían. Esa prédica ponía en evidencia la competencia por las tierras vecinas a la cordillera, valiosas por su fertilidad y la cercanía de los pasos hacia Chile, y el problema de los grandes propietarios para adquirir fuerza de trabajo ante una economía que, como la indígena, aún podía contener a sus miembros en la producción doméstica, la caza y la recolección.

La familia de Valentín Sayhueque fue una de las que sufrieron los embates en las tierras que habían conseguido en el Valle de Genua. En 1902 el cacique arrendó dos leguas de sus dominios a un comerciante que se proponía establecer un almacén de ramos generales. El contrato fue transferido luego a la Casa Lahusen, negocio de origen alemán con sede en Comodoro Rivadavia. Finalizado el contrato, la empresa siguió ocupando el campo, sin pagar el arrendamiento, porque abastecía a los indígenas. Era una mecánica habitual: dada la falta de dinero en circulación, los pobladores obtenían créditos que cancelaban con la entrega de sus productos (lana, en particular). La situación se dilató y en 1907 los herederos del cacique debían casi tres mil pesos; Francisco Sayhueque, uno de sus hijos, firmó un documento en que reconocía esa deuda. Como los indígenas no podían saldarla, la Casa Lahusen les inició un juicio que terminó con el embargo y el remate del campo (que compró el propio acreedor).

El título de bandolero no era exclusivo de los aborígenes: también lo recibieron los chilenos. Los emigrantes del otro lado de la cordillera, además, aparecían como intrusos. Y combatir esa población no deseada fue la principal preocupación de las autoridades. En 1895 el gobernador de Río Negro, Liborio Bernal, consideraba: "Un buen servicio policial exigiría cincuenta gendarmes que recorrieran permanentemente la zona dilatada del territorio que se extiende al pie de la cordillera, campo de acción hoy de los cuatreros que con toda impunidad comercian con Chile". En abril de 1901, el gobernador Conesa, de Chubut, pedía al Ministerio del Interior la instalación de destacamentos militares y resaltaba la gravedad de la situación en el Lago Fontana. "Llegan a estos lugares numerosos pobladores chilenos, que casi diariamente cometen cuatrerías", decía.

El proceso de criminalización de la población aborigen y chilena se consolidó a partir de 1902. El bandolero era el otro, el que planteaba un conflicto o no se adaptaba al orden que el Estado nacional trataba de instaurar; el otro que no podía ser asimilado, al que había que expulsar. Una vez resuelto el conflicto de límites, cabía plantearse la tarea de normalizar una sociedad en formación. El problema consistía en que, a pesar de que introducía sus instituciones (la justicia letrada y de paz, la policía, las comunicaciones, el poder municipal, la escuela), el Estado confrontaba con prácticas sociales y culturales que no reconocían su autoridad. El gobierno porteño aparecía tan distante como ajeno. A la inversa, un lugar como Cholila podía verse como un punto perdido en el mapa: "La distancia a Buenos Aires, capital de la Argentina –escribía Butch en su carta de agosto de 1902– es de unas mil seiscientas millas y hay más de cuatrocientas hasta la estación ferroviaria o puerto más cercano".

Las denuncias eran planteadas por las autoridades políticas del territorio, pero también por vecinos que ocupaban puestos en la policía y en la justicia y por las grandes compañías molestas por la competencia y el ancestral cuatrerismo. La sujeción y el disciplinamiento tardaron en cristalizar porque la sociedad misma atravesaba el período inicial de su integración y muchas veces los representantes que emergían o que eran impuestos desde Buenos Aires se trenzaban en ásperos enfrentamientos, como el caso ya mencionado ocurrido en Chubut en 1901. Al mismo tiempo, por momentos se tenía la percepción de un mundo al revés, ya que los policías y jueces de paz podían convertirse en los delincuentes más temidos o incluso estaban al frente de las redes de tráfico de ganado. Mal podía el Estado normalizar una sociedad cuando no había disciplinado a su propia fuerza policial y las áreas de competencia y jurisdicciones entre sus agentes parecían confusas.

Además, las costumbres sancionadas como delictivas no eran asumidas como tales por los implicados. En particular, el "cuatrerismo" que estaba vinculado a la subsistencia, donde el hurto implicaba el consumo inmediato de lo apropiado y el recurso a la hacienda sin dueño. Incluso Aarón de Anchorena dio fe al respecto, después de participar en una boleada de guanacos con el cacique Kankel: "A poca distancia del Lago Fontana cazamos baguales [vacas y caballos salvajes] alzados desde la época de la conquista", dijo en la crónica de su excursión. Los grupos indígenas, al continuar estas prácticas tradicionales, quedaron fuera de la ley, aunque tales delitos, que por otra parte involucraban a familias enteras, resultaran insignificantes desde el punto de vista económico. Posteriormente ese tipo de actos adquirió el sentido de una venganza o demostración de rechazo contra el orden que los despojaba de tierras y animales y los sometía a las arbitrariedades de sus funcionarios. El robo de ganado mayor, más perjudicial en ese sentido, rara vez era cometido por aborígenes; por otra parte, requería logística y tareas de preparación, como conocer el campo en que se encontraba la hacienda, establecer una ruta de escape y conseguir un comprador y guías de campaña, para transitar sin inconvenientes. E incluso la incidencia real de este tipo de delitos resulta dudosa. El bandolerismo constituyó un grave problema de seguridad en el sur y centro de Chile a partir de la segunda mitad del siglo XIX, pero su manifestación en la Patagonia argentina parece mucho menor de lo que la prensa de la época puede hacer creer. Las estadísticas demuestran que la mayoría de las bandas surgidas en Chile estaban compuestas por entre dos y cinco personas y eran de conformación inestable y espontánea. "A la pequeñez de estas bandas –dice el historiador transandino Jaime Valenzuela Márquez–, se unía una escasa coherencia y falta de trascendencia en cuanto a sus objetivos, puesto que lo único que mantenía unido a sus integrantes era el asalto o abigeato propiamente tal y el reparto del botín, tras lo cual la banda se desintegraba." Estos grupos, además, actuaban sólo localmente, en sus áreas de residencia o en zonas inmediatas; para esa población desarraigada de la propiedad, el cuatrerismo o el robo suponía una forma complementaria a otras vías de subsistencia y de relación con la sociedad, como un trabajo en la cosecha o los rodeos. Las bandas grandes, de más de seis personas, mostraban en cambio cierta organización: se estructuraban en torno a un líder y en sus acciones había un plan previo, una distribución de roles y una concepción del espacio asaltado. Tenían un grado de permanencia que excedía el hecho aislado y mayor movilidad espacial. En principio, tales formaciones estaban en condiciones de cruzar la cordillera y actuar en territorio argentino; pero parecen haberlo hecho en forma aislada. Lo más frecuente era, por un lado, el pasaje de prófugos de la justicia chilena que huían en forma individual y eventualmente podían rearticular algún grupo, y, por otro, la conformación de bandas de frontera, que se ocultaban en uno u otro país de acuerdo con su situación con las fuerzas policiales. El conocimiento de los pasos y la existencia de lazos familiares a ambos lados de la cordillera constituían una ventaja logística sobre la línea telegráfica que transmitía las denuncias y pedidos de captura. La frontera era un asilo para el que se ponía fuera de la ley y en consecuencia, como factor de desorden, quedó asociada con el delito.

En el caso de los chilenos, la rivalidad por la cuestión de límites y el destierro potenciaron los propios ideales nacionalistas. Por lo menos hasta el laudo de la Corona británica, estaban en un territorio al que muchos consideraban parte de su nación. Los inmigrantes festejaban las fechas patrias en territorio argentino y cruzaban la cordillera para anotar a sus hijos o incluso darlos a luz. Estas demostraciones hacia el país natal llegaron a ser vistas como focos de rebeldía y resistencia al proyecto argentino de integración nacional. El chileno Juan Balderrama, jefe de bandoleros que anduvo por el norte de Neuquén en los primeros años del siglo XX, argumentó con lógica atendible: "Que mal puede exigírsele a él buena conducta, cuando no lo han educado. Que ha nacido y se ha criado como un animal, solo y sin educación y que como nada le debe a la sociedad tampoco ella debe pedirle cuenta de sus actos". El simple movimiento de la población constituyó una de las tareas policiales. La planilla de sumarios de la policía de Chubut, en 1889, incluyó cinco causas por "entrada de chilenos"; en 1890 hubo otras veinte causas por el mismo motivo, pero en 1891 el tópico desapareció del registro. La estadística sobre delitos suele ser un indicador de las prioridades de la policía.

La vigilancia sobre los chilenos estuvo determinada en principio por los vaivenes del conflicto fronterizo. Así, a partir de fines del siglo XIX se registraron lo que podrían considerarse misiones de espionaje e inteligencia. El 24 de diciembre de 1901, el jefe de policía de Chubut, Pedro I. Martínez, nombró oficial en comisión a Severiano Britto, al mando de un agente y tres soldados, "con los que recorrerá los alrededores de la Colonia Cushamen informando sobre el tránsito del camino del Bolsón"; en particular, "se informará minuciosamente respecto de la población chilena existente en aquella zona y tomará todos los datos que le sea posible respecto del camino del Bolsón, como asimismo sobre el uso que se haya hecho del [sic] hasta ahora, si hay corriente de inmigración chilena por dicho camino, debiendo tomar todos los demás datos que demuestren la condición estratégica, comercial o económica de dicho camino". Britto debía enviar por correo el parte de su misión; "se recomienda la mayor actividad, circunspección y prudencia", concluía el jefe de policía.

La zona de Nahuel Huapi fue escenario de una de esas invasiones imaginarias entre fines de 1904 y principios de 1905. El 30 de diciembre de 1904, el comisario inspector Aquino Quiroga, cuya carrera estaba jalonada por numerosas acusaciones de cohecho, falsificación de documentos y abuso de autoridad, despachó un telegrama alarmante desde Bariloche: "Tengo conocimiento que bandoleros chilenos en número considerable se encuentran rodeando juzgado y comisaría de Nahuel Huapi, para asaltarlos", decía. Se hallaba en marcha hacia el Limay, al frente de una partida integrada por algunos soldados y policías, además de varios vecinos. No era suficiente: "Es necesario —consignaba— que el gobierno de Neuquén refuerce la policía. Tengo sólo treinta tiros pero a pesar de esto esta policía cumplirá con su deber dignamente". El 5 de enero el gobernador de Neuquén, Carlos

Bouquet Roldán, confirmó que, según sus noticias, las autoridades de Nahuel Huapi estaban rodeadas, por lo que pidió el envío del Regimiento 3º de Caballería de San Martín de los Andes. El oficial destacado informó poco después "que no había asaltado la comisaría ninguna partida de bandoleros ni hecho disparos de armas de fuego contra las autoridades, que le eran sumamente extraños los telegramas que en ese sentido se habían remitido. Que respecto de lo que se decía por esos parajes de una partida de bandoleros todo era ilusorio". El temor a la invasión había sido el instrumento para que un comisario exigiera mayor poder y promocionara su figura. Los treinta tiros de que disponía el inspector Quiroga eran más que suficientes.

Además de los comisarios, los informes de los inspectores de la Dirección de Tierras avalaron la valoración negativa de los chilenos. Uno de 1907 destacó que "son menesterosos, vagos, ignorantes y hasta criminales que se limitan a sembrar un cuadrado de trigo para proveer a su subsistencia quemando el bosque para no tener ni el trabajo de desmontar; y que nunca dejan de auxiliar y de encubrir a los autores de hechos delictuosos (generalmente robos de haciendas) que se cometen en aquellas lejanías". Pero la cría del ganado forzaba la trashumancia: en invierno, cuando las nevadas clausuraban los pasos cordilleranos, los crianceros llevaban al ganado a los valles; con el deshielo, daban marcha atrás y los trasladaban a las faldas montañosas. Las amenazas de conflicto entre los dos países y las eventuales campañas de represión policiales, además, los mantenían alertas y predispuestos a abandonar sus residencias.

La desconfianza se extendía incluso a comerciantes que mostraban solvencia económica, lo que demuestra que la etiqueta de bandolero fue también un instrumento en la conflictiva formación de los sectores dominantes locales. El control del comercio ganadero, la apropiación de los mejores recursos y el dominio de las vías de comercialización constituían objeto de disputas donde los competidores a menudo eran tratados de bandidos. Así ocurrió, entre otros, con Manuel de la Cruz Astete, un productor rural y comerciante de ganado que operaba entre Chile y el norte de la Patagonia. En Choele Choel vivía un hermano, Napoleón Astete, y él mismo se instaló, hacia 1898, en la provincia de Río Negro. Astete enfrentó reiteradas acusaciones por arrear hacienda ajena y de contrabando; su hermano, a la vez, fue denunciado por robar vacunos en la estancia del coronel Pablo Belisle, beneficiado con tierras fiscales y quien al parecer formó su hacienda con provisiones del Ejército. Los cargos tenían cierto fundamento en cuanto a acciones de despojo en perjuicio de los indígenas; pero por un lado ésa era una regla corriente en el sector de los comerciantes y por otro el eje de los cuestionamientos apuntaba a su origen chileno. El hombre, como se verá, debió su mayor fama a su esposa, Elena Greenhill, pronto conocida como la Inglesa Bandolera.

La población que debía ser disciplinada estaba integrada sobre todo por indígenas y chilenos. Según el censo nacional de 1895, en el departamento de 16 de Octubre vivían 1163 personas, de las cuales 908 eran argentinas; 104, chilenas; 94, inglesas; 53, de otras nacionalidades (entre ellas doce de origen norteamericano) y cuatro, de nacionalidad no identificada. Pero la mayoría de los argentinos eran indígenas, según surgía de sus nombres, viviendas (toldos) y ocupaciones (cazadores, tejedoras). Los mecanismos de asimilación que diseñaron las autoridades apuntaron a disolver sus pertenencias de grupo para insertarlos en las comunidades emergentes como individuos aislados. La absorción de la población aborigen se produjo tanto en sentido material como cultural: los indígenas *desaparecieron* en tanto tales, para ser considerados como parte de la población argentina (o chilena, según de qué lado de la cordillera hubieran nacido), y fueron confinados en las áreas más pobres. En cuanto a los chilenos, hubo una valoración ambivalente: por un lado los acusaban de intrusos y delincuentes y por otro los requerían como mano de obra y participantes del proyecto nacional de poblar la región. Se les reconocían ciertas capacidades, sobre todo por su conocimiento del espacio de frontera. Eran buenos baqueanos para conducir un arreo a través de la cordillera, o seguir el rastro de un fugitivo. Y no estaban mal predispuestos para ingresar como agentes de policía. Nadie les disputaba esa colocación, pero su presencia en las fuerzas de seguridad causaba alarma. Una anécdota protagonizada por el hacendado Benito Niño, primera autoridad policial en Nahuel Huapi, ilustra las particularidades de esa situación. La comisaría vecina al boliche de Jarred Jones contaba con cuatro agentes chilenos. La convivencia parecía normal, pero en el curso de una alegre reunión, entre bromas y brindis, la nacionalidad se transformó en tema de una discusión que estuvo a punto de terminar a balazos. Los policías fueron despedidos.

En la época en que Butch Cassidy y sus amigos llegaron a la región, Ascencio Brunel era el bandido más buscado. Sus fantásticas hazañas corrían ya entonces de boca en boca y eran llevadas desde el sur de Santa Cruz, el espacio que le era familiar, hasta el norte de la Patagonia por los pobladores que se desplazaban con arreos o en busca de trabajo. Por eso, seguramente, el origen de su historia fue narrado según una convención de los relatos sobre bandidos, donde ponerse fuera de la ley es el efecto de un acto en cierto sentido noble. "Era en el año 1888 un jovencito oriental que en Punta Arenas, por celos, cometió una muerte: dos caballos robados en esa población y seis horas de buen galope lo pusieron pronto fuera de las garras de la policía", contó Clemente Onelli, que escuchó la versión en la toldería del cacique Manuel Quilchamal. Antiguos pobladores de Santa Cruz afirmaban que en realidad los hechos ocurrieron en el Cerro de la Picana, cerca de Río Gallegos, donde Brunel mató a un tal Aniceto San Juan, para raptar a su esposa, Rosario Treviño; el amor no duró, ya que abandonó a la mujer en Puerto Santa Cruz. También se decía que no era uruguayo sino nacido en las Islas Malvinas, hijo de madre inglesa y padre italiano. Se supone que había llegado desde aquel punto, de donde procedió una corriente importante de habitantes de la Patagonia austral.

Jack van den Hayden, o Juan Venría, o Long Jack, un belga vagabundo que fue cazador, buscó oro y trabajó como peón en Santa Cruz, transmitió a la posteridad las propias palabras de Brunel:

–Fueron las policías chilena y argentina –habría dicho– quienes me encauzaron en esa vida; yo era joven, atrevido y capaz, y carabineros y comisarios me mandaban alternadamente a uno y otro lado de la frontera para robar caballos por su cuenta, ya que siempre carecían de los necesarios para sus recorridas. La policía argentina me mandaba a territorio chileno y la chilena al argentino. Ambas corrían parejas principalmente en cuanto a las recompensas que prometían: regalos cuando les traía lo que codiciaban; palos y azotes, cuando no.

A partir de entonces vivió entre Santa Cruz y Chubut, siempre perseguido, nunca atrapado. La frontera con Chile era su ámbito de pertenencia. A fines de 1889, para reprimir los malones que arreaban con caballadas, una partida de la policía de Santa Cruz persiguió a un grupo de araucanos hasta el Lago San Martín; entre los fugitivos, anotó el jefe de la comisión el 9 de octubre, "van dos cristianos (...) y creo muy posible sea uno de ellos el prófugo ese Ascencio Brunel; porque entre los animales caballares [sic] que se les han tomado durante la persecución hay algunos que han sido robados en ese mismo punto por dicho individuo". Diez días después, un nuevo parte policial recogía más datos: "En este momento ha llegado a mi conocimiento que el individuo Ascencio Brunel ha llevado a cabo otro robo consistente en cincuenta animales cabalgares [sic]". El comisario Carlos Brunett, que firmaba la nota, planteaba conjeturas sobre el escurridizo bandido y aconsejaba al gobernador: "Es seguro que no anda solo porque vuelve muy pronto a hacer otros robos. A más [sic] lo han visto con otros; sobre todo, si no tuviera quien le cuidara la caballada se volverían por lo menos algunos caballos, pues están muy aquerenciados (...) Sería muy conveniente que mandara una comisión Río Gallegos arriba, pues es muy probable que traslade los caballos robados a la Laguna Blanca, territorio chileno, para después mandarlos a algunos que están en combinación con Brunel o sus cómplices".

Aunque Long Jack lo definió como "persona con bastante instrucción", los testimonios de la época lo describen como una mezcla de bárbaro y ermitaño: vivía solo, se cubría con cueros de animales y robaba a los fines de la subsistencia. A veces se servía en el propio campo, donde dejaba los restos de los animales faenados o degollados, en extraño ritual. "Los vecinos están con razón muy alarmados, pues ha llegado su osadía a carnear uno de sus animales robados casi a la puerta del dueño", anotó el comisario Brunett. Era un hombre lobo: "La leyenda sobre su vida –dijo Long Jack– afirma que sólo comía la lengua de los yeguarizos que mataba, y que con este único fin robaba los animales. Nunca se pudo comprobar que vendiera un solo caballo robado".

Thomas Holdich, el árbitro en el conflicto de límites, también escuchó relatos de sus andanzas y a su regreso de la Argentina lo describió para los lectores ingleses en su libro *The Countries of the King's Award*: "Magnífico jinete –y eso en tierra de jinetes–, habilísimo en rifle y lazo, su existencia fue la del *outlaw*, ocupado honradamente siempre y cuando lo dejaran libre, fuera del alcance de la policía; en cierto distrito se le conocía como espléndido arriero y hombre capaz pero con nombre falso", dijo. Holdich captó dos aspectos significativos de la historia del hombre lobo. Por un lado, la simpatía que provocaba entre los aventureros y peones, como ejemplo de un valiente que no quería pertenecer a una sociedad de hombres sometidos. Por otro, el hecho de que se trataba de un fenómeno al que pondría fin el orden en gestación: "Durante quince años logró eludir a la ley, pero con el avance de la civilización y el aumento de la población aumentaron en forma gradual los riesgos, hasta que al fin tuvo que ocultarse literalmente en la maleza y subsistir de lo que pudiera carnear o robar".

El pionero Federico Otten contaba que Brunel le había robado la manada entera de caballos y que lo siguió hasta el Lago San Martín, donde pudo recuperarla íntegra y enterarse de que se trataba de una broma, "para darle un trabajito al gringo", según las palabras del bandido (Otten tenía su propia historia: hijo de la princesa Margarita de las Dos Sicilias y del archiduque Leopoldo II de la Casa de los Habsburgo, se hartó de las intrigas de la nobleza y mientras su familia lo creía muerto en un naufragio viajó a la Patagonia, ocupando campos fiscales de Santa Cruz en 1894). La fama de Brunel creció a través de las historias de las persecuciones que se organizaron para capturarlo y de las increíbles fugas que protagonizó o le adjudicó la imaginación colectiva. "Acosado un día por falta de tabaco (!), se acercó a la gobernación de Gallegos –dijo Onelli–; fue reconocido, preso, engrillado y al día siguiente en el parejero del jefe de policía desapareció sin que fuera posible dar con él." El alemán Karl Führ, establecido con un albergue en el Lago Argentino, lo identificó otra vez en un cruce en balsa por el Río La Leona. No le debió resultar difícil; parece que Brunel solía recorrer esa zona, y según los testimonios vestía harapos y llevaba la barba y el pelo hirsutos. El colono lo detuvo y entregó a la policía; por supuesto, el bandido no tardó en escapar.

En noviembre de 1895, lo descubrieron cuando merodeaba la toldería del cacique Kankel, en Río Mayo, Chubut. Brunel había tenido el atrevimiento de raptar a una mujer de la tribu, quien al regresar no quiso cometer la bajeza de delatarlo. Los indígenas lo ataron sobre una mula y tras doce días de marcha llegaron a la Colonia 16 de Octubre. Allí lo entregaron al gobernador Eugenio Tello, presente ante la alarma provocada por el delirio de Gabriel Cayupul, quien decía estar en diálogo con Dios. En enero de 1896 Brunel fue conducido a Gaiman, en la misma caravana que llevaba presos a Rawson a Cayupul y el cacique Juan Salpú. Los colonos de ese pueblo acudieron para escuchar de su propia boca las fabulosas anécdotas de su vida. Brunel no los decepcionó; se ganó la simpatía general con sus recuerdos de la difícil vida de frontera y al fin consiguió que le quitaran los grillos. El 20 de febrero consiguió escapar; utilizó el caballo del comisario local, que no era otro que Pedro I. Martínez. Diez días después, impulsado por la leyenda, reaparecía a novecientos kilómetros de distancia, en Puerto San Julián, para robar dos tropillas de un poblador escocés. El gobernador suspendió durante un mes al comisario Martínez, porque entendió que había sido negligente y facilitado la fuga. En el hecho estaban involucrados otros policías, entre ellos el sargento Juan Caminada, a quien podría verse luego en medio de otros escándalos. No obstante, el baldón no impidió que Martínez fuera designado poco más tarde jefe de policía del Territorio. La historia se amplificó a través del tiempo, y en otras versiones la fuga tiene lugar en Trelew, o en Rawson; Brunel consigue disipar sospechas después de mostrarse humilde y piadoso con un sacerdote, rindiéndose ante un crucifijo, y se arroja sobre el caballo desde el primer piso de una comisaría.

El suceso, de acuerdo con Onelli, se repitió con algunas variantes en septiembre de 1900. Brunel andaba entonces a la orilla del Río Senguer, otra vez cerca de la toldería de Kankel. No había escarmentado y el nuevo desafío al cacique tehuelche le costaría caro. Los indígenas le tendieron una trampa; Brunel consiguió eludirla y huir a todo galope tras cruzar el Río Guenguel. Sin embargo, un tío de Kankel puso pie en tierra en la otra orilla y le disparó con un Winchester. El hombre lobo se desplomó en el acto, muerto. Onelli anunció que había visto el cadáver y que como su muerte no era conocida, el fantasma del bandido seguía presente entre los pobladores de la cordillera.

De hecho, Holdich lo revivió. En su libro, relató un suceso ocurrido en la Navidad de 1900, que escuchó durante una tarde de lluvia de parte de "mi amigo alemán Von Heinz, en Palique, mientras esperábamos que escampara". Las incursiones de Brunel habían colmado la paciencia de los colonos de la Sierra de los Baguales, al sur del Lago Argentino. Una partida, destacada en su búsqueda, "hurgó en vano, día y noche, las quebradas y laderas que solía frecuentar, y es probable que nunca lo hubieran encontrado a no ser por un descuido del fugitivo". En la montaña, bajo un cuero de yegua, Brunel celebraba la Navidad entonando un viejo himno. El misterio tenía una nueva vuelta de tuerca; el hombre lobo recordaba otra vida, donde debía haber sido un hombre civilizado y habituado a una existencia normal. Después de reponerse del asombro, los perseguidores lo rodearon e intimaron a rendirse.

—No tiren —pidió Brunel—. Me rindo.

Pero acto continuo hizo un disparo, al parecer accidental. "Hubiera escapado probablemente –dijo Holdich–, a no ser por un muchacho de la partida que llevaba una especie de trabuco atascado con metralla y lo disparó a la ventura sobre el matorral. Un trozo de hierro acertó a romper el cierre del fusil de Brunel, inutilizándolo, y otro le hirió en la pierna, rompiéndole el hueso. Ni así se rindió el bandido. Herido y todo, alzó una rienda y una caja de fósforos, arrojó el inútil rifle y se internó largo trecho en la maleza. Pero fue fácil seguirlo, hasta que un arroyo lo detuvo: allí levantó las manos."

La historia fue relatada también por *Long Jack*, aunque con variantes. Una de las más importantes es que la partida no perseguía a Brunel sino al matrero chileno Antonio Montenegro. En vez de un himno navideño, el bandido recitaba junto a un fogón una canción patriótica inglesa, ya que en realidad todo había ocurrido un invierno (sin precisión del año). Después de la balacera lo dieron por muerto, y al acercarse la sorpresa fue doble, porque ese hombre vivía, y ese hombre no era sino Ascencio Brunel. "Cuando llegó a la comisaría estaba casi desnudo –dijo *Long Jack*–, con unos trapos atados con hilos y tientos de lonja por única vestimenta, sin más cobija que una manta utilizada como montura. Durante su convalecencia no quiso comer más que carne y medio cruda."

Brunel volvería a cabalgar, pero pertenecía a una etapa que terminaba. En la que se iniciaba, los norteamericanos tendrían un rol preponderante. Era la transición en el establecimiento de un nuevo orden. Tardaron en ser llamados bandidos, porque pertenecían al sector de los pioneros y de los primeros pobladores y porque ese rótulo fue asignado a chilenos y aborígenes. También debió ser importante la fachada de honesto ganadero con que se mostró Butch Cassidy, y su círculo de relaciones que incluía a las personas más poderosas de la zona, desde Jarred Jones a Francisco Preston, pasando por el comisario Eduardo Humphreys. Cuando esa máscara cayó, los bandidos norteamericanos fueron señalados como otra amenaza. Su papel consistió en fortalecer el consenso respecto a la inseguridad y al desorden que supuestamente imperaban en la región y en reforzar la necesidad de acudir a un cuerpo especial de policía, dotado con atribuciones extraordinarias.

Capítulo 4
Las dos caras de Butch Cassidy

Butch, Sundance y Etta no olvidaron a sus viejos amigos. En los años que pasaron en la Argentina mantuvieron correspondencia con ellos y se pusieron al tanto de sus novedades. El intercambio fue tan intenso que cuando abandonaron la cabaña de Cholila, según recordó Daniel Gibbon, su vecino y confidente, dejaron "un cajón lleno de correspondencia de Norteamérica, en la creencia de que volverían después"; también guardaban revistas que hablaban sobre ellos y los viejos tiempos en el Lejano Oeste.

Esos documentos se extraviaron en circunstancias de las que nadie quiso acordarse. Sin embargo, la Agencia Pinkerton pudo rastrear a los fugitivos en Estados Unidos. Fue a partir de la correspondencia y de la vigilancia en los hogares de familiares como surgió el dato del nuevo rumbo de Butch y Sundance. Los detectives obtuvieron esa información tras sobornar o presionar a empleados postales para que abrieran las cartas dirigidas a los amigos y parientes de los bandidos. Cassidy debió sentirse muy seguro en su escondite "muy lejos de la civilización" porque, pese a lo precavido que siempre había sido, indicó su dirección en la misiva enviada a Mathilda Davis y prescindió del antiguo código supuestamente empleado para cifrar mensajes, a excepción de la jocosa alusión al tío muerto.

El 10 de mayo y el 29 de julio de 1902 los investigadores de la Agencia Pinkerton elaboraron sendos informes sobre las visitas de "Harry Place y su señora" a Nueva York en febrero de 1901 (cuando embarcaron por primera vez hacia Buenos Aires) y abril de 1902. Eran los primeros documentos que mencionaban la existencia de Etta, todavía sin nombrarla: "Se dice que es la esposa [de Sundance] y es oriunda de Texas". Y el segundo incluía la foto que se habían tomado antes de viajar a la Argentina, cuyas copias serían exhibidas en todas las oficinas de la Agencia. "Qué lástima que no tuvimos la información y la fotografía cuando este tipo [Sundance] estaba en Nueva York –escribió William Pinkerton a su hermano Robert–. Esto demuestra lo atrevidos que son, mientras los buscábamos en el desierto y las montañas, andaban en medio de la sociedad." El 14 de febrero de 1903 Robert Pinkerton dio la gran noticia al presidente de la Union Pacific, la poderosa compañía ferroviaria: acababa de comprobar el paradero de los prófugos, que se hallaban "establecidos en un nuevo país, trescientas cincuenta millas tierra adentro" y con los nombres de James Ryan y Harry A. Place. El detective Frank Dimaio, al terminar una misión en el Brasil en marzo de 1903, recibió la orden de viajar a Buenos Aires.

El agente debía confirmar aquellos datos. Apenas desembarcó en la capital argentina revisó los registros de las compañías de navegación locales y se reunió con jefes policiales. Debió ser natural, por otra parte, que las averiguaciones incluyeran una entrevista con el vicecónsul honorario de los Estados Unidos, George H. Newbery.

Dimaio consignó detalles de ese encuentro en un informe que poco después remitió a sus superiores. Newbery reconoció las fotos de Butch, Sundance y Etta que le mostró el investigador e informó que los tres estaban "establecidos en una estancia con ovejas en Cholila, provincia de Chubut, distrito de 16 de Octubre" y que "eran considerados ciudadanos respetables". Entre otros por el propio Newbery, quien los incluía en lo que presentaba como el proyecto para fundar una colonia al sur de Nahuel Huapi.

Newbery dijo a Dimaio "que sería imposible detener a esos criminales en el momento, debido a que alrededor del 1° de mayo comienza la estación lluviosa y la región se inunda". La observación resulta un tanto sorprendente pero su sentido se aclara enseguida. "Para llegar a Cholila –escribió el sabueso de la Pinkerton, informado por el vicecónsul– sería necesario ir a Puerto Madryn, doscientas cincuenta millas al sur de Buenos Aires, y luego viajar por carro durante unos quince días a través de la selva. Sería necesario además contratar un baqueano. Al llegar a Cholila el jefe de la guarnición de 16 de Octubre [el Regimiento 6° de Infantería] tendría que ser entrevistado para arreglar el arresto de estos criminales."

El vicecónsul se proponía desanimar a Dimaio. La insólita alusión a las dificultades de la selva es tan reveladora como la errónea indicación de autoridades. Si Newbery hubiera querido ayudar al empleado de la Pinkerton, estaba en posición, por relaciones e influencias, de acudir al Ministerio del Interior. El trámite para detener a un prófugo extranjero no suponía apelar al Ejército sino a autoridades del gobierno nacional para que éste diera intervención a la policía. La posibilidad de que Dimaio haya exagerado o mentido, para evitarse el viaje a Chubut o por temor a un encuentro con los bandoleros, es poco verosímil. Dimaio había cumplido misiones de alto riesgo, como infiltrarse en organizaciones mafiosas; además, a su regreso, fue ascendido como premio por sus averiguaciones en la Argentina. Incluso la coyuntura diplomática era favorable para tales gestiones, ya que los gobiernos de los Estados Unidos y la Argentina se unían ese año en la defensa de Venezuela ante presiones militares europeas por el pago de su deuda externa. Y el mecanismo para capturar a un delincuente y llevarlo ante el juzgado correspondiente era conocido. El problema más importante, para la Pinkerton, consistía en que nadie requería la extradición de los miembros de La Pandilla Salvaje. Ése era el punto de apoyo que podía hacer mover al gobierno y la policía argentinas –o mantenerlas paralizadas–.

El agente de la Pinkerton se contactó también con el jefe de policía de Buenos Aires, Francisco de Beazley. La entrevista parece haber sido protocolar: "Dijo que podía prestar asistencia plena", anotó Dimaio, después de mostrarle los avisos de captura y material periodístico sobre la banda. A continuación el detective rastreó el expediente iniciado por Butch Cassidy en la Dirección de Tierras y Colonias y visitó varios bancos de Buenos Aires. El gerente del Banco de Londres y el Río de la Plata identificó al trío y dio los detalles que se conocen sobre el movimiento de la cuenta de Harry Place. Antes que abandonara la Argentina, en mayo de 1903, Newbery prometió a Dimaio que le avisaría por telégrafo cualquier novedad de la que se enterara. También se ofreció para montar una trampa. Planeaba volver a su estancia de Nahuel Huapi en el próximo mes de noviembre; en combinación con Beazley, atraería a Butch y Sundance a Buenos Aires con el pretexto de entregarles el anhelado título de propiedad de sus tierras. Parece haber sido otro cuento para entretener al visitante, dado que nada de ese plan se llevó a cabo. Dimaio dio a Beazley copias de las avisos de captura y combinó una lista de palabras en clave para nombrar al trío: *cidra* (Butch); *limones* (Sundance), *duraznos* (Etta) y *damascos* (Sundance y Etta).

Se dice que los avisos incluían el pedido de captura de Harvey Logan, el compañero de La Pandilla Salvaje. Si eso es cierto, tal solicitud tiene que haber sido enviada en un momento posterior. Entre marzo y mayo de 1903, cuando Dimaio visitó Buenos Aires, Logan estuvo preso en la cárcel de Knoxville, Tennessee. El 27 de junio de ese año consiguió escapar. Obviamente, una eventual demanda de detención debió ser cursada después de esa fecha. Éste parece haber sido el origen de las incontables versiones que afirmaron que Kid Curry, como le decían al bandido, se había reunido en el exilio con Butch y Sundance.

Las circunstancias de la fuga de Logan llegaron hasta Cholila. Daniel Gibbon, convirtiéndose en la memoria del grupo de bandidos norteamericanos allí afincados, se encargó de preservarlas y retransmitirlas. Según el historiador Charles Kelly, todo comenzó cuando Kid Curry llamó a un guardia para conversar. En un momento en que el custodio se dio vuelta o se descuidó, el bandido deslizó sobre su cuello un lazo fabricado con el alambre de una escoba. En pocos segundos el celador yacía amarrado y despojado de sus armas. Entonces Logan llamó a un segundo guardia y lo obligó a abrir la celda. Cabalgando el caballo del *sheriff*, ensillado en un patio vecino, estuvo pronto lejos de Knoxville. La Agencia Pinkerton, a cargo de la investigación del asunto, concluyó que la fuga había sido facilitada por los empleados: el guardia no mostró marcas del alambre en su cuello, y el oficial a cargo no pareció demasiado preocupado por recuperar al prisionero. El maestro galés Roberto O. Jones escuchó esta historia de labios de Gibbon, en Esquel, y la repitió ante la Policía Fronteriza en 1911, aunque confundiendo a Logan con Sundance Kid: "Se había evadido de todas las cárceles donde había estado; en una de ellas, para fugarse consiguió que el llavero se acercara a la reja y desde adentro le ató con alambre fino del cuello, sacándole las llaves", dijo.

El camino de Kid Curry no llegó demasiado lejos. El 9 de julio de 1904, una partida se tiroteó con los asaltantes de un tren en Glenwood Springs, Colorado. Los bandidos huyeron, salvo uno que quedó herido y se suicidó antes de caer preso. Un detective de la Pinkerton, que exhumó y fotografió el cadáver, lo identificó más tarde como Logan. Según Percy Seibert, un norteamericano radicado en Bolivia, Butch

Cassidy le dijo que había intentado convencerlo de viajar juntos a la Argentina, sin conseguirlo. Sin embargo, el comentario popular y algunas confusiones de la policía argentina mantuvieron vivo a Logan y lo situaron allí donde estaban sus amigos. En septiembre de 1906 el *New York Herald* afirmó que andaba por América del Sur con sus antiguos compañeros de andanzas. La prensa de Buenos Aires había difundido esa versión en diciembre del año anterior. Además, según el periodista Francisco N. Juárez, "en el inventario de un carro de mercaderías llegado a las estancias inglesas [la Compañía de Tierras] el 31 de octubre de 1903, figuraba la Circular Logan", como se conoció al pedido de captura del bandido. Juárez cree que se trató de una maniobra para ocultar los avisos de búsqueda y la atribuye a Ricardo Knight Perkins, el tenedor de libros de la estancia Leleque, e íntimo amigo de Butch y Sundance.

El desarrollo de las comunicaciones alcanzaba por ese momento a la Patagonia. El 29 de marzo de 1903, mientras Dimaio recibía el engañoso asesoramiento de Newbery, se inauguró la oficina de telégrafo de Súnica, treinta y cinco kilómetros al este de la Colonia 16 de Octubre. El tendido del cable llegaba desde Neuquén, pasando por Nahuel Huapi, y alcanzaba a ese paraje. Hoy despoblado, Súnica era entonces un lugar de tránsito entre la costa y la cordillera, y estaba cargado de historia: había sido el escenario, a fines de 1883, del último gran parlamento de jefes aborígenes, antes de sucumbir al Ejército, y dos años después lugar de paso del gobernador Fontana y los Rifleros galeses. El telégrafo se instaló en un local cedido por Eduardo Humphreys: una pieza junto a la comisaría de la que estaba a cargo. El telegrafista era Medardo Morelli, quien más tarde, como juez de paz suplente de Esquel, aparecería mezclado en algunos asuntos poco claros con los norteamericanos.

La construcción de la comisaría, a orillas del Río Corintos, también a cargo de Humphreys, tuvo lugar entre fines de 1896 y principios de 1897, y convirtió a Súnica en un punto de referencia. El sitio elegido provocó quejas porque se hallaba en la zona de litigio con Chile y significaba desoír las instrucciones expresas del gobernador Eugenio Tello, que aconsejó el Paso de Nahuel Pan. El episodio ilustra la forma de proceder de Humphreys, y las limitaciones de los comisarios *ad honorem*, que solían subordinar el interés público al particular: las oficinas estaban ubicadas en el sitio en que el comisario tenía su hacienda y su almacén de ramos generales, en sociedad con su hermano Mauricio Humphreys. También se hallaba allí, con una casa de comercio, el inglés Richard Clarke, personaje que cultivó relaciones tanto con los bandidos norteamericanos –Cassidy abrió una cuenta corriente en su negocio– como con las autoridades del Territorio.

El dato de la extensión del telégrafo hizo suponer o dar por seguro recientemente que los avisos de captura de la Pinkerton fueron recibidos de inmediato en el oeste de Chubut. A partir de ahí, de manera "lógica", se derivan diversas conjeturas y fábulas. Sin embargo, lo cierto es que, por razones oscuras, el material proporcionado por Dimaio fue mantenido en secreto por la policía de Buenos Aires, que recién lo divulgó a fines de 1905.

De acuerdo con las notas de Dimaio, el vicecónsul Newbery se refirió a Etta Place como "la única mujer blanca en la provincia", título insólito, e insistió en que Enrique Place y Santiago Ryan –como él los conocía– eran buenos muchachos que se portaban de manera correcta y se dedicaban a trabajar. Esta opinión, seguramente, lo llevó a disuadir y confundir al agente de la Pinkerton y a no mover un dedo por lo que se le pedía. La situación puso también en posición dudosa a la policía de Buenos Aires, que estaba al tanto de los antecedentes del trío de Cholila y no hacía nada. En diciembre de 1905 esta circunstancia quedó en evidencia y el comisario José Gregorio Rossi, jefe de la División Investigaciones, afirmó que "los datos recibidos de la Pinkerton fueron utilizados para confeccionar prontuarios [el propio Rossi fue quien introdujo esa práctica en la policía argentina]" y que Beazley pidió una investigación para saber si estaban en el país. Pero los supuestos resultados de la pesquisa consistían en la información aportada por el agente Dimaio. Tampoco queda claro si la policía informó al Ministerio del Interior –como correspondía– sobre sus averiguaciones. Es probable que Newbery y Beazley hayan coincidido en restar importancia a las preocupaciones de Dimaio. No había pedido de extradición, argumentó la policía porteña, que de pronto se había vuelto liberal; "de acuerdo con este principio de derecho general –dijo *La Prensa*–, la policía de Investigaciones no hizo mayores esfuerzos por identificarlos y los dejó ir tranquilos".

El 1º de julio de 1903, Robert Pinkerton envió una carta a Beazley, en que adjuntaba cuatro fotografías de los bandidos y reafirmaba las advertencias. "Estamos convencidos –advirtió– que sólo es cuestión de tiempo que estos hombres cometan algún robo en la República Argentina." Los bandidos eran eximios jinetes, "capaces de cabalgar entre seiscientas y mil millas antes de cometer un robo". Esa frase resultaría premonitoria. "Si le han informado algún robo a un banco o a un tren –agregó Pinkerton– o algún otro crimen por el estilo, descubrirá que indudablemente fueron perpetrados por estos hombres." Mientras tanto, la agencia de seguridad trataba de interesar a la Asociación de Banqueros Americanos y a las compañías ferroviarias para solicitar la captura de los bandidos y financiar un nuevo viaje a la Argentina. El presupuesto de gastos de la Pinkerton ascendía a cinco mil dólares; pero los damnificados por La Pandilla Salvaje rechazaron el pedido. No por el dinero, propone el historiador Richard Patterson, sino por sentido común. "¿Por qué no dejar las cosas como estaban? –se pregunta–. ¿Para qué traer a esos bandidos de regreso a los Estados Unidos, donde podían escapar y comenzar a robar otra vez?" La renuncia, sin embargo, no deja de ser llamativa. El gobierno y las empresas privadas norteamericanas hacían gestiones ante las autoridades argentinas por delincuentes mucho menos notorios y peligrosos.

Ése fue el caso, entre otros, de Charles E. Forbes, empleado de la casa de comercio de G. W. Cole, en Nueva York. Según una crónica del diario porteño *El País*, "abría la correspondencia y sustraía valores, que luego depositaba a su nombre en un establecimiento bancario". Forbes llegó a acumular cien mil dólares; huyó de su trabajo y de Estados Unidos, antes de ser descubierto, en 1903. El detective Robert Dickmann, encargado de ubicarlo, siguió el viejo principio al que obligan las novelas policiales: *cherchez la femme*. Se puso a vigilar el domicilio de la señora Forbes. Con ella, o más bien detrás de ella, fue un buen día al puerto de Nueva York y embarcó a Buenos Aires.

Charles Forbes vivía en la Argentina bajo identidad falsa. Había conseguido trabajo en el ferrocarril, siendo destinado, como ayudante de tráfico, a la estación Ceres. Era un punto relativamente aislado en el noroeste de la provincia de Santa Fe: buen lugar para esconderse. La mujer de Forbes se hospedó en el Hotel Fénix, de Buenos Aires, con el apellido apócrifo de su esposo. El agente Dickmann –en algunas crónicas de la época aparece como investigador de la policía de Nueva York y en otras como empleado de la Pinkerton– pidió ayuda a la policía porteña, mientras la Embajada norteamericana se encargaba de gestionar la extradición. La pareja fue finalmente detenida por detectives de

Investigaciones el 4 de julio de 1904 y enviada de regreso a los Estados Unidos el 1° de septiembre del mismo año. Dickmann estaba a cargo de la custodia; además, según una crónica, "lleva un stock de notas y datos sobre nuestro mundo delincuente".

Los datos de los bandidos norteamericanos de Chubut no estaban en esa cartera. George Newbery no quería detener a Butch y sus amigos sino, en todo caso, sumarlos a su plan para obtener tierras. El 12 de marzo, probablemente cuando Dimaio le pintaba el negro panorama de los bandidos en libertad, el *Buenos Aires Herald* publicó "una interesante descripción de los hermosos lagos y de la región que rodea al Nahuel Huapi", cuya fuente no era otra que el vicecónsul norteamericano. "Como el Niágara y las maravillas de Yellowstone en los Estados Unidos, el distrito de Nahuel Huapi puede convertirse en un gran parque nacional para la Argentina. Es de esperar que el joven señor [Aarón de] Anchorena encuentre la forma de concretarlo y dedique sus esfuerzos a su gobierno." Esta demostración de simpatía era el prólogo para una transparente presión sobre la propiedad de la tierra. La Península Huemules, se decía a continuación, "ha sido reservada por el Ministerio de Agricultura, y es de esperar que sea parcelada en pequeños lotes para dar a los criadores de ganado posibilidades para obtener una provechosa explotación. Algunos colonos se han visto forzados a vagabundear durante años". Tales pioneros, agregaba el *Herald*, esperaban que el gobierno argentino cumpliera su promesa de cederles tierras en propiedad.

El informe destacaba el progreso de la zona de Nahuel Huapi, como otro factor relevante. Al respecto mencionaba el almacén de ramos generales de Jarred Jones –aunque atribuyendo su propiedad a Juan Pedro Murray y "el genial anfitrión Neil"–, la oficina postal y telegráfica y la comisaría, "todo en la costa norte, propiedad del señor [Rodolfo] Huntington", el cuñado de Newbery.

El problema de la distribución de tierras había adquirido nueva actualidad. El 8 de enero de 1903 el gobierno de Julio A. Roca sancionó la Ley 4167, cuyo artículo segundo establecía que "una vez conocidas las condiciones y aptitudes de las tierras, el Poder Ejecutivo resolverá, según fuesen susceptibles de explotación agrícola o ganadera, destinarlas para fundar pueblos o colonias". El fraccionamiento "se efectuaría en lotes agrícolas que no excederían de cien hectáreas y pastoriles de dos mil quinientas hectáreas y destinaría las demás tierras al arrendamiento, con o sin derecho de compra de la mitad de la extensión arrendada". La norma apuntó a contener la creación de nuevos latifundios –ya que nadie podía adquirir más de veinte mil hectáreas– y disminuyó la transferencia en propiedad de tierras públicas a particulares en pro de la entrega en arrendamiento con opción a compra parcial. Ninguna persona o sociedad podía reclamar más de dos lotes agrícolas y más de una colonia ganadera. Pero estas disposiciones no detuvieron el acaparamiento de tierras, que siguió practicándose a través de testaferros; y eliminó el derecho de los ocupantes sin título a obtener un lote en las colonias donde estuvieran asentados, lo que agravó la situación de muchos pobladores.

La Ley de Tierras, como se la conoció, autorizaba la venta directa a particulares de lotes pastoriles de hasta dos mil quinientas hectáreas en condiciones similares a las fijadas para los pueblos o colonias. Éste era el punto que invocaba Newbery a través del *Herald*. El artículo incluyó una serie de observaciones que no se entienden sino por referencia a los considerandos de la nueva ley: "La tierra [en Nahuel Huapi] no es conveniente para colonia pastoril (...) excepto en su parte este, donde existen apenas unos pocos lotes colonizados, incluyendo cierto número de lotes reservados. El resto de esta zona, región abierta, pertenece a particulares, siendo los principales propietarios el Dr. M. Zorilla, J. Jones, R. Huntington, el Dr. Newbery y F. Quaquillo" [sic]. Acaso como complemento a esta acción de prensa, Newbery editó al mismo tiempo una serie de postales geográficas que incluían la leyenda "Recuerdo de Nahuel Huapi".

La vida de Butch, Sundance y Etta transcurría mientras tanto en paz en Cholila, aunque el recuerdo de quienes los conocieron la proveyó de circunstancias asombrosas. Etta Place llamaba la atención, tanto porque exhibía sus cualidades de amazona y tiradora como por su forma de vestir. "Era muy ágil y nerviosa –dijo Ricardo Perkins–. Cabalgaba con la maestría de una *ecuyère*. Cazaba aves con revólver. Me han referido unos peones chilenos que la vieron varias veces en la estancia con traje harén (...) Usaba bombachas de corderoy, que caían sobre la bota de hombre, que también gastaba, para dedicarse a faenas rurales." Roberto O. Jones, radicado en el punto donde se fundaría Esquel, declaró que vio por primera vez a Ryan "en marzo de 1903, en el camino a Colonia del Chubut [Rawson]".

El bandido "viajaba en compañía de John Gardner", el pretendiente de Etta. El mismo año, agregó el testigo, se cruzó con Harry Place en Trelew. "Paraba en el Hotel del Globo, junto con la señora Ethel", precisó. "Después volvió a ver a Ryan en la casa de Daniel Gibbon, donde se encontraba ebrio y se acostó a dormir; desde entonces lo vio varias veces en esa misma casa y le fue presentado por éste como un amigo." También se cruzó con Place "en varias partes" e incluso lo recibió en su casa; Daniel Gibbon le reveló que el nombre que utilizaba el vecino de Cholila era falso y, quizá para atemorizarlo, "que en los Estados Unidos era el jefe y más hábil de una gavilla de bandoleros".

Cassidy y Longabaugh se dedicaban a la explotación de la cabaña, para lo cual tomaron algunos empleados en forma temporaria. Según testimonio de David Rees, en 1904 "Francisco Albornoz fue a Cholila, donde volvió a ver a Place y Ryan, que estaban de estancieros, entrando a trabajar como peón con ellos". El chileno, que como se recordará hizo de guía para conducirlos desde Neuquén, no confirmó ese dato en la posterior investigación policial (no se le preguntó al respecto), pero dijo que en ese año fue empleado en la Compañía de Tierras y en casa de Daniel Gibbon, quien hacía arreos de ganado a Chile y donde vio con frecuencia a Ryan, Hood y Perkins.

También recibían a visitantes. Entre ellos se acercó el pionero italiano Primo Capraro, que luego se destacó por su contribución al progreso de Bariloche. En Londres, Capraro había escuchado una conferencia del perito Francisco Moreno sobre la Patagonia y en los primeros años del siglo XX llegó a Nahuel Huapi desde Santiago de Chile, en busca de oro y plata. El 4 de abril de 1903 inició su búsqueda de la riqueza en los arroyos vecinos al Río Correntoso, al norte del Nahuel Huapi, sin obtener mayor resultado. Entonces viajó a Chubut, con la idea de conseguir trabajo como constructor en la estancia Leleque, pero la Compañía de Tierras no se mostró interesada en hacer mejoras. Capraro se dedicó entonces a recorrer la región a caballo y un día llegó a la cabaña de los norteamericanos.

"En mi recorrida por Cholila –escribió Capraro en sus memorias, todavía inéditas– fui alojado por tres de ellos (norteamericanos), mejor dicho: dos y una señora que vivían criando ovejas recientemente adquiridas a la Compañía Leleque. La casa estaba sencillamente arreglada y se notaba una cierta esmerada limpieza, distribución geométrica de las cosas, cuadros con marcos hechos de cañas, telas de recortes de revistas norteamericanas, muchas y hermosas armas y lazos trenzados con crines de yeguarizos."

Capraro, que había cursado estudios de constructor en su país natal, diseñó un proyecto de obras para sus anfitriones. "Cené con ellos amistosamente –contó– y como nada podía ofrecerles en compensación les hice un croquis con detalles de un bungalow. Les hice un cómputo de la cantidad de ladrillos que pensaban cortar, vidrios, herrajes, clavos, bulones, planchuelas y hasta el presupuesto de ventanas, puertas, mesas y roperos, sillas, etcétera. Quedamos convenidos de que [sic] en caso de realizar la obra yo personalmente me trasladaría al lugar con otros obreros que reclutaría en Bariloche." El proyecto no se concretó. Tal vez respondía a la necesidad de instalar la "casa de negocios" que atendía David Moore en un edificio independiente, o más amplio. Las instalaciones de Butch incluían, además de la cabaña, dos habitaciones separadas, una de las cuales pudo ser utilizada para el almacén.

"Más tarde –agregó Capraro– me enteré de que eran famosos asaltantes de trenes y bancos tanto en Norteamérica como en la Argentina. Estaban resueltos a portarse bien, pero pendía sobre ellos una recompensa de diez mil dólares por cabeza (...) Quienes los conocieron bien decían que eran expertos tiradores, capaces de alcanzar a una moneda en el aire."

La destreza aludida es congruente con las "muchas y hermosas armas" que apreció el huésped. Esta parte del testimonio es significativa porque plantea un tema crucial para los pobladores de la zona y en especial para quienes trataron al trío: su grado de conocimiento e intimidad, y en consecuencia de compromiso, con los nuevos vecinos. El inglés John Brooks, otro visitante, aportó un relato coincidente. La historia cuenta que se encontró con ellos en Cholila, tal vez en 1904, y que lo invitaron a tomar el té. Etta Place jugaba con un Winchester y, como quien no quiere la cosa, derribó un aguilucho en pleno vuelo, de un solo disparo. Brooks viajaba desde Comodoro Rivadavia y tras dar vueltas por la zona andina y la costa de Santa Cruz se instaló en 1906 en la margen sur de Valle Huemules, en el sur de Chubut. Por supuesto, ignoraba la identidad de sus anfitriones. Manuel Cea, joven residente de Cholila, también fue invitado a tomar el té en la cabaña. "Por lo que me contó mi papá –dice al respecto Raúl Cea–, ellos estaban acostumbrados a un nivel de vida más alto que el del resto de los pobladores. Por ejemplo, la palangana donde echaban el agua era de cerámica y las ropas eran buenas. A él lo que más le impresionó fue la soltura con que se movía y conversaba la mujer."

Es probable que la posterior repercusión de la historia de los tres norteamericanos haya incidido en que los pobladores y visitantes del Valle de Cholila insistieran en que desconocían los antecedentes. Admitirlo implicaba alguna complicidad, o por lo menos encubrimiento. En algún caso resultaba particularmente grave: "Santiago Ryan –declaró Alberto Gibbon, hijo de Daniel Gibbon– era amigo de [el comisario] Humphreys, cuya casa frecuentaba con visitas"; en cambio, "respecto a Place no sabe qué amistad tendría, pues no le vio en la casa de él". Tanta ignorancia, además, resulta dudosa si se tiene en cuenta que Daniel Gibbon no era demasiado discreto y pregonó las hazañas de La Pandilla Salvaje. Y la habilidad con las armas –extraordinaria al punto que cada testigo tiene una anécdota al respecto– debió suscitar al menos alguna pregunta.

Capraro consignó que Butch, Sundance y Etta "viven cerca del señor Perry, también norteamericano". Esta indicación sirve por un lado para confirmar que su viaje no se produjo antes de 1903, ya que en esa fecha llegó a la comarca el aludido John Comodore Perry, quien había sido el primer *sheriff* de Crockett County, Texas, entre 1891 y 1894. "Por un salario anual de trescientos dólares –dice la investigadora Anne Meadows– sus deberes incluían mantener la paz, cobrar impuestos y cuidar una planta potabilizadora, que comprendía un molino de viento, un tanque y un abrevadero. Después de trabajar en el oeste de Texas durante años, y pensando que los Estados Unidos estaban atestados de gente, vendió su ganado y se fue a América del Sur."

La relación con el ex *sheriff* Perry dio lugar a diversas conjeturas. Es verosímil que, viniendo de Texas y habiendo sido agente de la ley, estuviera bien al tanto de la historia de La Pandilla Salvaje. En algunas versiones orales, el hecho de haber sido vigilante habría sido determinante para que denunciara al trío; en otras, Perry se calló la boca y hasta formalizó un pacto de silencio. También se dice que recibió una denuncia de Jarred Jones, tío de su esposa, Alberta "Bertie" Sowell. Esto habría ocurrido después de que el dueño de la estancia Tequel Malal retribuyó la visita del trío en Cholila.

Descendientes de Jarred Jones sitúan el encuentro en la primavera siguiente a la visita de Butch con su amigo desconocido, es decir, en 1902. Pero también pudo producirse al año siguiente, si la historia estaba relacionada con Perry.

Según la versión que se cuenta, Jones viajó en carro con su esposa, Bárbara Draksler, y dos de sus hijos, con quienes se alojó en la cabaña de Cholila. La relación habría comenzado a resquebrajarse, durante la visita, cuando Butch y Sundance ganaban invariablemente las partidas de poker que jugaban con Jones, y con las infaltables exhibiciones de armas de Etta. Unos días después, cuando fue a inspeccionar la hacienda de sus anfitriones, Jones habría descubierto que incluía ganado con diferentes marcas, es decir, robado. Esto lo convenció de que eran bandidos y lo decidió tanto a mantenerse alejado en lo sucesivo como a poner en aviso a Perry.

Sin embargo, hay datos respecto a que la relación entre Jones, Cassidy y Sundance continuó por lo menos hasta principios de 1904. El vecino de Bariloche habría realizado más de una visita a sus compatriotas; no solamente por amistad sino por negocios con otros pobladores. "No hay absolutamente ninguna duda de que Jarred Jones anduviera por Cholila en cualquier momento –dice el historiador Ricardo Vallmitjana–. Era algo tan común que es imposible saber cuántas veces estuvo allí. Era un viajecito cómodo que difícilmente quede documentado (...) Considero probable que Jones comentara que aquellos vecinos no le parecían buena gente. Pero no que los denunciara a las autoridades. Eso es casi impensable." La amistad quedó documentada en fotografías, de las cuales se conoce una, tomada frente a la cabaña de Cholila, donde se aprecia un cerco hoy inexistente, y que tiene una inscripción en el reverso donde se lee *American bandits – 1904*: de izquierda a derecha aparecen Cassidy, seis visitantes (cuatro hombres y dos mujeres; entre ellos, supuestamente, George Hammond y su esposa y tal vez miembros de la familia Jones), Longabaugh y Etta Place. Los dos últimos posan junto a sus caballos; Etta tiene a su lado, además, a un perro spaniel. La mascota aparece en otra foto (de origen incierto), también tomada contra la cabaña, donde ella está de pie y sirve el té mientras Butch y Sundance aparecen sentados, con las piernas cruzadas y mirando a la cámara.

La historia del distanciamiento, entonces, parece haber sido impulsada por la necesidad de los Jones de marcar sus diferencias respecto de los bandidos. El común origen norteamericano –y quizás algún

vengativo resquemor por las tierras obtenidas– hizo que algunos lugareños murmuraran y los señalaran también como personas fuera de
la ley. Esto debió llevarlos a acentuar su distancia con los compatriotas de Cholila. El mismo interés se descubre en una carta dirigida por
"Bertie" Sowell a un periódico local de Crockett County, donde dijo
que había escuchado sobre otros texanos radicados en la región y los
había visitado, para descubrir que eran bandidos a los que su esposo
conocía. La anécdota de la visita de Jones no es creíble además frente
a la unanimidad de testimonios según los cuales Butch y Sundance
compraron su provisión inicial de hacienda a la Compañía de Tierras
y luego, entre octubre y noviembre de 1901, tramitaron tres marcas (y el
que gestionó los boletos ante la jefatura de policía del Territorio fue el influyente Martin Underwood). Se contradice asimismo con la propia estrategia de Butch como bandido, que consistía no sólo en no robar ni
perjudicar a los vecinos sino también en brindarles seguridad.

Descendientes de John C. Perry, a su vez, dijeron que el ex *sheriff*
recibió un pedido del gobierno (no se sabe de cuál) para investigar a
los norteamericanos, desconociendo los resultados de la supuesta pesquisa. Tal historia es igualmente dudosa. En su declaración ante la Policía
Fronteriza, en 1911, Perry se limitó a consignar que ocho años antes,
al llegar al territorio, había conocido a los tres compatriotas, "quienes
tenían hacienda vacuna y lanar". Además, como se verá, luego sostuvo
tratos comerciales con ellos. La posible rivalidad parece haber sido un
efecto de la retransmisión oral de los hechos, y de la necesidad de des-
pegarse de amistades equívocas por parte de una familia que se sentía
respetable. Perry llegó a convertirse en uno de los pobladores más importantes e influyentes. "A él se debe la introducción de máquinas agrícolas para siembra y cosecha en la región, como también la del camión
automóvil de la marca Wichita", consignaron los inspectores de la Dirección de Tierras en 1919. Por añadidura, "es el primero de los pobladores
del valle de Cholila que ha iniciado el cultivo de la manzana".

En contraste con esas figuras que se consolidaban como referencias en la sociedad en formación, otros personajes permanecían en la
marginalidad y eran objeto de censura general. Martin Sheffield, el ex
empleado de Jones y amigo de Butch y Sundance, volvía a dar la nota
al ser detenido en Ñorquinco, el 8 de septiembre de 1903. Su nombre era,
según la crónica de *La Nación*, "de triste celebridad por los continuos
atropellos [de] que ha hecho víctima a los vecinos de los territorios de

Río Negro y Chubut". Los cargos consistían en "un tiro disparado al vecino Martín Rojas, cuyo proyectil le perforó la caja del sombrero y una intimación, revólver en mano, hecha a don José Garza, encargado de la casa de negocios de los señores Nicanor Fernández y Compañía, para que le entregaran varias mercaderías". Sheffield había sido conducido a la cárcel de Rawson.

El punto en común entre unos y otros norteamericanos consistía en que, mal o bien, vivían en la tierra que pretendían poseer. Una diferencia sustancial con George Newbery, quien sólo pasaba breves temporadas en su estancia de Nahuel Huapi. El vicecónsul, no obstante, volvió a la carga por el negocio que pretendía concretar a fines de 1903. El 1º de diciembre, junto con el ignoto Hiram S. Kribs (quien declaraba domicilio provisorio en el consulado norteamericano, es decir, en casa del dentista), "en representación de varios inmigrantes norteamericanos" pidieron al gobierno nacional "la reserva de una zona de tierra fiscal para ganadería en igualdad de condiciones dadas a los colonos boers". Solicitaban la zona comprendida "entre el Oeste de las posesiones de las Sociedades Inglesas *Argentine South Land Company Limited* y *South American Land Company Limited* y los límites con Chile; y desde la Colonia Nahuel Huapi hasta la zona del lago Cholila para los citados inmigrantes llegados ya y otros en viaje a la República Argentina a fin de que puedan desde luego dirigirse a un lugar fijo donde radicarse". En total se circunscribía un área de doscientas sesenta mil hectáreas.

Con el propósito de hacer lugar a la solicitud –además de estar ligado a los Estados Unidos, como se recordará, Newbery era amigo de Julio A. Roca– el Ministerio de Agricultura resolvió proyectar una subdivisión del Valle de Cholila. Pero el pedido se superponía con los planteos efectuados en 1902 por las familias que ocupaban efectivamente la región y que no tardaron en enterarse de lo ocurrido.

Newbery también consiguió que *La Prensa* propagandizara su proyecto. En notas publicadas entre octubre y diciembre de 1903, este diario repitió los argumentos del vicecónsul –"varios inmigrantes del Oeste de los Estados Unidos han llegado con capital y resueltos a radicarse (...) dedicándose a la cría de ganado"– y agregó que otros seis norteamericanos "se encuentran en la Colonia [General] Roca y esperan medios de movilidad para ir a reunirse con sus compatriotas". El artículo daba cuenta de una situación objetiva, pero la vinculaba engañosamente a Newbery. Incluso podía interpretarse que el vicecónsul se montaba sobre ella en provecho propio. De otra forma no se explica la "gran sorpresa y disgusto" que manifestaron pobladores del oeste cordillerano ante la petición. Los colonos se hicieron oír el 7 de enero de 1904, cuando *La Nación* publicó un despacho de su corresponsal en Ñorquinco. Allí recordaron que estaban haciendo gestiones ante el Ministerio de Agricultura para comprar las tierras que ocupaban. No había noticias de los inmigrantes que decía representar Newbery. El proyecto del vicecónsul parecía más bien una maniobra para apropiarse de una extensa y valiosa porción de tierras a fin de especular con ellas, o en todo caso para buscar testaferros y hacerlos pasar por colonos. Es cierto que a partir de 1903 se produjo el arribo de otros norteamericanos a la región, varios de los cuales firmarían luego una solicitud con Ryan y Place: entre ellos se encontraban Albert Felsmann, Augustus o Augustin Nelson y Fred Kerrigan. Los tres apenas han dejado algún rastro; del último se sabe que el 18 de abril de 1904 envió una carta a la Embajada norteamericana en Buenos Aires preguntando por correo atrasado, ya que esperaba un cheque por doscientos dólares de un banco neoyorquino. Es posible que hayan sido algunos de los inmigrantes aludidos por Newbery. El dentista podía invocar su representación como un hecho natural, ya que a fin de cuentas era el vicecónsul. Sin embargo, es significativo que nunca haya podido identificarlos ni recibido su respaldo público.

Al mismo tiempo, también desde Buenos Aires y provisto de relaciones influyentes, comenzó a terciar otro interesado. Era Florencio Martínez de Hoz, quien tenía para ubicar certificados por nada menos que 44.100 hectáreas. La cifra surgía de cuarenta mil hectáreas adquiridas por cesión del perito Francisco Moreno, quien las había obtenido como recompensa por su actuación en la cuestión de límites con Chile, y el resto procedía de un indígena, Manuel Ferreira, beneficiado por la Ley de Premios Militares. Martínez de Hoz pidió que le entregaran veinticinco mil hectáreas en Cholila. Era un competidor al que Newbery podía sentir más familiar: ambos alternaban en el selecto círculo de la Sociedad Sportiva, que presidía Martínez de Hoz y donde se presentaría poco más adelante un singular espectáculo de *cowboys*.

Butch Cassidy, mientras tanto, debía lidiar con otras molestias. En una carta a Daniel Gibbon, fechada el 29 de febrero de 1904, contó que estaba en cama, "con la enfermedad del pueblo", es decir, alguna afección venérea. Otra amarga consecuencia de "la falta de una cocincra", como le había escrito a Mathilda Davis. "Quisiera comprar algunos carneros –agregó, cambiando de tema–, por lo que ten los oídos abiertos, porque nosotros no sabemos dónde buscarlos. Si sabes de alguien que quiera vender, por favor dales nuestras referencias. Todavía no he estado en Ñorquinco, por lo que no sé qué haremos allí." La esquela, firmada como "J. P. Ryan", incluyó una posdata: "Place sale mañana para el Lago [Nahuel Huapi] para comprar toros".

La segunda parte de la carta parece un tanto extraña. En particular llama la atención el pedido de datos sobre dónde conseguir carneros, teniendo en cuenta que Butch llevaba dos años en Cholila y, según los testimonios, acostumbraba salir de recorrida. Milton Roberts, el vecino de la Colonia 16 de Octubre, había quedado sorprendido por el conocimiento que tenía de la región. Allí había algo equívoco: "Yo sé además –dijo Ricardo Perkins– que, en distintas ocasiones, Place, Ryan y Mrs. Ethel [sic] desaparecieron misteriosamente de la estancia, regresando al cabo de algunos días de ausencia".

La alusión a Ñorquinco y el sentido del plural tampoco se entienden en la carta. Tal vez Cassidy no necesitaba aclarar a Gibbon a quién se refería ni entrar en más detalles. O quizá pretendía ocultar un comentario comprometedor. Esta última posibilidad surge del hecho de que estaba por concretarse un robo que, según la tradición, fue planeado por Butch.

Cassidy se repuso de su dolencia, además, para participar en un gran acontecimiento: la recepción al gobernador Julio Lezana (o Lezama), que había sido designado en marzo de 1903 y puesto en funciones dos meses después. Lo particular del nuevo funcionario consistía en mostrar una postura crítica ante la Ley de Territorios Nacionales. Esta norma establecía que el gobierno nacional nombraba al gobernador, al juez letrado y a los empleados de la gobernación. El gobernador podía designar a los jueces de paz y a los comisarios de policía, pero estaba en una situación de fuerte dependencia del poder central, en particular del Ministerio del Interior, y sus facultades eran tan limitadas que en la práctica quedaba reducido al rol de intermediario entre los pobladores del Territorio y las autoridades nacionales.

Según una crónica de *Y Drafod*, el periódico de la colonia galesa de Chubut, el comentario generalizado de que el cargo de gobernador en los Territorios Nacionales "se reservaba para los inválidos de la política, para los inútiles y los arruinados que iban a reponerse allí de sus quebrantos pecuniarios" fue tomado como aliciente por Lezana, quien quiso "evidenciar la sinrazón de tan amarga censura". Entre otras medidas con las que intentó resaltar la propia iniciativa, anunció que saldría en recorrida por el territorio que debía gobernar.

La gira comenzó el 21 de enero de 1904. Acompañaban al gobernador, entre otros, el flamante jefe de policía, Julio M. Fougère, el presbítero salesiano Mario Luis Migone y el fotógrafo Carlos Foresti. La comitiva provocó gran expectativa a su paso, sobre todo en el oeste de Chubut, donde hacía ocho años que las autoridades no ponían pie. La excursión pasó por la toldería del cacique Velásquez, en Sierra Nevada, donde los visitantes cazaron huemules y se tomaron fotos. La siguiente parada fue en Gastre. Allí se encontraba La Internacional, almacén de ramos generales de Agustín Pujol que concentraba el movimiento económico de la zona. El 13 de febrero llegaron a Ñorquinco (actualmente provincia de Río Negro), donde se encontraron con "más de doscientos indios civilizados y multitud de criollos argentinos y chilenos que aclamaron al gobernador", según *Caras y Caretas*. Los pobladores, destacó *La Nación*, pidieron a la vez a Lezana que interpusiera "su valiosa influencia ante el supremo gobierno para que éste respete los derechos de los antiguos pobladores o que sean preferidos a los que ahora vienen a poblar". Esos recién llegados tan temidos podían ser tanto los ilusorios inmigrantes de George Newbery, vueltos amenazantes por los diarios porteños, como los reales agricultores y crianceros que se desplazaban desde Chile y a quienes el gobernador comenzaba a observar con aprensión.

Lezana asumió de inmediato esos reclamos, en el sentido de oficiar de vocero. Dos días más tarde, *La Prensa* publicó declaraciones significativas: el gobernador sugería que "antes de autorizarse la creación de la colonia norteamericana y determinar su asiento, un empleado de la División de Tierras y Colonias inspeccione el Territorio y vea las cosas de cerca, pues hay mucho espacio donde puede fundarse la colonia". Lezana envió a la vez un telegrama al Ministerio del Interior para advertir que los pobladores estaban "alarmados con las gestiones que hacen algunos norteamericanos para que se les conceda las tierras" y exhortó a no "cometer una injusticia con los de la casa". Para mayor preocupación, *La Nación* publicó el 19 de febrero que el Ministerio de Agricultura había otorgado una concesión de tierras en el oeste cordillerano a una empresa norteamericana.

Esa infundada publicación encontró a Lezana en Nahuel Huapi. La comitiva había aumentado, entre otros, con Severiano Britto, el comisario de Ñorquinco, y Agustín Pujol. El gobernador se mostraba rodeado por sus funcionarios y por los representantes del poder económico regional. La influencia de Pujol, con sus almacenes de Gastre y Ñorquinco, parece haber sido comparable a la de Jones en el área de Bariloche; la llegada o salida de sus carros con mercaderías hacia los pueblos de la costa constituía un acontecimiento, que los corresponsales de los diarios porteños transmitían como noticias. Nahuel Huapi quedaba fuera de la jurisdicción chubutense, por lo que cabe suponer que Lezana se acercó por interés turístico. O quizá para entrevistarse con George Newbery, quien se encontraba en esa fecha en su estancia. No hay constancia de que tal encuentro haya tenido lugar; sin embargo, el vicecónsul debió seguir con atención los pasos del funcionario que estaba poniendo piedras en su camino. El 21 de febrero, Lezana navegó por el lago en el vapor Cóndor, visitó Puerto Blest y al regresar, sobre la costa opuesta del Nahuel Huapi, pasó por el almacén de Jones. Desde allí se dirigió a la estancia Maquinchao, donde se encontraba la administración de la Compañía de Tierras y residía Francisco Preston. El gerente le ordenó al encargado de Leleque, Charles Hackett, el envío de vino y whisky; se presume que para agasajar a la visita y brindar a su salud. El 29 de febrero, Lezana estuvo otra vez en Ñorquinco, donde le hicieron un banquete de despedida. Antes de irse, a pedido de los vecinos, prometió nombrar a Severiano Britto, el antiguo espía de la población chilena, como juez de paz.

Las demostraciones de Lezana dejaron en segundo plano a otro visitante: Lincoln Howard, el gerente de la sucursal del Banco de la Nación en Chubut, instalada en Trelew. Quizá siguiendo el ejemplo del gobernador, o viendo la posibilidad de negocios, Howard recorrió la zona cordillerana durante la primera quincena de marzo. Al regresar anunció que podía abrirse una nueva sucursal en Colonia San Martín. "Encontró muchos hacendados que pueden usar de su crédito en el Banco", dijo La Prensa. Entre ellos podrían haber estado dos de sus compatriotas, Butch Cassidy y Sundance Kid, quienes según el historiador Matthew Jones lo visitaron más tarde, durante el mismo año, en sus oficinas de Trelew.

Lezana apuntaba al mismo sector social. Como representante de un Estado lejano y débil, estaba forzado a pactar con los grupos de poder locales. Fundaba su autoridad en el apoyo que le daban y en el mismo movimiento legitimaba sus reclamos para descalificar a los que eran tildados de "intrusos". En El Bolsón, Jorge Hube, primer poblador de esa localidad y vocero de la comunidad, "le presentó una estadística de la población y riqueza de dicho punto", dijo *La Nación*. El mismo diario había advertido, mientras se dirimía el conflicto de límites, que la mayoría de la población radicada en la zona era chilena. "Existen cuarenta y seis familias con ochenta y cinco niños en edad escolar y más de doscientos mil pesos en capital", indicaba el nuevo informe, que no se entiende sino como otra advertencia contra el fantasma de los colonos a los que decía representar Newbery.

Después de pasar por Epuyén, el gobernador siguió hacia el sur, hasta Cholila, donde permaneció dos días. Debió ser antes del 10 de marzo, porque en esa fecha se hallaba en la estancia Leleque –siguiente parada–, preparándose para partir rumbo a la Colonia 16 de Octubre. Por entonces lo acompañaba el comisario Eduardo Humphreys, quien lo había encontrado antes en Cholila. En su primera noche en el valle, Lezana paró en la población de Juan Bonansea, a quien designó miembro informante de la policía. El 25 de abril de 1906, lo nombraría subcomisario *ad honorem*, con dos agentes a sus órdenes. Según datos relevados por la Dirección de Tierras y Colonias, este colono era italiano, tenía cuatro familiares a cargo y había llegado en 1903, siendo dueño de una modesta cantidad de vacunos y yeguarizos.

En el segundo día de la visita a Cholila hubo una actividad intensa. Los vecinos bautizaron un lago con el nombre del gobernador, en un acto que nucleó a unas ochenta personas e incluyó un paseo en bote para el agasajado. "Con ese motivo se sirvió una comida bajo los árboles –publicó *La Prensa*–. La ofreció en nombre de los vecinos el señor Juan Bonansea. Al seguir viaje el gobernador y el jefe de policía, Julio M. Fongere [sic], los acompañan en un trayecto de tres leguas gran número de pobladores. Llamaban la atención las señoras y señoritas norteamericanas que recorrían a caballo esa distancia, elegantemente vestidas, entre las cuales se encontraban las señoras de Perna, *Place*, Koibe, Sowel y señoritas Elena Koibe, Alicia Sowel, M. Perry, Iradean Perry" (subrayado mío). Es decir que tenemos a Etta Place entre las personas que recibieron al gobernador (junto a las mujeres del clan Jones: la esposa y la hija de James Madison Sowell).

A continuación, dijo *Y Drafod*, Lezana "se dirigió, acompañado de todos, a casa de los señores Place y Ryan, donde pernoctó". El gobernador se sintió a gusto en la cabaña, ya que los bandidos prepararon una reunión social a modo de recibimiento. Una versión bastante difundida indica que Harry Place animó la velada tocando la guitarra; pudo ocurrir, en verdad, sólo si había regresado del viaje que Butch anunciaba en la carta a Daniel Gibbon. Al compás de una zamba (Sundance estaba más aquerenciado de lo que podía imaginarse) se armaron las parejas para el baile: Butch invitó a Rosita, hija de Ventura Solís, primer poblador de Cholila, mientras Lezana salía con Etta. En otro relato, el baile tuvo lugar en un agasajo ofrecido por Sixto Gerez. Aquí es el gobernador el que pulsa la guitarra para que se luzcan primero Butch Cassidy y Rosita Solís, aunque luego deja su puesto y baila una zamba con Etta Place.

Una crónica del momento avala esa versión. Después de pasar la noche en la cabaña, dijo *Y Drafod* en un relato minucioso de la gira, el gobernador "fue a las casas de los señores Sixto Gerez y Ventura Solís, argentino el primero, chileno el segundo, quienes festejaron la visita del gobernante con asado general de carne con cuero, corridas de sortija y carreras, y con un animado baile que duró hasta las dos primeras horas de una mañana" [sic].

El encuentro volvió a ser evocado en enero de 1906, cuando se descubrió la verdadera identidad de los anfitriones, por *La Prensa*: "En casa de Ryan se alojaron el gobernador Lezama y el jefe de policía Fugere en la gira que hicieron en 1904, en el mes de febrero, a Cholila. Mis N. A. Place estaba también y se decía esposa del que figura bajo el nombre de Morry Longabaugh. Éste estaba entonces en Nahuel Huapi, y según su esposa había ido a ver al señor [Jarred] Jones, estanciero de aquel punto, para comprarle animales" [sic]. Al margen de las erratas, esta versión remite a la carta en que Butch anuncia a Gibbon el viaje de Sundance Kid a Nahuel Huapi en busca de toros, y agrega el dato de que las relaciones con Jones continuaban.

El historiador Emilio E. J. Ferro, por su parte, relató los hechos teniendo como fuente al propio gobernador. Según su versión, Lezana fue hospedado por los pistoleros, "con todos los honores que merecía". Por supuesto que él "desconocía la verdadera índole de aquellos personajes que eran considerados como unos pacíficos y progresistas ganaderos". Aquí no se menciona el baile, pero sí otras actividades de esparcimiento: "Se organizó un concurso de tiro, donde la misma mujer [Etta Place] demostró ser la mejor tiradora del grupo (...) Además hicieron una exhibición de doma, invitando a todos los vecinos, y demostraron tener un excelente domador, Place, que hizo ver cómo un potro chúcaro se sometía rápidamente a su voluntad".

Más allá de las variantes, subsiste un hecho esencial: la máxima autoridad política del Territorio aparecía en íntimo contacto con los bandoleros norteamericanos. Lezana no tenía nada que sospechar; por el contrario, "quedó sumamente maravillado de esos ganaderos norteamericanos" y "le quedó un gran recuerdo de esos días pasados en Cholila". Place y Ryan aparecían como pobladores honorables, comprometidos con las demandas de la comunidad en la que estaban insertos. Y debieron ser interlocutores para debatir el tema que le interesaba al gobernador: la instalación de la mentada colonia norteamericana.

Esas demandas encontraron eco en el corresponsal de *La Prensa*. "Se impone la creación de escuelas, lo mismo que la construcción de caminos generales para poder transitar debidamente –decía–. Además se debe habilitar, arreglándolo, el camino que va a Chile, denominado de Cochamó, a fin de que los hacendados de este territorio puedan dar salida a los productos." También hubo quejas porque la oficina de correos quedaba dentro de los feudos de la Compañía de Tierras, en Leleque. Precisamente desde allí, el 10 de marzo, Lezana despachó un telegrama al Ministerio del Interior para aconsejar que se rechazara el pedido de tierras de Newbery. "Los norteamericanos residentes en Cholila, según se manifiestan, sólo han autorizado la compra de las tierras que ellos ocupan", dijo. Había que proceder "de otra forma si se quiere hacer de esa zona lo que sus elementos naturales están indicando".

Las noticias volaban. Al día siguiente George Newbery partió de Nahuel Huapi hacia Buenos Aires. Lo acompañaba Otto Muhlempfordt, administrador de la estancia de Anchorena, y preparaba una última embestida en defensa de su "colonia". El 22 de marzo, *The Standard*, otro periódico de la colectividad de habla inglesa en Buenos Aires, informó que había renunciado al viceconsulado de los Estados Unidos. "Juzga imposible atender a la vez los deberes de la diplomacia y los de su profesión –consignó la crónica–. La gente lamentará esta noticia."

En Esquel y 16 de Octubre, donde continuó su gira, Lezana recibió mientras tanto una nueva andanada de reclamos. La ubicación de la oficina del telégrafo en Súnica –que sólo resultaba cómoda para Eduardo Humphreys– y el problema de la tierra eran los motivos dominantes. Los colonos presentaron una petición formal por sus anhelados títulos de propiedad. "Desde hace muchos años vivimos radicados en esta colonia, según mensura provincial –manifestaron–, costeada por nosotros, con nuestros propios recursos y siempre esperando ansiosamente la decisión definitiva acerca de la cuestión del límite internacional. Después, por ley especial, se autorizó al Ejecutivo para que se nos otorgase título de propiedad, pero nada se ha hecho aún para cumplir las disposiciones de dicha ley y nos hallamos por consiguiente en completo desorden." El diario *La Prensa*, ya alejado de los intereses de Newbery, cuestionaba al Ministerio de Agricultura. "Mientras allí [en Buenos Aires] –decía su corresponsal– hay personas que compran y a quienes se les escritura grandes extensiones de tierras [sin aportar] el capital en ganadería o población que la ley exige, los pequeños capitalistas y los actuales pobladores no consiguen que se les venda la tierra necesaria para poder vivir." Incluso los pobladores de Corcovado y Tecka sumaron sus voces.

El 29 de marzo, el mismo diario anunció que la solicitud de Newbery había sido rechazada por el gobierno "por no estar de acuerdo con los términos de la ley de tierras". El Ministro de Agricultura, Wenceslao Escalante, añadía que "la pretensión de los referidos colonos y su establecimiento prematuro en terrenos ocupados en la zona dio lugar a serios conflictos con pobladores antiguos (...) quienes indudablemente poseían mejores títulos para permanecer en ella. Por otra parte, los terrenos en Cholila no han sido aún mensurados". Newbery respondió al día siguiente a través de un suelto en el *Buenos Aires Herald*, bajo el título "Los escándalos de la tierra". Después de reseñar el artículo de *La Prensa*, el reportero recogía frases que mostraban cuán ofendido estaba el dentista estanciero –"es muy evidente que los inmigrantes norteamericanos no son bienvenidos aquí"– y transcribía una conversación suya con "otro norteamericano" al que no identificó y que parece haber sido una argucia retórica para disfrazar la voz del propio Newbery.

El artículo daba por cierta la existencia de los inmigrantes, quienes "intentaron colonizar aquella región [el Valle de Cholila] pero tropezaron con toda clase de obstáculos por parte de los representantes de las autoridades de gobierno y con muchas dificultades en su camino".

El Ministerio de Agricultura "les ofreció tierras en Chubut y Neuquén (...) pero al visitarlas observaron que no eran aptas para la ganadería, siendo demasiado áridas".

Según el *Herald* se asistía a un éxodo de colonos. "Desanimados por este trato –afirmaba la crónica–, muchos de ellos han retornado a los Estados Unidos y otros se están yendo mientras algunos se han establecido en tierras de la región de Cholila y en otras zonas de Chubut, donde aparentemente intentan permanecer tanto tiempo como se lo permitan." Tal era, en efecto, la situación de Ryan, Place y el puñado de norteamericanos residentes en el área. Pero, como se ha visto, no necesitaban los oficios de Newbery y canalizaban sus preocupaciones por otra vía, que por otra parte revestía mayores visos de normalidad.

"El Ministerio de Agricultura –concluía la nota– se opone decididamente a una colonia norteamericana." Había algo raro, "la verdadera razón no ha sido aclarada". Newbery había atraído a muchos compatriotas y se veía en una situación engorrosa: "Continuamente recibe cartas desde los Estados Unidos en procura de información sobre tierras para colonizar (...) Ahora está obligado a escribir a esos esperados inmigrantes diciéndoles que no vengan".

Al mismo tiempo salieron a la luz los aspectos más oscuros de los colonos norteamericanos que andaban por el sur del país. Mientras Lezana estaba todavía en la región, Guillermo Imperiale sufrió el robo de cinco mil pesos. El hombre era encargado en jefe de los almacenes de la Compañía de Tierras y el dinero había desaparecido mientras viajaba a Leleque conducido por Hood y Grice, los cómplices de Butch y Sundance.

La noticia apareció el 25 de marzo en *The Standard*, que citaba un informe del comisario de Telsen sin precisar la fecha del suceso. Imperiale iba por el camino que llevaba a Cholila, desde Trelew, viajando en un *wagon*. El transporte, consignaba el artículo, pertenecía a dos norteamericanos que llevaban mercadería para la Compañía. "La otra mañana –dijo el diario–, cuando se preparaban para continuar la marcha, su cartera, con cinco mil pesos en el interior, desapareció del *wagon*. Después de una búsqueda minuciosa fue encontrada a unas setenta yardas del campamento, por supuesto que sin rastros del dinero."

No había demasiadas posibilidades: Hood y Grice fueron acusados por el robo. El comisario de Ñorquinco, Severiano Britto, los detuvo cuando volvieron de su viaje, al parecer en la cabaña de Cassidy; era la segunda vez que el policía aparecía por allí, ya que poco antes había acompañado a Lezana en su recorrida. Eduardo Humphreys estaba mucho más cerca de los sospechosos, pero no intervino. La cadena de solidaridades entre los norteamericanos se puso en funcionamiento, ya que Ricardo Perkins los asistió en el trance, como traductor y acaso como mediador, ya que trabajaba para la Compañía de Tierras, damnificada en el robo. Según declaró más tarde el hacendado Tomás T. Austin, "a pedido del juez de paz de dicho punto sirvió de intérprete a un sujeto apellidado Hood".

¿Pudo referirse Butch a ese golpe en su carta a Daniel Gibbon, con el pedido de "tener los oídos abiertos"? El dinero debía corresponder a algún cobro de la Compañía, algo de lo que Ricardo Perkins, como tenedor de libros, debía estar enterado. También pudo tratarse de un golpe de mano sin preparación previa. Para la tradición oral es indudable que Cassidy estuvo detrás del robo a la Compañía de Tierras. Participar en esa acción desde fuera de la escena había sido su estilo ya en los Estados Unidos; por otra parte las sospechas que pudieran plantearse no afectaban su relación con la comunidad, ya que la Compañía era un símbolo del poder impersonal y estaba en la situación privilegiada de contar con sus títulos de propiedad.

Lo notable es que al mismo tiempo que planeaba esa acción tramaba una íntima relación con el gobernador del Territorio. Estas dos caras del bandido no se contradecían, porque él no era ni se consideraba un criminal –tampoco sus vecinos lo veían así– y además se insinuaba como uno de los referentes de la comunidad: sólo los colonos destacados habían recibido la visita del gobernador en su propia casa. No obstante, la pretendida ignorancia sobre su pasado parece haber sido relativa, de acuerdo con el testimonio del chileno Honorato Insunza, llegado a la zona de Esquel en 1903. El indiscreto Daniel Gibbon, dijo, le contó que el gobierno de Estados Unidos "daba un gran premio" por las cabezas de Ryan y Place. Insunza se entusiasmó, porque, según pensaba, "era muy fácil capturarlos en Cholila". Gibbon pareció haber perdido la compostura: le contestó "que no volviera a decir nunca eso, porque podía costarle la vida, pues uno de la gavilla había sido muerto en los Estados Unidos por otra persona para cobrar el premio y a los cinco días después de cobrarlo fue muerto por los compañeros del bandido (...) y aquí sucederá lo mismo".

La situación de los detenidos por el robo tuvo un desenlace tan inesperado como sangriento, y estuvo a cargo de otro norteamericano. Se llamaba Charles H. Williams y era un minero que deambulaba por la zona; había protagonizado algunos tumultos con su amigo Martin Sheffield. y sus sueños de riqueza se habían ahogado en el alcohol. El 21 de abril apareció en Ñorquinco, en la casa de negocios de Agustín Pujol, que atendía entonces el alemán Guillermo Brinck (Brinch o Brinke). Iba a buscar problemas, y los encontró.

Hay dos versiones del episodio, una oral y otra escrita. En la primera, Williams había sido amenazado por Brinck y debió defenderse; en la segunda, actuó como un asesino. Según *Y Drafod*, Williams "estaba insultando y provocando groseramente a varios vecinos que verificaban [sic] compras en lo del señor Pujol, siendo llamado al orden por el jefe de la casa, señor Brinck. Entonces salió Williams para afuera insultando también a Brinck que en aquellos momentos era como dueño de casa por estar ausente [el] señor Pujol. Después salió Brinck al patio, y Williams que lo esperaba con premeditación al parecer le descerrajó dos tiros y como no dieran en el blanco le tiró el tercero, que entrando a la mitad del pecho dio muerte instantánea al desgraciado Brinck".

"Cuando se produjo el crimen –agregó *Y Drafod*– hallábase ausente el comisario Britto pero en cuanto se le comunicó lo sucedido se trasladó inmediatamente al lugar del suceso." Al parecer el comisario de Ñorquinco custodiaba entonces a Hood y Grice, a quienes dejó en Cushamen para ir en búsqueda de Williams. El minero no pudo escapar. "El comisario Britto –informó *La Nación*– remitió el criminal a Rawson. El vecindario está consternado, pues todos los años, desde 1902, se producen hechos de sangre."

El crimen del alemán fue comentado por correspondencia entre Charles Hackett y Francisco Preston, los empleados jerárquicos de la Compañía de Tierras: "La bestia disparó contra Brinch [sic], el hombre de Pujol, matándolo y ahora está camino de Chubut –escribió el primero el 2 de mayo de 1904–. ¡Otra hermosa recomendación para la colonia norteamericana!". La última frase puede leerse como una ironía sobre los planes de Newbery y a la vez como una alusión al robo perpetrado contra Imperiale, en el que también había norteamericanos implicados. Charles Williams había estado envuelto en incidentes menores y su rastro se perdió tras ese traslado a la capital del territorio: al cabo de un dilatado proceso, el 25 de julio de 1907 un tribunal desestimó la legítima defensa y lo condenó a diez años de prisión por homicidio.

Hood y Grice aprovecharon el viaje de Britto para escapar de quienes los vigilaban. "Se fugaron por negligencia de la policía de Cushamen", dijo más tarde el comisario Eduardo Humphreys. Parece una decisión poco inteligente: no había pruebas en su contra, dado que no tenían el dinero encima. Las sospechas persistieron. "La policía –apuntó en mayo *La Nación*– sigue la investigación por el robo de dinero a la Compañía de Tierras Sud Argentino. Los presuntos ladrones son dos carreros norteamericanos que venían a poblar en Cholila."

Butch Cassidy se convirtió en el tercer involucrado en el caso. Según una nota posterior aparecida en *La Prensa*, "fue detenido a fines de marzo de 1904 y puesto a disposición del juzgado letrado [de Rawson] por sospechas de haber facilitado la fuga" de sus amigos. Otra versión indica que en realidad terminó preso porque Hood tenía un arma que le pertenecía. Lo indudable es que fue conducido primero a Ñorquinco y luego a la capital del Territorio para ser indagado por la justicia. Ricardo Perkins volvió a hacer de traductor. "Una vez –dijo el empleado de la Compañía de Tierras–, ante el juez letrado doctor [Luis Navarro] Careaga (...) serví de intérprete, en una declaración que formuló Ryan ante el tribunal. Recuerdo que fue esto en 1904." Cassidy quedó en libertad poco después.

Sundance y Etta también se dirigieron hacia la costa. En abril de 1904, según *La Prensa*, "este matrimonio vino a embarcarse en Puerto Madryn en un vapor de la carrera del Pacífico, con destino a Valparaíso". Etta, otra vez, fue el centro de atención: "La mujer hablaba un poco el castellano, y dijo que había estado en [Nuevo] México, cuando vino a embarcarse. Hizo el trayecto desde Cholila a Rawson a caballo, y esto fue objeto para que los diarios se ocuparan de ella, por la resistencia demostrada".

Mientras los Place iniciaban un nuevo viaje, Ryan regresó a Cholila. Tanto Hood como Grice, por su parte, se perdieron de vista supuestamente al trasponer la cordillera e internarse en Chile, o bien dirigiéndose hacia el sur. El primero retornaría bajo el nombre de Robert Evans, mientras el segundo quedó envuelto en el misterio ("Roberto Evans me dijo que también se llamaba Hood", declaró Cirilo Gibbon). Otra versión de la fuga borró a Grice e incluyó detalles más novelescos: Hood habría escapado junto con Sarah Caroline Jones, la hermana de Jarred Jones, con la que supuestamente tuvo un romance.

La sombra de Grice apareció en el expediente abierto por la Policía Fronteriza en 1911. "Hace siete años que lo conozco por haberlo visto en la casa de Place y Ryan en Cholila", declaró Wenceslao Solís, quien precisó además que había trabajado durante ocho meses como peón de Sundance Kid, en 1902. "Hace tiempo que no tiene noticias de Grice", consignó otro pasaje de su relato. El nombre del bandido volvió a ser mencionado a fines de 1909, cuando algunos rumores le adjudicaron el crimen de Llwyd Ap Iwan. El hecho de haber sido socio de Hood/Evans hizo que muchos lo identificaran con William Wilson, pero hay datos que permiten diferenciar a los dos hombres.

El baqueano Francisco Albornoz reconoció una fotografía de Grice secuestrada por la Policía Fronteriza en casa de Daniel Gibbon. Lo distinguió de Wilson y recordó que en fecha no determinada Grice "le dijo que transportara dos baúles que había dejado en una carpa de chapas de cinc, en el boquete de Nahuel Pan, a la casa de Daniel Gibbon, lo cual efectuó". Las cajas fueron abiertas al día siguiente en su presencia, "conteniendo vestidos de mujer y telas para confección que el declarante cree serían de la señora de Place".

Eduardo Humphreys también distinguió a Wilson de Grice. A este último "lo vio en una ocasión en la Compañía de Leleque pero no tuvo trato"; el comisario ignoraba sus antecedentes hasta que le fue solicitada su captura, junto con la de Hood, por el robo a Guillermo Imperiale. Este episodio tuvo el efecto de mostrar una fisura en la apariencia de los respetables hacendados de Cholila. El clan que rodeaba a Cassidy aparecía bajo su verdadera luz; los hechos afectaban a un grupo poderoso de la economía regional y trascendían el marco local. También estaba en situación dudosa Humphreys, al no lograr la detención de los responsables. La "desaparición" de Hood y Grice fue una forma de resolver el asunto que no debió dejar conforme a la poderosa Compañía de Tierras. Por otra parte era evidente que los bandidos se ocultaban en algún sitio no demasiado lejano. Y pronto lo demostrarían.

El litigio por la tierra volvió a agitarse el 29 de octubre de 1904, cuando un tal Roberto Hennings presentó ante la Dirección de Tierras y Colonias, en Buenos Aires, un pedido de reserva de terrenos en Santa Cruz y Chubut. Aseguraba contar con el aval de más de doscientas familias norteamericanas, que disponían cada una de entre cinco y quince mil dólares "y que se han dirigido a mí como antiguo conocido y compatriota para que les dé datos sobre la manera de conseguir tierras fiscales en compra". Quería en particular la zona de Alto Río Chico, en Santa Cruz. "Como anteriormente ya vinieron, sin esperar mi contestación, algunas de estas familias y se establecieron como intrusos en campos fiscales del territorio del Chubut, en un paraje conocido por Cholila", pretendía veinticinco leguas en esa zona. El demandante se esforzaba por hacer una propuesta seductora: se trataba de "atraer al país buena inmigración de hombres acostumbrados a luchar con la naturaleza (...) y con gente que ya ha hecho su aprendizaje en el desierto".

Hennings trabajaba en la División de Inmigración, por lo que tenía prohibidas tales gestiones. El 23 de diciembre fue apercibido y el pedido quedó archivado. Al parecer, actuó por encargo de los norteamericanos afincados en Cholila. En una nota sin fecha al gobernador, pero que debió ser cursada en este momento, "un grupo de hijos del país y norteamericanos" de aquel valle le recordaron a Lezana que tenían capitales invertidos "como habrá podido comprobar V. E. en su visita última". Agregaban consideraciones interesantes: "Si al poblar nosotros los extranjeros hemos olvidado algunos trámites de forma deberemos atribuir[lo] al desconocimiento completo de la lengua castellana; al desconocimiento de los regímenes administrativos del país"; por eso habían acudido a un "representante en Buenos Aires". Los demandantes pedían, en fin, que se les vendiera las tierras en que trabajaban. La lista de firmas estaba encabezada por Harry Place, James Ryan y Ricardo Knight Perkins. Le seguían Aug. Nelson [sic], Alberto Felsmann, James Sheffield, Fred Kerrigan, John C. Perry, Eduardo Humphreys, T. H. Parry y Hiram S. Kribs, el mismo que había secundado a George Newbery en su voraz pedido de tierras, lo que desmerecía aun más la posición del dentista estanciero. No eran los únicos que acudían a un intermediario. "Algunos pobladores de la cordillera –informó La Prensa el 17 de abril de 1904– se quejan de que un señor altamente colocado en Buenos Aires les ha cobrado (...) prometiéndoles hacerles escriturar los campos que ocupan y aún no lo ha hecho. Entre éstos se encuentra el señor Pío Quinto Vargas, que abonó cuatrocientos pesos." El 25 de marzo de 1905, el gobernador Lezana elevó la nota de los norteamericanos al gobierno nacional, diciendo que las tierras en cuestión eran fiscales. "En mi gira por dicho paraje no he encontrado ninguno que se pretenda propietario y, por el contrario, todos sus pobladores me han manifestado ser meros detentadores", informó.

La proyección política de la gira de Lezana fue impulsada por su atención al problema de la tierra. La presencia del gobernador resultó decisiva para bloquear las maniobras especulativas, aunque Florencio Martínez de Hoz tomaría de inmediato el relevo de George Newbery. El hecho de que asumiera el reclamo de los colonos establecidos fue un gesto concreto de aproximación y sin duda influyó, dos años después, en su nombramiento para otro período en el cargo. En cada punto de su recorrido, Lezana recibió muestras de adhesión y respeto de los pobladores. Sin embargo, su círculo íntimo, el de su comitiva, estaba integrado exclusivamente por los grandes hacendados y los acólitos de la Compañía de Tierras. Al llegar a Comodoro Rivadavia, el 15 de abril, el gobernador apareció flanqueado por los estancieros Otto Sartori, Acevedo Ramos y Antonio Piñero (también dueño de tierras en Santa Cruz). El primero era cuestionado por los vecinos de Colonia San Martín, ya que pretendía que la oficina del telégrafo se instalara en su campo.

Así como los pobladores veían al gobierno territorial como un organismo distante, Lezana observó en el oeste cordillerano un espacio desprovisto de control y vigilancia estatal. Por eso su gira estuvo jalonada por designación de autoridades, actos de un gobierno que quería ser concreto; el contacto con los colonos servía no tanto para probar a los funcionarios locales como a los fines de reforzar su sujeción al poder central. El tipo de comisario encarnado por Eduardo Humphreys –que se regía por normas propias, más cerca del pionero que se abría paso en un espacio a conquistar que del comisario moderno– quedaría ligado al pasado.

El gobernador producía grandes cambios a su paso. En Colonia Sarmiento, destituyó al comisario Diógenes Miranda, tras recibir múltiples denuncias de vecinos en su contra (sin embargo, poco después el mismo policía reapareció al frente de la comisaría de Trelew); en la Colonia 16 de Octubre, para citar otra decisión significativa, nombró a Segundo Villagrán como juez de paz. En este sentido su punto de orientación fue la preocupación por las dimensiones de la población chilena, que no tardó en inspirar comentarios afiebrados de xenofobia. Tanto que el gobernador perdió la medida de los hechos. "Los bandoleros chilenos –diría Lezana al diario *La Nación*– son mucho más terribles que los norteamericanos."

Capítulo 5
Entre dos leyendas

Como espacio de lo misterioso y lo fantástico, la Patagonia fue objeto de una construcción geográfica y a la vez mítica. La ficción y lo maravilloso se anudaron desde el principio en su nombre, que Hernando de Magallanes tomó de un personaje de las novelas de caballería (mitad hombre y mitad animal) para bautizar a los gigantes con los que dijo haberse encontrado en 1520 en la actual costa de Santa Cruz, cuando circunnavegaba el globo. La leyenda de la Ciudad de los Césares, que comenzó a circular por la misma época, marcó el norte en la brújula de los exploradores. Se decía que una niebla espesa se interponía en cuanto el viajero tocaba las puertas de ese lugar encantado –situado en Nahuel Huapi, según las versiones más insistentes– y que los ríos cambiaban de curso para alejar a las embarcaciones. El pavimento de la ciudad era de oro y plata macizos, y una gran cruz, también de oro, coronaba la torre de la iglesia principal, cuya gigantesca campana, de ser tañida, podía oírse en el mundo entero. Una sucesión de viajes en procura de aclarar el misterio impulsó nuevas fantasías: el que por casualidad alcanzaba el acceso de la ciudad, afirmaban los guías, perdía el recuerdo del camino del regreso, y en caso de trasponer el ingreso tenía prohibida para siempre la salida. El precio del conocimiento y la riqueza era el encierro de por vida.

En su *Descripción de la Patagonia* (1774), el sacerdote jesuita Thomas Falkner postuló, discutió y finalmente descartó la existencia de la Ciudad de las Césares, cuyo relato "enteramente falso y sin fundamento (...) sólo se debe a una mala inteligencia de las relaciones que dan los indios". Al mismo tiempo ensanchó el espacio de la ficción: escribió sin haber conocido la región, ya que no avanzó más allá del sur de la provincia de Buenos Aires, donde recolectó informes de indígenas. El malentendido parece haber sido recurrente en esos diálogos, que llevaron al jesuita a situar una cordillera en el medio de Santa Cruz y a anotar ríos imaginarios. El texto de Falkner fue reducido y alterado por el editor inglés, habiéndose perdido el original, lo que duplicó el equívoco; y por añadidura a partir de su relato de relatos se trazó un mapa.

Un siglo después, cuando recorría el sudoeste de Chubut, George Musters vio una nube de humo negro suspendida sobre los picos de la cordillera. Los aborígenes explicaron que era la señal de "una tribu desconocida o de una ciudad encantada u oculta" y desecharon cualquier intento por localizarla; el sitio estaba cerca, pero el bosque cerraba el paso a los intrusos. Más al norte, otros indígenas confirmaron la historia, aunque aseguraron que se trataba de una colonia de gente blanca, que hablaba una lengua desconocida y rehuía el contacto con extraños.

El afán de saber, y la necesidad de recurrir a la imaginación para compensar la pobre realidad, se aceleraron desde mediados del siglo XIX. Los exploradores, militares y viajeros, por un lado, y los aventureros, los criminales y los locos, por otro, compusieron una trama de relatos que a menudo desafiaban las leyes de la lógica y que sin duda no podían haberse producido en otras regiones. Así, cuando Lucio Ramos Otero, en 1911, huyó de los norteamericanos que lo tenían secuestrado, el diario *La Nación* aseveró que sólo "la simpatía por Julio Verne nos inclinaría a creer en la novelesca aventura". La alusión no era casual: se trataba del escritor que había incorporado a la literatura la zona del "faro del fin del mundo", la Isla de los Estados y Tierra del Fuego, con sus naufragios y tormentas, célebre tras la desesperada fuga de un grupo de cincuenta y un presos, el 6 de diciembre de 1902.

En ese marco no desentonó la resurrección de Ascencio Brunel. Como se dijo, Clemente Onelli vio o creyó ver su cadáver en 1901, cerca de la toldería de Manuel Quilchamal, donde "un viejo blanco, antiguo cautivo de los tehuelches y que siempre había vivido con ellos, me contó con gran secreto la muerte que entonces no se conocía". A la luz de los sucesos posteriores, ese pretendido descubrimiento parece un antecedente de otro equívoco protagonizado por el científico: la frustrada búsqueda de un monstruo prehistórico, mezcla de cocodrilo y "cisne de formas descomunales", que Martin Sheffield, en una de sus bromas más conocidas, aseguraba haber observado en la Laguna del Hoyo, Chubut. En su libro *Trepando los Andes*, el colaborador del perito Moreno admitió sin embargo la relatividad de la muerte del bandido. "Ascencio tiene una leyenda tan arraigada en el espíritu de los pobladores patagónicos –dijo– y es tan riguroso el sigilo de su muerte, que aún por mucho tiempo aparecerá de vez en cuando la silueta siniestra pero valiente que durante quince años ha hecho temblar a los colonos del Sur."

Esa silueta, en efecto, volvió a corporizarse a principios de mayo de 1904, cuando aparecía el libro de Onelli con el relato de su muerte. Un estanciero alemán radicado en Santa Cruz, Guillermo York, hizo de heraldo. El pionero Andreas Madsen, acampado entonces a orillas del río Shehuen, lo encontró "muy asustado y armado hasta los dientes en camino a [Puerto] Santa Cruz". Llevaba la noticia del asesinato de su socio y compatriota Máximo Volmer, quien había partido con una carreta desde La Federica, estancia de Mauricio Braun situada sobre el Lago San Martín, para dirigirse al Lago Viedma. Como demoraba, York salió a buscarlo. Tras dos días de viaje, en el sitio que desde entonces se llamó Vega del finado, halló primero el carro sin caballos. Y enseguida el cadáver, tirado junto al pértigo, "con el cráneo destrozado, las piernas y brazos mutilados y varias heridas en la espalda", según *La Nación*.

Procedentes de Punta Arenas, York y Volmer habían sido pioneros en la introducción de lanares en el oeste de Santa Cruz; con mil quinientas ovejas, ocupaban un lote en cercanías del Lago Viedma, sobre la frontera con Chile, donde había en ese momento otros nueve pobladores, entre ellos Federico Otten, el hijo de la princesa Margarita de las Dos Sicilias y del archiduque Leopoldo II de la Casa de los Habsburgo. El asesinato de Volmer, dijo Madsen, fue atribuido a Brunel, "quien con tres compañeros había cruzado poco antes el [Río] Santa Cruz en el paso Charles Führ con rumbo al norte". Esa circunstancia sin testigos identificados constituía toda la prueba de cargo. En tanto, "York había prevenido del crimen a cuanto hombre encontró a su paso, pues sospechaba que los malhechores anduvieran merodeando". Una precaución valiosa, ya que la noticia demoró casi un mes en llegar hasta Río Gallegos y en dar lugar a medidas oficiales. Los colonos quedaban librados a su suerte. "Estuvimos constantemente en guardia –recordó Madsen– y una vez anochecido cambiábamos de sitio las camas armadas al oscurecer, en previsión de una sorpresa nocturna. Felizmente, nada ocurrió." Los bandidos, o sus fantasmas, habían seguido viaje al norte.

El 6 de junio, el gobernador de Santa Cruz, Gregorio Aguerriberry, denunció a "una partida de matreros armados de carabinas
Winchester, que se dedican al robo y al asesinato" por la muerte de
Volmer. Recién entonces, le explicaba al Ministerio del Interior, había
enviado una partida de veinticinco gendarmes hasta la Vega del Finado. La expedición no tuvo ningún resultado conocido. Un día después
Guillermo York llegaba a Puerto Santa Cruz. "Conocidos presidiarios
de Punta Arenas, Ushuaia y Santa Cruz –dijo *La Nación*– recorren el
territorio y canales del estrecho [de Magallanes] y frontera con Chile.
Entre ellos se encuentran los individuos de malos antecedentes Ascencio Brunel, [Antonio] Montenegro, argentino [aunque éste, como se
vio, también era sindicado como chileno], [Víctor] Sepúlveda y Zúñi-
ga, chilenos, y dos más de nombres desconocidos." El crimen del estanciero Volmer formaba parte de una escalada: "Robaron, además,
varias tropillas de caballos, cortaron alambrados en los departamentos
de Coyle y Gallegos y asaltaron un coche que se dirigía a Punta Arenas. Actualmente se cree que merodean entre Santa Cruz y San Julián,
con buenas caballadas".

El 12 de junio, *La Nación* dio cuenta de la alarma existente entre
"los estancieros de Santa Cruz" ante "la gavilla de bandoleros capita-
neada por el ya famoso cuatrero Ascencio Brunel". Los cómplices
eran entonces descriptos como chilenos prófugos de la justicia, "entre
ellos el presunto asesino del jefe de policía de Punta Arenas". Se trataba
del ya aludido Montenegro. Las fuerzas de seguridad brillaban por su
ausencia: "Los bandoleros siguen merodeando por los establecimientos
de campo cercanos, cometiendo actos de cuatrerismo, asaltando a los
pobladores". Pese al tono sensacionalista el artículo reconocía que "en
este territorio es la primera vez que se han dejando sentir los bandoleros del vecino país". Esa observación matizaba los lugares comunes
sobre las dimensiones del bandolerismo. No obstante, en su edición
del 28 de junio, el mismo diario planteó la inquietud por el testimonio de
Presentación Heredia, ex soldado devenido delincuente y procesado
en Santa Cruz. "Ha declarado que fueron provistos de armas y munición en Punta Arenas, asunto que importa aclarar", dijo.

Heredia acusó a Brunel por el asesinato de Volmer. La historia, sin
embargo, comportaba un amplio margen de dudas. Lo extraño consistía, en primer lugar, en que el hombre lobo aparecía rodeado de comunes seres humanos. "Sus únicos compañeros –destacó Madsen– eran

los caballos, perfectamente adiestrados, y se dice que había enseñado a dos de ellos a galopar siempre a la par, de manera que si uno se le cansaba en la fuga prolongada, saltaba sin detenerse sobre el lomo del otro, siempre en pelo, pues no usaba montura." Los caballos, dice la tradición oral, le advertían además los peligros que él a veces no alcanzaba o no quería percibir, como la cercanía de alguna de las tantas partidas que intentaban prenderlo. Brunel era un salvaje; ponerlo al frente de una banda contradecía sus antecedentes y borraba su singularidad. Además, según Madsen, "casi todos están de acuerdo en afirmar que nunca fue asesino; no tenía alma ni cinismo para el crimen". En el recuerdo del pionero, "parecería que quien disparó sobre Volmer fue un chileno Sepúlveda, limitándose Brunel a despenarlo con una puñalada". La acción cambiaba de sentido: el hombre lobo no incurría en el asesinato –atrocidad del mundo civilizado– sino que aliviaba el sufrimiento de un moribundo.

El rastro de Brunel se perdió otra vez. Las policías de 16 de Octubre, San Martín y Sarmiento organizaron batidas de búsqueda, en el sur de Chubut, al mando de los comisarios Humphreys y Porcel. A principios de agosto hubo varios robos de caballos en la zona de Río Mayo, "suponiéndose que sus autores son los conocidos bandoleros Ascencio, Montenegro y otros camaradas", según una crónica periodística. Como no podía ser localizada, cualquier desplazamiento de la banda en el mapa resultaba verosímil: "Los bandidos llevan rumbo al noroeste y no sería extraño que llegasen hasta los centros bien poblados, pues saben perfectamente que la policía es impotente para aprehenderlos". El 11 de agosto, el corresponsal de *La Prensa* en Comodoro Rivadavia reportó otra aparición. "Los bandoleros Paulino Croto, J. Montenegro y dos más, encabezados por Ascencio Brunel, robaron a los señores Loyante y Camilo Cayelli, cuatro y catorce caballos, respectivamente." El primero aparece también aludido en las notas de viaje de Onelli, quien lo describe como "asesino que vagaba por la Patagonia robando tropillas, imitando las proezas de un famoso bandolero", en referencia a Brunel. No hay otra evidencia sobre la asociación de tales personajes que el comentario popular.

Brunel padecía entonces las consecuencias de su fama. Cualquier robo de caballos no aclarado pasaba a engrosar su lista de antecedentes. Estas múltiples apariciones, y la versión de que había muerto, hicieron correr el rumor de que tenía un hermano, Ricardo. En algunos relatos, los dos se dedican por igual y desde el principio al asalto y la vida salvaje, lo que explicaría el hecho de que Ascencio podía ser visto más o menos al mismo tiempo en lugares alejados; en otros, el hermano decide convertirse en un hacendado honesto, estableciéndose en la Colonia General Paz, en Santa Cruz, con un campo al que llamó La Ensenada, en alusión a su lugar natal; también hay versiones que acreditan el "certificado de muerte" de Onelli y según las cuales Ricardo Brunel toma el lugar del hombre lobo para continuar su obra o mantener presente su recuerdo, al modo de un vengador. El tema del doble es recurrente en las leyendas sobre bandidos (también Butch Cassidy lo tuvo, además de sus múltiples encarnaciones *post mortem*): parece surgir del rechazo a creer en la muerte o desaparición de tales personajes. Ascencio era, en definitiva, inofensivo; el buen bandido que él encarnaba remitía a un pasado cargado de virtudes a medida que se esfumaba. "En la imagen cultural del bandido (...) –dice Eric Hobsbawm–, se encierra más que la simple documentación acerca de la vida en las sociedades atrasadas, y la búsqueda ansiosa de la inocencia perdida y de la aventura en las sociedades avanzadas. Hay además lo que queda después de haber quitado el marco local y social del bandidismo: una emoción y una actitud permanentes. Hay la libertad, el heroísmo y el sueño de justicia." Una suma de valores y deseos que la muerte amenaza con arrebatar y que desafía las evidencias convencionales: la foto del cadáver de Harvey Logan, que esgrimían los detectives de la agencia Pinkerton, no fue suficiente para convencer de su trágico final a quienes preservaban su memoria y querían que lo que él representaba continuara vivo.

Al margen de las dudas que rodean a su historia como un velo, lo cierto es que Brunel recorrió en particular la extensa zona comprendida entre el Lago Argentino y el Lago Buenos Aires. Allí, en la segunda mitad de 1904, pudo encontrarse de paso con miembros de la banda de Butch y Sundance. Un informe de Dámaso Lachaga, jefe de policía de Santa Cruz, consignó que varios norteamericanos se hallaban entonces por los alrededores, diciendo estar en busca de tierras para comprar. Hood (o Evans) y Grice pudieron haber sido algunos de ellos; entre las hipótesis tramadas en torno a sus pasos, cabe presumir que en lugar de ir a Chile después del robo al encargado de almacenes de la Compañía de Tierras, como suponían sus vecinos, se dirigieron hacia ese lugar. "Yo conozco toda la Patagonia (...) –dijo Evans en

1911–. Todo Mendoza al sur, hasta Punta Arenas." También pudieron
haber llegado allí Cassidy y Longabaugh, en alguna de las múltiples
recorridas que emprendían. La ausencia de policía (el puesto más cercano estaba en Puerto Santa Cruz, a casi trescientos kilómetros) convertía al paraje en un sitio ideal para los bandidos. Al año siguiente el
gobernador del territorio dispuso que una partida de policía volante
tuviera su asiento en Lago Argentino, medida directamente relacionada con los informes policiales. La zona cordillerana de Santa
Cruz siguió siendo transitada, no obstante, por los bandidos. "Hay
dos grupos de malhechores norteamericanos en la Patagonia, de los
que, de vez en cuando, se desprenden partidas de dos o tres [hombres]
–afirmó *La Prensa* en enero de 1910–. Los centros donde se refugian
son la región del Lago Buenos Aires y Cholila." El primer punto
ofrecía la ventaja de ubicarse cerca de las fronteras entre Chubut y
Santa Cruz y entre Chile y la Argentina; la crónica puede aludir a
un viaje que emprendieron Robert Evans y Ricardo Perkins hacia
1907, en busca de oro.

La reaparición de Brunel sirvió para replantear los crónicos reclamos
sobre la seguridad en la Patagonia. El 28 de julio de 1904 *La Nación*
dedicó una nota editorial al tema. "Informaciones recientes han co-
municado la aparición de cuadrillas de bandoleros en los territorios de
Chubut y Santa Cruz (...) –recordaba–. En el Neuquén, como se sabe,
las partidas de facinerosos [sic] son permanentes." El artículo reprochaba "la inseguridad para las vidas y haciendas, la falta de vigilancia,
la insuficiencia de la gendarmería para perseguir a los malhechores" y
pedía que se aumentaran las dotaciones policiales.

De Neuquén a Santa Cruz, el Estado nacional encontraba graves
dificultades para articular sus aparatos de seguridad. Los inconvenientes venían arrastrándose desde fines del siglo XIX y se intensificaron en
los primeros años del siglo XX. El más visible tenía que ver con la calidad y la cantidad del personal policial. En 1904, el Territorio de
Chubut contaba con seis comisarios y sesenta y cuatro vigilantes. Los
funcionarios dedicados con exclusividad a las tareas de seguridad eran
contados; por lo general los comisarios resultaban designados por
amistad o presión, entre hacendados y comerciantes, que subordinaban
las obligaciones públicas a las personales. La función de policía aparecía entendida de manera difusa, y por añadidura colisionaba con la de

juez de paz. Los delitos perseguidos eran el abigeato y la ocupación de tierras, es decir, aquello que estaba en el horizonte del grupo social predominante: la defensa de la propiedad. La distancia y las dificultades de las comunicaciones hacían muchas veces que tales cuestiones se resolvieran en el ámbito local. En abril de 1905, al enviar a Buenos Aires una estadística policial de Chubut, el gobernador Lezana se excusaba por la precariedad del informe diciendo que "aún no ha recibido esta Jefatura la correspondencia de la mayor parte de las comisarías y subcomisarías". En particular, "toda la parte norte del Territorio no tiene servicio telegráfico ni postal, y la correspondencia es transportada por los troperos que bajan a esta capital [Rawson] desde Gastre, Gangan, Sacanana y Telsen"; la zona de la cordillera tenía telégrafo, pero a veces, según el gobernador, las autoridades policiales carecían de dinero para pagar ese servicio.

Los comisarios se convirtieron así en árbitros de gran peso en sus comunidades. La gira de Lezana mostró a un gobernador preocupado por asegurarse su lealtad y el cumplimiento de sus funciones. El caso de Eduardo Humphreys resulta ejemplar en este marco. Había sido designado comisario de Gaiman en 1890. Seis años después, el gobernador Eugenio Tello lo propuso para desempeñar ese cargo en el departamento 16 de Octubre. "El país necesita para toda eventualidad un ciudadano de la fibra, inteligencia y actividad del propio Humphreys", dijo el gobernador, al justificar la postulación. Se trataba de asegurar la participación de la población en la represión del delito; lograr que alguien asumiera ese compromiso en un paraje alejado aparecía como un asunto de importancia.

En 1897, ya en sus nuevas funciones, Humphreys construyó el edificio de la comisaría en Súnica, donde como se vio tenía su almacén de ramos generales y su establecimiento ganadero, y donde luego instalaría la oficina del telégrafo, al parecer sin importarle que a los vecinos de la Colonia 16 de Octubre, supuestos destinatarios del servicio, le quedara a trasmano. De acuerdo con el censo de 1905, Humphreys era el mayor hacendado del departamento, con 2900 ovinos, 900 vacunos y 50 caballos. El argentino-galés Milton Roberts, con quien se enfrentaría por la relación con los norteamericanos, lo definió diciendo que era "un buen ciudadano muy apreciado por sus vecinos, aunque tal vez de carácter débil, y muy buen amigo de Daniel Gibbon", el colono del boquete de Esquel que mantenía estrechas relaciones con Cassidy y

Longabaugh. En efecto, al declarar en 1911 ante la Policía Fronteriza, Humphreys reconoció que "a Daniel Gibbon lo conoce desde que llegó al territorio, en 1888". Esa amistad, forjada en tiempos en que la ley era un ente abstracto, fue más fuerte que los requerimientos de los jefes de policía y los gobernadores. La debilidad de que habla Roberts no debe entenderse en el sentido de cobardía, pero tampoco como complicidad, al menos en el sentido convencional: era más bien una especie de afinidad, sentimiento forjado en las duras condiciones de la existencia en una región lejana y a menudo olvidada por las autoridades que pretendían imponer las normas de vida.

Otra figura de peso en la policía, que poco después se enfrentaría con Humphreys, fue José Pedro Moré. De nacionalidad uruguaya, llegó a Chubut en diciembre de 1898. El gobernador Carlos O'Donnell lo nombró comisario y en octubre de 1899 lo puso al frente de la Colonia San Martín. El poder económico parece haber jugado algún rol en esta designación; por lo menos, Moré costeó de su bolsillo la construcción del edificio de la repartición, como Humphreys. Ascendido a comisario inspector al año siguiente, se dedicó a recorrer la zona cordillerana, en viajes que podían ser tanto de vigilancia como de búsqueda de negocios. En 1901 disputó espacios en la interna política del Territorio y debió renunciar. No obstante se mantuvo como una personalidad influyente, tanto por sus inquietudes periodísticas (editó un periódico en Trelew) como por sus sociedades comerciales (con Francisco Conti, en Trelew, y con Agustín Pujol, en Gastre). Y pronto volvió a desempeñar tareas como funcionario; en 1904, el gobernador Lezana lo nombró juez de paz en la Colonia San Martín.

Por otra parte, como los sueldos eran miserables los interesados en ingresar en los cuerpos subalternos de la policía no abundaban. El reclutamiento consistía en aceptar al que se ofreciera o imponerlo al modo de un trabajo forzado. No había selección posible, y con frecuencia ni siquiera se alcanzaba a completar el cupo de por sí exiguo, determinado por las administraciones territoriales. "En una extensión de treinta leguas –informaba el corresponsal de *La Prensa* en Comodoro Rivadavia, en enero de 1905– toda la autoridad y policía existente se reduce a un subcomisario y un vigilante, quienes muchas veces por cualquier insignificancia tienen que recorrer a caballo setenta leguas para ver al juez más cercano. Así vivimos aquí unos quinientos habitantes, sin protección ni garantías." En octubre de 1905, el problema persistía: los pobladores, decía *La Nación*, presentaron una nota a Lezana para que "se provea al pueblo de comisario de policía y número de agentes necesarios, puesto que sólo hay dos". A fines de 1908, cuando el descubrimiento de yacimientos de petróleo comenzaba a impulsar su desarrollo, Comodoro Rivadavia contaba con un comisario y cuatro vigilantes, pero estaban desprovistos de armas, caballos y uniformes.

Los planteles policiales eran inestables porque sus integrantes solían abandonarlos en cuanto obtenían empleos mejores pagos o más gratificantes. Las causas de la deserción eran variadas: la imposibilidad de hacer carrera, las posibilidades de emplearse en trabajos estacionales, el rechazo social hacia la figura del vigilante, asociada con el robo miserable y el abuso de la fuerza. La inclusión de agentes de nacionalidad chilena planteó otro problema. En 1902, sobre 158 gendarmes registrados en Neuquén, 70 eran chilenos, mientras había 78 argentinos y 10 de otras nacionalidades. La difusión de tales datos abonaba los fantasmas de una posible invasión. Lo mismo ocurrió con las denuncias publicadas en *La Nación* en diciembre de 1901 respecto a la presencia de chilenos –mayores y menores de edad, entre ellos prófugos de la justicia– en las policías de las colonias San Martín y 16 de Octubre (la policía desestimó estas denuncias y las atribuyó a un coletazo de la interna política local). Francisco Albornoz fue uno de los tantos peones chilenos que trabajó eventualmente como policía. Radicado en el oeste de Chubut hacia 1893, con domicilio en Súnica, su nombre reapareció una y otra vez en el trasfondo de la historia de los bandidos norteamericanos: fue baqueano y peón de Butch y Sundance, empleado de la Compañía de Tierras y de Daniel Gibbon y más tarde integró la partida que se enfrentó a tiros con Robert Evans, William Wilson y Mansel Gibbon en las sierras de Esquel.

Los problemas de reclutamiento persistieron durante toda la década. El 11 de abril de 1910, por ejemplo, Eduardo Humphreys notificó la incorporación del agente Segundo Herrera a la policía de 16 de Octubre; "se le dio de baja por incorregible de Cholila, busque mejor candidato", respondió al día siguiente la jefatura de Rawson. En mayo el gobernador nombró oficial de policía al hacendado Eufemio Palleres, poniéndolo al frente del destacamento de Epuyén. El nuevo funcionario se lanzó detrás de la población chilena. El 16 de junio anunció a la jefatura del Territorio la detención de Olegario Santibáñez y Genaro Márquez, por robo de varios animales, "preguntando a quién los entrega para la organización del sumario". Se le respondió que él, precisamente, debía encargarse del trámite. El 8 de julio Palleres informó que Santibáñez había fugado "aprovechando la oscuridad de la noche" y el sumario murió nonato. Le costaba hacer sus deberes: el 19 de julio, la subcomisaría de 16 de Octubre, de la cual dependía el destacamento de Epuyén, comunicó que "las actuaciones del oficial Payeres [sic] dejan mucho que desear". Este personaje quedaría envuelto en algunos episodios oscuros. En algunos pueblos, la policía aparecía no para imponer la ley sino para cometer delitos: el primer homicidio registrado en Colonia Sarmiento tuvo como autor a un agente, que asesinó a un hombre porque le reclamaba el pago de una deuda.

La escasez de presupuesto se traducía en la falta de locales tanto para el funcionamiento de las comisarías como para alojar a detenidos, y en la carencia de medios de movilidad y hasta de los artículos mínimos. Si había caballos no se tenía forraje para alimentarlos. La situación creó problemas complementarios, como atestigua una crónica de *La Nación* del 5 de febrero de 1904: "Noches pasadas el señor Jones notó que le faltaba alfalfa en su chacra y siguiendo los rastros comprobó que dicho forraje era llevado a la comisaría de Trelew". El señor Jones revistaba como jefe del tráfico del Ferrocarril Central del Chubut, de capitales ingleses, y sin duda estaba en condiciones de ser escuchado. En cambio, los indígenas que eran despojados de sus caballos por los funcionarios policiales no contaban con esas posibilidades; sus reclamos tenían difusión pública sólo en circunstancias de enfrentamientos políticos, cuando podían ser instrumentados por alguna facción en pugna. A falta de tropillas, la policía recurría a animales sin marcar o confiscados en algún procedimiento. "Apenas contamos con ochenta y tres caballos de propiedad de la Nación y casi inservibles en su mayor parte –se quejó Lezana en abril de 1905–. Los comisarios tienen que valerse de sus caballos propios y de los ajenos para cumplir las comisiones o exigencias del servicio." Aun un esfuerzo excepcional como sería la Policía Fronteriza debería apelar más tarde a la esponsorización –o la limosna– de la Compañía de Tierras y los hacendados de Chubut. No obstante, si bien el problema existía y era grave, los funcionarios lo ampliaron al plantear sus reclamos. Ante un pedido de revólveres y carabinas por parte de Lezana, el ministro del Interior Rafael Castillo replicó en marzo de 1905 que la gobernación del territorio contaba con 249 armas en buen estado, que eran más que suficientes para los 68 vigilantes registrados. Algunos policías esgrimían la pretendida o imaginaria carencia de logística para pedir carta blanca o exagerar sus méritos: "Haré todo lo que humanamente pueda por tomar bandidos a pesar de las diferencias de armas, y seguro de que resistirán conviene se me autorice a tomarlos vivos o muertos –decía el comisario de Ñorquín en un telegrama al jefe de policía de Neuquén, en enero de 1907–. Estos hechos ponen nuevamente de manifiesto las dificultades que tiene la policía, por su pésimo armamento, para tomar esta clase de bandidos que andan siempre en pandillas, bien armados y municionados".

La acción policial enfrentaba todavía otros inconvenientes: las distancias que separaban a los pobladores de las comisarías, los malos caminos, la carencia de recursos mínimos para mantener en buen estado las caballadas. El mes que transcurrió entre el crimen de Máximo Volmer y el avocamiento de las autoridades es elocuente al respecto. Además la policía debía ocuparse del servicio de correos, el registro de marcas de ganado y la realización de censos. La acumulación de tareas comportaba la doble desventaja de desarrollar una fuerza de seguridad alejada o confundida respecto a su función específica y de cargarla de atribuciones de poder. Los controles que se podían ejercer desde las capitales de los territorios eran muy limitados y en consecuencia se abría una generosa brecha para el libre entendimiento de los funcionarios locales, en especial de los comisarios, que podían instruir los sumarios sin control judicial.

Las arbitrariedades de los comisarios generaron incontables conflictos. Con frecuencia los "delincuentes" no eran sino vecinos que se resistían al despojo de sus tierras o sus pertenencias. Tales acciones generaban movimientos de protesta, que muy pronto descubrieron que podían ser difundidas a través de la prensa, a falta de una respuesta de las autoridades. En septiembre de 1904, por caso, *La Nación* publicó una petición de hacendados y comerciantes de Telsen "denunciando las arbitrariedades, usurpación de autoridad, etc., cometidas (...) por el subcomisario de policía"; el gobernador había ordenado una investigación. Por supuesto que las publicaciones estaban mediadas muchas veces por la intervención de funcionarios, que incluso asumían los roles de corresponsales: el que en 1901 denunció en *La Nación* irregularidades en la policía de Chubut era José Penna, un ex funcionario de la gobernación defenestrado por el enfrentamiento interno; Eduardo Humphreys cimentó su buen nombre y prestigio en artículos aparecidos en diarios porteños, que por cierto no se condecían con la realidad de los hechos.

La forma en que se pagaban los sueldos constituyó otro factor de degeneración para la policía. La gobernación de los territorios giraba el dinero a un comerciante o hacendado importante de la zona que se tratara, o lo depositaba en alguna casa de negocios con la que aquellos operaban. No era raro que las partidas sufrieran retrasos. A través del crédito y el adelanto, los agentes terminaban por convertirse en rehenes de sectores bien determinados. La fuerza pública no constituía entonces un ente independiente al cual tuvieran igual acceso todas las personas. La posibilidad de recurrir a la policía estaba en relación directa con el nivel económico y social. Y también con la nacionalidad: la población chilena debió esperar a la apertura de un consulado en Bariloche para tener un lugar donde denunciar los abusos de las fuerzas policiales o plantear alguna demanda de seguridad.

La proximidad de las instituciones oficiales fue, así, otra área de actividades para el almacén de Jarred Jones. Los policías y los docentes de Nahuel Huapi cobraban allí sus sueldos. También proporcionaba las raciones de comida a los detenidos. El negocio del amigo de Butch funcionaba asimismo como sucedáneo del juzgado de paz y de la oficina de correos, cuando esas oficinas estaban cerradas o sus titulares se hallaban ausentes: el libro diario de la administración recogía las novedades para el juez y había formularios con que redactar telegramas. En la zona del oeste de Chubut, en tanto, cumplieron con esas tareas Agustín Pujol (en Ñorquinco) y Richard Clarke (en Súnica), quien tendría como empleados a dos miembros del grupo de bandidos norteamericanos.

Los negocios de ramos generales proveían la vestimenta completa, los alimentos, los útiles de labranza, las herramientas, los muebles, la vajilla y los "vicios" (tabaco, naipes); con frecuencia incluían un boliche, como se llamaba al despacho de bebidas, y habitaciones para viajeros (así, cabe recordar, Ryan y los Place se alojaron en el almacén de Jarred Jones en febrero de 1902, cuando iban a Buenos Aires). Como el dinero circulante era escaso, los clientes pagaban a menudo con cueros, lanas, alfalfa o lo que produjeran. Los dueños de esos comercios constituyeron el núcleo de los sectores que disputaban los puestos de decisión en las sociedades emergentes. "Se trataba de hombres sin prosapia –dice la historiadora María Elba Argeri–, recién llegados que aspiraban a acaparar recursos en una zona todavía marginal. La competencia por los circuitos mercantiles lícitos e ilícitos y el acaparamiento de las mejores tierras generaban recurrentes pujas." En octubre de 1904, por caso, vecinos de Ñorquinco pidieron a la policía "que hiciera desalojar a los pobladores que recientemente se han posesionado de las pequeñas aguadas de las travesías y camino a Trelew y que con sus ganados las agotan, concluyendo también con el pasto en los puntos obligados de tráfico de carros y arreos", de acuerdo con una crónica. Los opiniones de comerciantes y hacendados eran determinantes tanto para el nombramiento de policías como a fin de establecer las prioridades en cuestiones de seguridad. Como gobernador de Río Negro, Eugenio Tello formalizó las atribuciones de estos vecinos al disponer en mayo de 1905 la creación de comisiones de fomento, "compuestas de tres vecinos de los más arraigados". El organismo surgía "para asesorar al comisario cuando sea solicitado su dictamen y para inspeccionar la debida inversión y percepción de los fondos públicos"; además, debía tutelar "todo lo referente a los intereses generales" allí donde no existían municipalidades.

La creación de la policía volante respondió a demandas de esos sectores. Se apuntaba a llegar a los puntos en que no existía vigilancia, en particular a los pasos de la frontera con Chile, visualizados como escenarios de los principales problemas de seguridad: el ingreso de población transandina y el tráfico de ganado robado. Un decreto firmado por el presidente Manuel Quintana, a pocos días de asumir el cargo, dispuso el 7 de noviembre de 1904 la creación de esas partidas especiales en los Territorios Nacionales. Los gobernadores, además, podían nombrar subcomisarios *ad honorem* "en los departamentos o distritos que no estén provistos aún de autoridades titulares". El perfil de los candidatos estaba definido con nitidez: debían ser "vecinos radicados en el lugar de sus funciones, con anterioridad a la fecha de sus nombramientos y que tengan a su cargo como administradores o propietarios establecimientos comerciales, industriales y agrícolas". La misión de estos funcionarios "será de cooperación a las partidas de policía volante, de cuyo jefe recibirán órdenes".

La policía volante parecía una forma bastante pobre de incrementar las fuerzas de seguridad; en el caso de Chubut, estaba compuesta por un comisario, un cabo y nueve gendarmes. Ese módico plantel, por añadidura, intentaba compensar una pérdida lamentada: el traslado del Regimiento 6º de Infantería desde Trelew a Bahía Blanca. El 28 de diciembre, vecinos de esa población –entre ellos el gerente Lincoln Howard y el comerciante Ángel M. Bottaro– pidieron que no se concretara la medida, pero no fueron escuchados. Por otra parte, en Neuquén existía un cuerpo de policía volante desde 1902; recorría dos veces al año las áreas sin destacamentos y se encargaba de reforzar las partidas en busca de bandidos o prófugos. En Chubut, mientras tanto, la costumbre de nombrar jefes policiales *ad honorem* se remontaba a la década anterior. Incluso algunos caciques tehuelches debieron cumplir funciones de comisario: fue el caso, entre otros, de Manuel Quilchamal, autorizado para practicar arrestos y envío de presos a Rawson.

El 5 de enero de 1905 el gobierno nacional dictó el decreto que organizaba la policía de los Territorios. Aspiraba a que "todas las localidades de alguna importancia tengan un empleado caracterizado"; los gobernadores debían elegir a los jefes policiales teniendo en cuenta "los datos que sobre riqueza y población han suministrado" y fijar sus áreas de jurisdicción. Se creaban además tres batallones de gendarmes para la custodia de las cárceles; uno de ellos con asiento en Río Gallegos, y destacamentos en Rawson y Ushuaia. A la vez el Ministerio del Interior obligó a los gobernadores a rendir informes tres veces por semana "de todo hecho que importe crimen o simple contravención" y también "de toda queja o reclamo interpuesto por cualquier habitante del Territorio contra los empleados dependientes de la gobernación". El propósito era ajustar los controles tanto sobre la población como sobre los encargados de imponer el orden. Cuatro días después se retiró el destacamento militar del Valle 16 de Octubre, junto con el Regimiento de Trelew del que dependía.

"No se tiene noticia de que en este último trimestre –dijo *La Nación* desde Rawson en octubre de 1904– se haya cometido acto alguno de cuatrerismo, ni de sangre, a pesar de estar en la época de la esquila, en que afluye mucha gente (...) En resumen, el Chubut prospera en un ambiente tranquilo." No obstante, a principios de enero de 1905 el gobierno del Territorio instaló una inspección de policía en Cholila, a cargo de Martín López y en una casa alquilada al vecino Luis Costa. Este comisario ostentaba la segunda jerarquía en la policía de Chubut, por debajo del jefe, Julio Fougère. Su presencia significaba un recorte a la autoridad de Eduardo Humphreys y a la vez una potencial amenaza para Butch y Sundance, aunque éstos y Etta contaban con la simpatía y el recuerdo de los gratos momentos compartidos con el gobernador.

En ese momento habían recrudecido las quejas de pobladores contra el ingreso de chilenos. El comisario Martín López siguió con atención tales movimientos; mientras tanto, sin mayores inconvenientes, Butch y Sundance se hallaban lejos de Cholila, preparándose para su primer gran golpe en la Argentina. Aparecía en escena un nuevo actor, la Compañía Cochamó, que intentaba comprar tierras en Chubut a través de Tomás T. Austin. Este hacendado de origen galés, íntimamente asociado con Daniel Gibbon, representó el prototipo del comerciante que operaba económicamente con la frontera; en julio de 1904 una crónica lo mencionó como "uno de los más eficaces cooperadores" en el comercio con Chile. Radicado con los primeros pobladores de la región, su primera aparición pública se registró en 1896, cuando hizo una dudosa declaración como testigo de la "insurrección" de Gabriel Cayupul, el indígena que decía hablar con Dios. Austin aseguró al gobernador Tello, sin otra fuente que relatos de terceros no identificados, que el cacique Salpú había encabezado, doce años antes, el grupo que asesinó a los tres jóvenes galeses en el Valle de los Mártires; además "últimamente ha oído decir en la Colonia 16 de Octubre que Salpú promueve disturbios y que ha sido nombrado general por los indios, bajo las órdenes de Cayupul". Este testimonio fundado en habladurías fue funcional para sacar de circulación a los jefes indígenas. Austin se ganó además el respeto de los bandidos: "Yo no va a agarrar Austin nunca porque no tiene plata –dijo Robert Evans, con su castellano enrevesado– él no lleva plata nunca. [Es] muy diablo".

Tres días antes del decreto de creación de la policía volante ocurrió un crimen que alcanzaría una larga proyección. La víctima, un hombre de cincuenta años, apareció asesinada en un canal del paraje Corral (o Casa) de Piedra, en Neuquén. "Las últimas lluvias hicieron que las aguas que bajaban por ese zanjón, desde los cerros, barrieran la arena, quedando en descubierto el cadáver, lo mismo que el caballo que montaba, que también fue enterrado a pocos pasos", dijo a modo de obituario *La Nación*.

El comisario José Belindo López constató que el hombre había muerto a golpes de piedra o palo. Era alguien de buen pasar económico, como indicaban sus pertenencias: "Una tabaquera de género bordada con iniciales, una boquilla de ámbar con estuche de gamuza, saco y chaleco de casimir plomo rayado, pantalón de corderoy, un pañuelo de seda negra atado al cuello, botines de invierno colocados doble suela y espuelas chilenas de acero". La identificación no demoró: se trataba del hacendado Manuel de la Cruz Astete.

La esposa, la inglesa Elena Greenhill, y el peón chileno Manuel Salazar habían denunciado la desaparición de Astete. A mediados de enero de 1905, en el departamento neuquino de Ñorquin, cayó preso otro chileno, Juan A. Sepúlveda, sindicado como uno de los asesinos; luego, en Cuyin Manzano, una partida policial apresó a Salazar. Los rumores de que el crimen había sido instigado por la viuda se hicieron cada vez más insistentes. La mujer fue detenida y enviada a Neuquén. Una suma de circunstancias la convirtió en objeto de atención, en especial su condición de extranjera y su habilidad, pronto exagerada y sujeta a fábulas, para las tareas de campo y el manejo de armas. La policía y la prensa dieron por sentado que Elena Greenhill era la asesina; existía tal seguridad que nadie parecía preocupado por presentar pruebas, simplemente se esperaba una confesión. Las actividades de Astete habían transcurrido en una zona gris, cuando no relacionada con el delito, pero al parecer no hubo ninguna pesquisa en esa dirección.

Hasta ese momento la vida de Elena Greenhill había transcurrido en un segundo plano. Se limitó, por lo que dicen las fuentes, a seguir a su esposo, a través de Neuquén, Chelforó y General Roca, y a criar a dos hijos, nacidos en 1898 y 1900. El crimen la ubicó en el centro de la escena. "Sigue negando descaradamente que tenga alguna participación y sin inmutarse presta declaraciones", dijo el corresponsal de *El Diario* el 3 de enero de 1905. El periodista tenía una fuente de primera mano. "Según lo que me informa el comisario López –destacaba– hay contradicciones graves." Al parecer ella mantenía que Astete "se había mandado mudar a Chile" y trataban de enredarla a causa de una venta de hacienda. "¿Por qué pedía Elena autorización por telégrafo, desde Paso Limay, al socio capitalista de su esposo, señor Brizzanelli, en Choele Choel?" El cronista hacía la pregunta y sin darse cuenta la respondía: "Para vender cuarenta y tantos animales vacunos". La defensa de la acusada fue asumida por Martín Coria, quien no tenía título de abogado ni nada que se le pareciera pero presumía de estar bien relacionado (su padre era un importante hacendado de Carmen de Patagones y él decía ser sobrino del gobernador bonaerense Manuel Ugarte). En su círculo de amistades se encontraba entre otros el comisario José Belindo López. El dato puede explicar la liberación de Elena Greenhill, que coincidió por otra parte con su casamiento con Martín Coria, celebrado el 31 de agosto de 1905 en Catán Lil, cabecera del departamento Limay; el policía que había llevado presa a la sospechosa fue uno de los testigos de la ceremonia. Como en *Hamlet*, donde el crimen hace de prólogo a una boda, Elena Greenhill sintió acaso un "júbilo perturbado, con sonrisas / y lágrimas, con gozo funerario / y epitalamios fúnebres, haciendo / los duelos equilibrio a la alegría". Pero los familiares de Astete censuraron su conducta. Y la muerte del comerciante marcaba el nacimiento de un nuevo personaje dramático: la Inglesa Bandolera.

Ese momento coincidió con la caída de otro mito: a fines de octubre de 1904 los diarios porteños anunciaron que Eduardo Humphreys había detenido a Ascencio Brunel. El 27 de octubre *La Nación* aclaró que el comisario amigo de los bandidos norteamericanos había contado con "la cooperación" de los vecinos Ramón Orellano, Candelario Vargas, Fortunato Muñoz y Manuel Jara. "Según Brunel –agregó la crónica– se encuentran en estos alrededores tres [miembros] de su gavilla, con quienes ha cruzado desde Santa Cruz a Nahuel Huapi. Se trata de tomarlos, poniéndose de acuerdo con el efecto las comisiones de esta colonia [16 de Octubre], Cholila, Ñorquinco y Nahuel Huapi."

Dos de los presuntos cómplices de Brunel habían sido capturados poco antes por la policía de Río Negro: Víctor Sepúlveda –señalado, se vio, como autor del crimen de Volmer– y Antonio Montenegro, quien también usaba el nombre de Miguel Lenguas y era buscado por el crimen del jefe de policía de Punta Arenas. "Llegaron a Bariloche armados de Winchester y con arreos de caballos cuya propiedad no pudieron justificar", consignó un parte policial. El tercer compañero de andanzas, Domingo Santos, fue detenido en jurisdicción de Chubut.

El 15 de noviembre Humphreys estuvo en Rawson, victorioso, para entregar al famoso bandido. Una dura misión llegaba a su fin. Las crónicas periodísticas recordaron que era la segunda vez que el esforzado comisario detenía a Brunel, ya que en 1896 lo había conducido también desde la cordillera. De inmediato el juez letrado de Santa Cruz, Delfín N. Baca, reclamó la entrega del preso, que debía enfrentar cargos por homicidio y abigeato. El pedido fue aceptado y el 21 de diciembre

Brunel y Domingo Santos arribaron a Río Gallegos a bordo del transporte *1° de Mayo*, para ser conducidos a la cárcel.

Previamente el bandido dado por muerto concedió un reportaje a *La Nación*, ante quien se manifestó inocente del asesinato de Volmer. "Cree –dijo el periodista– que los autores son los sujetos Víctor Sepúlveda, Domingo Santos, Presentación Heredia y Manuel Córdoba. Los dos últimos son desertores del 1° de línea. El único delito del que se declara autor Brunel es el de abigeato." Mientras tanto, Eduardo Humphreys recibía honores por su arriesgada actuación: en Trelew se le obsequió con un almuerzo en el que participaron funcionarios, comerciantes (Agustín Pujol, Ángel M. Bottaro) y hacendados (Justo Alsúa).

La verdadera historia de la detención de Brunel pudo leerse recién entonces a través de *El Diario*. "El vecino Ramón Orellano –consignó el corresponsal– avisó a la comisaría de 16 de Octubre que en una sierra alta, casi inaccesible por los bosques tupidos, barrancas y nevadas, encontró con otro vecino, Candelario Vargas, el rancho de un individuo que le carneaba yeguas y robaba caballos de las tropillas." Candelario era hermano de Pío Quinto Vargas, a quien ya se nombró, y adquiriría celebridad en 1920, cuando al frente de veinticinco hombres se lanzó al asalto de la comisaría de Valle Huemules, en el sudoeste de Chubut.

Mauricio Humphreys, en reemplazo de su hermano Eduardo, y algunos vigilantes habían salido en búsqueda de Brunel, "pero pronto se cansaron y volvieron a la comisaría sin ningún resultado". Orellano y Vargas, con otros dos vecinos, los aludidos Jara y Muñoz, siguieron durante tres días los rastros hasta detener al bandido cerca de la frontera con Santa Cruz. La tan ponderada actuación de Eduardo Humphreys había consistido, en realidad, en llevar al preso a Rawson; la crónica destacaba, de paso, las "buenas relaciones" que mantenían el policía y el delincuente. *El Diario* insistió con el tema en su edición del 18 de febrero. "Un poblador de la Cordillera –manifestó el periódico de Manuel Láinez– nos escribe desde Chubut, extrañando la forma que se ha hecho pública la prisión del bandido Ascencio Bonnell [sic] versión que atribuía rasgos de heroísmo a la policía de la Colonia 16 de Octubre." En verdad, el comisario "no dio señales de actividad" cuando se le notificó la cercanía de Brunel. El hermano y los gendarmes encargados de la búsqueda se instalaron a regañadientes en el puesto de Orellano; "las carneadas y robos continuaban en auge", pero ahora con carácter oficial, ya que se debía atender a los representantes de la ley. En suma, "lo único que hay de cierto en la intervención del comisario en este asunto es que cuando se encontró con el prisionero le dijo: '¿cómo te va, Ascencio', contestando a la pregunta: '¿cómo te va, che Eduardo'". Eran casi dos amigos que se reencontraban después de mucho tiempo.

Ascencio Brunel volvió a las sombras. Se dice que recibió una condena de prisión que terminó de cumplir en Buenos Aires. "Durante su cautiverio –asegura Madsen– recibía visitas de muchos admiradores y admiradoras, quienes le regalaban dinero para que se estableciera honradamente." Una vez en libertad habría comprado una estancia en el Chaco. El antiguo hombre lobo seguía así un camino transitado por los bandidos del mundo campesino, que no aspiran a cambiar el orden de cosas sino a integrarse de modo pacífico después de superar las diferencias que generaron un enfrentamiento con el poder. El sacerdote Alberto de Agostini escuchó otra versión de su final al visitar Santa Cruz: "Ascencio Brunel –aseguró– fue muerto por algunos colonos, en la región de Última Esperanza, donde hacía estragos en los vacunos. Asaltado de noche en su escondrijo, se defendió hasta que pudo con un Winchester. Por la mañana los colonos se acercaron con cuidado a su campamento, que consistía en una choza hecha con simple cuero, y siguiendo las huellas de sangre que aparecían en el terreno llegaron a un riacho donde yacía muerto el salteador, alcanzado por cinco balazos". Mientras esa figura se borraba surgía otra, la de Elena Greenhill, que comenzó a recorrer parte de sus dominios: "Desde muy pequeño –dijo el escritor rionegrino Elías Chucair– oía hablar con mucha frecuencia a mi padre y a viejos pobladores de la zona de las hazañas de una mujer inglesa, de su extraordinaria puntería para el uso de las armas de fuego y de su coraje para cuatrerear y enfrentar el peligro, como así también del temor que le llegaron a tener algunos hombres, considerados como guapos y de agallas."

Por su parte, el comisario de la Colonia 16 de Octubre afrontaba entonces un problema más grave que las pullas de la prensa porteña: el jefe de policía de Chubut le pedía que detuviera a sus amigos de Cholila.

Capítulo 6
Los señores Brady y Linden, estancieros

El encuentro se produjo en el Hotel de la Bolsa, en Río Gallegos, a mediados de enero de 1905. Santiago Allsop, norteamericano de cuarenta años, se cruzó allí con Alexander Mackerrow (o McKerrow), inglés de veinticuatro. Quería presentarle a un compatriota recién llegado. Se llamaba Brady e intentaba hacer relaciones; era un hombre de negocios, un estanciero, en busca de tierras para comprar. Lo acompañaba otro hombre, su socio, de nombre Linden.

Mackerrow se convirtió en una de las personas que más trató a los estancieros norteamericanos durante su estadía en la capital de Santa Cruz. Los volvió a ver varias veces, según recordó más tarde, tanto en el hotel como en su trabajo. Brady, dijo, era "grueso, color blanco algo tostado [de] bigote negro (...) sin otra seña particular"; Linden, un hombre "rubio, de bigote escaso, delgado", se veía más alto en comparación. El interés que tenían en conocerlo surgía de su ocupación: el inglés estaba empleado como cajero de la sucursal del Banco de Tarapacá y Argentina Limitado (actual Lloyds Bank), una de las dos entidades financieras por las que circulaba la apreciable actividad económica de Río Gallegos y en particular el movimiento financiero de la comercialización de la lana. Podía ser un buen guía para orientar a dos desconocidos entre los empresarios y los hombres de negocios de la región.

Allsop había conocido a Brady y Linden poco antes, en el mismo Hotel de la Bolsa. "No contrajo ninguna [otra] amistad que lo natural entre comensales de una misma casa", aclaró más tarde ante la policía. Poco después dejó Río Gallegos para regresar a Punta Arenas, localidad chilena donde residía y trabajaba como viajante desde hacía dos años, "empleado de la casa comercial de específicos para cura de las ovejas de los señores Little y Compañía de Londres". La importancia de su intervención en la historia consistió no sólo en lo que dijo –al hacer las presentaciones entre el cajero y sus compatriotas– sino en lo que mantuvo en silencio: Allsop estaba al tanto de antecedentes de Brady que no cuadraban del todo con sus actuales intereses y que se guardó de comentar ante Mackerrow.

Brady y Linden llegaron a Río Gallegos a caballo, desde el oeste del territorio. De inmediato, comenzaron a tratar con "lo mejor de esta sociedad", como destacó el jefe de policía, Dámaso Lachaga. Los norteamericanos venían de un largo viaje desde el norte, "siendo vistos en el Lago Argentino y en las Orquetas [sic] y haciendo campamento y refiriendo a los pobladores que venían buscando campo para comprar y poner un establecimiento ganadero con fuerte capital". En la entonces pequeña localidad, reiteraron esas intenciones, "diciendo ser socios de una fuerte compañía ganadera de Río Negro y manifestando el propósito de comprar grandes extensiones de campo en el territorio", según el semanario local *El Antártico*. La novedad se convirtió en objeto de comentario. "Todo el mundo –insistió el corresponsal del diario porteño *El Tiempo*– los tenía como estancieros del norte que venían a poblar en el territorio, pues buscaban campo para cuarenta mil vacas que decían tener en el Río Negro." Sin embargo no llamaban particularmente la atención; así habían llegado muchos de los pioneros luego favorecidos con la cesión de generosas porciones de tierra. Y por si quedaban dudas de su solvencia, de acuerdo con comentarios reproducidos por los diarios, se presentaron en la sucursal del Banco de Tarapacá para cambiar libras esterlinas y dejar en depósito siete mil pesos.

El jefe de policía Lachaga aludió en su informe a "la magnificencia de la vida que llevaban" los norteamericanos. No se fijaban en gastos: pronto se mudaron al mejor alojamiento del pueblo, el Hotel Argentino, situado frente al Banco de la Nación y que en 1899 había sido escenario de un agasajo al presidente Julio A. Roca, durante su visita a la capital santacruceña. Se registraron como Herbert Linden y compañía, aunque el que hablaba y daba las órdenes era, siempre, el señor Brady. Así lo pudo comprobar Francisco Cuello, capataz de carretas de la estancia Grigera, quien lo encontró el 26 de enero en el comedor del hotel, cuando se aprestaba a salir de viaje al frente de su tropa de carros. El norteamericano, dijo, "se le acercó en compañía de un sujeto

que conoce por el nombre de Alder y que trabaja en la misma estancia"
y le preguntó "si quería llevarle unos bultos hasta [la estancia de] Güer
Aike (...) dejándolos en la cocina". Cuello no se interesó por saber qué
contenían los bultos; parecían ser uno con azúcar y otros dos con herraduras para caballos; una vez llegado a destino, "los recibió el cocinero de
ese mismo establecimiento y le dijo [que] los colocara en el sitio mencionado". El dueño de la estancia era un inglés de apellido Sunderland.

Según la tradición oral, Brady y Linden comenzaron a frecuentar
el Club del Progreso, donde circulaban los principales hombres de negocios de Río Gallegos. El lugar pertenecía a Antonio Fernández,
"una de las más salientes personalidades del sur", según *Caras y Caretas*
y quien además tenía dos estancias, en Lago Argentino y Río Coyle.
Se mostraban generosos con los mozos y el personal de servicio y des-
plegaban buenos modales, como para demostrar que además de hombres dedicados al rudo trabajo rural atesoraban cierta experiencia
mundana. En el Banco de Tarapacá comentaron que esperaban giros
desde los Estados Unidos, para las inversiones que planeaban. También
concurrían al Café de Farina, otro centro de la vida social, ubicado frente al edificio del Banco de la Nación.

De acuerdo con un censo de 1904, Santa Cruz tenía 2144 habitantes,
distribuidos en los departamentos Gallegos (975), Puerto Santa Cruz
(686), San Julián (235), Coyle (185) y Deseado (63). Había 1.436.000
ovejas, de las cuales 875 mil estaban en Gallegos. El desarrollo de la
capital del territorio, fundada en 1885, era una consecuencia directa de
su dependencia de Punta Arenas. Por entonces Santa Cruz constituía
un área periférica del sur chileno; aquí se instalaron las primeras casas
comerciales, frigoríficos y aserraderos, formas del capital que poco
después avanzó sobre la región y dio origen al poblamiento del sur argentino. Además, Chile ofrecía la posibilidad de comunicación directa
con los mercados europeos, por otra parte facilitada por la eliminación de los impuestos aduaneros. La escasa intervención estatal de ambos países favoreció la integración de las dos localidades más allá de la
frontera. "Muchos de los que tienen que viajar a Buenos Aires, prefieren
irse por tierra a Punta Arenas y embarcarse en los grandes vapores
que tocan allí tan a menudo", anotó Roberto J. Payró, de paso en su
viaje por lo que llamó "la Australia argentina". "Río Gallegos es una
aldea de ciento treinta y dos habitantes –dijo el inspector de escuelas
Raúl B. Díaz en 1895–. Sus casas no pasan de veinte (...) no forman

calles (...) ¡Qué mal puerto! ¡Qué vientos recios!". Diez años después, el progreso borraba esa mala impresión: de acuerdo con otro testigo de la época, Brady y Linden encontraron una población de novecientos habitantes, con más de doscientos cincuenta edificios sobre calles rectas y anchas, "siete casas fuertes de comercio, una grasería que mata mil capones por día, una barraca que acopia frutos y exporta mucha lana a Europa y once buques casi siempre fondeados en el puerto".

La economía regional estaba en manos de dos grupos económicos. El principal era el que había conformado Mauricio Braun, inmigrante ruso establecido en Punta Arenas en 1874. La red de empresas y estancias que entretejió tuvo su origen hacia 1880 en actividades relacionadas con la caza de lobos marinos y el transporte de ovinos. En el transcurso de esa década diversificó sus actividades dedicándose al transporte marítimo, el comercio, la industria frigorífica y la actividad bancaria. En 1895 instaló una casa de comercio en Río Gallegos y luego abrió sucursales en Puerto Santa Cruz y San Julián, con la denominación Braun y Blanchard. Pero la base de su proyección fue la propiedad de la tierra: sea por concesiones a su nombre o con testaferros, sea en sociedad y como integrante de otras empresas, reunió más de un millón quinientas mil hectáreas en Santa Cruz y ciento noventa y dos mil en Chubut. A su vez, el origen de la familia Menéndez Behety, el otro grupo predominante, se encontraba también en Punta Arenas, donde su iniciador, el asturiano José Menéndez, llegó en 1876 persiguiendo a un deudor. La caza de lobos marinos, el rescate de naufragios y el tráfico de pieles y plumas le permitieron acumular capital. Su ingreso en la Argentina se produjo a partir de la explotación de minería aurífera, en Tierra del Fuego, y el reparto de tierras en Santa Cruz. Reunió seiscientas cincuenta mil hectáreas en el territorio, además de las superficies que poseía en Chubut, Tierra del Fuego y el sur de Chile.

El puerto de Río Gallegos aparecía como el eje de la actividad económica y de las comunicaciones con el exterior. Según datos oficiales, en 1904 ingresaron 192.683 bultos con mercaderías procedentes de distintas partes del mundo y se enviaron otros 19.759 a Buenos Aires, Bahía Blanca y Punta Arenas, con productos primarios de la explotación ganadera. Hacia fines del siglo XIX quedaron conformados los principales latifundios en Santa Cruz, en manos de sociedades anónimas y empresarios; el treinta y cinco por ciento de los terratenientes eran británicos, que al ser además los primeros ocupantes se beneficiaron con mejores condiciones de acceso y alcanzaron rápidamente los títulos de propiedad. La moneda británica era de uso corriente en esa parte del suelo argentino. En este marco no extraña que el primer banco haya sido de capitales ingleses: el Banco de Tarapacá abrió su sucursal en Río Gallegos en julio de 1899; recién en abril de 1900 se instaló el Banco de la Nación Argentina.

La capital de Santa Cruz pudo comunicarse con Chile antes que con el resto de la Argentina: desde 1898 funcionaba una línea telefónica que la vinculaba con Punta Arenas, mientras que el gobierno nacional instaló el telégrafo en 1901. Los caminos no pasaban de ser entonces simples huellas y en el enorme territorio despoblado que era Santa Cruz –"las extensas soledades de nuestra campaña", en palabras del comisario Lachaga– no existía mayor vigilancia. La policía de Santa Cruz estaba formada por seis comisarios, seis cabos y cuarenta y dos gendarmes, repartidos en Río Gallegos, Río Coyle, Puerto Santa Cruz, San Julián y Puerto Deseado, y la flamante policía volante.

Otro dato para tener en cuenta es que Santa Cruz atravesaba una prolongada crisis política, que mantenía casi paralizado su movimiento institucional. Las autoridades designadas en Buenos Aires tenían algo de ficticio, ya que en la práctica no eran reconocidas, al menos por los comerciantes y pobladores de mayor predicamento. La situación se desencadenó a partir del enfrentamiento entre el gobernador Gregorio Aguerriberry y el juez letrado Delfín N. Baca, dilatado por la falta de respuestas del gobierno nacional. En julio de 1904 empresarios y comerciantes de Santa Cruz firmaron un compromiso en que desconocían a la justicia del territorio, debido a sus presuntas arbitrariedades, y se obligaban a recurrir a un tribunal arbitral privado en caso de suscitarse algún litigio; la declaración llevaba las firmas del Banco de Tarapacá, José Menéndez, Braun y Blanchard, la Barraca Ambarense y varios estancieros. El 22 de noviembre, *La Nación* informó que el "desprestigio" del gobernador llegaba a tal punto que "el elemento extranjero [dice] que para el caso de tener que pedir justicia apelarán a sus respectivos cónsules". Poco después, tras el paso de un enviado del presidente Manuel Quintana, fueron removidos el gobernador y el juez, aunque la incertidumbre persistió ya que las nuevas autoridades quedaron consagradas a título provisorio: el jefe del Regimiento 1° de Línea, coronel Cornelio Gutiérrez, asumió como gobernador, mientras que Alfredo Torres fue nombrado juez y Dámaso

Lachaga, jefe de policía. De todas maneras las designaciones apaciguaron los ánimos y a principios de 1905 la vida en Río Gallegos volvió a transcurrir sin mayores sobresaltos.

Los señores Brady y Linden, mientras tanto, se dedicaban a recorrer las inmediaciones de la capital. En una fecha no precisada, pero con seguridad a principios de febrero de 1905, el capataz Cuello los encontró en el cañadón de Kili Aike. "Iba conduciendo la carreta y se pararon a conversar un rato, y uno de ellos, el más bajo, le dijo que iban para el Lago Argentino a reconocer los campos, diciéndole al mismo tiempo que iban hasta el hotel de Güer Aike, que en ese punto tenían la tropilla", declaró Cuello. Al día siguiente volvió a cruzarse con ellos "a la altura de Punta Piedra, en el cañadón de Güer Aike", donde el carrero acampaba. Los norteamericanos se mostraron expansivos, "conversando (...) como dos horas invitándolo al exponente y a sus compañeros con cerveza". En ese tren de confraternización, "entre las varias cosas que hablaban", dijeron "que hacía cuatro meses que habían salido del Territorio de Río Negro y ahora se dirigían para Lago Argentino y seguirían viaje para Neuquén". Al tercer día, al pasar con las carretas por la Bajada de Urbina, el capataz divisó un grupo de caballos y dos hombres acampados en unas matas a quinientos metros del camino; "estaban tirando al blanco, pues el exponente sintió los tiros" y los identificó "por los caballos, que serían los mismos que ellos llevaban".

Con el transcurso del tiempo, la imaginación popular agregó más testimonios sobre los hábitos de Brady y Linden. Según un relato de Edward Chace, norteamericano que habitó en Puerto San Julián, el hacendado Frank Lewis los descubrió ejercitándose en pasar con sus caballos el Río Gallegos.

–¿Por qué hacen eso? –preguntó, extrañado de verlos ir y venir.

–Algún día tendremos que cruzar de apuro este río –le habrían contestado.

Pero los norteamericanos todavía no pensaban dejar la región. Querían hacer algo de antes de viajar y por eso se ponían a practicar tiro. Así que volvieron a Río Gallegos para ultimar los preparativos. Según averiguó después el jefe de policía Lachaga, el 13 de febrero recorrieron comercios e "hicieron varias compras, entre ellas un anteojo de largavista, munición para carabina Winchester, herraduras para caballos y víveres, manifestando que se preparaban para un viaje largo a fin de inspeccionar los campos y proceder a su compra". Según *El Tiempo* hicieron una buena provisión: compraron cuatrocientos cartuchos, y cuchillos. Y el mismo día, parece, acudieron al Banco de Tarapacá y retiraron el dinero que habían depositado.

Brady y Linden dejaron sus habitaciones del Hotel Argentino pasado el mediodía del martes 14 de febrero. Llevando del cabestro a sus caballos, se dirigieron por la calle Roca hacia el Banco de Tarapacá, distante dos cuadras. Allí, entre las dos y media y las tres de la tarde, se encontraban el cajero Mackerrow y el subgerente Arthur Bishop, inglés de veintisiete años y con siete meses de residencia en el país. Los dos estaban en la sala de despacho, como se llamaba al lugar en que se atendía al público, protegidos por una reja de barrotes de bronce colocada sobre el mostrador y dedicados a sus tareas de rutina.

Mackerrow reconoció a sus amigos del Hotel de la Bolsa. Pero los norteamericanos ya no querían conversar ni hacer ninguna transacción. Necesitaban más dinero para el viaje que pensaban hacer. El subgerente Bishop observó que estaban "armados de revolvers grandes al parecer Coll [sic] e intimidándole le apuntaron (...) a la voz de levantar las manos, lo que obedecieron en vista de la amenaza impuesta".

Los asaltantes se repartieron las tareas. "El más alto de ellos –dijo Mackerrow en alusión a Linden– en actitud agresiva saltó el mostrador de la sala del despacho, quedando el más bajo parado encima del mostrador, con el revólver en la mano." Brady le apuntó al cajero y le ordenó que apoyara las manos en la baranda del mismo mostrador, colocándose a dos metros de distancia. A su vez, Linden conminó a Bishop a "que le hicieran abrir la caja de fierro" donde se guardaba el dinero del banco, y "lo condujo empujándolo con el caño del revólver y obligándolo a levantar las manos". El subgerente parecía aturdido, pero la sorpresa no le impidió observar que el ladrón "levanta mucho el labio superior al conversar", algo que podía servir para identificarlo. La acción transcurría sin ser advertida por otras personas presentes en el edificio. "El portero –dijo Bishop– se hallaba en los pisos interiores de la casa de la familia del exponente, sin que pudiera oír ningún ruido extraño." La señora Bishop alcanzó a escuchar a los visitantes, pero tampoco intervino: "Tenía la idea de pasar al despacho, pero no lo hizo (...) pues sintió que una persona había pasado el mostrador y creyó fuera un amigo".

Bishop no tuvo otra alternativa que abrir la caja de valores. Luego Linden lo llevó de vuelta al mostrador de la sala de despacho, "en donde se halla la plata del movimiento diario". Los asaltantes estaban al tanto de la forma en que se manejaba el dinero: lo habían aprendido con sus visitas para cambiar libras y asesorarse. Linden, relató Mackerrow, "le obligó que pusiera bajo amenaza de muerte todo el dinero que hubiera en el Banco, a cuyo objeto el ladrón tenía una bolsa de lona blanca, de tamaño más o menos de setenta y cinco centímetros". Bajo el brazo traía además "una cajita de lata que contenía más o menos 483 libras esterlinas". En el cambio, una libra equivalía a 11,45 pesos moneda nacional.

Una vez cumplidas las instrucciones, Linden le entregó la bolsa con el dinero a Brady, quien salió a buscar los caballos. Transcurrió un instante de tensa calma con los empleados, ahora obligados a dar una vuelta y pararse frente al mostrador, todavía encañonados por el ex cliente de la casa. El bandido rompió el silencio con una especie de confesión: "Les dijo que no se movieran –recordó Mackerrow– ni extrañaran en la forma que procedían en el robo [pues] no era el primer golpe que daban en esa forma y que eran muy expertos". Los empleados no se atrevieron a poner en duda esas palabras. "Como un minuto más tarde –agregó Bishop– sintió que el que estaba fuera le dijo en inglés algo así como 'ya está listo', saliendo el otro asaltante en el acto."

El encargado de la sucursal calculó que "lo robado asciende [a] veinte mil pesos moneda nacional comprendiendo dos mil seiscientos en billetes de un peso moneda nacional todos nuevos y doscientas ochenta libras esterlinas [tres mil doscientos pesos moneda nacional], que estaban en una cajita de lata cerrada". La declaración se contradijo con la alusión de Mackerrow al contenido de la cajita, que llevaba Linden bajo el brazo, pero el punto, como tantas otras circunstancias del caso, no fue aclarado. Las versiones periodísticas del momento y posteriores aumentaron tanto como disminuyeron esas cifras. Un periodista local, Diego León Meneses, afirmó que "el día antes, a última hora, fueron llevados al Banco de la Nación doscientos mil pesos argentinos". Este dato constituye una versión de la leyenda del botín salvado de milagro, recurrente en las historias de robos a bancos; su efecto apunta a contrarrestar la impresión y la oscura admiración que provocan la audacia de los ladrones y los actos que parecen imposibles, por peligrosos y arriesgados, y pueden cambiar para siempre la vida de las personas. Otro hecho discutible es el presunto depósito previo de Brady y Linden en el Banco de Tarapacá: Bishop negó que tuvieran dinero en el banco, y es un tanto extraño, o exagerado como disfraz, que disponiendo de una suma importante se dedicaran a robar. Pero la versión fue publicada por la prensa local en forma contemporánea a los hechos, lo que en principio le otorga crédito. En tren de conjeturas, puede pensarse que el encargado de la sucursal la desmintió así como pudo disminuir el verdadero monto de lo robado, para preservar en secreto la información de la casa, como todavía ocurre en los asaltos a bancos. Y también que el asombro ante el suceso extraordinario, una especie de lente de aumento, pudo haber incrementado la cifra del depósito, así como exageró los actos previos de los bandidos.

Como fuera, pero con el dinero en su poder, los asaltantes "salieron al galope tendido doblando por frente a la casa de comercio del señor Jacobs, con dirección a la pampa", agregó Mackerrow. Salieron en dirección al sudoeste, para alcanzar el vado que les permitía cruzar el Río Gallegos, en la zona de Güer Aike.

Mientras tanto, el cajero corrió hacia la calle en busca de auxilio, "dando cuenta al primer gendarme que vio y que estaba frente al Café de París". Bishop avisó por teléfono a la jefatura de policía. La noticia corrió como reguero de pólvora por Río Gallegos y enseguida se formó una partida para perseguir a los bandoleros, integrada por el sargento Eduardo Rodríguez, los agentes Gregorio Mendoza y Juan Campos, el vecino Cornelio Villagrán y el estanciero Víctor Fenton, "quienes no llevan más armas que sus revolvers [sic] y sables", se alarmaba *El Tiempo*. No obstante, a poco de andar, en la estancia de Sunderland "cambiaron caballos y se armaron a Winchester". Allí también habían hecho su primera parada los fugitivos; debía estar esperándolos el cocinero del establecimiento, con los bultos que le habían enviado previamente a través del capataz Cuello y con caballos de refresco aprontados.

La partida llegó hasta Güer Aike, donde sus miembros se informaron que "los perseguidos les llevan solamente un cuarto de hora de camino". Sin embargo, por razones no determinadas, apenas el sargento Rodríguez continuó la marcha. El solitario policía –relató Dámaso Lachaga– cabalgó "hasta el paraje conocido por el Bajo de la Leona, en cuyo punto hizo alto, debido al cansancio de los caballos y la oscuridad de la noche, perdiendo la pista de los malhechores". Un peón de la zona, según la prensa local, dijo que los asaltantes habían abandonado allí tres caballos cansados, "los dos que montaban y otro más, habiéndose llevado la tropilla de ese puesto". De acuerdo con *El Tiempo*, los norteamericanos "han ido pasando por las tranqueras particulares de las estancias, lo que no saben hacer tranquilamente aún los baqueanos de muchos años". El robo era el tema de las conversaciones en Río Gallegos. A modo de antecedente, se recordó el caso de un estafador, que se hacía llamar Alanson Himes y había abierto una oficina, diciendo ser detective norteamericano; el investigador había desaparecido llevándose el dinero de varios clientes y sin resolver ningún caso. La sorpresa estaba potenciada por la comedia previa montada por los ladrones y la minuciosidad con que representaron el papel de estancieros. Resultaba claro que sus apariciones en los negocios vecinos al Banco de la Nación no tenían que ver con fines sociales sino de estudio de ese blanco potencial, como tampoco les interesaban los consejos de Mackerrow sino el lugar donde trabajaba. Además mostraron otras particularidades notables: Brady "habla correctamente el español", mientras que el cajero del Banco de Tarapacá "dice que eran sujetos muy ilustrados y cultos".

El jefe de policía de Santa Cruz inició un sumario con las declaraciones de los empleados del banco, pero no creyó necesario citar a ninguno de los vecinos que había tratado con los norteamericanos. Allí escribió que los asaltantes "contaban con elementos de movilidad de primer orden, habiéndose provisto con anterioridad y premeditación para ponerse a salvo de sus seguidores, puesto que tenían caballos en varios puntos para repuesto". En Güer Aike, agregó, robaron siete caballos de la estancia Woodman y Redman (dos de los beneficiarios de la increíble concesión de tierras fiscales otorgada al prestamista Adolfo Grünbein). El dato se multiplicó en el comentario y *El Tiempo* pudo afirmar que "del otro lado de Güer Aike los esperaba gente con una tropilla de veinticinco caballos elegidos".

El comisario de Santa Cruz pidió la cooperación de la policía chilena, "a fin de tomar los pasos de la Cordillera", puso sobre aviso a las gobernaciones de Chubut y Río Negro e impartió instrucciones a sus subordinados de Puerto Santa Cruz, San Julián y Puerto Deseado para que realizaran búsquedas y averiguaran datos en sus jurisdicciones. El 15 de febrero salieron dos comisiones de soldados, gendarmes y vecinos desde Río Gallegos, al mando del teniente Ángel Falco, del Batallón 1° de Infantería Montada, y de Roberto Gillies, comisario *ad honorem* de Paso del Roble. Ambos debían recorrer el departamento de Río Coyle y parte del de Santa Cruz, a la vez que se sumaban Tomás Andion y John Volers, comisarios *ad honorem* de Chali Aike y Cerro Palique. Y el 16 de febrero una nueva comisión partió de la capital del territorio rumbo a Lago Argentino, el paraíso de los bandidos.

Los asaltantes ponían distancia. Según el corresponsal de *El Tiempo*, "la dirección que llevan es la de atravesar el río Santa Cruz con rumbo al norte, pero mi opinión es que remontarán la cordillera por los contrafuertes, pues hace como un mes mandaron dos bolsas de herraduras al lugar donde tenían las caballadas". El cronista estaba al tanto de la gestión realizada por Francisco Cuello, que acababa de llegar a Río Gallegos con sus carretas cargadas de lana y una novedad: el hallazgo de la caja de metal robada en el Banco de Tarapacá, por supuesto que forzada y vacía. El capataz la había encontrado en el paraje Manantiales de Kili Aike, "en una bajada como a doscientos metros del camino". En el interior sólo quedaban dos sobres, que habían contenido las libras esterlinas, y con anotaciones donde los empleados reconocieron la letra de James Browne, tesorero que acababa de ser trasladado a Buenos Aires.

Las comisiones al mando de Falco y Gillies, informó Dámaso Lachaga, regresaron a Río Gallegos "después de veinte y veinticinco días de constante recorrido, sin dar con la pista de los delincuentes a pesar de los informes pedidos en los establecimientos de tránsito". El único rastro apareció en cercanías del Río Coyle, donde los fugitivos dejaron "varios caballos de marca desconocida". Las partidas se habían encontrado en las cercanías de Última Esperanza con la policía chilena, que tampoco tenía novedad para comunicar. La exploración de Lago Argentino también resultó inútil.

El rastro de los bandidos no estaba del todo esfumado: si no se contaba con datos, por lo menos existió la firme sospecha de que habían escapado por el oeste del territorio en dirección a Chubut. Tal fue la hipótesis de Lachaga: los asaltantes huyeron de Santa Cruz, "no siendo aventurado suponer, dados los poderosos elementos de movilidad de que se hallaban provistos, [que] se hayan dirigido al norte salvando el límite de este Territorio, haciendo campamento en las extensas soledades de nuestra campaña, a cuyo objeto llevaban la carpa [?], despistando en esa forma a la policía que los perseguía". Esa sospecha surgía "por no tener datos ni referencia que se hubieran hospedado en ningún establecimiento de tránsito, despistando por ese medio el rastro de su fuga, quedando de manifiesto por la forma que se efectuó el asalto y robo y de los elementos para cuyo objeto se habían provisto que no se trataba de ladrones vulgares". Esto era cierto, pero a la vez, como sus vecinos de Río Gallegos, el comisario también "agrandó" a los asaltantes (los "poderosos elementos" no eran sino caballos); no por pretensiones románticas sino para hacer más disculpable la ineficacia policial.

En respuesta a los pedidos de colaboración, y probablemente por compartir esas presunciones, el 19 de febrero el jefe de policía de Chubut, Julio Fougère, recomendó la captura de los norteamericanos a la policía de Cholila, 16 de Octubre, Ñorquinco y San Martín. El 28 de febrero, al reiterar la orden, pudo agregar algunos datos: "Uno de ellos es alto, delgado, rubio, lampiño, hombros rectos, espaldas anchas. Se supone vienen en dirección a Colonia 16 de Octubre. Llevan caballos con las marcas YE, AD y DE, estas últimas letras invertidas". Se ignora de dónde procedía la información; la descripción podría corresponder a Linden, pero agregaba detalles que no estaban en el sumario de la policía santacruceña. Fougère ordenó extremar la vigilancia, "tratando de que los agentes recorran vestidos de paisanos y no lleven prendas que de lejos hágales reconocer como tales (...) Deben hacerse recomendaciones a los vecinos que estén aislados de los caminos centrales".

Tres días antes, en la Colonia 16 de Octubre, habían ocurrido dos hechos en principio desconectados entre sí y de los operativos de búsqueda. Una escueta denuncia anónima, publicada en *La Nación*, advirtió que el juzgado de paz local funcionaba en un boliche del paraje de Languiñeo, estaba siempre cerrado y distaba veinticinco leguas de su asiento. Pío Quinto Vargas, a la vez, había llegado ese día desde su estancia, en Corcovado, para relatar que había muerto a un hombre y herido a otro, en dos incidentes sucesivos y en defensa propia. El sentido y la oportunidad del primer episodio, en apariencia poco más que un chisme de pueblo, demoraron en ser apreciados; el segundo, en cambio, se articuló de inmediato con los sucesos de actualidad.

El 1º de marzo el comisario Eduardo Humphreys envió el siguiente telegrama a Fougère: "Según averiguación y la filiación de los individuos tengo casi la certeza que son los mismos del robo compañía, creo tienen guarida en Cholila. La mujer que me refería en mi anterior regresó del Sur por el Pacífico a fines de enero y encuéntrase en Cholila. Tengo viva sospecha de complicidad. Estos individuos llevaron caballos marca Jorge Hammond registrada en ésa [Rawson]. Llevan buenas armas. Creo el único punto de poderlos tomar sería Cholila, eso contando con mejor elemento que lo que actualmente se tiene. Personas que los conocen aseguran que no se entregarán vivos".

Humphreys parecía ofrecer información importante. En primer lugar, identificaba a los asaltantes de Río Gallegos como los mismos que le habían robado en marzo de 1904 a Guillermo Imperiale, el encargado de los almacenes de la Compañía de Tierras, es decir, los prófugos Hood y Grice. Aludía, además, a una mujer que no podía ser sino Etta Place; el mensaje previo al que hace referencia está al parecer perdido, pero por otras fuentes cabe inferir que allí el comisario informaba sobre un viaje de la mujer de Sundance Kid a Punta Arenas. En abril de 1904, cabe recordar, Sundance y Etta tomaron en Puerto Madryn un vapor que hacía la línea a Valparaíso; el dato, publicado en los diarios, tuvo como fuente al propio Humphreys. Se dice que Cassidy, después de declarar ante la justicia por el robo a la Compañía de Tierras, acompañó a la pareja. No hay ninguna noticia cierta sobre el destino y la duración de ese viaje, aunque se descuenta que estuvieron en Chile. Por el contexto, puede conjeturarse que el motivo del viaje pudo ser alejarse un tiempo de Chubut, después de que Butch fue vinculado a aquel robo, o emprender una nueva recorrida por la región.

En segundo lugar, Humphreys dejaba entrever que había descubierto a cómplices de los asaltantes de Río Gallegos y contaba con datos de "personas que los conocen". El comisario no precisaba quiénes eran sus informantes; tal vez George Hammond, el ex guía de Aarón de Anchorena, le aportó elementos. Pero él mismo entraba dentro de esa categoría, ya que era uno de los amigos íntimos de los norteamericanos radicados en Cholila. Se desprendía de su comunicación que los asaltantes habían salido de Cholila para cometer el robo en la capital de Santa Cruz y estaban de regreso, otra vez en casa o en un punto cercano. Sin embargo, todo el mensaje, bajo la cobertura de una supuesta tarea de investigación, constituía una excusa para no hacer nada y permitir la fuga de los ladrones, como ya se había hecho tras el asalto a Imperiale, cuyos autores escaparon en circunstancias nunca aclaradas: el comisario decía carecer de personal competente, los fugitivos estaban armados y eran demasiado peligrosos.

Fougère captó el sentido del mensaje, como manifestó en su respuesta, telegrafiada al día siguiente: "Si Ud. tiene alguna sospecha sobre alguien quiere decir que le será más fácil cumplir su misión. No hacemos nada que Ud. me comunique una u otra cosa o tenga temor que lleven armas (...) Debe ponerse de acuerdo con Cholila para obrar a fin de distribuir personal debidamente". El comisario de la Colonia 16 de Octubre pateó entonces el tablero: presentó su renuncia. Supuestamente, no podía hacer lo que se le ordenaba, ya que estaba ocupado con el estallido de violencia de Pío Quinto Vargas: "Inmediatamente –dijo Humphreys– despaché al lugar del hecho al personal a mis órdenes, entregándole mis mejores caballos". Tal afirmación, según se demostraría, era una falsedad y por otra parte Corcovado, escenario del suceso, quedaba fuera de su jurisdicción. La renuncia, como se verá en el próximo capítulo, tenía una trama oculta, en la que se articulaba la mencionada denuncia sobre las irregularidades del juzgado de paz de la colonia.

La situación, no obstante, quedó en una nebulosa. Humphreys envió su renuncia a Fougère cuando debía remitirla al gobernador Lezana; cabe pensar que no lo hizo por desconocimiento de las formas (¡llevaba quince años como comisario!) y, por el contexto donde se produjo, que tuvo un doble sentido: constituyó una manifestación de desprecio hacia el gobernador y a la vez una forma de complicar las cosas. La renuncia no fue aceptada ni rechazada, pero Humphreys se dio por despedido. Recién el 21 de marzo salió desde Rawson el subcomisario Narciso Espinosa para reemplazar al díscolo comisario de la Colonia 16 de Octubre. La búsqueda de los asaltantes del Banco de Tarapacá quedó virtualmente en el olvido: los informes de la policía de Chubut, además, no fueron comunicados a Santa Cruz.

La pista de Brady y Linden se había perdido. La falta de datos ciertos hizo que "aparecieran" en puntos distantes. Frank Lewis, el que los había visto preparando a sus caballos para fugar, afirmó a mediados de marzo que ambos andaban al norte del Río Chico, en el paraje Cerro Chonque, con cinco caballos herrados, pero la versión no fue confirmada, y a la luz de hechos posteriores parece fruto de la confusión y el temor. Por esa misma época regresó a Río Gallegos el viajante Santiago Allsop. Sabía del suceso a través de un empleado del Banco de Tarapacá en Punta Arenas.

Allsop reveló entonces aquello que, por una u otra razón, se había reservado cuando presentó a Mackerrow y Brady. Según su declaración ante Dámaso Lachaga, el encuentro en el Hotel de la Bolsa y el descubrimiento de algún punto en común pusieron nostálgico a Brady. Estaban demasiado lejos de la tierra natal, y el falso estanciero traía noticias de un pariente del vendedor de antisárnicos: recordó "que había estado en el Estado de Tejas, Norte América [sic], y que [se] había hospedado en la casa del suegro del exponente (...) hace más o menos doce años". El sitio era un establecimiento rural conocido "con el nombre de Vance". El viajante no entró en detalles, pero quizá fue tal circunstancia, y lo que podía implicarse en esa memoria, lo que abrió paso a una confesión de Brady: "Le dijo que había pertenecido en Norte América a la gavilla que capitaneaba Tom Ratchum, titulado Black Jack, hará ahora cinco años de anterioridad, en que fue preso el jefe de dicha gavilla, en el Estado de Nuevo Méjico, por cuya causa se disolvió la mencionada gavilla".

A la vez, Allsop supo que Brady "tenía una hermana en Punta Arenas". Invitado a explayarse, agregó que "la conoce de vista por ser mujer de vida airada, conocida por el nombre de la Americana". Según el relato del bandido, "dicha mujer recorría la costa del Pacífico hasta Callao llevando la misma vida, y después dirigirse [sic] a San Francisco". La incoherencia del párrafo es una muestra de la escasa pericia de Dámaso Lachaga para instruir el sumario.

La verdadera identidad de Brady y Linden planteó un enigma que se mantiene abierto y que parece girar en falso, sin solución, en torno a la discusión de tres hipótesis. Un interrogante que se desprende del anterior pone en cuestión la cantidad de personas que participaron de los hechos. El segundo, sin embargo, es una inquietud de la posteridad y un efecto de las retransmisiones descuidadas: los contemporáneos nunca dudaron de que los asaltantes de Río Gallegos fueran más de dos; más tarde, algunos cronistas agregaron a Etta Place, haciendo pie en la referencia de Allsop a "la Americana", o trasladando relatos de otros episodios.

La primera hipótesis fue que Brady y Linden eran, en realidad, Butch Cassidy y Sundance Kid y surgió casi un año después del robo. La policía de Buenos Aires identificó entonces a los asaltantes como Butch Cassidy y Harry Longabaugh. No había ninguna investigación:

simplemente se dieron a conocer los antecedentes revelados por el detective Frank Dimaio y por extensión, dado que se trataba de norteamericanos, y como el caso recordaba otros robos a bancos cometidos en los Estados Unidos, quedó entendido que unos y otros eran los mismos. La declaración de Allsop, además, podía ser leída como una alusión a Etta Place. Y esto que era una sugerencia pasó a ser una certeza en relatos posteriores. Así, el periodista Diego León Meneses aseguró: "Habían llegado (...) a la capital del territorio cuatro forasteros; y lo sorprendente era que llegaron a caballo [en vez de hacerlo por barco, la vía más frecuente] y por si esto no fuera bastante entre ellos iba una mujer que, por cierto, era lo más simpática que imaginarse podía". La mujer, sigue el relato, no era una figurita decorativa: en el Club del Progreso pudo demostrar que jugaba a las cartas como el mejor tahúr y, por cierto, sabía manejar un revólver. El supuesto testimonio apela, en realidad, a los lugares comunes sobre Etta Place y a los datos divulgados por la policía porteña (de ahí que agregue un tercer hombre: creían que Harvey Logan andaba también por la Argentina): es decir, habla de "lo que todo el mundo sabe" (que Etta era muy diestra con las armas) y entonces parece verosímil. Pero está desmentido por los testimonios del expediente y de la prensa local de la época.

Una segunda versión, algo posterior, sostuvo que los ladrones eran Robert Evans (Brady) y William Wilson (Linden). La vinculación parece haber sido una consecuencia de la repercusión de sus andanzas en Chubut entre 1909 y 1911. Por lo que se sabe, Wilson ingresó en la Argentina en 1904 y llegó a la Patagonia recién cuatro años después. En cambio, Evans pudo haber estado en Río Gallegos, ya que se encontraba en la región, bajo el nombre de Hood, y había incursionado en el delito, con el robo al encargado de los almacenes de la Compañía de Tierras.

La tercera hipótesis sostuvo, entonces, que los asaltantes de Río Gallegos fueron Evans, o Hood (el bajo), y Grice (el alto), su acompañante en el primer golpe de la banda de Cholila y por otra parte un gran enigma en la historia: nadie lo describió, nadie supo decir cómo llegó y cómo se fue de Chubut (casi lo único que puede afirmarse de él es que en 1904 estaba en la cabaña de Butch y que trabajaba como conductor de carros). Ambos habían desaparecido de circulación tras el robo a la Compañía de Tierras; aunque no hay mayores evidencias, es verosímil suponer que pudieron dirigirse hacia el noroeste de Santa

Cruz, una zona donde podían estar a salvo de persecuciones y a la vez no demasiado lejos de los amigos que se reunían alrededor de Cassidy.

La versión apareció en los diarios en enero de 1906 y uno de sus propaladores fue Eduardo Humphreys. "Los autores del robo a la sucursal del Banco de Tarapacá en Río Gallegos –dijo entonces *La Prensa*– son los individuos Grays [sic] y Hood, quienes tenían un punto de concentración en la casa de Ryan y Place, en Cholila." Humphreys había comprobado que eran los mismos del robo a la Compañía de Tierras; después del asalto en Río Gallegos, "pasaron por todos los territorios del Sud y se unieron con Ryan, Place y sus compañeros".

El expediente de 1911 contiene siete testimonios con relación a la identidad de los asaltantes de Río Gallegos. Son referencias breves, que plantean nuevas preguntas pero pueden servir de orientación. La más inconsistente parece ser la de Gumersindo Zenteno. El testigo, de nacionalidad chilena, recordó que "hallándose en Ñorquinco en 1906 se supo que se había realizado ese asalto al Banco y citábase como autores a los hermanos Grice dirigidos por Mis Place [sic]"; además escuchó decir que durante esa época Ryan y Place estaban en Cholila, "pero no así Mis Place". Por la fecha que menciona es posible que se haya confundido con el robo siguiente de la banda; el testimonio, por lo demás, suena como un eco del rumor popular sobre los hechos y de la fascinación por la figura de Etta. No hay ninguna otra mención a los "hermanos Grice", y Zenteno refiere apenas algo que ha escuchado y que carece de origen. Conviene recordar, de todas maneras, esa ausencia de Etta.

Roberto O. Jones y John William Reale dijeron que los ladrones eran Evans y Grice; no les constaba tampoco en forma directa, sino que era una versión que les comentó Daniel Gibbon, el confidente de Cassidy y Longabaugh. Interrogado al respecto, Gibbon dio una respuesta enrevesada: no sabía nada, afirmó, "pues en ese tiempo Place y Ryan se encontraban en Cholila y a Roberto Evans todavía no lo conocía". Sin embargo a continuación añadió: "Sospecha que Place y Ryan tuvieron alguna intervención, por cuanto enseguida de llevarse a cabo el asalto intentaron vender sus haciendas y casa". Gibbon mintió (por supuesto que estaba al tanto del asalto), tal vez para favorecer a Evans, con quien tenía algún negocio en común y era objeto de intensa búsqueda, o para encubrir una responsabilidad propia; pero la referencia a los movimientos posteriores de Place y Ryan es exacta y aparece confirmada por varios testimonios. Su propia contradicción y la diferencia con los otros testigos al respecto no fueron aclaradas.

Daniel Gibbon era la memoria del grupo norteamericano, aquel que relataba sus historias. Pero debe tenerse en cuenta que no se comportaba como un narrador inocente. Con frecuencia apuntó a borrar los rastros de sus amigos, a través de referencias equívocas y cambiantes: a Roberto O. Jones, por caso, también le dijo que Harvey Logan andaba por Cholila, encarnado en Andrew Duffy, personaje al que pronto se verá en acción. Y de acuerdo con otros testimonios, mentir o al menos crear incertidumbre sobre los responsables del robo en Río Gallegos podía ser funcional para su propia seguridad.

El chileno Honorato Insunza planteó sospechas sobre Gibbon al contar que "faltó por un tiempo aproximado de tres semanas, sin que supiera dónde había ido". Pero la memoria le fallaba y no sabía si eso ocurrió "cuando fue asaltado el Banco de Río Gallegos o la casa de Lahusen en Comodoro Rivadavia". Francisco Albornoz apuntó en el mismo sentido, pero no hablaba de oídas sino de algo que había presenciado. Cierta noche, dijo, mientras arreaba una tropilla se le disparó una yegua y al ir a buscarla se encontró con Gibbon y Santiago Ryan, montados a caballo y tratando de pasar inadvertidos. La situación era tan inusual como para ser recordada: Gibbon "estaba completamente disfrazado, con una barba blanca muy larga, que si lo conoció fue por la voz; el otro se separó a un lado. En ese tiempo se había llevado a cabo el asalto al Banco de Río Gallegos y cree que de allí venían los dos". Albornoz había sido policía y conocía tanto a Gibbon como a Ryan, para quienes había trabajado, por lo que la posibilidad de una equivocación parece remota. Las otras ubicaciones cronológicas que hace en su testimonio son correctas, o por lo menos no han sido cuestionadas (sobre todo la fecha en que condujo a Butch y Sundance como baqueano). También trató a Evans y a Grice, pero no les adjudicó intervención en Río Gallegos. Su relato, en fin, resulta creíble, pero no quiere decir que Gibbon y Ryan hayan sido los autores del asalto sino, al menos, que estuvieron en una circunstancia equívoca que el testigo relacionó con el caso. El testimonio constituye una pieza de un rompecabezas perdido.

Por último, al declarar en la misma investigación de 1911, Humphreys aseguró que recién se enteró de los antecedentes de Ryan y los Place "cuando recomendaron su captura *después del asalto que llevaron a cabo al Banco de Río Gallegos"* (subrayado mío). El comisario asoció así dos hechos que, por lo que se sabe, están separados en el tiempo: el pedido de captura de bandidos norteamericanos no identificados (febrero de 1905) y la difusión de la historia de Cassidy y Longabaugh por parte de la policía porteña y la prensa (diciembre de 1905 – enero de 1906). Lo más interesante fue que desvirtuó el relato citado de *La Prensa* –del que era la fuente, a fines de reivindicar su figura: "todo esto fue descubierto por el ex comisario Humphreys", proclamaba el artículo– y atribuyó el golpe de Río Gallegos a los ex miembros de La Pandilla Salvaje. En ese testimonio ante la Policía Fronteriza mencionó a Hood y Grice, pero no les adjudicó el asalto, como implícitamente hizo en su informe a Fougère, al decir que eran los mismos del robo a la Compañía de Tierras.

Hay que tener en cuenta, al respecto, que Humphreys se refirió en tres momentos distintos a los hechos y que cada relato estuvo moldeado por circunstancias determinadas: en febrero de 1905, cuando Fougère le urgía a capturar a los asaltantes, intentaba proteger a sus amigos norteamericanos; a principios del año siguiente, no tenía esas obligaciones y quería reivindicarse a través del periodismo; en 1911, habiendo perdido su influencia, ante el peligro de quedar comprometido como cómplice de los bandidos y acosado por la Policía Fronteriza, aportó el testimonio más preciso: el pedido de captura por el robo de Río Gallegos concernía a Butch y Sundance.

En este punto conviene volver a la declaración de Santiago Allsop. El testigo, como casi cada detalle del asunto, ha sido objeto de discusiones. Pero las confesiones que puso en boca de Brady resultan verosímiles en cuanto a que existió entre ambos una relación que propició esas confidencias: eran dos compatriotas que se reunían en un sitio remoto, de paso hacia lugares divergentes, y descubrían que, además del origen y la lengua, tenían un conocido en común. En tren de conjeturas, queda la posibilidad de que el viajante haya improvisado un relato en base a la lectura de artículos periodísticos. Pero en ese momento las andanzas de Butch Cassidy y sus compañeros eran desconocidas en la Argentina; el informe que las detallaba dormía un plácido sueño en las oficinas de la División Investigaciones de la Policía de Buenos Aires. Claro que Allsop pudo enterarse de otras maneras (lo único cierto de su vida previa es que llegó al extremo sur del continente dos años antes del asalto). El punto es, en primer lugar, qué necesidad tendría de inventar una historia que, por lo demás, lo dejaba malparado: a fin de cuentas, había introducido en la sociedad de Río Gallegos a un bandido. La ambigüedad de esta figura podría haberse disipado si los investigadores lo hubieran indagado a fondo sobre su diálogo con Brady, pero no fue el caso. En segundo lugar, tampoco se trataba de alguien interesado en contribuir a la investigación y que hizo un aporte de manera ingenua: así como mantuvo silencio ante Mackerrow, el vendedor de antisárnicos prestó un testimonio con zonas dudosas, que parecen aportar datos pero en realidad los escamotean.

Brady pudo haber sido Butch Cassidy, según el testigo. Doce años antes, dijo el asaltante, había parado en un rancho de Texas, donde conoció al suegro de Allsop. En 1892-1893, la época aludida, Cassidy enfrentaba la amenaza de un juicio por el robo de un caballo, en la ciudad de Lander; según su biógrafo Richard Patterson, a mediados de 1892 viajó a Texas, para regresar al sitio y enfrentar el proceso en su contra en junio de 1893. Por otra parte, si su hermana, "la Americana", era Etta Place, cabe recordar que ella y Cassidy declararon ese parentesco falso en hoteles de Nueva York y Buenos Aires. La presencia de ambos en Punta Arenas no es improbable si se recuerda que en abril de 1904 embarcaron en Puerto Madryn en un buque que se dirigía a Chile.

En el relato transcripto por Lachaga, un hombre sin demasiadas luces a la vista de su investigación, Brady dijo que participó de la banda llamada *Black Jack* junto a Tom Ketchum (no Ratchum, como escribió erróneamente) y que ésta se disolvió tras la detención de su líder en Nuevo México. *Black Jack* era el apodo de Ketchum, quien tenía con su hermano Sam un rancho que funcionaba como refugio de bandidos y donde alternaban, entre otros, los ya mencionados Ben Kilpatrick y Will Carver. "Soy hermano de Tom Ketchum, el *Black Jack* original", pudo jactarse Sam poco antes de morir. La "banda de *Black Jack*" fue una denominación que aludía a la gente reunida en el lugar, ubicado en el condado de Millard, estado de Utah. La referencia de Allsop alude a Elzy Lay, el amigo íntimo de Cassidy y a la desarticulación de ese grupo, a mediados de 1899, tras el asalto a un tren: Lay fue detenido y los hermanos Ketchum murieron en prisión, uno envenenado y otro ahorcado, entre julio y agosto de ese año. El episodio señaló además un punto de inflexión en la historia de Butch: el momento en que empezó a pensar en la necesidad de un arreglo con la ley o de escapar definitivamente de la ley.

En contra de la hipótesis de la presencia de Cassidy y Longabaugh se han argumentado otras razones: sus características físicas no corresponderían con las descripciones aportadas por los empleados del Banco de Tarapacá y el capataz Cuello; ambos se encuentran mencionados en los "Datos sobre la población del valle de Cholila", con fecha del 15 de febrero de 1905, es decir, un día después del suceso. Sin embargo, si se examina a fondo la cuestión, queda claro que ninguna de estas circunstancias los desvincula del golpe al Banco de Tarapacá.

El valor de las descripciones es, en realidad, un asunto librado a la interpretación y en el cual no pueden establecerse conclusiones. Para algunos investigadores, las referencias se ajustan a las señas de Butch y Sundance, mientras que para otros son incompatibles. El problema consiste en que ninguna descripción es rigurosa. Los testigos de Río Gallegos no aportan una fisonomía coincidente de los asaltantes. La declaración de Mackerrow al respecto es somera y sin duda puede aplicarse a Cassidy y Longabaugh. La única objeción es que, según su apreciación, los ladrones tenían entre veinticinco y treinta años, mientras en ese momento Butch tenía treinta y nueve años y Sundance treinta y ocho (y Evans aproximadamente treinta y cinco, por lo que también quedaría afuera). De todas maneras, el cajero del banco percibió que los asaltantes eran mayores que él. En tanto, Bishop dijo que Linden era delgado, llevaba bigote corto y rubio y levantaba el labio superior al hablar, es decir, "hablaba con la nariz"; el capataz Cuello lo describió como de tez blanca, ojos verdes, nariz regular, cara delgada y un metro setenta y seis de estatura. A su vez, Brady parecía un poco grueso, usaba barba y bigote corto de color castaño (según Bishop) y era de tez trigueña y ojos verdes (de acuerdo con Cuello). Los datos no se excluyen, pero cada testigo pareció reparar en características físicas distintas. Descripciones tan generales no son concluyentes.

Los "Datos de la población del valle de Cholila" corresponden al 15 de febrero de 1905. Pero ése fue el día en que se volcaron los datos en un documento formal, no la fecha de realización del censo. La encuesta fue remitida días después por el ingeniero Lázaro Molinari a Octavio Pico, a cargo de la Dirección de Tierras y Colonias. Molinari había sido designado por decreto del 4 de octubre de 1902 para dirigir una comisión destinada a relevar poblaciones en los Territorios

Nacionales del sur. Entre 1903 y 1904 trabajó en el noroeste de Santa Cruz, tras lo cual, cabe presumir, se dirigió a Chubut.

La necesidad de la encuesta en el valle de Cholila surgía de los reiterados pedidos de ubicación de tierras. El 14 de febrero, el mismo día del asalto en Río Gallegos, Molinari envió un primer informe por telégrafo. Había entrevistado a pobladores, quienes le manifestaron su deseo de comprar la tierra que ocupaban; era de lamentar, en su opinión, que alguna compañía pudiera acaparar los terrenos. Al día siguiente, en la Colonia 16 de Octubre, se volcaron los resultados de las averiguaciones.

La primera anormalidad que se observa en la encuesta es que contiene datos desactualizados o erróneos: según ese informe fechado en febrero de 1905, Ryan y Place tienen, en conjunto, 900 vacas y 40 caballos; ahora bien, se sabe que dos meses después vendieron 1200 ovejas y luego otras 300 (que el censo no registró), sin poseer vacas.

Sorprende, además, que varios de los "hijos del país y norteamericanos" que "siendo vecinos del paraje denominado Cholila" firmaron una nota dirigida al gobernador Lezana no estén registrados en los Datos en cuestión; cabe recordar que Lezana dio curso a la carta el 25 de marzo de 1905, un mes después del supuesto censo. En particular se destaca la omisión de la familia Perry (situada en un mapa del año siguiente cerca de la confluencia del Río Blanco y el Arroyo Las Nutrias); tampoco aparecen los vecinos Miguel Iribarne, Esteban Pinedo, Nicanor Hernández y José M. Jaramillo.

Esos desajustes sugieren que los "Datos sobre la población del valle de Cholila" pudieron haber sido tomados en una fecha anterior. En octubre de 1904, para citar un episodio que sirve de referencia, el ingeniero Molinari envió a la Dirección de Tierras un informe sobre la población establecida en el área del Río de las Vueltas, en Santa Cruz: pero esos datos habían sido recabados un año antes. Lo importante es que la estadística no condice con el verdadero estado de la hacienda de los norteamericanos y que de ninguna manera prueba que Cassidy y Longabaugh hayan estado en Cholila cuando ocurrió el robo de Río Gallegos. La sola mención de los bandidos en ese documento, por último, no puede ser tomada como una evidencia. En mayo de 1906, por ejemplo, también fueron incluidos en un mapa de Cholila elaborado por la División de Tierras y Colonias; pero por entonces se hallaban otra vez lejos de Chubut.

Por otra parte, la identificación de Brady como Robert Evans presenta algunos inconvenientes. Cabe recordar que el asaltante de Río Gallegos hablaba bien español, demostraba tener cultura e interpretó en forma convincente el papel de ganadero en busca de tierras. Faltaría saber qué nivel de castellano parecía aceptable en una comunidad que, por su composición social, era una pequeña babel (la casa de comercio Jacobs atendía a sus clientes en inglés, francés, alemán e italiano). De todos modos, el perfil no corresponde al de Evans. Según el estanciero Lucio Ramos Otero, que fue su rehén y transcribe numerosas conversaciones en sus memorias, se expresaba con dificultad y prefería hablar inglés. Vivía al margen de la sociedad, se comportaba con brutalidad y en sus últimos días vestía en forma miserable. "Conocí que no sabía leer ligero –dijo el hacendado– porque leía mal en castellano y con dificultad." Evans se trababa en el intento de descifrar los títulos de un diario; no pudo relacionarse con los hacendados de la región y mucho menos constituirse en un vecino notable, como Butch. En cambio, el sueño de Cassidy era ser el tipo de ganadero respetado y poderoso que encarnaba Brady. Y de hecho ya había utilizado una cobertura similar en algunos de sus golpes en los Estados Unidos. Los testimonios respecto a su manejo del español son contrapuestos, pero hay unanimidad en señalar en él las maneras refinadas, rasgo atípico para un vaquero, que mostró también Brady.

Otro enigma que se desprende de la declaración de Allsop es la posible participación de una mujer en el robo. En general ese testimonio ha sido leído en forma literal, pese a que así se obtiene un personaje extraño: el corredor de antisárnicos hablaría de una prostituta que se desplazó en un espacio tan extenso como el que media entre Punta Arenas y Callao, en el Perú, y luego se dirigió a San Francisco, Estados Unidos. Es probable que tales frases hayan sufrido una fuerte distorsión en su transcripción al sumario –como ya se verificó en la traslación de nombres norteamericanos–; la incompetencia del instructor y la situación dudosa en que se veía Allsop –comienza por aclarar que no tiene amistad con los bandidos– debieron incidir en la forma en que aquel relato quedó formulado.

De acuerdo con su pedido de captura, Etta tenía entre veintiséis y veintisiete y años en 1905, medía un metro sesenta y cinco, era delgada y blanca, pesaba cincuenta kilos y tenía ojos verdes y pelo castaño. Según Allsop, "la Americana" era "alta, algo delgada, algo rubia" y no podía precisar la edad "porque siempre llevaba velo y sombrero". Casi no hay coincidencia, pero las indicaciones de Allsop son tan vagas como sospechosas: parece apuntar más a ocultar que a describir a la persona aludida, con la insólita alusión al velo. El viajante consignó otro dato: "la Americana" desapareció de Punta Arenas "más o menos al tiempo que se efectuó el robo al Banco de Tarapacá". La declaración suele ser entendida en el sentido de que la mujer dejó Punta Arenas antes del robo, supuestamente para colaborar, pero la frase no dice eso sino lo contrario, o en todo caso que la salida de la mujer y el asalto fueron hechos concomitantes. El testigo Gumersindo Zenteno, cabe recordar, dijo que ella no estaba en Cholila en esa época. Según *La Prensa*, Etta Place "pasó un tiempo en Punta Arenas". No queda claro el momento, aunque se habla del asalto, y en una crónica previa se publicó que "en febrero de 1905, cuando el asalto al Banco de Tarapacá y Argentina en Río Gallegos, el jefe de policía de este territorio [Chubut] pidió a su colega de Santa Cruz que le dijera si entre los asaltantes al Banco no iba una mujer, indicándole la filiación, dato que no se pudo conocer". El comisario Humphreys, a su vez, informó que Etta Place había regresado a Cholila desde el sur por el Pacífico, lo que puede asociarse al relato de Allsop y que esto ocurrió a fines de enero de 1905. Es decir, que el comisario la retiró de la escena del robo; no hay que olvidar que eran amigos íntimos y que Humphreys tenía una relación sólida con Cassidy y Longabaugh mientras sentía un creciente encono hacia el gobernador Lezana.

Brady era locuaz, sociable y se encargaba de hacer relaciones; Linden, por el momento, pareció tan reservado que nadie lo oyó hablar hasta que ingresó en el banco y ordenó a los empleados que levantaran las manos. Esta oposición de caracteres recuerda a la de los miembros de La Pandilla: en Cholila, Butch era quien lograba seducir a pobladores y funcionarios, mientras Sundance se mostraba algo huraño. Más allá de la especulación, el asalto de Río Gallegos tuvo el sello de Cassidy, al desplegarse según el modelo ya puesto en práctica en los Estados Unidos. "Son capaces de cabalgar entre seiscientas y mil millas antes de cometer un robo", había advertido Robert Pinkerton al jefe de policía de Buenos Aires (entre Cholila y Río Gallegos median setecientas millas, casi mil cien kilómetros).

La fórmula consistía en preparar una cobertura para moverse previamente en el sitio elegido sin despertar sospechas, establecer una ruta de escape y preparar provisiones y caballos frescos en lugares estratégicos, para huir con mayor rapidez. Las recorridas por los alrededores de Río Gallegos, de las que fue testigo el capataz Cuello, obedecían a las tareas de preparación, tanto para conocer la salida del pueblo como para ejercitarse ante la posibilidad de un enfrentamiento. El puesto de la estancia de Sunderland, cuyo cocinero parece haber sido un colaborador o al menos un amigo de la banda, fue un punto de apoyo importante. Allí hicieron el primer recambio de caballos, fundamental para eludir a la partida que los perseguía sin demasiada determinación.

La elección del blanco remite asimismo a La Pandilla Salvaje. El robo de bancos era entonces una modalidad delictiva desconocida en la Argentina; los grupos de bandidos mejor organizados por lo común atacaban almacenes de ramos generales. A la vez parece el resultado de una madurada decisión. La sucursal del Banco Nación en Trelew se hallaba más cerca, pero ofrecía una doble desventaja por su ubicación, en la zona más desarrollada de Chubut y porque los norteamericanos eran conocidos: al menos Cassidy no hubiera podido hacerlo después de charlar amistosamente con el gerente Howard, en su gira cordillerana o de paso por Trelew, y cuando su amigo el gobernador se hallaba en la cercana Rawson. En cambio, Río Gallegos aparecía como un pueblo menos vigilado y ofrecía posibilidades enormes para la fuga, ya que el oeste de Santa Cruz carecía de policía. El Banco de Tarapacá era a su vez más accesible que el de la Nación porque se encontraba en las afueras de la pequeña localidad.

Hay otras circunstancias significativas. Eduardo Humphreys puso en juego su puesto para proteger a los asaltantes: es más verosímil que lo haya hecho por dos amigos íntimos, como Butch y Sundance, que por dos personas con quienes no tenía entonces ni tuvo después mayor relación. Y a diferencia de lo que ocurre con los jefes de La Pandilla Salvaje, después del asalto no existen referencias sobre los pasos de Hood y Grice, como si no hubieran estado en la región.

La verdadera identidad de Brady y Linden es un misterio que parece difícil de resolver. El sumario policial quedó en apenas veinticuatro fojas y se cerró el 16 de junio con un informe de Dámaso Lachaga al juez Alfredo Torres. La investigación concluyó sin que declararan personajes que cumplieron roles importantes y permanecieron para siempre en la sombra, como el tal Alder, que apareció en el comedor del Hotel Argentino para vincular a Brady con el capataz Cuello. A través de éste, los bandidos trasladaron dos bultos con herraduras para caballos: un elemento indispensable para la fuga. El cocinero de la estancia Sunderland, que guardó esas bolsas y evidentemente colaboró en la evasión, ni siquiera pudo ser identificado; tampoco fueron citados a declarar los comerciantes y vecinos que debieron tratar a los supuestos estancieros en los hoteles y los bares por donde se hicieron ver. "Hasta el momento esta Policía no ha podido reunir mayores datos", concluía lacónicamente Lachaga.

Es probable que los asaltantes hayan sido Cassidy y Longabaugh: por sus antecedentes en el asalto de bancos, que hasta donde se sabe no poseían Evans (descripto como simple ladrón de caballos) ni Grice y de los que se jactaron los ladrones ante el cajero Mackerrow; por la manera en que se desarrolló el robo y la fuga, que llevaron la "firma" de los bandidos; por los testimonios de Allsop –al referir un fragmento de la historia de La Pandilla Salvaje–, Gibbon y Humphreys, que los identificó como los autores y renunció para no tener que llevarlos presos. Pero no hay pruebas directas y la discusión sigue abierta. Lo indudable es que el asalto fue obra del grupo que lideraba Cassidy: si no intervino en forma directa, por lo menos planeó el golpe, como ya había hecho en los Estados Unidos. La historia abre aquí otra pregunta: ¿por qué sepultó el sueño de vivir como un estanciero honrado y volvió a ponerse fuera de la ley?

Capítulo 7
El camino más seguro

La renuncia de Eduardo Humphreys, el comisario de la Colonia 16 de Octubre, aparecía como una acción impulsiva. Era la respuesta de un hombre al que se le negaban medios y se le pedían las misiones más peligrosas, el pionero cansado de padecer al burócrata. Y traslucía un enfrentamiento entre los funcionarios que se exponían personalmente al riesgo y los que no iban mucho más allá de sus escritorios. "Ha causado una impresión ingrata", dijo más tarde *La Nación*; el amigo de Butch y Sundance "gozaba de la mayor consideración entre los pobladores de la Colonia 16 de Octubre".

En el informe que dirigió a la Agencia Pinkerton, Milton Roberts apuntó a un *deus ex machina*: "Se dice que Gibbon trató de asustar a Humphreys con hechos que conocía acerca de la banda, los cuales hicieron que renunciara a su posición de comisario". Sin embargo, esa decisión no obedeció a un acto irreflexivo ni al simple temor. Experto en el manejo de las cuestiones de poder, Humphreys tenía una estrategia para salvar a sus amigos y hasta conservar el puesto. Y la puso en marcha cuando el jefe de policía Julio Fougère advirtió, el 19 de febrero de 1905, que los asaltantes de Río Gallegos se dirigían hacia Chubut y le pidió que los detuviera. "Sería vergonzoso si llegaran [a] pasar [al] Territorio sin ser aprehendidos", decía Fougère en uno de sus telegramas. Pero el comisario no le temía a los papelones. La primera manifestación de su maniobra fue el despacho ya mencionado que publicó *La Nación* el 25 de febrero, dando cuenta de que el juzgado de paz de la Colonia 16 de Octubre funcionaba en un perdido boliche de campaña. Era una estocada contra Julio Lezana, quien había nombrado poco antes al juez, Segundo Villagrán. El gobernador hizo sus averiguaciones y concluyó que la "fuente" de la información que lo dejaba malparado no era otro que el propio Humphreys. La "denuncia" se perdió sin generar el escándalo que acaso quería promover y que hubiera servido para olvidarse de los norteamericanos.

Pero Fougère insistió con el pedido de captura y el comisario le envió su renuncia el 3 de marzo. Aquí operaban sobreentendidos que nadie parece haber querido explicitar: el jefe de policía ignoraba quiénes eran los asaltantes, Humphreys demostraba conocerlos bien, se negaba a proceder y no se le pedían los datos con que contaba. No podía cumplir la orden, pretextó en cambio, porque sus caballos y sus agentes estaban en Corcovado, ocupados en la investigación de una explosión de furia y sangre de Pío Quinto Vargas, el colono que solía tomar la ley en sus manos. "No me corresponde aceptar su renuncia –dijo Fougère, consciente de las formas– pero permítame expresarle que no es oportuna en este momento. Esta jefatura no podía saber que usted tenía en comisión sus agentes y por eso creyó que con los de Cholila, Ñorquinco, que obrarían bajo sus órdenes, podía muy bien efectuarse la captura recomendada, máxime cuando Ud. ya sospecha el paradero de los criminales." El jefe de policía remitió la renuncia a Lezana (a quien debía hacerse dirigido el comisario; la omisión era significativa de su encono).

El gobernador parecía más preocupado por los trapitos ventilados respecto al juzgado de paz de la Colonia 16 de Octubre. En vez de tratar la renuncia, le recriminó a Humphreys esa indiscreción. "Siempre es doloroso resignarse a una decepción respecto de personas que [no] nos han merecido más que consideraciones y simpatía", se quejaba. Lezana recordaba que hasta poco antes le había concedido un trato preferencial. "Si hubiese sido capaz de favoritismo lo hubiera sido con Ud. antes que con nadie, consintiendo que trajera el juzgado a su casa cuando se empeñó en ello. Me consideraba más vinculado a usted que a esas personas que supone mis favoritos y mis socios (...) pero hoy salgo de mi error", concluyó. La ruptura de las relaciones era un hecho; no había más que un paso para llegar a la declaración de guerra.

Humphreys, que sacaría provecho de esas efusiones, movió otra pieza del tablero. También el 25 de febrero, dijo, "se denunció en la comisaría a mi cargo que Pioquinto [sic] Vargas, vecino del Corcovado, había sido asaltado por dos sujetos, a uno de los cuales dio muerte, desapareciendo el otro; que al día siguiente el mismo Pioquinto

Vargas había tenido un incidente con Juan Ramos, a quien hirió de bala. Inmediatamente despaché al lugar del hecho al personal a mis órdenes, entregándole mis mejores caballos". El hecho ocurría en jurisdicción de San Martín, pero el comisario local, según testimonio de Vargas, "no había concurrido a su llamado" por estar de licencia. En realidad, parece que Vargas se dirigió a Súnica, paraje donde estaba la comisaría, con el propósito de buscar protección más que de presentarse detenido. "El personal a mis órdenes –concluyó Humphreys– estuvo ausente en ese servicio desde el 25 de febrero hasta el 5 de marzo", es decir, cuando se le requirió la captura de los norteamericanos.

Lezana demolió esa coartada en una nota dirigida al Ministerio del Interior. "Al Corcovado –dijo– [Humphreys] mandó un solo agente acompañado del mismo Pío Quinto Vargas y de otra persona completamente extraña a la policía. Y lo más grave es que tratándose de un hecho en que había un muerto, otro que había desaparecido y un tercero herido el señor Humphreys, que andaba ocupado en sus propios negocios, confió a un simple particular la práctica de las diligencias necesarias a la formación del sumario, privándolas así de todo carácter legal." Y además presentaba una versión falsa de los hechos: no se trataba de un asalto sino de una discusión por cuestión de tierras con un vecino, el estanciero Lucio Ramos Otero, para quien trabajaban las víctimas.

El 21 de marzo Narciso Espinosa salió de Rawson con la misión de hacerse cargo de la comisaría de la Colonia 16 de Octubre. Cuatro días después, el gobernador envió al Ministerio de Agricultura el pedido de tierras planteado por los colonos norteamericanos de Cholila, que encabezaban Enrique Place y James Ryan, y donde también aparecía Humphreys. Era un respaldo a las peticiones de los pobladores. La medida puede parecer extraña; en realidad se enmarcó en una serie de acciones que Lezana desarrolló durante todo el año con vistas a lograr apoyo para su reelección: el 18 de julio, por ejemplo, presentó ante el gobierno nacional a Francisco Pietrobelli y Walter Jones, delegados de los pobladores de Sarmiento, quienes pedían una legua suplementaria para los colonos beneficiados con la Ley de Hogar "a los fines de poder colocar el excedente actual de sus majadas", lo que fue concedido por el Ministerio de Agricultura. Pero los bandidos norteamericanos ya no pensaban quedarse mucho tiempo más. La suerte del comisario, por otra parte, estaba decidida: el gobernador remitió su renuncia al Ministerio del Interior solicitando la exoneración, para impedir "una jubilación por servicios de que desertaba". El pedido fue aceptado y tomó forma de decreto el 13 de abril.

La noticia apuró los planes de Cassidy y Longabaugh. Se desconoce la fecha exacta de la llegada de Espinosa a 16 de Octubre, pero debió ocurrir cuando los norteamericanos estaban en la zona (en marcha lenta había unos dieciocho días de travesía, según el perito Moreno, por lo que el nuevo funcionario pudo llegar a más tardar alrededor del 10 de abril). Por alguna razón, en el ínterin no se tomó ninguna medida ni se requirió a Humphreys que identificara a los asaltantes del banco y sus cómplices. La sanción contra el comisario concentraba la atención y parecía dejar en el olvido la captura de los bandidos.

Humphreys pidió la reconsideración del decreto. La exoneración suponía una deshonra que no había previsto. Con ese plan consiguió telegramas de apoyo de los ex gobernadores Carlos O'Donnell, Alejandro Conesa (dirigente de la flamante Sociedad Rural de Chubut, junto a Julio Fougère) y Eugenio Tello, aunque sólo el primero abandonó la escueta formalidad para manifestarse con efusión a propósito de "la corrección de sus procederes y la honorabilidad de su conducta". Y, para escarnecerlo, transcribió el telegrama donde Lezana le reprochaba la infidencia sobre el juzgado de paz. Por último, expuso su versión de los hechos: había sufrido una represalia del gobernador, ofuscado por el suelto aparecido en *La Nación*.

Por su parte, Lezana puso en jaque al comisario al sostener que la no aceptación de la renuncia "claramente quiere decir que él debió cumplir, como las exigencias del cargo lo requerían, la comisión que se le diera y recién renunciar". Además "mediaba la circunstancia de que él presumía cuál era el paradero de los delincuentes y hasta sospechaba quiénes eran sus cómplices, lo que sin duda facilitaba la captura". El Ministerio del Interior resolvió mantener el decreto. Humphreys había perdido la partida. Su exoneración debió causar un profundo impacto: un hombre hasta entonces influyente quedaba de pronto desprovisto de poder.

Entre otras consecuencias, la medida significaba que no había más protección para Cassidy y Longabaugh en Cholila. Los jefes de La Pandilla Salvaje resolvieron abandonar la cabaña en que habían alimentado su sueño de ganaderos. De acuerdo con el testimonio de Daniel Gibbon, el escape estuvo relacionado con el robo al Banco de Tarapacá y la necesidad de sustraerse a preguntas engorrosas. A la vez, la decisión apareció directamente vinculada con la renuncia de Humphreys, ya que resolvieron abandonar Cholila no bien se conoció el decreto de exoneración. Es cierto que el trío tenía buena relación con el gobernador del Territorio, pero allí no había una amistad que evocaba relaciones de solidaridad –como en el caso del comisario– sino una situación equívoca que no tardaría en despejarse. Una versión tradicional asegura que Lezana prefirió mirar hacia un costado a condición de que dejaran la zona. En una nota dirigida al Ministerio del Interior, el gobernador dijo en cambio que había recomendado "la captura de dos individuos que se suponían autores del robo hecho al Banco de Tarapacá", pero no los identificó. Ahora es imposible verificar aquel comentario, pero resulta llamativo que no se haya emprendido ninguna acción para detectar a los asaltantes que, de acuerdo con los informes, se hallaban en Cholila. Y por otra parte no debía ser muy difícil identificar a quienes Humphreys protegía con el silencio: cabe recordar que de acuerdo con el censo divulgado en febrero de 1905, en el valle vivían ciento ochenta y nueve personas. La verdadera condición de Cassidy y Longabaugh corría además como un secreto a voces.

El problema consistía, en definitiva, en que Cholila había dejado de ser un sitio seguro. Cuatro años antes, cuando llegaron al valle, Cassidy y Longabaugh habían encontrado una zona aislada, sin comunicaciones y escasamente poblada. Por un lado había aventureros y personas que no querían recordar sus orígenes; por otro, pioneros que recurrían a la fuerza y a la astucia para sobrevivir y asegurarse la posesión de un pedazo de tierra. La ley y el orden parecían ajenos a esa comunidad perdida. La belleza de Cholila y sus condiciones naturales para la cría de ganado deslumbraron a Cassidy tanto como su aparente situación de territorio libre. En ese momento la región no pertenecía a ningún país, porque estaba pendiente el conflicto de límites con Chile, lo que hacía todavía más ilusorios los requerimientos de la ley. Era una situación familiar para Cassidy: el valle donde alzaba su cabaña al estilo norteamericano podía evocar en su memoria a Brown's Park, el sitio donde según se cuenta nació La Pandilla Salvaje, no sólo por las características del terreno sino por su particular ubicación geografía, entre tres estados (Wyoming, Utah y Colorado), ninguno de los cuales reconocía su jurisdicción como para ocuparse de perseguir a los bandidos. Los dos lugares constituían refugios ideales además porque estaban protegidos por montañas que cobijaban de las tormentas del invierno y de las búsquedas eventuales de los hombres de la ley. Pero el progreso, aun cuando fuera lento, también alcanzaba a ese extremo de la Patagonia y cambiaba las condiciones de vida de los habitantes. El telégrafo había llegado a la región y la preocupación por la propiedad rural había conducido a la creación de la policía volante y la instalación de una dependencia policial, aunque con carácter provisorio, en la misma zona de Cholila, a cargo del comisario Martín López.

Las versiones tradicionales cuentan que Cassidy quiso instalarse como un honesto ganadero y que por razones misteriosas volvió a ponerse fuera de la ley. Estos relatos están moldeados por los lugares comunes de las leyendas de bandidos; y en el tribunal del imaginario colectivo, el romanticismo da lugar a una absolución: Butch y sus amigos, dicen, habrían partido de Cholila cuando les imputaron injustamente el robo de Río Gallegos (aunque en realidad la acusación se formuló varios meses después). En este marco no hay ninguna respuesta a la pregunta de por qué ese hombre renunció a la vida honesta y volvió al robo. Y no puede haberla porque plantear la cuestión en tales términos significa desconocer el tipo de personaje que encarnó Cassidy y tratar de comprenderlo con criterios que le fueron ajenos.

Administrar una pequeña propiedad rural y dedicarse al robo no eran actividades incompatibles para Cassidy. Su historia previa muestra que las actividades legales fueron para él una máscara con que disimular los asaltos que ejecutaba o planeaba. No se trataba de una extraña filosofía personal, sino de una de las características definitorias del medio social del que provenía. La apropiación del ganado y la tierra ajenas había sido la base de la fortuna de muchos de los *cattle barons*, que incluso propiciaban el robo y el vandalismo como una forma de desalentar a sus competidores. La situación tampoco era desconocida en la Patagonia y sobre todo en los últimos días de los norteamericanos en Cholila, cuando comenzaron a recrudecer nuevos reclamos y acciones para desalojar a aborígenes y pobladores definidos como intrusos. El sesgo de la banda de Cassidy, en este aspecto, se recortó con nitidez: no atacaba a las pequeñas víctimas sino a los emblemas del poder financiero (la Compañía de Tierras, el Banco de Tarapacá), que en términos simbólicos representaban lo opuesto del mundo campesino. Esas instituciones constituían además casi los únicos lugares donde había dinero en efectivo: los colonos, según testigos de la época, disponían de dinero una vez al año, cuando vendían su producción. A falta de moneda, lo que circulaba era el fantasma de la riqueza: la fiebre del oro.

La diferencia resultaba evidente con respecto a la clase de bandolerismo más frecuente y que era señalada como problema de seguridad por estancieros y colonos: el hurto vinculado al consumo, la faena de un número reducido de animales, casos que afectaban a los propietarios medianos y pequeños. Aunque no hubiesen sido vistos como "vengadores", al estilo de los personajes consagrados en la tradición romántica, Cassidy y Longabaugh debieron contar con la simpatía de quienes los trataban, tanto entre los inmigrantes como entre los nativos. Muchos pobladores de Cholila y de la Colonia 16 de Octubre estaban al tanto de sus antecedentes y se abstuvieron de acusarlos ante las autoridades o de mostrar preocupación, como hacían cuando protestaban a la prensa por los llamados intrusos; significativamente, más tarde, cuando la opinión pública irradiada desde Buenos Aires los expuso como marginales a la ley, se sumaron a la condena y pretendieron haberlos denunciado. El policía Julio Antueno creyó que Lincoln Howard, el gerente de la sucursal del Banco Nación en Trelew, advirtió a Butch y Sundance sobre los peligros que corrían; la hipótesis suena inverosímil, pero pone de relieve un dato importante: la "estrecha amistad" que unía a los tres hombres, por su común origen norteamericano.

La notable propaganda que hizo Daniel Gibbon, relatando o inventando partes de la historia de los bandidos, pudo haber influido en el respeto de los vecinos. Así, a Roberto O. Jones le dijo que Longabaugh "en los Estados Unidos era el jefe y más hábil de una gavilla de bandoleros; que habían asaltado trenes muchas veces y se había evadido de todas las cárceles donde había estado"; a Honorato Insunza, que "los asaltantes eran muy buena gente, que solamente robaba en los bancos o a gente rica pero nunca a los pobres" y "que los bandidos eran muchos: unos estaban en los Estados Unidos y otros aquí". Tanta publicidad, al poner énfasis en el temor, acaso resultó contraproducente. El miedo inmoviliza y cierra la boca, pero también contiene el germen de la rebeldía y el deseo de recuperar la dignidad. Y cuando nadie se pone del lado de la justicia contra bandidos de tales características, y es imposible que policías torpes los descubran en una región que conocen a la perfección, suele entrar en escena un nuevo personaje: el traidor. El final de Robert Evans y su socio William Wilson, como se explicará más adelante, no pudo concretarse sin esa intervención. En el caso de Butch y Sundance, hay que tener en cuenta que, en buena medida a causa de los manejos de Humphreys, la comunidad del oeste chubutense se hallaba dividida. Un sector de colonos galeses, cuya figura más visible fue Milton Roberts, estaba cansado del comisario y sobre todo de su particular manera de entender la ley. Y había otra dificultad, vinculada directamente con el proyecto de los bandidos. En el contexto en el que de pronto estaban, resultaba imposible pretender regirse por sus propias normas, tanto como infringir la ley allí donde pensaban ocultarse.

"Siempre hay un delator cerca para echarte encima a la ley –dijo más tarde Butch a Percy Seibert, un ingeniero norteamericano que fue su amigo y confidente–. Después que saliste, tienes que seguir, eso es todo. El camino más seguro es mantenerse en movimiento todo el tiempo y buscar un escondite en un nuevo lugar." Esta declaración ha disparado diversas conjeturas respecto a la existencia de un posible entregador. Lo más probable es que no haya que tomarla en sentido literal sino como alusión a una situación peligrosa. Era la condición misma del bandido, según un dramático testimonio del antiguo cómplice Matt Warner: "Uno no puede dormir. Uno tiene que ser capaz de descansar con un oído alerta y un ojo abierto. Después de un tiempo se puede enloquecer. ¡No dormir! ¡No dormir! Aun cuando uno está perfectamente a salvo tampoco puede dormir". El testimonio de Seibert también relativiza los propósitos de regeneración atribuidos a Cassidy, cuyos desplazamientos no habrían sido más que intentos por evitar el brazo de la ley. Por otra parte, la partida de Cholila reactualizaba otros episodios en su historia. En 1892, por caso, debió abandonar un rancho que había instalado en Blue Creek, estado de Wyoming, para la cría de caballos. Allí dejó recuerdos como vecino amable y trabajador, animador de reuniones sociales y benefactor de los niños. Pero tal exhibición comportaba, al igual que en Cholila, un efecto ambiguo. Las cualidades universales (valentía, solidaridad) aparecían tan subrayadas, y de manera monocorde, que hacían presentes aquellas cualidades negativas que pretendían desmentir. Comentarios tan laudatorios, además, sacaban al protagonista del anonimato y lo convertían en una figura visible. De hecho, Cassidy supo entonces que lo buscaba la ley, atraída por tan buenas referencias, y decidió seguir camino.

Las tierras que ocupaban en Chubut no les pertenecían, pese a todas sus gestiones, pero podían negociar la hacienda y las mejoras introducidas en la propiedad. Según la tradición oral, mientras realizaban los preparativos de la partida, Cassidy y Longabaugh se adentraron en algún sitio próximo de la cordillera. Etta permanece misteriosamente ausente de esta historia, que según los testimonios pudo transcurrir durante unos meses o un año entero; sin embargo, estaba en Cholila. En realidad, los bandidos debieron ocultarse durante menos de un mes, con el objeto de evitar a Narciso Espinosa, designado entonces subcomisario. "Se escondieron entre el Lago Cholila y el Río Tigre –dice Raúl Cea–. Encontré su campamento en la cordillera, a unos cincuenta kilómetros [del pueblo actual]." Alejandro Villagrán, vecino chileno que había llegado a Cholila dos años antes, les llevaba alimentos. "Debía tomar diferentes huellas e imitar el canto de un pájaro para contactarlos. Nunca los vio; le dejaban notas para comunicarse." Había otros visitantes. "Daniel Gibbon con sus hijos iba a la montaña cuando se hallaban allí ocultos Place y Ryan, para hablar con ellos", declaró David Rees en el expediente de 1911.

El tema de las conversaciones debió ser la liquidación de la hacienda de los bandidos. El jefe de la familia Gibbon, en efecto, se preocupó por asistir a los norteamericanos. Más tarde se jactó de esa intervención ante Milton Roberts: "Le dijo que en una ocasión había ayudado a dos personas que se encontraban en una posición muy dificultosa por ser perseguidos por la justicia y no podían llegar a ninguna parte sin comprometerse, vendiendo animales y dándoles el dinero, sabiendo muy bien que algún día se lo devolverían con interés". Sin embargo, Cassidy se encargó personalmente de resolver algunos asuntos. El 19 de abril canceló la cuenta que tenía en el almacén de Richard Clarke. Con el nombre de Ryan, escribió una nota donde le pedía al comerciante "entregar a Daniel Gibbon las ropas que le he comprado, cobrando de Dan lo que le debo". Seis días más tarde hizo lo mismo con la Compañía de Tierras, en cuyo almacén de Leleque abonó 21,50 pesos, que constaba en el debe de una cuenta conjunta con Sundance. Y el 1º de mayo, a través de otra nota, Cassidy cerró sus negocios con John C. Perry: "Sírvase pagar la suma que Ud. me debe a Dan Gibbon como yo he recibido de él la suma de 285,44 pesos. Nosotros salimos hoy". Esa deuda habría surgido de la compra de las ovejas de Butch y Sundance. El ex *sheriff* explicó más tarde que les había dado "una cantidad de vacas en cambio de unas mil doscientas ovejas y como las vacas no alcanzaban a cubrir el importe le pagó la diferencia en dinero". Ésta no sería la última operación entre ambos.

En los "Datos de la población del valle de Cholila" consta que Santiago Ryan y Enrique Place tenían, cada uno, cuatrocientas cincuenta vacas y veinte caballos, sin mencionar la existencia de ovejas. No obstante, en su presentación previa ante la Dirección de Tierras y Colonias, Cassidy declaró que poseía en sociedad con Sundance una cantidad de ovinos similar a la que compró Perry. Según su ex peón Wenceslao Solís, además dejaron en Cholila "doscientos capones y treinta yeguas que tenían a medias con la Compañía de Tierras Sud Argentino, a cargo de Daniel Gibbon". La sociedad con la empresa mencionada (la misma a la que sus amigos habían asaltado en marzo de 1904) se habría constituido, cabe presumir, según el sistema de aparcería.

El ganado, el derecho de posesión de las tierras que ocupaban y las mejoras introducidas fueron ofrecidas por Gibbon, en nombre de sus amigos, a otro comprador: la Compañía Cochamó. Al declarar ante la Policía Fronteriza, Gibbon minimizó su rol. Ryan y Place, dijo, "intentaron vender sus haciendas y casa a la Compañía Cochamó, como así lo hicieron". Su papel fue el de comisionista, "y arregló el precio con el entonces gerente de la compañía, Tomás Austin".

La partida de Cholila se habría demorado algunos días. Según Wenceslao Solís, los bandidos salieron el 9 de mayo hacia Nahuel Huapi y él los acompañó como peón. Las cuentas de la sociedad Harry Place-James Ryan registraron, entre otros gastos, cincuenta pesos como "suma debida Wencesur [sic] por viaje al lago"; otros veinte pesos por cargar madera y setenta y cinco en concepto de "sueldo tres meses". De acuerdo con su declaración policial, Solís "se volvió a Cholila cuando sus patrones Ryan, Place y la señora de éste Ethel, que también los acompañaba, se embarcaron en el lago [de] San Carlos de Bariloche para Chile". El peón chileno trajo dos monturas de hombres y otra de mujer "con orden de entregar una a Juan Aguilar, otra a Dan Gibbon y la de mujer a la Compañía de Cochamó, lo que hizo". Los bandidos parecen haber previsto minuciosamente cada uno de sus actos.

La investigación de 1911 aportó al respecto detalles que, según se mire, pueden resultar reveladores o desconcertantes. En las conclusiones del sumario policial, los bandidos "se dirigieron a Chile embarcándose en el vapor Aysen en el que se alejaron hasta Valparaíso. Ryan con el nombre de William Thompson; Place con el de Mathews, su mujer con el de señora Mathews y Evans o Hood (...) en Valparaíso se embarcaron en el Ferrocarril Transandino, bajando Place y su mujer en

Las Cuevas y Ryan se dirigió a Buenos Aires". Lo curioso consiste en que estos datos no surgieron de ningún testimonio previo; es decir que se ignora de qué manera llegaron al conocimiento de los instructores. En particular sorprende la mención a Evans, que debió esperarlos en Chile. Wenceslao Solís lo conocía entonces como Hood y no tenía motivos para excluirlo de su relato. Y el hecho de que Evans pasó a Chile aparece confirmado, como se verá, por otro testimonio del mismo testigo. El punto en que Evans se encontró con sus amigos, en cambio, es uno de los huecos de la historia. Por otra parte, los bandidos seguían una ruta que conocían, si se tiene en cuenta que a mediados de 1904 habían viajado en el vapor que hacía la línea de Puerto Madryn a Valparaíso.

Gibbon explicó que el viaje a Chile estaba relacionado con las tratativas para vender sus pertenencias en Cholila. Tomás Austin, en representación de la Compañía Cochamó, ofreció dieciocho mil pesos, suma que les pareció insatisfactoria y "habiéndose enterado que la compañía pagaba los veinte mil [que pedían] se fueron a Santiago de Chile y cobraron directamente del directorio".

El mismo día en que los norteamericanos partían de Cholila volvió a plantearse la disputa por las tierras que habían querido poseer. Florencio Martínez de Hoz pidió entonces ubicar en el oeste de Chubut 21.600 hectáreas de las 44.100 que detentaba en títulos. La Dirección de Tierras y Colonias opuso que "varios pobladores de los valles de Cholila y El Bolsón o Valle Nuevo han pedido se les conceda la tierra que ocupan". El jefe de la repartición, Octavio Pico, detalló que "dentro de esas líneas [de la propiedad reclamada en Cholila] existen cuatro pobladores llamados Bonansea, Ryan, Place y Villagrán que gestionan en compra cada uno una legua de terreno". Tales pobladores, agregaba, habían sido individualizados en un relevamiento previo del agrimensor Otto Asp.

Martínez de Hoz insistió el 12 de agosto de 1905, aduciendo que respetaba las propiedades de esos habitantes y que de igual modo podía recibir las tierras que pretendía. Tanta dedicación tuvo su recompensa: el 16 de diciembre, el presidente Manuel Quintana le otorgó 23.750 hectáreas en Chubut y Río Negro, "dejando libres los terrenos ocupados por los cuatro pobladores que figuran en la exploración del señor Asp", y cinco mil hectáreas en El Maitén. Los propósitos de Martínez de Hoz parecen haber sido puramente especulativos, pues a continuación vendió sus derechos sobre las tierras a la Compañía Cochamó, la misma que había adquirido las mejoras en los terrenos ocupados por Cassidy y Longabaugh en Cholila.

La Compañía Cochamó tenía capitales argentinos y chilenos, pero su origen estaba en el país transandino y su aparición en Chubut hizo que volviera a agitarse el fantasma de una invasión extranjera. La empresa era conocida desde 1901, cuando construyó un camino que llegaba desde la localidad chilena de Cochamó (comunicada a su vez por ferrocarril con Puerto Montt, que daba salida por mar) hasta el paso cordillerano del Río Manso. La senda resultaba apta por situarse apenas a 431 metros sobre el nivel del mar, lo que facilitaba el tráfico comercial y los envíos de ganado. El camino de Cochamó, observó Hans Steffen, perito chileno en la cuestión de límites, "representa una vía terrestre continua que evita travesías de lagos y repetidos trasbordos de personas y cargas".

La compañía se propuso extenderse hacia Chubut en el marco de una política que procuraba eludir las trabas aduaneras e instaurar un espacio comercial más allá de las fronteras. En enero de 1905 comenzó a hacer gestiones para proveerse de tierras en el oeste de Chubut. Tomás Austin, el amigo de Daniel Gibbon, había forjado sólidos vínculos comerciales en los años que llevaba haciendo transportes de ganado a Chile y fue el primer rostro visible de la empresa en la región. No obstante, los intentos de seducir a los pobladores establecidos generaron más bien resistencia. Se les proponía que otorgaran poderes para que la Cochamó negociara con el gobierno nacional la titularidad de las tierras, con la condición de vender las propiedades a la misma compañía transcurridos cuatro años. La oferta ponía en cuestión las tratativas por regularizar la situación de los colonos, que supervisaba y pretendía capitalizar políticamente el gobernador Lezana. Se entiende que el funcionario haya anotado a la Cochamó a la cabeza de la lista de sus enemigos. A fines del mismo mes de enero, vecinos de Cholila, El Bolsón y Ñorquinco pidieron al gobierno, a través de *La Nación*, que no se concedieran tierras a las compañías chilenas y "se tenga en cuenta a los antiguos pobladores cuando se disponga la venta".

En El Bolsón, la oposición a los planes de la compañía tuvo la particularidad de nuclear a los pobladores chilenos allí asentados; la encabezó Jorge Hube, que era el poblador más antiguo y a la vez estaba ligado a la Compañía Chile-Argentina, la competencia de la Cochamó. También en Tecka hubo manifestaciones de preocupación ante lo que aparecía como una solapada invasión. A fines de julio representantes de la Compañía Cochamó llegaron a esa zona, donde al parecer ya tenían alguna propiedad, con el propósito de instalar "una fuerte casa de comercio" –se alarmaban los vecinos– y conseguir más tierras. "La misma sociedad –decía una crónica– establecerá en Ñorquinco lavadero de lanas, baño de ovejas y diferentes talleres mecánicos, preparándose para hacer fuertes operaciones de compra de animales y frutos." El administrador Francisco Navarrete y el gerente Jorge Rencaret se hicieron personajes conocidos; a su paso de un punto a otro, en busca de hacienda por comprar o de otros negocios, despertaban suspicacias y azuzaban los oscuros temores de la población. En una carta enviada a principios de 1906 a un diario de su Texas natal, John C. Perry adjudicó a la compañía "un capital de cuatro y medio millones" [sic]. "Han comprado buena cantidad de tierras y ganado. Poseen ahora siete u ocho almacenes, también una casa de empaque en Chile en el puerto de Cushomo [sic], hacia el cual tienen intención de llevar vacas, ovejas y liebres para faenar", agregó el colono, que detallaba en el mismo texto las actividades de otras grandes empresas, como la Compañía Chile-Argentina.

El rival más peligroso para los planes de expansión de la Compañía Cochamó no fue ninguna de las otras grandes empresas que actuaban en la Patagonia, sino un humilde maestro que había acudido a Chubut desde La Rioja. El 18 de septiembre de 1905, Vicente Calderón, como se llamaba, salió a caballo desde Gaiman y el 22 de octubre llegó al valle de Cholila. Dos meses después, con ayuda de los vecinos, comenzó a construir una escuela. En ese momento, el agrimensor Mario Engel, quien también actuaba como gestor de títulos de propiedad, mensuraba terrenos a nombre de Florencio Martínez de Hoz.

Calderón entendió que las actividades de la Cochamó constituían una forma de conseguir para Chile aquello que el laudo británico había negado. "Por ello –dijo– me preocupé de observar atentamente las actividades de la Compañía Cochamó y pude sin lugar a dudas llegar a la conclusión de que la misma tenía el propósito de apoderarse por medio de compra de la parte litigiosa de territorio que había quedado para la Argentina en las zonas de Cholila, Epuyén y El Bolsón. Y pude también comprobar que esa compañía no era realmente un organismo civil, sino que prácticamente era un resorte oficial del gobierno de Chile."

La alarma se extendió a Santa Cruz. "En estos momentos se realizan negocios de tierras en el territorio –advirtió el gobernador Cornelio Gutiérrez el 15 de marzo de 1905–. Compañías anónimas con grandes capitales chilenos ofrecen precios exorbitantes procurando comprar la mayor extensión posible." El comercio y la población local, cabía especular, "se verían paralizados y absorbidos por la monopolización chilena". Pero había que atender también a otras razones. "Siendo asuntos privados, no hay medio de evitarlo", respondió el Ministerio del Interior: era el capitalismo.

Los temores de Gutiérrez se referían a otra compañía de procedencia chilena que comenzó a expandirse hacia la Argentina. Se trataba de la *Anglo Chilean Pastoral Co.*, que poco después dio origen a la Sociedad Ganadera Los Cisnes, dueña de quinientas mil hectáreas en Chile y uno de cuyos principales socios era Mauricio Braun, el zar de la Patagonia. Esta empresa se había provisto de tierras en Aysen, región de Chile que recién comenzó a colonizarse en 1905, y que en consecuencia aparecía como una tierra sin propietarios y con enormes riquezas naturales inexploradas. En abril de ese año, la Anglo Chilean envió a un representante a Comodoro Rivadavia. El directorio estaba presidido por Thomas Holdich, el ex árbitro del conflicto limítrofe entre Chile y la Argentina. La presencia de este personaje, reverenciado hasta el ridículo en algunos diarios y por la clase dirigente porteña, allanó las dificultades para que la empresa pudiera comenzar sus actividades. Para la opinión pública, era más británica que chilena y entonces no cabían las sospechas.

El sitio de sus operaciones, muy frío y ventoso, recibió el nombre de Campamento Holdich, que dio lugar a un pueblo hoy deshabitado, unos cuarenta kilómetros al sur de Comodoro Rivadavia. Empleados jerárquicos de la empresa se dedicaron a recorrer el puerto y los caminos de los alrededores. "Piensan edificar en Rivadavia un gran depósito –dijo *La Nación*–. La compañía cuenta con un capital de cincuenta mil libras esterlinas y piensa dedicarse a la ganadería, principalmente a la cría de ovejunos [sic]." En octubre, bajo el título "El capital chileno en el sur", el mismo diario afirmó que un "sindicato chileno" pretendía comprar cuatrocientas mil hectáreas en Neuquén. "Paulatinamente y en silencio el capital chileno va tomando serias posiciones en la zona argentina limítrofe", decía el artículo. A su vez, *La Nueva Provincia* de Bahía Blanca, aseguró que catorce mil de los veinticinco mil habitantes de ese territorio eran de origen chileno: "De éstos, una gran parte constituye un elemento nómade de merodeo, sin residencia fija, sin anhelos de radicación, sin medios conocidos de subsistencia". La nota recordaba graves hechos delictivos, entre ellos el crimen del ingeniero norteamericano Corydon P. Hall, en uno de los casos más sangrientos de la época. El suceso ocurrió el 27 de octubre de 1902, cuando un grupo de bandidos se lanzó al asalto de la casa de comercio Minas de Michicó, en jurisdicción de Chos Malal. El dueño del negocio estaba ausente y por alguna razón incomprensible asesinaron a garrotazos y puñaladas a los tres hombres que encontraron, entre ellos Hall. Además de la ferocidad con que fueron cometidos, los crímenes impactaron porque el norteamericano, de setenta y seis años, había sido yerno del ex gobernador y terrateniente Manuel Olascoaga.

De esta manera volvió a producirse un "auge" del bandolerismo. La disputa por la tierra recobró intensidad y el término, apoyándose en contados episodios delictivos, fue usado de nuevo para descalificar a indígenas y chilenos. El crimen del acopiador de frutos Francisco Recalde, ocurrido en Choele Choel a principios de febrero de 1905, tuvo especial repercusión, ya que se trató de una represalia por haber declarado contra dos chilenos prófugos y procesados por robos de ovejas. En Bariloche, donde las quejas eran constantes, el comisario Miguel Cano asesinó a Victorio Ruiz; la víctima era un vecino honesto, para *La Prensa*, y un peligroso cuatrero, para *La Nación*, que hizo una encendida defensa del policía. "Desde hace varios días merodean Manuel Malal y varios individuos que tienen pésimos antecedentes en Chile (...) –informó por otra parte *La Prensa* desde Piedra del Águila el 3 de marzo–. Se tiene noticia de una batida que ha dado el comandante Trigano, de la policía de la frontera chilena, a unos individuos sospechosos, de los que varios se han internado en los departamentos argentinos del sur."

El cercamiento de las propiedades constituyó otra manifestación del mismo proceso. En esta época comenzaron a extenderse las primeras alambradas en el territorio de Chubut. El 7 de marzo de 1904, ante una solicitud de Hugo Brand, el gobierno autorizó a la empresa La Tierra a alambrar el campo que poseía en el Valle del Río Chubut; el 2 de mayo del mismo año la sociedad Gurgo y Cramer obtuvo permiso en Camarones, y el 4 de julio de 1906 sería autorizada la compañía *Lochiel Sheep Farming Ltd.*, empresa británica con administración en Camarones y que tenía veinticinco mil hectáreas para cercar. El alambrado era la materialización del concepto de propiedad privada. A la vez que delimitaba el terreno y abolía la idea de campo abierto, servía para controlar y retener a los animales y sobre todo para reducir las pérdidas causadas por robos y extravíos. Pero al mismo tiempo provocó al menos dos efectos conflictivos. Por un lado, como los animales encerrados no podían andar libremente en busca de agua, revalorizó las aguadas, de por sí escasas, y las convirtió en objeto de disputa. Por otro, disminuyó la mano de obra requerida para los trabajos en las estancias, ya que las majadas podían andar libres en los potreros y no se requerían cuidadores de límites ni vigilantes nocturnos. No obstante, se trataba de un proceso incipiente: los alambrados existentes en el oeste de Chubut protegían por entonces dos potreros de siete mil hectáreas cada uno de la estancia Leleque y uno de extensión menor en Fofo Cahuel, pertenecientes a la Compañía de Tierras Sud Argentino. Los costos del material y el transporte (aunque la empresa explotaba un aserradero en Epuyén, bajo concesión del gobierno) dilataron la tarea de cercar la enorme propiedad, que se completó recién en 1911.

Los vecinos poderosos –que en general se legitimaban presentándose como los pobladores más antiguos– expresaban sus quejas a través de la prensa y conseguían movilizar a la policía para producir desalojos y detenciones. En Junín de los Andes, por ejemplo, durante el transcurso de 1905, hubo una campaña sostenida para desalojar a Namuncurá, cacique que había recibido tierras del gobierno nacional en 1896. Los indígenas, se decía, carecían de hábitos de trabajo y orden, por lo que los terrenos donde vivían estaban desaprovechados; por añadidura, arrendaban parte de sus tierras a chilenos y hacían víctimas a sus vecinos de pequeños robos de hacienda. Al mismo tiempo, en Ñorquinco un cacique local terminó expulsado del campo que ocupaba con el argumento de que el lote pertenecía a colonos antiguos.

Pero la propiedad no estaba sancionada por la ley sino por la fuerza y el capital. La resistencia del "antiguo poblador" Miguel Torres a ceder a los indígenas un campo que ocupaba a orillas del Río Aluminé, en Neuquén, desató otra campaña periodística. En Junín de los Andes se sucedieron las detenciones de aborígenes por casos mínimos de abigeato y faena clandestina. El 25 de octubre de 1905 el mensajero del correo fue asaltado entre Pilcaniyeu y Paso Limay, en Río Negro, cuando se dirigía a Bariloche. La primera hipótesis, sin otro fundamento que los prejuicios, atribuyó el golpe a bandoleros chilenos; nadie se sorprendió cuando el comisario José Alaniz presentó a un detenido de ese origen. A causa del percance, la correspondencia tardó más de un mes en llegar a la Colonia 16 de Octubre. En condiciones normales también había retrasos increíbles: el 14 de diciembre pobladores de la Colonia San Martín denunciaron que llevaban tres meses esperando la correspondencia que debía provenir de Comodoro Rivadavia, y en ese caso no se había producido ningún robo.

Pío Quinto Vargas encarnó al poblador que no tenía más que sus armas y su propio cuerpo para hacer valer el derecho que creía poseer. Según testigos de la época, era una persona corpulenta, vestía siempre perneras de cuero de chivo y tenía a mano su Winchester. Oriundo de Santiago del Estero, donde se supone que nació hacia 1854, llegó al oeste de Chubut entre los primeros colonizadores. Desde 1892 comenzó a trabajar a las órdenes de Jarred Jones y Juan Crockett en el transporte de la sal que el segundo explotaba en Quetrequile, Río Negro, y que se llevaba en bolsas a Chile en esforzadas travesías a lomo de mula. Cuatro años después formó parte del piquete liderado por John Murray Thomas, que salió de Rawson rumbo al Valle 16 de Octubre para sumarse al combate contra Gabriel Cayupul, el presunto enviado de Dios. Por último se radicó en Corcovado, donde tuvo una estancia a la que llamó Caridad. "Mantenía frecuentes disputas por cuestiones de límites de campo con pobladores chilenos de la frontera –dijo el escritor Ascencio Abeijón–. Se decía que era capaz, llegado el caso, de matar a una persona que hallara incursionando sin permiso en su campo o sacándole animales." Imponía la ley del más fuerte, en un tiempo en que la propiedad era un título que se obtenía a balazos. El conflicto en el que debió intervenir el abnegado comisario Humphreys no surgió de una acción contra usurpadores sino de la discusión con un vecino. "Yo era dueño, propietario de mi campo y no intruso como Vargas, que había hecho tres grandes corrales en mi campo", argumentó su rival, el estanciero Lucio Ramos Otero.

La familia Ramos Otero residía en Buenos Aires y tenía una estancia en Balcarce, en la provincia de Buenos Aires. El hecho de pertenecer a una familia acomodada hizo que Lucio (su primer nombre era Román, pero nunca lo quiso utilizar) decidiera ganarse el sustento por su propia cuenta. En diciembre de 1896, viajó desde Villa Mercedes, San Luis, hasta Tecka trabajando como peón en distintos arreos En Chubut se alistó en la comitiva del conde Henry de la Vaulx, turista francés, y luego con el ingeniero Norberto Cobos, quien planeaba abrir un camino a través de la cordillera para facilitar el transporte de hacienda a Chile. Cobos era un personaje influyente, ya que actuaba como apoderado de grupos empresariales y como gestor de terrenos para latifundistas, siendo él mismo accionista de una compañía que obtuvo de manera fraudulenta más de trescientas cincuenta mil hectáreas en Santa Cruz.

El viaje le sirvió a Ramos Otero para familiarizarse con la región, en la que decidió establecerse. Así terminó por instalarse en Corcovado, que era precisamente el lugar desde donde Cobos planeaba iniciar su camino, proyecto que no se concretó.

La figura de Ramos Otero –central en la historia de los bandidos norteamericanos– sufrió pronto una fuerte distorsión. Si hay que creer en los relatos que circularon, era un excéntrico, un millonario de conducta patológica. La imagen estaba fundada en el modo en que había llegado al territorio, casi de incógnito, velando su condición. Según la historia que se cuenta, la madre denunció su desaparición y se inició una búsqueda que concluyó cuando lo localizaron cerca de la cordillera y descubrieron que el millonario hacía de cocinero de los peones. Otra versión fue más novelesca: Cobos debió viajar a Buenos Aires y Ramos Otero le pidió que llevara una carta a su madre. La dirección indicada correspondía a una mansión; la madre del cocinero no era una mucama ni ninguna de las mujeres de servicio, como creyó el ingeniero, sino la dueña del palacio, que lloraba y quería saber dónde estaba su hijo. Aquí se acudió, como se ve, a un mecanismo del relato de folletín: el tópico de la revelación inesperada, que cambia la posición de los protagonistas. Ramos Otero desmintió esta colorida anécdota, que distorsionó los hechos. Lo que ocurrió, en realidad, fue que al producirse el fallecimiento del padre de Ramos Otero la madre pidió que lo localizaran en Chubut. Por entonces Lucio se había trasladado a Chile junto con el ingeniero Cobos; los dos viajaron a continuación hacia Buenos Aires, donde se enteraron del suceso.

El estanciero tenía costumbres que resultaban insólitas: no esperaba que le sirvieran sino que muchas veces se ocupaba él mismo de las tareas reservadas a los peones, a quienes incluso atendía. No establecía las diferencias habituales. Trabajaba a la par de sus empleados, le gustaba preparar la comida que luego compartían y estaba siempre dispuesto a ofrecer su propia habitación, para dormir en el suelo. La estancia de Corcovado era, desde este punto de vista, una especie de mundo al revés.

Ramos Otero fue consciente de la extrañeza que provocaba en un medio donde el trato y las condiciones laborales de los trabajadores eran rigurosas. "[Para los demás] es una vergüenza que el hombre rico trabaje, que trate con el pobre", dijo. Pero esta conducta supuestamente anormal no producía confusiones. Los peones trataban con respeto a su patrón e incluso lo apreciaban por tales actitudes y por otra rareza: el pago regular de los sueldos. En cambio, para la generalidad de los estancieros y para los jefes policiales tales actitudes eran desconcertantes, impropias de un hombre de su clase. Más adelante, las versiones sobre las excentricidades de Ramos Otero servirían para desacreditar su palabra, hacerlo pasar por loco, como se dice, para negar el secuestro de que fue víctima y cuyo encubrimiento asoció virtualmente a policías y bandidos. Y como se verá comenzaron a circular con más fuerza poco después, en el preciso momento en que Ramos Otero recuperó la libertad y comenzó a denunciar a las autoridades policiales y políticas. Es cierto que tenía sus manías y quedó algo trastornado como consecuencia del secuestro; pero su reclamo consistía apenas en que se cumpliera la ley, algo inconveniente para los funcionarios corruptos que lo rodeaban.

El modo en que fue presentada su disputa con Pío Quinto Vargas indica que ya en 1905 tenía problemas en sus relaciones con el entorno. El comisario Humphreys relató los hechos como si Vargas se hubiera defendido de bandidos, es decir, con una versión que presentaba al homicidio como un acto de legítima defensa; además, de acuerdo con el testimonio citado de Lezana hizo una contribución esencial para obstaculizar la investigación. El ruso Nicolás Illin, inspector de bosques designado por el Ministerio de Agricultura de la Nación y con residencia en Corcovado, también declaró en contra de Ramos Otero. De acuerdo con el relato que hizo el estanciero en sus memorias, Vargas dio muerte a los peones José N. Uribe y Juan Aranda, cuyo cuerpo jamás fue encontrado y se supone que arrojó al Río Corcovado. El capataz Juan Ramos resultó herido por el homicida, al parecer cuando lo descubrió cavando una fosa para Uribe.

Pero la versión oficial es distinta. Como Aranda no fue localizado y no hubo testigos de su suerte, Vargas solamente debió responder por el crimen de Uribe. Los hechos ocurrieron el 22 de noviembre, es decir, tres días antes que el homicida compareciera en Súnica ante el comisario Humphreys. En su defensa dijo que "había disparado su carabina contra dos personas que lo perseguían, según cree con intención de asesinarlo, tratando de herir los caballos de ambos, para evitar que lo persiguieran". El médico de la gobernación observó el cadáver de Uribe y dijo que no podía afirmar cuál era la causa de la muerte, a pesar de la herida de bala que presentaba en el pecho.

Con tales antecedentes no sorprendió que Vargas consiguiera escapar en Paso de Indios, a fines de marzo de 1905, cuando era llevado por un sargento a la cárcel de Rawson. El prófugo no se molestó en alejarse del territorio ni en recluirse en algún paraje recóndito: volvió a su campo en Corcovado. El 8 de abril el gobernador Lezana informó que había sido recapturado precisamente en ese lugar. Sin embargo, en la noche del 27 de octubre volvió a fugar, esta vez de la prisión de Rawson, provisto de un máuser, setenta tiros y un caballo del vecino Lloyd Thomas. La evasión no le fue dificultosa: "A pesar de no reunir el edificio que sirve de cárcel la seguridad necesaria el criminal era tratado con toda consideración y alojado cómodamente en una pieza contigua a la del oficial de guardia, que tiene salida a la calle", dijo *La Nación*. El corresponsal del diario no dejó pasar la ocasión de atacar a la máxima autoridad del territorio y congraciarse con un amigo: "Ahora notará el gobernador Lezana la falta del ex comisario Humphreys, que sin ningún motivo hizo exonerar de su puesto, después de haberlo desempeñado durante catorce años consecutivos, con el beneplácito del vecindario y ser autor de la captura de criminales, como el mismo Vargas". El espíritu faccioso confundía su memoria: Humphreys había sido, ante todo, un defensor de Vargas. Unos días después carreros galeses dijeron que lo habían cruzado en el camino y que iba rumbo a la Cordillera.

La justicia letrada de Rawson ordenó entonces el embargo de los bienes del fugitivo. La orden fue encomendada al jefe de policía Fougère, quien se encargó personalmente de cumplirla en Corcovado. Ante esta medida, Pío Quinto optó por presentarse detenido en la comisaría de Colonia San Martín, el 30 de noviembre. Conducido de nuevo a Rawson fue procesado y sometido a un largo proceso, que concluyó recién en noviembre de 1908, cuando la Cámara Federal lo condenó a siete años de prisión. Sin embargo no pasó mucho tiempo más en la cárcel, ya que pagó una fianza en dos cuotas y se le concedió un indulto.

Después de la partida de Cholila se abrió un período de seis meses en que casi no hubo noticias de los norteamericanos. Ese silencio fue quebrado sólo por una carta de Harry Longabaugh a Daniel Gibbon, fechada en Valparaíso el 28 de junio de 1905. El original en inglés se extravió; se conserva una traducción realizada en 1911 y con algunos pasajes ininteligibles por el tiempo y otros que parecen incoherentes:

> *Querido amigo:*
> *Escribimos a Ud. para que sepáis que hicimos el negocio bien y recibimos nuestro dinero. Llegamos aquí hoy y pasado mañana la Señora y yo salimos para San Francisco. Siento mucho Dan que no pudimos llevar con nosotros la marca R, pero espero que Ud. podréis llevar suficiente para pagar a Ud. las incomodidades.*
> *Deseamos que Ud. se ocupe de Davy y su esposa y veréis que ellos no sufrirían de ningún modo y sé benévolo con el viejo... y... pedazos de carne de vez en cuando y sacude... negrito.*
> *No deseo ver Cholila jamás, pero pensaré en Ud. y en todos nuestros amigos a menudo, y queremos asegurar a Ud. de nuestros buenos deseos.*
> *Adjunto Ud. encuentra la canción Sam Bass que prometí escribir para Ud. Como no tengo más novedades, termino rogando a Ud. se sirva dar nuestros recuerdos a todos nuestros amigos, sin olvidar a Juan y Vencylaw dándoles nuestra estima y buenos deseos, guardando una buena porción para Ud. mismo y su familia.*
> *Quedándome como siempre su verdadero amigo,*
> *H. A. Place*

El inglés del traductor parece no haber sido demasiado bueno. La torpeza de la redacción es llamativa porque Sundance escribía con soltura, como demostró en la nota que envió en junio de 1887 al editor del *Daily Yellowstone Journal*, el periódico de Miles City que había cargado las tintas presentándolo como émulo de Jesse James. De todas maneras, en su carta Sundance recordaba a Gibbon algunos hechos de la historia previa y a la vez abría interrogantes para la posteridad. Los negocios aludidos parecen referir al viaje a Santiago de Chile en busca del dinero ofrecido por la Compañía Cochamó a cuenta de la hacienda y las instalaciones de la cabaña de Cholila; "Davy" es probablemente una referencia a David Moore, el socio en el pequeño almacén; "Juan" y "Vencylaw" son los peones Aguilar y Solís. La canción que envía a Gibbon es la "Balada de Sam Bass" y remite al pasado y a su país natal. Sam Bass (1851-1878) fue uno de los bandidos que inauguró la era de los robos a trenes en los Estados Unidos, y que a su muerte se convirtió en una leyenda; la balada era muy popular entre los vaqueros, que la entonaban en fogones y noches de tormenta. Una de las estrofas más festejadas relataba el golpe de la banda de Bass contra un enemigo común:

En el camino de regreso a Denver
robaron el tren de la Union Pacific
y todos se dispersaron en parejas
y comenzaron de nuevo.
Joel Collins y su compañero
cayeron muy pronto.
En la estación de Buffalo, Arkansas,
debieron enfrentar su destino.

Los últimos versos dan cuenta de la muerte de dos cómplices de Bass, pero lo hacen de tal manera que más bien parecen negarla. Sin embargo la canción traza con crudeza su final. El espejo en que podía mirarse Sundance le devolvía una imagen preocupante:

Sam encontró su destino en Round Rock
un veintiuno de julio.
Acribillaron al pobre Sam con un rifle
y vaciaron su billetera.

Pobre Sam, ahora es sólo un cadáver.
Su pipa quedó enterrada en el lodo.
Y Bill Jackson escondido en los matorrales
intenta escapar.[1]

La primera incógnita de la carta es la identidad del plural que utiliza Sundance: en particular, si incluía a Butch, o a Evans, o a los dos. La mención sobre el viaje a San Francisco constituye otro misterio. No existen mayores datos al respecto, y la creencia general de los historiadores norteamericanos es que Etta Place se dirigió a esa ciudad recién a principios de 1906. La "marca R" plantea otro interrogante. La frase en que aparece resulta incoherente, por efecto de la traducción o porque apeló a sobreentendidos que el destinatario sabría reponer. No se entiende la relación entre la perdida "marca R" y el deseo de que Gibbon tuviera una compensación por sus molestias. En sentido literal, la "marca R" podría aludir al ganado de Ryan y a que Gibbon se resarciera con él, pero parece más bien extraño que Sundance se lamentara por su pérdida. En cambio, podría ponerse en correlación con la situación del propio Ryan, que se habría dirigido a Buenos Aires: parece más verosímil atribuir el pesar de Sundance a la lejanía de su amigo. Esta posibilidad abre a su vez otro interrogante, ya que tampoco existen mayores datos sobre este período de la vida de Cassidy, en que estuvo separado de su compañero.

A principios de diciembre de 1905 llegaron a Buenos Aires ocho vaqueros norteamericanos contratados para una serie de exhibiciones. Las actividades eran organizadas por la Sociedad Sportiva, selecto club cuyo presidente no era sino Florencio Martínez de Hoz, el mismo que había gestionado tierras en Cholila. En alusión a este grupo, Daniel Gibbon declaró: "Place me dijo que la mayor parte de [los] cowboys que habían venido de Norteamérica (...) eran conocidos de él y Ryan". Además, "Ryan se había juntado con otros norteamericanos que habían venido a Buenos Aires para un concurso de enlazadores en

---

1 *And on the way back to Denver / They robbed the UP Train / And all split up in couples / And started out again / Joel Collins and his partner / Was over taken soon / At Buffalo Station, Kansas / They had to meet their doom // Sam met his fate at Round Rock / July the twenty-first / They pierced poor Sam with rifle balls / And emptied out his purse / Poor Sam, he's now a corpse / His pipe is in the clay / Bill Jackson in the bushes / A trying to get away.*

la Sportiva". En el testimonio no queda claro el momento y el lugar de esa reunión. Por el contexto podría interpretarse que ocurrió en Chile, pero no hay otros datos que corroboren esa posibilidad y se ignora si la *troupe* de *cowboys* actuó en ese país. En cambio, está acreditada su presencia en Buenos Aires.

Por otra parte, hay testimonios según los cuales Cassidy habría recorrido el interior del país. La dueña de un hotel declaró que estuvo en Rosario entre el 16 y el 21 de agosto y el 3 y el 8 de noviembre. El relato, refrendado por otros dos testigos, pudo ser inducido por la notoriedad del personaje; sin embargo la testigo reconoció la foto del bandido. Además, "como en la policía se lleva prolijamente un libro en que se anotan los nombres de los pasajeros que llegan a los hoteles se practicó en el acto una inspección en ellos, comprobándose que James Ryan había estado allí en las fechas mencionadas", reveló *La Nación*. Dijo que representaba a una empresa extranjera; llevaba una carabina, dos revólveres Colt y una bolsita con libras esterlinas, que había cambiado en un banco local. "Nada dejó que desear por su corrección y modales, durante los días que permaneció en la casa –afirmó la mujer–. A mi juicio, era un hombre de bien, todo un caballero."

Si tuvo lugar en Buenos Aires, el encuentro de Cassidy y los *cowboys* no pudo producirse sino en los primeros días de diciembre de 1905, ya que hasta fines de año Cassidy no estuvo en condiciones de visitar la capital argentina. Invitado a individualizar a aquellos viejos amigos, Gibbon respondió que "sólo recuerda el nombre de Glen Gardner". Entre los vaqueros que participaban del espectáculo, los diarios porteños registraron a Joe Gardner, que quizá sea la misma persona.

No es raro que Gibbon haya memorizado sólo el nombre de Gardner. Se trataba del domador del grupo, es decir, un tipo de personaje que, en la jerarquía de las faenas campesinas, ocupaba el lugar más alto. Por otra parte, Sundance era también domador, coincidencia que suponía un poderoso elemento en común. La prensa, no obstante, se sintió más atraída por un *cowboy* negro, Will Pickett. "Ejecuta una de las pruebas que llamarán más poderosamente la atención –anticipó *Caras y Caretas*–. A caballo persigue a un novillo. Tírase cuando está a su costado y le clava los dientes en el hocico. Así lo domina y lo mantiene en el suelo el tiempo que se le antoja." Los *cowboys* habían sido traídos por un tal Morgan y llamaron la atención por sus actitudes y maneras, entre rústicas (despreciaron las piezas de un hotel para alojarse en dos carpas de lona que levantaron en el Hipódromo de Palermo) y estilizadas (llevaban guantes con un manguito para no lastimarse las manos). Seiscientos carteles fueron pegados en estaciones de ferrocarril para anunciar el evento e invitar a los paisanos a medirse con los *cowboys*. La expectativa aumentó porque debido a las demoras en el acondicionamiento del predio, la exhibición fue suspendida dos veces hasta su inauguración el 21 de diciembre.

Sin embargo, Cassidy no pudo asistir a las exhibiciones. Tenía que dar su propio espectáculo.

Robert LeRoy Parker, más conocido como Butch Cassidy. La foto fue tomada en 1894, cuando ingresó en la cárcel de Laramie, Wyoming.

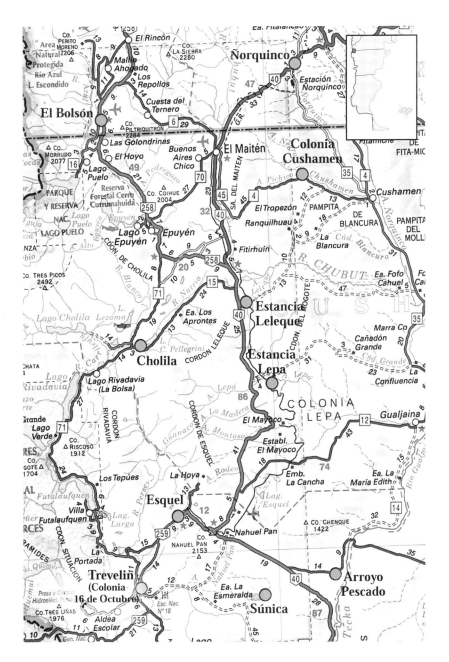

El área donde se establecieron los norteamericanos. "Hay tierra excelente y en abundancia al pie de las montañas para cuantos quieran establecerse aquí en los próximos cien años", dijo Cassidy.

Sundance Kid, Etta Place y Butch Cassidy en la cabaña de Cholila (Colección Donna y Paul Ernst).

Una imagen actual del lugar (Foto de Gabriela Ferrari).

Harry Longabaugh y Etta Place, en Nueva York, 1901, poco antes de viajar a Buenos Aires.

La formación más conocida de La Pandilla Salvaje, en Fort Worth, Texas, 1901: Will Carver, Harvey Logan (de pie), Harry Longabaugh, Ben Kilpatrick y Butch Cassidy (sentados).

NOMBRE .... George Parker
ALIAS ...... "Butch" Cassidy [a] George
Cassidy; [a] Ingerfield
NACIONALIDAD .... Americano
OCUPACIÓN .... Vaquero, tratante
OCUPACIÓN CRIMINAL ...... Ladrón de
bancos y asaltador de caminos, ladrón
de ganado y caballos.
EDAD .... 36 años [en 1901]
ESTATURA .... 5 pies 9 pulgadas
PESO 165
CONSTITUCIÓN .... Regular
TEZ .... Clara
COLOR DEL PELO .... Blondo
OJOS .... Azules
BIGOTE .... Leonado, si lo usa
OBSERVACIONES.—Tiene dos cicatri-
ces en la nuca; cicatriz pequeña de-
bajo del ojo izquierdo, pequeño lunar
en la pantorrilla. "Butch" Cassidy
es conocido como un criminal princi-
palmente en Wyoming, Utah, Idaho,
Colorado y Nevada, y ha cumplido
sentencia en el presidio del Estado de
Wyoming en Laramie por robo, pero
fue perdonado el 19 de Enero de 1896.

GEORGE PARKER.
Primer retrato tomado el 15 de Julio de 1894

GEORGE PARKER.
Último retrato tomado el 21 de Noviembre de 1900

Versión nacional de la ficha de Cassidy elaborada por la Agencia Pinkerton.

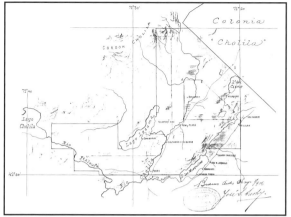

Mapa de Cholila elaborado por la Dirección de Tierras en 1906, que registra el establecimiento de Ryan y Place (Gentileza de Esteban Caffa).

El almacén de ramos generales de Jarred Jones, en Bariloche, en 1901.

La página del libro de contabilidad del negocio donde quedó asentada una compra de Cassidy y Longabaugh (Gentileza de Ricardo Vallmitjana. Archivo Histórico Regional de Bariloche).

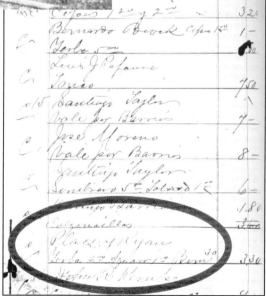

Harvey Logan (a) Harvey Curry, (a) "Kid" Curry, (a) Tom
Jones, (a) Bob Jones, se escapó el 27 de Junio de 1903 de la cárcel del
Condado de Knox, Knoxville, Tenn., E. U. de A., donde estaba esperando
á ser trasladado al presidio de Columbus, Ohio, para cumplir la sentencia
de 20 años que se le impuso por circular billetes de bancos alterados,
robados del carro del "Great Northern Express" en el ferrocarril
"Great Northern," el 3 de Julio de 1901, por asaltadores de caminos de
los que Logan era el jefe, y los cuales asaltaron dicho tren, contuvieron
con armas de fuego á los empleados del tren, saltaron con dinamita la
caja de hierro y sacaron de la misma $45,000 en billetes de banco sin
firmar, que se llevaron.

SEÑAS PERSONALES.

NOMBRE...Harvey Logan
ALIAS......Harvey Curry, "Kid" Curry, Bob Jones, Tom Jones, Bob Nevilles, Robt.
  Nelson, R. T. Whelan.
RESIDENCIA......Se huyó de la cárcel del Condado, Knoxville, Tenn., el sábado 27
  de Junio de 1903.
LUGAR DONDE NACIÓ........Dodson, Mo....COLOR.................................blanco
OCUPACIÓN...Vaquero, tratante
OCUPACIÓN CRIMINAL..........Asaltador de bancos y trenes, ladrón de caballos y
  ganado asaltador de caminos y asesino.
EDAD...38 años [en 1903.]
OJOS OSCUROS.................................Estatura, 5 pies 7½ pulgadas
PESO......de 145 á 150 libras,...............CONSTITUCIÓN..............Regular
TEZ......trigueña, atezada.................NARIZ......Prominente, larga, grande y
                                                                              recta
COLOR DEL PELO...Negro
BARBA..........afeitada cuando se escapó, pero puede dejarse crecer una barba espesa
  y bigote de color algo mas claro que el pelo.

ADVERTENCIAS.—Tiene una herida de bala en el brazo derecho, entre la muñeca
  y el codo; habla despacio; es un poco estevado y de carácter reservado.
  Padece bronquitis aguda, jadea mucho; su estado físico no es del mejor;
  tiene dos cicatrices en la espalda que parecen proceder de una descarga con
  perdigones; tiene el hombro izquierdo mucho más bajo que el derecho, á
  causa de la herida; tiene los brazos más largos que la generalidad de las personas de su estatura; tiene los dedos bastante largos. HARVEY LOGAN
  también asesinó á Pike Landusky, en Landusky, Montana, el 25 de Diciembre de 1894, y tomó parte en gran número de asaltos y robos, entre ellos el
  robo del tren del Ferrocarril Unión del Pacífico, en Wilcox, Wyoming, el 2 de
  Junio de 1899, despues de lo cual la fuerza alcanzó á Logan y su banda
  cerca de Casper, Wyoming, y al tratar de prender á los ladrones, el alguacil
  mayor, Joseph Hazen, del Condado de Converse, Wyoming fué asesinado.

HARVEY LOGAN.
Retrato tomado en 1900.

Ficha de Harvey Logan, también
conocido como Kid Curry.

P. N. D. A.   No.

NAME......Harry Longbaugh. No. 470 R
ALIAS......"Kid" Longbaugh; Harry Alonzo;
  Frank Jones; Frank Boyd; the "Sundance
  Kid"
NATIVITY..Swedish-American. COLOR...White
OCCUPATION................Cowboy; rustler
CRIMINAL OCCUPATION..........Highwayman,
  bank burglar, cattle and horse thief
AGE......35 years. HEIGHT......5 ft. 10 in
WEIGHT......165 to 175 lbs. BUILD......Good
EYES.....Blue or gray. NOSE.....Rather long
COMPLEXION....................................Medium
STYLE OF BEARD......Mustache, (if any),
  natural color brown, reddish tinge
FEATURES........................Grecian type
COLOR OF HAIR......Natural color brown, may
  be dyed; combs it pompadour
  IS BOW-LEGGED; FEET FAR APART.
REMARKS.—Harry Longbaugh served 18
  months in jail at Sundance, Cook Co.,
  Wyoming, when a boy, for horse stealing.
  In December, 1892, Harry Longbaugh,
  Bill Madden and Henry Bass "held up" a
  Great Northern train at Malta, Montana.
  Bass and Madden were tried for this
  crime, convicted and sentenced to 10 and
  14 years respectively; Longbaugh es-
  caped and since has been a fugitive. June
  28, 1897, under the name of Frank Jones,
  Longbaugh participated with Harvey
  Logan, alias Curry, Tom Day and Walter
  Putney, in the Belle Fourche, South
  Dakota, bank robbery. All were arrested,
  but Longbaugh and Harvey Logan escaped
  from jail at Deadwood, October 31, the
  same year. Wanted for robbery First
  National Bank, Winnemucca, Nevada, Sep-
  tember 19th, 1900. See Information No.
  421.

Ficha de Harry
Longabaugh.

Certificado extendido por Charles Hackett, de la Compañía de Tierras,
a Santiago Ryan (Biblioteca Agustín Álvarez, Trelew).

El Banco de Londres y el Río de la Plata, en Buenos Aires, que tuvo entre sus
clientes a Sundance Kid.

Milton Roberts trató íntimamente a los norteamericanos y luego los persiguió (Dirección de Cultura de Trevelin).

La Agencia Pinkerton distribuyó numerosos pedidos de captura de Butch Cassidy.

Los vaqueros amigos de Cassidy que hicieron exhibiciones en Buenos Aires por la misma época.

Daniel Gibbon y su familia (Museo Histórico Regional, Gaiman).

De izquierda a derecha: Mansel,
Daniel y otro Gibbon no reconocido
(Foto reproducida por Lucio Ramos
Otero en sus publicaciones).

Mansel Gibbon (Publicaciones
de Lucio Ramos Otero).

El comisario Eduardo Humphreys (en el medio), amigo y protector de Cassidy.

La familia de Martin Underwood, la primera en establecerse en la Colonia 16 de Octubre (Dirección de Cultura de Trevelin).

El Banco de Tarapacá, en Río Gallegos, asaltado en febrero de 1905.

La sucursal del Banco Nación en Villa Mercedes, donde los bandidos se presentaron en diciembre del mismo año.

La revista *Caras y Caretas* reconstruyó la escena de la fuga.

Policías y soldados que persiguieron sin éxito a los bandidos en San Luis.

De izquierda a derecha: el jefe político Belisario Olivera, el mayor Cipriano Sosa y Ventura Domínguez, que se tiroteó con los norteamericanos.

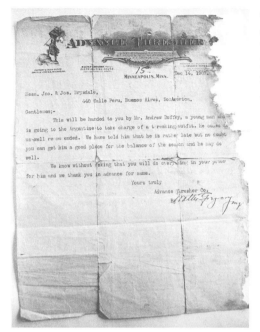

Carta de recomendación con que se presentó Andrew Duffy, "Dientes de Oro". Según Daniel Gibbon, había sido falsificada (Biblioteca Agustín Álvarez, Trelew).

Llwyd Ap Iwan, asesinado por William Wilson en 1910.

Llwyd Ap Iwan con su familia (Museo Histórico Regional, Gaiman).

Supuestos "caníbales" de Río Negro, retratados por *Caras y Caretas*: de izquierda a derecha, Pedro Vila, "bandolero en jefe" y los "capitanejos" Alberto Maripé, Hilario Castro y Juan Carrillo.

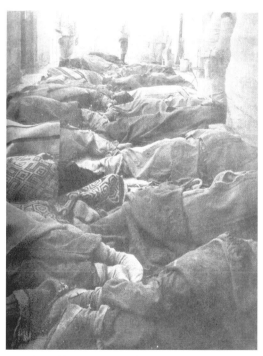

Los detenidos, en General Roca.

El gobernador Alejandro
Maiz y el mayor Mateo
Gebhard, jefe de la Policía
Fronteriza.

El subteniente Jesús Blanco,
que sería apartado de esa
fuerza por un robo.

Daniel Gibbon y su
esposa quedaron en
posición incómoda tras la
muerte de Evans y Wilson.

Capítulo 8
Wild West Show

"Se encuentran en esta localidad muchos compradores de ganado interesados en concurrir a la feria que comenzará mañana", informó el 16 de diciembre de 1905 un periodista del diario rosarino *La Capital* destacado en Villa Mercedes, provincia de San Luis. Un total de 23.669 cabezas procedentes de campos de Santa Fe, Córdoba, Buenos Aires y San Luis sería parte de una subasta a realizarse durante cuatro jornadas y que tenía un carácter de cita obligada para los estancieros y grandes comerciantes de una amplia región.

A principios del siglo XX, Villa Mercedes, en el oriente de San Luis, se perfilaba como una de las principales poblaciones emergentes con el desarrollo del país. A noventa y cinco kilómetros de la capital provincial, la importancia de la localidad surgía de su ubicación geográfica, que se revelaba estratégica en los nuevos rumbos de la economía regional: por un lado constituía un lugar de paso para el tráfico de carros que llevaban mercaderías entre La Pampa y Córdoba; por otro, con el ferrocarril, estaba vinculada a Buenos Aires y Rosario.

El camino había sido transitado desde principios del siglo XIX por viajeros atraídos por las minas de oro de La Carolina, al norte de la capital provincial. El relato publicado en 1826 por el capitán inglés Francis Bond Head, nombrado director de la Compañía Minera del Río de la Plata, circuló como texto de referencia entre los lectores de habla inglesa y, entre otros, llegó a los oídos primero y luego a las manos de George Musters, el iniciador de las exploraciones modernas en la Patagonia. Pero la actividad económica de Villa Mercedes –aunque en 1902 se habían descubierto nuevos yacimientos en el paraje Santo Domingo–, hallaba su máxima expresión en las ferias ganaderas, que se realizaban durante varios días y hacían del pueblo un lugar de encuentro y un centro de negocios.

El comercio de hacienda que se desplegaba en esas ferias tenía su contracara en un tráfico ilegal igualmente intenso. El abigeato era un mal crónico, y el tema recurrente de las quejas de los estancieros locales. Existían en el centro del país bandas de cuatreros con un notorio grado de organización, capaces de conducir grandes arreos en diferentes rutas, desde Córdoba a La Rioja y desde Pampa Central (actual provincia de La Pampa) a Chile. El problema remitía a los últimos años del siglo XIX y revelaba cuestiones sociales graves: en junio de 1901, por caso, se descubrió una red de bandidos rurales integrada por policías y que gozaba de la protección de autoridades políticas.

Entre los desconocidos atraídos por la feria de diciembre de 1905 se hallaban cuatro norteamericanos. Se ignora si cambiaron sus nombres, como les gustaba hacer, o si utilizaron aquellos por los que eran conocidos. La identidad de dos de ellos está fuera de discusión: eran Butch Cassidy y Harry Longabaugh. El tercero habría sido Robert Evans, antes Hood. Y el restante es un enigma: pudo tratarse de Etta Place o de un hombre, tal vez Grice, el ex conductor de carros cuyo paradero fue un misterio después de participar en el robo al encargado de almacenes de la Compañía de Tierras. Las versiones de la época coincidieron en señalar que el grupo estuvo en Villa Mercedes alrededor del 15 de diciembre. Las circunstancias y los detalles de su llegada no fueron determinados con precisión. Según una versión atribuida a descendientes de empleados ferroviarios, retomada de otros compañeros que a su vez la escucharon de quienes supuestamente conocieron a los testigos, Butch y sus amigos viajaron en tren, con sus caballos. El viaje se demoró porque en el camino se les ocurrió dar un baño a los animales; y al apearse en Villa Mercedes, el jefe de estación los recibió con honores y un discurso, como si fueran personalidades (típica exageración de los relatos sobre bandidos). Otros suponen que debieron llegar a caballo, sin hacer tanta ostentación y que si bien tardaron en mostrarse por el pueblo no perdieron el tiempo en inútiles reuniones sociales. En los dos casos se ignora de dónde procedían.

Ese dato importa, porque es muy poco lo que se sabe sobre la actividad previa del grupo y en particular sobre el momento en que Butch volvió a reunirse con sus compañeros tras dirigirse a Buenos Aires. Según un informe de la Agencia Pinkerton de enero de 1906, un empleado del correo de Pennsylvania encargado de leer la correspondencia de la familia Longabaugh informó que Sundance había tenido un problema con el gobierno de Chile, pero que lo había arreglado con el pago de una suma de dinero y la ayuda de Frank Aller, el cónsul norteamericano en Antofagasta. Sundance, agregaba el espía, usaba entonces el seudónimo de Frank Boyd y tras superar el percance había decidido cambiar de aire, regresando a la Argentina. Se presume que lo acompañaban Etta y Evans.

Como suele ocurrir con los testimonios sobre los bandidos norteamericanos, el reporte contesta un interrogante y abre otros dos. No hay datos sobre el incidente con el gobierno de Chile. Tampoco queda claro si Sundance estaba entonces en Antofagasta, en el norte de ese país. Los hechos debieron ocurrir entre julio y septiembre de 1905. A fines de junio, como se vio, él escribió desde Valparaíso a Daniel Gibbon sin mencionar nada al respecto (y por añadidura anunciaba un viaje a los Estados Unidos); entre septiembre y octubre, de acuerdo con versiones periodísticas, estuvo por primera vez en Villa Mercedes junto a sus compañeros y de paso hacia el sur. Al margen de la cuestión, es significativo el hecho de que Sundance haya logrado interesar al cónsul norteamericano por su suerte; la anécdota evoca las buenas relaciones que supo mantener en Buenos Aires con George Newbery, el dentista-diplomático-estanciero, y se proyecta en lo sucesivo, ya que Aller estaría al tanto de sus pasos siguientes –o trataría de averiguarlos–.

Los norteamericanos no pasaron inadvertidos en Villa Mercedes, menos por su origen que por aquello que decían ser: inversores con poder económico. Creaban una ficción que luego continuarían los demás, ya que a poco de partir sus acciones comenzaron a ser recreadas a través de múltiples comentarios. Según una versión, se alojaron en el Hotel Young, ubicado en las calles Balcarce y Riobamba, a poco más de una cuadra de la sucursal del Banco de la Nación y para disfrutar de las mejores comodidades disponibles. La verdad sería exactamente al revés de acuerdo con otro relato: como *cowboys*, preferían la vida rústica, por lo que hicieron campamento en una estancia de la familia Luna (sin pedir permiso, agregan los comentaristas, quizá para disculpar al dueño de casa). Si se cree en las historias tramadas en el tiempo, uno de los recién llegados demostró ser un notable jinete, "al extremo –dijo *La Prensa*– de dejar admirados a nuestros paisanos con sus proezas". El desconocido "ensillaba potros con la mayor naturalidad". El asombro de los lugareños se redobló días después, cuando supieron que ese hombre era una mujer, y que esa mujer, Etta Place, era buscada por la justicia.

Según un diario local, Cassidy y sus amigos se presentaron como "estancieros ingleses". Llegaban a Villa Mercedes al igual que tantos otros interesados en comprar buena hacienda. No había por qué sospechar de ellos. Las autoridades del pueblo, por otra parte, estaban absorbidas por las intrigas políticas: se esperaba de un momento a otro la revolución que depusiera al gobernador Benigno Rodríguez Jurado. El jefe político del departamento, Belisario Olivera, era hombre precavido y enemigo de las sorpresas: había ordenado extremar la vigilancia en la calle y reforzar la custodia en la jefatura de policía para prevenir el levantamiento.

Ajenos a tal situación, los norteamericanos alternaron en confiterías y hoteles con los hacendados y los comerciantes importantes de Villa Mercedes. Eran "cuatro forasteros bien plantados, buenos mozos e irreprochablemente vestidos con elegancia, que llamaban la atención –anotó el enviado de *La Capital*–. Se les vio en todas partes y a todas horas, inspirando simpatías su amabilidad exquisita y su confianza". No deberían ser del todo desconocidos, ya que según diversos testimonios tiempo antes habían pasado por el pueblo y recorrido la zona, algo que, como demostraron, les sirvió para conocer los caminos y las características físicas de la región. Las versiones divergen respecto a las explicaciones que entonces daban: decían ser agrimensores, o inversores en busca de tierras o de hacienda, o estancieros, o representantes de empresas multinacionales.

Concurrían al hipódromo de Villa Mercedes, donde se hacían los remates de hacienda, durante el día, y por la noche se los veía en los fogones de la Plaza del Seis, playa rodeada de barracas y posadas en que acampaban los troperos. Y entre tantas recorridas debieron pasar frente al Banco de la Nación, ubicado en el centro del pueblo, a dos cuadras de la jefatura de policía. La feria ganadera también alteraba la rutina de la sucursal, por donde circulaba en esos días una cantidad de dinero mayor que la habitual. El trabajo mantenía ocupado al gerente Federico Hartlieb, un alemán llegado con la recomendación de la Banca Tornquist y que vivía con su familia en una casa adyacente. El gerente era aplicado y riguroso; no descuidaba detalle, ni siquiera el hecho de tener un arma al alcance de la mano para hacer frente a lo inesperado. El cuidado no estaba de más, cuando ya habían comenzado los asaltos a bancos en la Argentina. Y había una especie de antecedente local: en marzo de 1903 un cajero de la sucursal había sido puesto en prisión tras robar el dinero del tesoro.

En la mañana del 19 de diciembre, los vecinos vieron a los norteamericanos en una confitería situada a dos cuadras del banco. Tomaron whisky, charlaron, gastaron sin preocupación su dinero, quizás a cuenta de lo que pensaban ganar. Allí los vieron "hablando recio y riendo con frescura", según *Caras y Caretas*. Acaso Cassidy sentía nostalgia, o tal vez quiso reeditar momentos felices: su primer gran golpe, el asalto al Banco San Miguel, en Telluride, estuvo precedido por unos tragos compartidos con sus amigos Matt Warner y Tom McCarty en una cantina próxima, los tres como vaqueros en un día de cobro. A las diez y media levantaron la alegre mesa y salieron en busca de sus caballos.

Los cuatro marcharon entonces rumbo a la sucursal del Banco Nación, "bien montados y armados a máuser", de acuerdo con las crónicas. Uno de ellos –Etta Place, dicen– permaneció con los caballos en la calle mientras los otros ingresaron en el edificio.

Ese mismo día, la *troupe* de *cowboys* del empresario Morgan hizo una exhibición reservada a la prensa e invitados especiales en la Sociedad Sportiva (actual Campo Argentino de Polo), en el barrio de Palermo. La publicidad describía a un conjunto de vaqueros con habilidades extraordinarias en el manejo del lazo y el arte de la doma. Los argentinos no se reconocían en ese espejo: los norteamericanos usaban un lazo corto y de cuerda de cáñamo (no de cuero, como los gauchos) y en vez de anudarlo a la cincha lo recogían en rollo y ataban a un pico de la montura; desconocían el poncho y trabajaban con enormes sombreros de fieltro. "Por lo general puede decirse que su manera de tratar la hacienda es muy diferente de la nuestra (...) –dijo *La Nación*–. Nuestros hombres de campo enlazan a veces a veinte metros de distancia, con su lazo que *arma*, por ser de cuero, mientras que los *cow-boys* se ponen casi a la par del animal y dejan caer el lazo, sin tirarlo (...) Enlazan por el pescuezo, lo cual, entre nosotros, sería propio de un chambón. Pero hay un porqué en esto: el *cow-boy*, una vez enlazado y volteado el animal, se apea, y mientras el caballo, ya baqueano, mantiene el lazo en tensión, el jinete precipitadamente manea el animal caído". Los vaqueros no "pechaban" la hacienda con el caballo para hacerla rodar: "Guían y enderezan los animales con la voz, emitiendo un sonido gutural, algo así: glu, glu, glu".

Tanta destreza era una provocación. "Esto toca uno de los lados sensibles del amor propio de nuestros criollos –advirtió *Caras y Caretas*–. Se asegura que harán todo lo que hacen éstos, en menos tiempo y con mayor destreza." No obstante, el público, aunque picado por la curiosidad, recelaba de la propaganda. Esas habilidades, comentaba la prensa, se habían desarrollado con animales más bien inofensivos, o por lo menos no tan cerriles como aquellos con los que se formaban los gauchos. Y el equipo de *cowboys* provocaba sonrisas: usaban un sobrepantalón de cuero a fin de no destrozar la ropa y guantes para cuidar las manos, como si fueran a dar un paseo en vez de trabajar.

Spencer Jowell, Clay McGonagill, Len Driver, I. Driver, W. Connell, Willy Hill, Will Pickett y el domador Joe Gardner integraban la selección norteamericana. Las burlas y la desconfianza terminaron en cuanto salieron al ruedo. "El sistema adoptado por los vaqueros de Texas para los trabajos de campo", como decía un diario, se revelaba tan duro y difícil como el de los pasmados criollos. Pero el público se negó a ser un simple espectador. "Un grupo de oficiales del Ejército –dijo *Tribuna*– resolvió tomar a pecho el espectáculo, asignándole proyecciones patrióticas (...) En consecuencia, se lanzaron soldados a la plaza, afanosos de demostrar que los *cowboys* resultan porotos de mala cosecha comparados con nuestros jinetes."

El *Wild West Show* –como se promocionó el espectáculo– continuó en los días siguientes con una serie de presentaciones. "Se han anotado algunos criollos resueltos a disputar a los jinetes extranjeros su superioridad en las faenas camperas", apuntó *Tribuna*. Los vaqueros se midieron con esos gauchos en carreras, enlaces y domas y, de acuerdo con el *Buenos Aires Herald*, los pusieron en ridículo: "O los *cowboys* son muy superiores a los jinetes y vaqueros comunes o los gauchos que se presentaron son poco representativos de lo que se hace en la pampa (...) La jineteada de los *cowboys* fue intrépida y temeraria: hicieron precisamente lo que quisieron con los caballos y los novillos". Will Pickett asombró a la concurrencia con su número de lucha cuerpo a cuerpo con una res, a la que terminaba por morder y sujetar por el hocico. Es posible que los premios en dinero en efectivo que ofrecían los organizadores hayan atraído a algunos oportunistas; la representación local mejoró en los siguientes *shows*, con la inclusión de gauchos correntinos y orientales, entre los cuales se hallaban paisanos de cierto nombre, como los hermanos Reyes, José Giménez, M. Quintero y Pedro López. Pero los nativos no pudieron opacar a los gringos. "Los *cowboys* tejanos y su espléndida exhibición es el principal tema de conversación después del de las fiestas de Año Nuevo", aseguró el *Herald*.

En la provincia de San Luis, mientras tanto, otro grupo de *cowboys* procedía a su vez a una impecable exhibición al estilo del Salvaje Oeste. Pero allí no había una curiosidad de feria ni un grupo de hombres domesticados. Y el desafío que iban a plantear era mucho más grave: no tocaban al orgullo sino a la seguridad nacional.

El edificio del Banco de la Nación, en Villa Mercedes, estaba rodeado por una verja y se accedía al interior tras cruzar un patio. Se hallaban allí un número no determinado de empleados y un cliente, el italiano Carlos Ricca, que despachaba un giro. Al igual que en el banco de Río Gallegos, el mostrador de atención al público estaba provisto de una reja. Cassidy, Longabaugh y Evans, armados con revólveres y cuchillos, actuaron sin dilaciones. "Dos [de ellos] –dijo *La Prensa*– penetraron en la oficina del tesorero y uno a la gerencia. El tesorero, señor García, no se da cuenta de cómo pudieron con tanta rapidez y agilidad saltar por encima del mostrador y reja que separa su despacho del público. En momentos [en] que sellaba su cheque, saltaron y cuando los vio ya estaban sobre él disparándole tres tiros que felizmente no dieron en el blanco."

Uno de los bandidos se ocupó del cliente Ricca: con un certero *cross* a la mandíbula lo dejó fuera de combate, tras lo cual se apoderó de los billetes que aún tenía en la mano. Otro, una vez que el tesorero quedó reducido por el miedo y los balazos, fue a la caja de atención al público y embolsó el dinero que contenía. El tercero enfrentó al gerente Hartlieb y lo derribó de un golpe en la cabeza. "Los vidrios de la puerta que da paso a la tesorería del Banco quedaron hechos trizas –se lamentó el diario local *El Imparcial*–; la barandilla de rejas muy destruida y en la parte del mostrador, en el suelo, hay una gran mancha de sangre."

Los disparos convocaron a los vecinos. El más decidido fue Ventura Domínguez, un hombre que atendía su escritorio frente al banco y decidió cruzar la calle para averiguar qué era aquel estruendo. Etta

Place –si fue Etta quien se encargó de tener los caballos y cuidar las espaldas de los otros– lo disuadió poniéndole un revólver en el pecho. Domínguez volvió sobre sus pasos, pero no con la idea de esconderse sino de buscar un arma.

El estrépito también atrajo a la escena a Emilia Hartlieb, de diecisiete años, hija del gerente. La chica se acercó desde la parte trasera del edificio, donde estaban las habitaciones de su casa. "Intuyendo que se trataba de un asalto, corrí al dormitorio de mis padres (...) –declaró– y saqué de una mesa de luz el revólver que guardaba papá para cualquier contingencia." Y entró en el banco en el momento en que los asaltantes se retiraban. El padre, tambaleándose, aturdido por el golpe recibido, tomó el revólver que ella le alcanzaba e hizo dos disparos, sin dar en el blanco.

Emilia corrió entonces a buscar el rifle que Hartlieb había guardado en su oficina, en previsión de una circunstancia como la que estaban enfrentando. El portero, hasta entonces inmóvil, lo recibió de sus manos y disparó tres veces, también sin mayor puntería. Y cuando los bandidos montaban en sus caballos reapareció Ventura Domínguez, revólver en mano. Se produjo un intenso tiroteo: apostado en una ventana de su casa, el vecino disparó los cinco tiros de su arma y los otros respondieron, sin que en principio hubiera mayores consecuencias (luego se dijo que uno de los norteamericanos había sido herido, hecho que tal vez ocurrió en este momento). Pero el fuego no detuvo a los bandidos, que huyeron a todo galope. El *Buenos Aires Herald* se refirió al asunto en tono de sátira y recordó a los *cowboys* que actuaban en Buenos Aires: "Aunque los ladrones y los guardianes del banco mantuvieron un nutrido tiroteo durante cuatro largos minutos, sólo dos personas fueron heridas, no por balas sino por golpes con las culatas de los revólveres. Esta exhibición de mala puntería puede divertir a nuestros visitantes de Texas pero es de temer que impulse a otros hombres de aquella calaña a emprender actos similares".

El asalto había transcurrido en quince minutos. Según las cifras oficiales, los bandidos se llevaron 13.623 pesos. No faltaron versiones respecto a que había una cantidad mayor de dinero que fue salvada a último momento, o que sólo tomaron el dinero de una bolsa sin alcanzar una suma mayor guardada en la caja fuerte. Más allá de tales comentarios, el botín pareció escaso (el empleado infiel descubierto dos años antes había logrado alzarse con quince mil pesos) o por lo menos, como se pudo ver, no alcanzó a cubrir las necesidades de la banda.

El nutrido intercambio de disparos y las voces de auxilio de los vecinos, por supuesto, fueron escuchados con nitidez en la jefatura de policía. Se dieron órdenes, hubo voces de alarma, corridas, confusión: en fin, había estallado la revolución contra el gobernador. El comisario de órdenes Domingo Mandaluniz temía un ataque; había que defender la posición para evaluar las condiciones de los oponentes y luego reaccionar. Entonces hizo formar a la tropa y la distribuyó para resistir el asedio de los insurrectos. La jefatura de Villa Mercedes permaneció cerrada hasta el mediodía, con centinelas en las puertas y las azoteas, listos para dar su merecido a los revolucionarios.

"Más que la relación de un hecho –dijo *Caras y Caretas* sobre el asalto–, parece la narración de un cuento fantástico llamado a satisfacer los gustos literarios de la muchedumbre ávida de lo extraordinario." Pero los pobladores creyeron que la policía actuó no por confusión ni por incredulidad sino aconsejada por el miedo. "El comentario público admira tanto la audacia de los fugitivos como la indolencia y [el] *jabón* policial, pues sus hombres, con la idea fija que les persigue, una revolución, han dado lugar a la fuga de los autores de tan atrevido y nunca visto asalto", dijo el diario *La Reforma*, de San Luis. Las burlas y los enfrentamientos entre la prensa y la policía locales continuaron, al punto que a principios de febrero de 1906 dos hermanos policías de apellido Gálvez fueron a pedir cuentas revólver en mano a Saúl Ortiz, director de *El Eco de Mercedes*, quien también tenía un arma para responderles, con lo que se generó un furioso tiroteo.

No obstante, mientras Mandaluniz imaginaba un asalto de los revolucionarios, la gente reaccionó por su cuenta y enseguida se armaron partidas en persecución de los bandidos. Sin saber exactamente qué había ocurrido, Belisario Olivera, jefe político de Villa Mercedes, se lanzó en busca de los fugitivos con dos agentes. "Salieron también seis soldados y el mayor [Cipriano] Sosa, quien montó en pelo en su caballo, cuando los ladrones pasaban por frente a su casa", según *La Prensa*. De acuerdo con el mismo diario, "el pueblo, sin distinción de clases sociales, se presentó a la autoridad ofreciéndose voluntariamente para perseguir a los criminales con medios propios de movilidad, armas, etc. Los cocheros de plaza desataban sus coches ofreciendo sus cabalgaduras. Se han hecho telegramas a Buena Esperanza, San Rafael y San Luis, pidiendo a sus autoridades comisiones armadas". Otras dos partidas se sumaron desde Villa Mercedes, al mando de Regino

Sosa (hijo del mayor) y del comisario Raúl Nievas, mientras desde la capital de la provincia salía un grupo de policías encabezado por el comisario Martín Barreneche. "Los bandidos se verán precisados a caer", pronosticó con excesivo optimismo *La Reforma*.

Cassidy y su grupo escaparon del pueblo hacia el sur. Pasaron por un puente de madera levantado sobre el Río Quinto y siguieron a través de las huellas de carros, entre las estancias Las Toscas y La Otra Banda, hacia el pueblo que actualmente se llama Nueva Escocia, para luego seguir hasta Lavaisse. Allí, a unos doce kilómetros de Villa Mercedes, pararon para hacer un cambio de caballos planeado de antemano. Según la versión policial, en el lugar les dio alcance la partida de Belisario Olivera, a quien se le había reunido el mayor Sosa y sus soldados. Los *cowboys* esperaron un rato sobre sus caballos, observando a sus perseguidores, como si contemplaran una situación a la que eran ajenos, y de pronto, cuando estuvieron a tiro, desmontaron y los recibieron a balazos. Compensaban su inferioridad numérica con mayor poder de fuego: disparaban con carabinas y pistolas máuser contra revólveres. Y alcanzaron con un disparo al caballo de Olivera, hecho que de momento impidió, en este relato de los sucesos, continuar la persecución.

Otra versión indicó que el encuentro se produjo en el paraje Las Encadenadas, una zona de lagunas distante treinta y cinco kilómetros del pueblo y que tuvo un desarrollo muy diferente. "Dos de los ladrones –expuso *La Reforma*– recibieron [a] la partida a tiros de carabina Winchester mientras los otros dos continuaban con la tarea de ensillar caballos, y la policía, en vista de este recibimiento y de la puntería certera de los tiradores, optó por virar en redondo y volver todos al pueblo, con el cuento de traer más gente." Además podían servir para otra guerra; de hecho, el fantasma de la revolución contra el gobernador no se había disipado.

Los fugitivos habían preparado cuidadosamente su escape, no sólo por la prevención de los caballos de refresco sino por la ruta elegida. Se abrieron paso en un área cenagosa y de difícil acceso, donde unos veinte espejos de agua e isletas espesas de chañares y caldenes ofrecían un sitio ideal tanto para ocultarse como para confundir a los perseguidores. Se cuenta que incluso hicieron ataduras en los pajonales, para obstaculizar la marcha de las partidas y que a su paso dejaron bolsas vacías del banco con el fin de inducir otros recorridos.

Al día siguiente los bandidos emprendieron una larga cabalgata hasta llegar, al atardecer, a los alrededores de Batavia, en la línea del ferrocarril que unía Buena Esperanza con San Rafael (Mendoza), cien kilómetros al sur de Villa Mercedes. "A última hora –informó *La Prensa*– se ha sabido que uno de los asaltantes va herido, al extremo de que los compañeros tienen que ensillarle el caballo cuando mudan." El mayor Sosa continuaba la búsqueda con el comisario Molina, el vecino Balbín Zavala y los soldados Álvarez y Suárez. En el camino encontraron, tendidos sobre un poste, dos impermeables supuestamente abandonados por los fugitivos. No obstante, los bandidos conservaban su ventaja después de comprar caballos frescos en la estancia La Ventura (tal vez para evitar equívocos, los dueños dijeron que se los habían robado). La policía de Mendoza se sumó a la búsqueda y por precaución cerró el paso cordillerano de Uspallata.

El rastro se perdió cuando, se supone, los bandidos vadearon el Río Salado, en la provincia de Mendoza. "Cuatro días de persecución de cerca y se ignora, sin embargo, a punto fijo, la situación de los bandoleros", dijo en Buenos Aires el diario *Tribuna*, que exhortaba a la policía puntana a "confesar que la persecución se hace de lejos"; caso contrario, "tendríamos que convenir en que los fantásticos forajidos poseen cualidades sobrenaturales y estamos en presencia de una edición real de las aventuras que cuenta Conan Doyle". Más allá de la impericia o el temor de los perseguidores, los bandidos vieron facilitada la fuga por una lluvia torrencial que anegó la zona en la noche del 22 de diciembre. De regreso de las orillas del Río Salado, el mayor Sosa dijo que los norteamericanos incendiaron campos, para obstaculizar el seguimiento y confundir sus rastros, y que cada vez que se desprendían de un caballo le pegaban un tiro. Es difícil creer esto último, teniendo en cuenta la especial dedicación tanto de Cassidy como de Longabaugh en el cuidado de los caballos.

El día siguiente hubo un giro crucial en el relato de los hechos. La policía de Buenos Aires entró en escena para informar que los asaltantes de Villa Mercedes (y de Río Gallegos) debían ser Cassidy, Longabaugh, Etta Place y Harvey Logan, "por su especialidad de salteadores de trenes, bancos y establecimientos públicos, a mano armada y en pleno día, por su estada en el país y desaparición coincidente con la ocurrencia de tales hechos", según el pedido de captura del jefe de policía porteño, coronel Rosendo Fraga.

El parte policial proporcionó descripciones bastante exhaustivas de los buscados. Sólo parecían pobres las referencias sobre Etta, reducidas a los rasgos más salientes (este déficit de información sería compensado por la imaginación de testigos y periodistas). "El bigote es muy pequeño –decía a propósito de Cassidy–, rubio claro, [es de] mandíbulas fuertes, tiene dos cicatrices cortantes en la parte posterior de la cabeza, otra pequeña debajo del ojo izquierdo y un pequeño lunar pigmentado en la pantorrilla." Longabaugh "tiene facciones correctas, asemejándose al tipo griego; acostumbra a peinarse con cuidado". Logan "habla despacio, es de modales discretos y tranquilos, tiene los brazos notablemente largos, una cicatriz de bala en una de las muñecas y dos del mismo origen en las espaldas y en el hombro izquierdo que a consecuencia de los vendajes ha quedado más bajo". Los cuatro mostraban algo en común: "Son notables tiradores de armas de fuego y dados sus antecedentes criminales, entre los cuales figura la muerte de oficiales y agentes de policía que los han ido a arrestar se aconseja la mayor suma de precauciones y de energía para tomarlos, porque es seguro que se resistirán sabiendo que tienen puestas a precio sus capturas en Estados Unidos".

La versión fue difundida el 24 de diciembre a través de los diarios porteños, con las fotos, antecedentes y características físicas de los acusados. Los datos históricos y la ficción se anudaron en los relatos de la historia previa: en el robo al banco de Winnemucca, dijo *La Prensa*, "Miss Place había recibido el encargo de quedarse en la calle cuidando de los caballos en que iban montando los ladrones". También se mencionaron los asaltos al tren en Malta, Montana, y al banco de Belle Fourche, Dakota del Sur. "En esos hechos hay muchos puntos de contacto con los que se han realizado en los bancos de este país", agregó el mismo diario. La policía porteña, advirtió por su parte *La Nación*, sabía que Longabaugh y Cassidy, "individuos peligrosísimos", estaban radicados en el país; "con tan recomendables sujetos se hallaban en el lejano sur otros salteadores de antecedentes parecidos".

Lo que era una sospecha se convirtió en el acto en una certeza que no requería ninguna prueba. No obstante, la presencia de Butch y Sundance se deduce de diversos testimonios y sobre todo de un golpe idéntico al de Río Gallegos y que mostró la firma de sus autores, con el plan que combinaba una actuación previa para familiarizarse con el lugar y disipar sospechas y una ruta de escape preparada con caballos de refresco. Evans pudo haber participado, porque habría estado en Chile antes del robo, después fue visto en compañía de Sundance y según la tradición actuaba bajo las órdenes de éste y de Butch. La identidad del cuarto integrante de la banda es un interrogante todavía abierto.

El coronel Fraga y el jefe de la comisaría de Investigaciones, José Gregorio Rossi, aportaron a la prensa los datos mencionados, que en realidad no era sino el material entregado por la Agencia Pinkerton (un *dossier* con fotos, fichas de antecedentes y revistas y periódicos norteamericanos donde se contaban historias de La Pandilla Salvaje) y mantenido en secreto durante más de dos años. Se supo que el ex jefe de policía Francisco de Beazley "mandó a los prontuarios de la comisaría de Investigaciones toda la curiosa historia". Es decir que sólo se preocupó por dejar registro. Las dudas sobre la actitud de la policía porteña se reforzaron ante "la circunstancia de haber recibido el comisario Rossi informes de personas que residen al sur de Chubut", lamentablemente no identificadas. Tales datos aludían a la partida de los norteamericanos de Cholila. Cabe anotar que el prontuario policial (al igual que la cédula de identidad) fue una creación del propio Rossi que la policía adoptó de manera oficial en octubre de 1905.

El énfasis puesto en destacar que los hechos no habían ocurrido en jurisdicción de Buenos Aires hace pensar que la policía se vio apremiada por los acontecimientos; como excusa era insostenible, ya que la policía de la capital gozaba de la potestad y contaba con personal y medios técnicos (desde 1904 incorporó el sistema de identificación dactiloscópica de Juan Vucetich) para desarrollar actividades de inteligencia y medidas de orden en todo el territorio nacional. Y "para aclarar un punto que puede parecer un poco oscuro", debió exhumar una historia oculta. Así se explicó que en 1903, tras la visita del agente Frank Dimaio, la policía de Buenos Aires había incorporado a su archivo los datos sobre la banda de Butch Cassidy e iniciado una investigación. No existía pedido de extradición y los bandidos, hasta ese momento, se portaban como personas honestas. La policía de Investigaciones, respetuosa del derecho, desistió de hacer mayores averiguaciones y los dejó tranquilos. Sorprende la demostración de espíritu liberal en una fuerza que emprendía con entusiasmo la caza de extranjeros para aplicar la ley de residencia y expulsarlos del país. Los norteamericanos no tenían el perfil ideológico de los que eran juzgados "indeseables", pero habían cometido graves delitos y el meticuloso comisario Rossi estaba al tanto. La libertad de que gozaron sólo puede explicarse, según se dijo en otro capítulo, por la intervención de alguna personalidad influyente como George Newbery, amigo íntimo de Julio A. Roca.

La difusión de los datos aportados por la Pinkerton determinó, en buena medida, la forma en que los hechos fueron relatados. En particular, señaló el punto de partida de una serie de "testimonios" que ubicaron a Harvey Logan, quien no pudo participar en los asaltos porque ya no estaba en este mundo, después de preferir el suicidio a caer en manos de la ley. Logan ni siquiera viajó a la Argentina, pese a que Cassidy se lo habría propuesto. Pero los detectives de la Pinkerton todavía no habían identificado sus restos y el pedido de captura se mantenía vigente. Y la resurrección fue confirmada por el *New York Herald*, que el 23 de septiembre de 1906 informó a sus lectores sobre el asalto en Villa Mercedes, con una crónica tan ficticia (Butch y Logan también habían asaltado al pasajero de una "diligencia" en la montaña, para luego arrojarlo a un precipicio junto al conductor) que la mención del pistolero muerto resultaba un detalle.

La inclusión y el "reconocimiento" de Etta Place por parte de varios testigos se produjo asimismo a partir de este momento. Antes de la publicación de su foto, nadie había advertido ni sospechado que uno de los cuatro bandidos que llegaron a San Luis en diciembre de 1905 podía ser una mujer. Esta circunstancia no excluye la posibilidad de que Etta haya participado en el asalto: pudo haberse disimulado, ya que vestía con ropas masculinas. Y la Agencia Pinkerton divulgó un retrato dibujado que la muestra con el pelo recogido y peinada como hombre.

Etta Place concentró la atención de los diarios: "Es una interesante mujer –se lee en una crónica–, muy varonil, que lleva con toda corrección el traje masculino (...) Es gran jinete; maneja con precisión todas las armas de fuego (...) tiene un valor a toda prueba". Como un eco, los testigos repitieron las mismas anécdotas, sobre su habilidad en el uso de las armas y su destreza de amazona. Y la participación que se le adjudicó en el asalto responde al típico lugar de las mujeres en las historias de bandidos, donde suelen ser, además de amantes, colaboradoras o enlaces con el mundo exterior. La propia Agencia Pinkerton, por otra parte, se convirtió en objeto de curiosidad para la prensa y la opinión pública: su origen y sus misiones fueron motivo de relatos de tono novelesco.

Un hilo delgado vincula a Etta con el robo de Villa Mercedes: el testimonio del dueño de la confitería donde pararon los bandidos antes de irrumpir en el banco. El testigo resulta creíble porque identifica además a Longabaugh y Cassidy y excluye a Logan (lo más lógico en una persona sugestionada o bajo presión sería un "reconocimiento" general y sin dudas). El dato parece insuficiente para confirmar su participación, y a la vez impide afirmar de modo tajante su ausencia. Si la inclusión de Etta entre los asaltantes fue inducida por la difusión de los pedidos de captura, el último dato cierto de su existencia está en la carta de Sundance de junio de 1905, donde éste anuncia el viaje junto a su esposa hacia San Francisco. Sin embargo, otra declaración atribuida a Sundance, como se verá, situó a Etta en esa ciudad norteamericana recién en abril de 1906.

El periodismo influyó además en la obtención de "testimonios". Es necesario tener en cuenta que en esa época el crimen y los criminales constituían el núcleo de un género de crónicas que venía definiéndose desde fines del siglo XIX y acusaba gran popularidad con sus investigaciones y reportajes. La competencia por la noticia exclusiva e impactante llevaba a que muchas veces los periodistas pretendieran adelantarse a la policía y la justicia en la averiguación de los hechos. En este marco, la aparición de los bandidos norteamericanos en cierto sentido significó una salida de las normas, ya que la prensa porteña había desarrollado una línea de atención a "casos célebres" heredada de los periódicos franceses y que atendía a los fenómenos del bajo mundo de las grandes ciudades y a los desarrollos científicos que intentaban explicarlos. El robo en Villa Mercedes introducía algo desconocido: una "moda importada", una "forma exótica del delito contra la propiedad", en fin, el "sistema yanqui de asaltos", como dijo *La Nación* al presentar la historia.

La Prensa consideró que su cobertura del robo en Villa Mercedes constituía una demostración "de la eficacia del periodismo moderno y de su colaboración para el mejor éxito de las pesquisas policiales". Tal afirmación se justificaba en el reconocimiento realizado por el dueño de la confitería en las fotos que publicaba en sus páginas. Ocurría que no todos los medios gráficos estaban en condiciones técnicas de reproducir fotografías; *Tribuna*, que carecía de esa posibilidad, intentó llamar la atención con un supuesto testigo que afirmaba haber visto a los bandidos cuando viajaban en tren a Buenos Aires, pero la primicia terminó en una simple bufonada.

En cambio, *La Prensa* participaba activamente de la pesquisa. Con un sentido moderno, hizo que su corresponsal en Chubut se dedicara a investigar la vida previa del grupo, para lo cual contó con la entusiasta colaboración del ex comisario Eduardo Humphreys. Y el corresponsal en Villa Mercedes remitió a Buenos Aires uno de los impermeables abandonados por los bandidos y varias cápsulas de balas disparadas en el asalto. En la redacción, los subcomisarios Supervielle y Laguarda hicieron hablar a esos testigos mudos: las cápsulas eran de revólver y carabina, mientras que el abrigo "ha sido confeccionado en Norte América [sic]. Es para uso de jinete con aplicación de paños para cubrir las piernas. Los prófugos han tenido la precaución de arrancarle del cuello la inscripción de la procedencia". Es decir, el mismo tipo de atuendo usado por los *cowboys* que se presentaron en la Sociedad Sportiva. El diario proclamó victoriosamente que Felipe López, capataz de la estancia La Ventura, reconocía también en los retratos que publicaba a un grupo que supuestamente había parado en el establecimiento antes de lanzarse al robo. "Agrega que hicieron compras variadas en la estancia, entre otras de buenos caballos, los mismos que seguramente utilizaron luego para la fuga." No obstante el propio cronista reconoció que la versión "puede ser la resultante de la sugestión", ya que el hombre decía que Ryan había dejado una carta firmada como John James, circunstancia y nombre que no se ajustaban a los datos conocidos.

A su vez *La Nación*, que también reprodujo las fotos de la Pinkerton, aportó como novedad el reconocimiento de uno de los bandidos en Rosario. El 26 de diciembre, el diario de los Mitre informó que la dueña de un hotel había reconocido –por una de sus fotos– a Harry Longabaugh. Tres días después, según otra crónica, la testigo dijo que se trataba de James Ryan. Esa contradicción puede explicarse por una errata del diario: al publicar las fotos, el día 24, *La Nación* confundió a Sundance con Butch en sus epígrafes. Es decir, la hotelera reconoció las dos veces a Butch, primero con el nombre equivocado, inducido por el diario, y luego con su seudónimo de Ryan (como se dijo, el testimonio estaba respaldado por los registros de la policía de Rosario).

Mientras tanto, los bandidos se habían esfumado. El coronel Fraga pidió al gobierno de Chile que pusiera vigilancia en los pasos de la cordillera, para cortar el escape. La policía puntana presumía que ya habían cruzado la frontera, pero no existían datos ciertos al respecto. "El jefe que los había seguido hasta cerca de Chile [dijo] que podían estar contentos los pobladores de San Luis y Mendoza porque los bandidos se habían ido a Chile, que allá estarían –escribió en sus memorias Lucio Ramos Otero–. Que en un real [campamento] que habían hallado cerca de la frontera habían encontrado un tiro al blanco donde habían hecho varios centros como para intimidar a los que seguían."

La fuga adquirió características fabulosas en algunas crónicas. Se decía que los bandidos conocían el camino tanto como los baqueanos de la región. "Tienen dispuestos cada cierto número de leguas todos los elementos necesarios para proseguir la fuga –imaginó *La Prensa*–. Uno o más peones los aguardan listos en sitios estratégicos y muchas veces se les unen (...) En las paradas que efectúan uno de los de la partida queda de vigía a dos o más cuadras de distancia, observando el horizonte con un anteojo de largavista." Quizás el que compraron en Río Gallegos antes de asaltar el Banco de Tarapacá.

Y fue un ex periodista quien aportó la siguiente novedad. Romualdo Pizarro había cambiado su antiguo oficio por el de comisario. En Río Colorado, Territorio de Río Negro, había abordado el tren que iba de Bahía Blanca a Neuquén. En la estación, antes de subir al coche, un vecino le llamó la atención sobre tres forasteros que integraban el pasaje. Eran dos hombres y una mujer. Tenían todo el aspecto de ser norteamericanos, como los buscados por el robo de Villa Mercedes. Llevaban armas, lo que significaba que no se trataba de simples comerciantes. Y acusaban un parecido notable con las fotos que publicaban los diarios.

Pizarro no perdió pisada de los sospechosos durante el viaje. Estaba en inferioridad de condiciones y provocar un incidente en el tren, dados los antecedentes de los sospechosos, podía tener un final trágico. Resolvió esperar y mantener la vigilancia. El 7 de enero, cuando el tren llegó a Neuquén, desembarcó tras ellos y los siguió hasta un hotel, donde los pudo detener con refuerzos de la policía local.

Los forasteros no sabían castellano, y con gestos indicaron que no entendían el motivo de su detención. Pero uno de ellos se veía casi idéntico a la foto de James Ryan y los mantuvieron demorados. Y cuando la policía consiguió un intérprete debieron presentarse y contar sus historias. Se llamaban Jorge Hardy, Rufus May y Kemp L. Hwa y habían viajado en barco desde San Francisco, en Estados Unidos, a Valparaíso, para luego emprender un largo periplo en tren hasta Bahía Blanca. Testigos de esta ciudad confirmaron que habían abordado allí el tren en que los sorprendió el comisario Pizarro. Aclarada la confusión, quedaron en libertad.

La ocasión fue aprovechada además por Eduardo Humphreys, quien ventiló el profundo rencor que guardaba al gobernador Lezana. El ex comisario reveló que los bandidos eran responsables de los robos a la Compañía de Tierras y del banco de Río Gallegos y que habían sido anfitriones de Lezana. El ex protector de Butch y Sundance se presentaba ahora como investigador ("todo esto fue descubierto por el ex comisario Humphreys") y rabioso guardián de la ley, perjudicado por la burocracia. Ahora pretendía haber renunciado a su puesto porque le negaban "los elementos necesarios para efectuar estas capturas". Si la maniobra apuntaba a lograr un reacomodamiento, el ex comisario sumó una nueva frustración, ya que en febrero de 1906 el gobierno de Chubut designó a Milton Roberts para cumplir funciones en la comisaría de la Colonia 16 de Octubre, donde, como vimos, ya había actuado cinco años antes, gestionando las marcas de hacienda para Cassidy y Longabaugh.

A fines de enero de 1906 corrió la versión de que los bandidos se escondían "en una isla de la provincia de Mendoza, formada por dos brazos del río Desaguadero". Todavía andaba por la región una partida de búsqueda, que había salido desde Pampa Central y regresó el 20 de febrero al punto de partida con el mismo resultado que las demás. De acuerdo con las versiones periodísticas, al vadear el Río Salado, Cassidy y sus compañeros construyeron o se proveyeron de una balsa de madera y jarilla y "para que flotara le colocaron a los costados varias botas infladas de las que se usan para guardar vino". Allí trasladaron las provisiones, mientras ellos cruzaban a nado. Un lugareño no dio crédito a sus ojos, ya que "había una mujer con traje de hombre". Por otra parte, "uno de los bandoleros iba herido en el brazo derecho, que llevaba envuelto en un impermeable"; quizás ellos mismos se habían encargado de atenderlo, ya que no hay indicios de que hubieran detenido la marcha o pedido ayuda. Luego, tomaron cuatro caballos de la población (como se llamaba a los puestos rurales que nucleaban a familias) de un vecino y compraron mercaderías por sesenta pesos en el boliche de un tal Eleuterio Yofré. "Aquí se pierde el rastro –apuntó *La Prensa*–, pero se sospecha con fundamento que los bandoleros cruzaron la cordillera y se internaron en Chile."

Sundance había dicho en su carta de despedida a Daniel Gibbon que no deseaba ver Cholila "jamás". Sonaba terminante, pero la frase parece haber sido disparada en un momento de irritación. El disgusto pasó, o quizás hubo razones más fuertes: el deseo de dejar sus asuntos en orden o la necesidad de reforzar el botín obtenido en Villa Mercedes. Lo cierto es que en abril de 1906, cuando el eco del comentario popular aún llevaba y traía los hechos del resonante asalto, "volvió a este paraje Enrique Place, a quien acompañaba Hood". El testimonio fue de Wenceslao Solís, el ex peón de la banda, el hombre más cercano a los norteamericanos entre los pobladores nativos.

Para Solís el regreso no tenía nada de sorprendente. "Cuando habían salido de Cholila –dijo– Ryan y Place habían dejado doscientos capones y treinta yeguas que tenían a medias con la Compañía de Tierras del Sur, a cargo de Daniel Gibbon, y Place volvió a Cholila con el objeto de vender los capones y la parte que les correspondiera en el aumento de las yeguas". Daniel Gibbon destacó por su parte que Sundance "vino exclusivamente a buscar dinero"; el botín de Villa Mercedes se revelaba insuficiente para los gastos de la banda.

Place y Hood, agregó Solís, "se hospedaron durante unos doce días en la casa de Mansel Gibbon". El hijo de Daniel Gibbon, como se mencionó, había trabajado en la cabaña de los norteamericanos –en una ocasión le había practicado curaciones, cuando "Place estaba herido en la muñeca"– y poco después haría su propia fama como bandido. Daniel Gibbon, en tanto, acudió a intercambiar novedades y quizá también a rendir cuentas, en su carácter de depositario y encargado de la venta de los últimos bienes de Butch y Sundance.

No obstante, en su posterior declaración policial, Gibbon atribuyó esas gestiones a su hijo, que por entonces se mantenía prófugo y no tenía deseos de aclarar nada ante la ley. John C. Perry, el ex *sheriff* de Texas vinculado con el hacendado Jarred Jones, apareció una vez más en tratos comerciales con la banda de Cassidy. Sundance, declaró Gibbon, "estuvo en la casa de Alejandro Villagrán [el hombre que los asistía cuando se escondían en la montaña] y de Mansel (...) Mansel había vendido todas o la mayor parte de sus ovejas a Juan Perry y su importe íntegro (...) se lo entregó Mansel a Place, más cien pesos que pidió prestados al finado Stone". El bandido no le había devuelto el dinero, pero gozaba de la confianza de Gibbon: "Tengo plena seguridad que lo hará", dijo. Otras versiones, quizá para desligar de incómodas relaciones al ex *sheriff*, vecino respetable de Cholila y luego promotor de iniciativas comunitarias, aseguraron que las ovejas fueron vendidas al maestro

Vicente Calderón. Pero el propio Perry, quizás a regañadientes, reconoció ante la policía que había comprado otras trescientas ovejas pertenecientes a Ryan y Place y de cuya venta estuvo encargado Daniel Gibbon.

Wenceslao Solís también recordó el rol de intermediario de Mansel en la venta de las ovejas, aunque consignó que las crías de las yeguas quedaron en poder de Daniel Gibbon. Antes de partir junto a Evans y de perderse de vista para sus amigos de Chubut, Sundance dejó una triste novedad. Se había separado de Etta; ella, dijo, "se encontraba en San Francisco de California". Fue la última noticia más o menos cierta de la misteriosa mujer.

De acuerdo con este testimonio podría inferirse que Etta Place regresó por su cuenta a los Estados Unidos. Este punto de la historia, sin embargo, permanece en las sombras y cifra el enigma de esa mujer que pudo preservar el secreto de su identidad, su origen y su destino y sustraerse a la tenaz persecución de la Agencia Pinkerton, que antes de terminar la primera década del nuevo siglo había prácticamente aniquilado a La Pandilla Salvaje. No hay nada cierto sobre la vida posterior de Etta Place. Entre otros testimonios, Butch Cassidy (según Percy Seibert) dijo que por esta época Sundance la había llevado a la ciudad de Denver para una operación de apendicitis. Después de internarla en un hospital, Sundance se emborrachó y causó destrozos en la casa donde se hospedaba. Antes que el dueño diera aviso a la policía desapareció del lugar, de la zona y del país, para retornar a Sudamérica. La reacción no parece acorde con la dolencia de Etta, por lo que se supone que había una historia oculta: la tradición cuenta que en realidad ella estaba embarazada y se hizo un aborto. Para agregar un giro aun más escabroso a la historia, el responsable no habría sido Sundance sino John Gardner, el maestro escocés tan amigo de Etta, que alrededor de 1906 dejó la Argentina para regresar a Gran Bretaña y radicarse en un pueblo de Irlanda, donde consagró su vida al recuerdo de ese amor imposible.

La reaparición de los bandidos en Cholila, mientras tanto, había llegado a conocimiento de la policía de Chubut, ya que en ese momento Milton Roberts "recibió orden de ir a Cholila para cooperar en la captura de dos norteamericanos por robo en Villa Mercedes". Se trataba, especificó, de "Enrique Place y Hood". Roberts conocía por lo menos al primero, como había explicado en su carta a la Agencia Pinkerton, donde evocó sus conversaciones con Cassidy y

Longabaugh a poco de que llegaran al territorio. La expectativa de un reencuentro no se concretó: "Al llegar, hacía cinco días que se habían ido a Chile", dijo Roberts.

Cabe presumir que el policía se retiró, porque de lo contrario hubiera conseguido algo de lo que quería. "A los pocos días de que se ausentó Place de Cholila, diciendo [que] se iba a Chile —declaró Wenceslao Solís—, apareció Hood con Ricardo Perkins." El dúo, que pronto integraría una nueva camada de bandidos norteamericanos, resolvió cambiar de aire por el momento y buscar nuevos horizontes en Santa Cruz.

Roberts emprendió una pequeña investigación. "Sospechando por las conversaciones mantenidas con Daniel Gibbon que éste se hallaba en contacto con la gavilla de bandidos norteamericanos —declaró— se hizo amigo de él a fin de inspirarle confianza y poder así descubrir a las demás personas relacionadas." De esa manera logró caer en gracia a Gibbon, quien le pedía que dejara la policía. Podían asociarse en alguna empresa más interesante, explicaba, por ejemplo en un hotel, ya que "él sabía muy bien de dónde iba a sacar el dinero". En julio de 1906, Gibbon le reveló que había ayudado a dos amigos en problemas con la ley, haciéndose cargo de sus cosas y consiguiéndoles dinero; aunque Roberts se hiciera el estúpido, el otro no necesitó agregar de quiénes se trataba.

Butch Cassidy y Sundance Kid no regresaron a la Patagonia. Sin embargo, mantuvieron contacto y correspondencia con sus amigos de Chubut, en especial con Daniel Gibbon, quien se ocuparía de preservar su memoria y actuar como eje de una segunda generación de bandidos. El galés John William Reale recordó durante mucho tiempo aquella cosa extraña que le mostró su amigo Gibbon: "una carta que venía de Bolivia y (...) era de Santiago Ryan", un hombre al que había conocido.

Mientras contaba sus historias a quienes quisieran escucharlo, exagerando algunos sucesos, cambiando lugares y nombres quizá por precaución, Daniel Gibbon esperaba el regreso de sus amigos. Y quizá siguió esperando y haciendo planes, aun cuando ellos dejaron de contestar sus cartas.

Capítulo 9
Pioneros, aventureros y bandidos

En la mañana del 13 de diciembre de 1907, cuando habían alcanzado los quinientos treinta metros de profundidad con una máquina perforadora, empleados de la Dirección de Minas descubrieron el primer pozo de petróleo en Comodoro Rivadavia. Desde que el pionero Francisco Pietrobelli levantó un galpón, a principios de 1900, el pueblo había progresado con cierta rapidez, al constituir un punto de paso en el trayecto de los buques nacionales y en el transporte terrestre de la emergente economía del territorio. Aunque carecía de muelle, el movimiento de cargas que procedían de los valles vecinos y la cordillera se incrementó año tras año en la primera década del siglo. Los inmigrantes boers, que llegaron desde Transvaal a partir de 1902, contribuyeron al proceso al instalar un activo centro de población en la vecina Colonia Escalante. Y el inesperado hallazgo de petróleo –en realidad, buscaban una napa de agua– aceleró el desarrollo de la región.

La escasez de agua había sido un problema persistente, agravado además por sequías prolongadas. Los primeros pobladores se vieron obligados a acarrearla en barriles desde el manantial Providencia, ubicado a diez kilómetros, o a pagarla a razón de tres centavos el litro. Como era el sitio de provisión exclusivo, hubo controversias y disputas respecto a su distribución y modo de uso. En 1903 el gobierno nacional envió una perforadora, para buscar en la profundidad lo que no existía en la superficie. La experiencia no dio resultados y el problema quedó sin respuesta hasta que tres años después fue desembarcada una máquina nueva. Los trabajos se sucedieron, con interrupciones y diversos contratiempos, sin hallar una gota de agua.

Y no era el único desafío que enfrentaban aquellos pobladores. "Aquí no hay muelles. Se hace la carga y descarga con planchones y los pasajeros son llevados en hombros de los marineros", dijo *La Prensa* el 20 de febrero de 1904. "Es muy singular la manera como se efectúa el desembarco de mercaderías –precisó *Caras y Caretas* en septiembre de 1907–. Los buques las transbordan a una chata, y éstas las dejan en la playa. Si el tiempo es bueno, los consignatarios las reciben; si no, se las lleva el mar". El puerto sería improvisado pero la actividad resultaba notable. "El movimiento de exportación durante el año de 1907 –afirmó *La Nación*– fue el siguiente: lana 937.231 kilos; cerda 5110; pluma 4132; cueros vacunos 14.899; lanares 102.218; potros 1080; quillangos 884. Existe un aumento sobre los años anteriores de 200.000 kilos". El corresponsal desmentía a unos colegas que "han publicado que Comodoro Rivadavia cuenta con cincuenta casas, lo que es un gran error, pues este pueblo cuenta con más de cuatrocientas y alrededor de mil habitantes". Debido al frío, la única escuela funcionaba entre el 1° de septiembre y el 25 de mayo. "El viento del sud es tan fuerte en verano, que hace poco echó abajo veinte viviendas de los suburbios –dijo *Caras y Caretas* en la crónica citada–. En cambio, Comodoro Rivadavia es uno de los pueblos más sanos de la república. El primer médico que fue, tuvo que volverse, porque no podía vivir. El que hay en la actualidad resolvió quedarse un año para observar el fenómeno, y regresará en noviembre. En Comodoro Rivadavia nadie se enferma, aunque haya médico (...) El viento barre los microbios..."

Tantos contratiempos fortalecieron el espíritu crítico y las demandas de los vecinos. A fines de marzo de 1905, un grupo de pobladores, quejándose por la falta de agua potable y el descuido de los caminos, destacó que "el gobierno chileno dedica especial atención a la viabilidad pública". Eso era cuestionar al gobernador Lezana en su punto más sensible, dada su apenas velada xenofobia. Por eso, en respuesta a demandas de la población, creó un juzgado de paz, en diciembre de ese año, y luego una Comisión Municipal. Pero como solía ocurrir con los actos de Lezana las disposiciones lucían impecables en los documentos y su ejecución dejaba que desear.

Así, como la Comisión Municipal carecía de sede, los miembros se reunían en domicilios particulares. El juez de paz atendía sus obligaciones en una pieza de hotel donde vivía, ya que tampoco contaba con oficina. El edificio del correo era una construcción precaria, que crujía y amenazaba desplomarse ante los embates del viento. El cuartel de la subprefectura, fuerza con jurisdicción sobre el puerto, apenas alcanzaba para alojar a cuatro marineros, mientras los demás debían hospedarse en casas particulares. Y lo más patético seguía siendo la seguridad pública. En abril de 1903 el pueblo se sobresaltó cuando vio llegar con el grado de cabo al autor de un asesinato reciente. "La policía la constituyen tan sólo dos agentes, uno de los cuales está detenido –dijo *La Nación* el 13 de julio de 1905–, hallándose la comisaría a cargo del subprefecto, quien se encuentra enfermo, por lo cual ha pedido su relevo. El servicio de policía se hace por rondines de marineros hasta altas horas de la noche." La preocupación del corresponsal tenía un motivo manifiesto: "En esta época hay aquí mucha gente sin trabajo, lo que a menudo perturba el orden".

El descubrimiento de petróleo sorprendió al pueblo. "Para la mayoría de la población constituyó una desilusión –recordó el poblador Camilo Cayelli–, ya que el anhelo general era procurarse el agua." Otro vecino, Mariano Rodríguez, aseguró que "el pueblo sólo sintió una leve curiosidad que, unida a la decepción (...) de que no se conseguiría agua, podría llamarse indiferencia". Pero la frustración cedió enseguida al entusiasmo, apenas comenzaron a tomar conciencia de las posibilidades que se abrían. Había que festejar, no lamentarse. Los vecinos colgaron banderas argentinas en los frentes de las casas y negocios y una orquesta se puso a dar serenatas. "En los primeros momentos nadie daba crédito a la versión –anotó el corresponsal de *La Nación*–, pero ante la realidad de los hechos, todo el mundo se ha lanzado a las calles y a la hora que remito este despacho una gran parte de la población marcha en dirección al paraje donde se encuentra la máquina perforadora, en el deseo de contemplar las muestras del petróleo. El comercio y los principales vecinos se reunieron hoy para acordar la forma de festejar el acontecimiento (...) Grandes son las esperanzas que se cifran sobre el porvenir de esta localidad y no es aventurado suponer que, dada la calidad del petróleo hallado, dichas esperanzas se verán en breve convertidas en la más hermosa de las realidades." Tales expectativas atrajeron a nueva población, ansiosa de tentar suerte y progresar. Y allí estuvieron, entre otros que llegaron, dos que buscaban sus oportunidades: Robert Evans, el ex socio de Butch Cassidy y Sundance Kid, antes llamado Hood, y Ricardo

Perkins, que había renunciado a su puesto en el almacén de la Compañía de Tierras, en Leleque, para sumarse a la vida aventurera.

Evans acababa de participar en el robo al banco de Villa Mercedes y se había salvado por muy poco de caer en manos del oficial Milton Roberts, de la policía de Esquel. Cholila había sido un refugio, pero ahora era el sitio menos seguro para él. Por su parte, además de desligarse de su trabajo, Perkins vendió hacienda que criaba y resolvió seguir al otro hacia Santa Cruz. Tomás Gibbon, uno de los hijos de Daniel Gibbon, contó que en 1907 "Hood se encontraba en el sud (...) se hacía llamar Roberto Evans y pensaba estar allí hasta que ganara bastante dinero para ir a los Estados Unidos a sacar a un hermano que tenía en la cárcel". Más tarde, Perkins declaró que había ido con Evans hacia la zona del Lago Buenos Aires en busca de oro. "Me entusiasmó con el relato de los yacimientos auríferos del sur y después de vender lo poco que tenía en Cholila salí en su compañía", afirmó. El plan no pudo salir peor, ya que además de seguir con las manos vacías perdieron casi todas las pertenencias al incendiarse el campamento en que paraban. Ambos cruzaron la frontera y recorrieron cuarenta leguas hasta llegar a un almacén de la Compañía Explotadora del Baker. Esta empresa –otra propiedad del zar Mauricio Braun– había sido conformada en 1904 y comprendía casi ochocientas mil hectáreas entre la ribera sur del Lago Buenos Aires y el Fiordo Baker por el sur y entre el Río Baker y la frontera con la Argentina. Evans y Perkins acudieron a ella en busca de provisiones que querían pagar con documentos no muy confiables. "La compañía, sin embargo, se negó a aceptar sus giros contra el Banco Transatlántico, por lo que tuvieron que quedarse allí y trabajar como peones", según el *Buenos Aires Herald*.

En diciembre de 1907 se incorporaron a una tropa de la Compañía del Baker que llevó un arreo de ganado a Puerto San Julián, en Santa Cruz. Allí tomaron como peón o se asociaron con un chileno, Manuel Sánchez, y cambiaron parte de sus giros en mercaderías y el resto (dijo Perkins) por un documento que supuestamente debían convertir en dinero efectivo en la Casa Lahusen, de Comodoro Rivadavia. Esta empresa hacía las veces de sucursal del Banco de la Nación (cuyo edificio se hallaba en construcción) y constituía, como ya se dijo, uno de los centros financieros del territorio; su origen fue un comercio fundado por el alemán Christian Lahusen, dedicado a la compra de lana, que se expandió con ocho sucursales en Chubut y Río Negro.

En enero de 1908, según contó el escritor Ascencio Abeijón, los tres llegaron con una tropilla de caballos a La Mata, establecimiento ganadero y hospedaje a tres leguas de Comodoro Rivadavia. Si se cree en tal relato, Evans y Perkins eran sociables, generosos y a la vez rústicos: jugaron con los niños de la casa, pidieron whisky y convidaron al dueño, invitaron a comer a tres famélicos ex conscriptos recién licenciados y prefirieron la intemperie a las camas del alojamiento. Las descripciones físicas, en contraste con referencias tan minuciosas, son esquemáticas y aparecen construidas por oposición (uno era alto, el otro bajo; uno "tenía la particularidad del buen conversador", el otro se mantenía "sin intervenir casi en las conversaciones", etcétera); tal vez hayan sido alisadas hasta desdibujarse de esa manera en su tránsito por la memoria y la imaginación popular. El recuerdo de esos días, en fin, parece un efecto del olvido y la idealización. Los norteamericanos "no pronunciaban una palabra grosera, y cuando alguna de las mujeres de la casa aparecía para atenderlos, eran parcos y oportunos en sus cumplidos". El contraste con el testimonio escatológico del estanciero Lucio Ramos Otero sobre Evans y Mansel Gibbon, al respecto, no puede ser más patente: "El más morrudo o castellano [Mansel Gibbon] se tiraba pedos en el fogón y me miraba sonriéndose –dijo–. El jefe [Evans] hacía como que lo retaba pero yo notaba que lo decía sin energía. 'No haga eso que hay gente' pero el bandido seguía peéndose [sic]. Se reían".

Como sigue la historia, los gringos averiguaron que el Hotel Vascongada era el alojamiento más conveniente en Comodoro Rivadavia y, con el propósito de hacer gestiones para comprar tierras (dato apropiado de otras historias sobre bandidos), se ausentaron durante una semana. Ningún testimonio indica que hayan cambiado el mencionado documento en la Casa Lahusen; cabe suponer que Perkins inventó tal circunstancia para justificar su posterior presencia cerca de ese negocio. Mientras tanto, Manuel Sánchez permaneció en La Mata, mostrándose tan discreto y circunspecto que parecía el caballerizo de un rey antes que el compinche de dos bandidos.

Evans y Perkins recorrieron Comodoro Rivadavia prestando especial atención a la Casa Lahusen; estudiaron su ubicación, se presume, y planearon la forma de asaltarla. Pero no les importaba pasar inadvertidos. Por el contrario, se entretuvieron haciendo tiro al blanco en la playa. Los disparos habrían atraído a la policía local, que los llevó presos; el juez de paz, el estanciero Máximo Abásolo, intercedió para que recuperaran la libertad. De eso, quizá, dio cuenta el telegrama que enviaron a Esquel para su viejo amigo Daniel Gibbon: "Estamos divirtiéndonos [de] lo más lindo. Recuerdos a su familia", decía el texto, según testimonio del policía Milton Roberts. Para evitar complicaciones, Gibbon aseguró al comisario Andrés Gárate (al parecer presente cuando recibió el telegrama) que no conocía a quienes firmaban el mensaje.

El dúo regresó a La Mata sólo para buscar a Sánchez y la tropilla y dirigirse de nuevo a Comodoro Rivadavia. Caía la noche cuando llegaron al cruce actual de las rutas 3 y 26; allí el chileno cortó los hilos del telégrafo en una extensión de cien metros. Ese acto, destinado a facilitar la posterior salida del pueblo, fue el único paso del plan que alcanzó a realizarse. Al día siguiente, pasado el mediodía, se dirigieron a la Casa Lahusen. Según la tradición oral, Evans encaró la puerta principal, mientras sus compañeros caminaron hacia un ingreso lateral.

En eso estaban cuando Perkins y Sánchez se trenzaron en un áspero entredicho. Salieron a relucir las armas y Perkins baleó a quemarropa al chileno. A continuación, con Evans, "montaron en sus caballos, que tenían amarrados en una calle poco transitada y cuando estuvieron a mil metros de distancia del pueblo hicieron varios disparos de armas, cayendo los proyectiles en dos techos", según *La Nación*. A dos kilómetros de Comodoro Rivadavia "encontraron un coche que venía al pueblo con familias boers y los fugitivos les hicieron también dos disparos sin consecuencias".

Sánchez guardaba "un cuchillo de grandes dimensiones con todo el filo mellado, con el que se supone que haya sido cortado el hilo telegráfico", un revólver Colt y "gran cantidad de balas en el tirador". Algunos vecinos lo llevaron a un hotel, donde un médico comprobó que tenía tres heridas de bala, en el cráneo, el brazo y la mano derecha. Las autoridades fueron criticadas, tanto porque la policía no se asomó por el lugar del hecho, aunque quedaba en el centro del pueblo, como porque apenas disponía de dos agentes. El comisario Felipe Porcel, el juez de paz Abásolo y el subprefecto Pedro Barros integraron una partida que salió de inmediato en procura de los agresores. Pero sólo encontraron caballos exhaustos, abandonados en el camino por otros de refresco, y los restos de dos carneros del estanciero Antonio Piñero sacrificados a tiro limpio; cuatro días después regresaron.

El motivo de la discusión que frustró el robo es incierto. Perkins aportó tres versiones diferentes y en las dos últimas acusó a Evans de ser el autor de los disparos. A Cirilo Gibbon le dijo que "habían fracasado porque el peón chileno que llevaban se negó a cumplir una orden, por lo que él mismo le había pegado un tiro". Tomás Gibbon, hermano de Cirilo, escuchó la segunda historia: Sánchez "le pidió dinero a Perkins en la calle, amenazándole con un revólver si no le daba lo que le pedía". Evans trató de calmarlo, pero el peón le contestó "que también a él le iría a meter un balazo si no le daban dinero". En consecuencia "sacó el revólver y disparó un tiro, el que quiso atajar el peón poniendo la mano por delante, hiriéndole en la mano y en la cara". La tercera, un invento de principio a fin, surgió de declaraciones reproducidas por los diarios y a través de las cuales Perkins intentó desligarse del asunto: "Evans –dijo, según *La Nación*– tuvo un incidente con su peón Sánchez, por cuanto éste pretendió quedarse en la población, y como ambos estaban ebrios, Evans sacó su revólver y le disparó dos tiros. Sánchez fugó y por la forma en que lo hacía creyeron que no lo había tocado y sin darle más importancia a la cosa, montaron a caballo y siguieron viaje". Perkins aseguraba haber presenciado el episodio por casualidad, "en circunstancias que yo montaba a caballo para irme a Cholila y luego a Chile: un viaje de doscientas leguas".

Tales discordancias serían reveladoras de una característica de Perkins. "Era tan sumamente mentiroso –aseguró Daniel Gibbon, consultado sobre el intento de robo a Lahusen– que nunca decía una cosa igual dos veces, por lo cual no puedo dar fe de cómo se realizó el hecho." Claro que Gibbon hizo esta declaración en octubre de 1911; quizás influyó en su opinión el hecho de que un mes antes Perkins, presentándose como "víctima de un error judicial", había revelado diversos datos sobre los bandidos afincados en Chubut, en una confesión que tuvo amplia difusión en la prensa.

Los bandidos aparecidos en Comodoro Rivadavia fueron rápidamente identificados. "Ricardo Perkins y los compañeros pertenecen a la camarilla de Cholila, que hace tiempo asaltó los Bancos de Gallegos y San Luis –dijo *La Prensa*–. En Cholila hay varios de estos sujetos, especie de *cowboys*, que constituyeron allí su paradero favorito. Son buenos tiradores, sumamente audaces y siguen libres." En cercanías de ese punto se habían radicado por entonces, como se verá, los norteamericanos

Andrew Duffy, Peter Litjens y William Wilson. Y Mansel Gibbon, hijo de Daniel, se aprestaba a dar sus primeros pasos fuera de la ley.

La difusión de aquellos antecedentes aumentó los temores de la población. Federico Hasselmann, designado gerente del Banco de la Nación, sostuvo que de no garantizarse la vigilancia lo mejor sería suspender la construcción de la sucursal, declaración que causó revuelo en Comodoro Rivadavia. Los comentarios multiplicaron el número de bandoleros y dieron por ciertos hechos nunca ocurridos ("la partida ha asaltado casas de comercio en Rivadavia", dijo *La Nación*, en el pico de la ola de rumores). Vecinos de la Colonia Sarmiento despacharon un telegrama al presidente de la República pidiendo la instalación de un destacamento con al menos veinte soldados para garantizar sus vidas e intereses, que consideraban amenazados por una banda de dieciséis facinerosos al frente de los cuales no estaban sino Evans y Perkins. Pese a tanta alarma, la sucursal del Banco Nación fue inaugurada en Comodoro Rivadavia el 15 de marzo siguiente.

El rumbo verdadero del dúo parece haber seguido otra dirección. No tenía demasiado sentido quedarse en la zona, por lo que siguieron hacia el oeste, otra vez en busca de la protección de la frontera. Los dos decidieron separarse y reunirse en Chile. "Al salir de Rivadavia –declaró Cirilo Gibbon– [Perkins] estaba de acuerdo con Hood para juntarse en [el pueblo de] Cochamó y según dijo se fue allá." El recorrido de Evans se ignora; en el camino, Perkins pasó por Esquel y visitó a los Gibbon. Según Daniel Gibbon aseguró que iba a Cholila para entregarse al gobernador, aunque poco más tarde le escribió desde Puerto Montt. El ex empleado de la Compañía de Tierras decía que estaba enfermo y necesitaba dinero; harto de sus cuentos, Gibbon le negó ayuda. El episodio pudo significar una ruptura, ya que Perkins se dirigió a Buenos Aires y, al menos en apariencia, renunció al bandolerismo, empleándose en el ferrocarril.

Evans se mantendría en el limbo de la zona de frontera durante un tiempo. En lo inmediato sólo debió rendir cuentas de sus actos Manuel Sánchez, quien quedó preso y una vez curado de sus heridas fue conducido a Rawson, donde llegó el 4 de marzo. Los bandidos norteamericanos no volvieron a pisar Comodoro Rivadavia. Pero sus figuras continuaron presentes en incontables relatos; allí volvieron a intentar el asalto a la Casa Lahusen muchas veces, siempre sin lograrlo, y en algunas ocasiones tuvieron un cómplice o dos más, y otras personas los encontraron en el camino y charlaron con ellos sin sospechar quiénes eran, e incluso cabalgó a su lado el fantasma de Etta Place.

En el oeste de Chubut el largo conflicto alrededor de las tierras cuyas pasturas habían deslumbrado a Butch Cassidy alcanzó en la misma época su nivel máximo de violencia. El antecedente inmediato se registró en 1906, cuando la Compañía Cochamó solicitó la ubicación de derechos a tierras adquiridos a Florencio Martínez de Hoz en el Valle de Cholila.

La Dirección de Tierras y Colonias no opuso reparos a la demanda, con la salvedad de que debían resguardarse cuatro leguas para las poblaciones de Alejandro Villagrán, Juan Bonansea y Telésforo Díaz —en su carácter de habitantes más antiguos— y para la comisaría a instalar en el pueblo. El agrimensor Mario Engel comenzó a realizar las mensuras de las futuras propiedades de la Cochamó. El maestro Vicente Calderón, que entonces terminaba de levantar el edificio de la primera escuela de Cholila, creyó que la compañía tenía intenciones ocultas y se propuso sacarlas a la luz. La Cochamó, concluyó al cabo de sus averiguaciones, no era una empresa privada sino una máscara utilizada por el gobierno de Chile para concretar su antiguo plan de expansión territorial.

Se imponía, dijo Calderón, una "obra de argentinización". Como tenía una relación estrecha con el gobernador Lezana, a quien le debía su designación y cuyo nombre impuso a la escuela de Cholila, no tardó en dar a conocer sus sospechas en Rawson. Parece que los mensajes fueron transmitidos en secreto, al margen de las vías de comunicación habituales y a través de emisarios como Juan Bonansea, amigo de Calderón y a la vez hombre de confianza del gobernador. El maestro, por supuesto, encontró oídos receptivos en Julio Lezana. "Fueron mis informes confidenciales —dijo— los que determinaron al gobernador Lezana a gestionar en el Ministerio del Interior la anulación de la peligrosa operación, que encerraba en sí una verdadera maniobra militar cuyas finalidades nadie podía prever."

El 2 de abril de 1907 Lezana retransmitió al ministro del Interior, Indalecio Gómez, un mensaje recibido de Bonansea: "El campo medido por la Compañía Cochamó comprende desde el alambrado [de la] Compañía Inglesa hasta [el] lago Cholila si se aprueba tal mensura se inutiliza todo campo [en] Cholila y no es posible ya fundar pueblo ni colonia alguna". El 12 de septiembre el gobernador volvió a la carga ante el ministro: "La Compañía –advirtió– ubica sus derechos tomando todo el valle de Cholila, puede decirse, y dejando fuera las partes altas, sin acceso al mismo ni al arroyo que lo cruza; de manera que sólo ella podrá utilizar para sus haciendas los campos." La misma situación se planteaba en Epuyén, El Bolsón y Foyel. "En lo [que] queda sólo podrán formarse puestos aislados para hacienda pero no colonias", que el gobernador consideraba indispensable por razones de seguridad: "regularizaría la situación de sus pobladores" y "se suprimiría en este territorio un asilo de cuatreros". Lezana se asustaba de algo que ya se había concretado con la formación de la Compañía de Tierras, que era precisamente lo que describía: una empresa cuya existencia impedía la radicación de población.

En esa época habían recrudecido los robos de ganado en el llamado paso Cochamó, el camino abierto por la compañía chilena a través de la cordillera. Un piquete de caballería militar, destinado en la zona, se mostraba impotente para controlar las sendas y boquetes fronterizos. El 29 de febrero de 1908 el subcomisario de Leleque informó que había descubierto en una tropa de la Compañía Cochamó animales pertenecientes a la Compañía de Tierras. La situación se repitió el 3 de marzo, cuando la subcomisaría de Cholila interceptó otro transporte chileno "trayendo cueros no especificados en la guía y pertenecientes a la *Sutherland Co.*". El mismo día, el policía interviniente aclaró que se trataba de un equívoco, ya que "los animales al parecer mal habidos tenían la contramarca de los vendedores". En los dos casos puede verse nuevamente a la fuerza pública como un guardián eficaz de los intereses de la Compañía de Tierras; el segundo dejó flotando la sospecha de un "arreglo" al margen de la ley. La policía de Cholila estaba sospechada de actuar a la vez al servicio de la Compañía Cochamó. Por eso, en el mismo mes de marzo de 1908, Vicente Calderón prefirió viajar hasta la Colonia 16 de Octubre para denunciar allí a su vecino Adam Muñoz "por pretender ocupar un puesto de su propiedad". Los problemas del maestro con esa familia continuaron: según los registros de la policía de Chubut, el 11 de agosto de 1910 denunció a "Domingo Muñoz y tres desconocidos [que] se alojan en casa de Muñoz por disparo de armas y escándalo".

La población chilena, entonces, y por arrastre la indígena, volvieron a estar en el punto de mira por la convergencia de dos factores en los cuales no tenían mayor incidencia: los negocios de la Compañía Cochamó y el frustrado asalto de Perkins y Evans en Comodoro Rivadavia. A partir del segundo hecho, se reflotó el proyecto de crear un cuerpo especial de policía. En su edición del 8 de marzo de 1908, el periódico salesiano *La Cruz del Sur*, editado en Rawson, anunció: "En breve se dictará un decreto sobre organización de la gendarmería territorial, llamada sin duda a prestar un auxilio muy eficaz a las autoridades locales y por su índole a combatir el cuatrerismo, uno de los males mayores que azotan a los estancieros". Ese tipo de medida aparecía invariablemente como la solución para el endeble aparato de seguridad territorial, que se veía desbordado una y otra vez. El crimen de Ambrosio Chávez, poblador de Ñorquinco, también en marzo de 1908, hizo saber que la comisaría de ese pueblo sólo contaba con dos agentes, y que eran chilenos.

Había otro tipo de problemas para los cuales también se exigía más policías. En junio de 1908 los peones que trabajaban en el pozo de petróleo de Comodoro Rivadavia declararon la primera huelga del territorio. El yacimiento, explotado por el Ministerio de Obras Públicas, estaba a cargo del ingeniero Pablo Viteau; como la policía local carecía de recursos, intervino el subprefecto Pedro Barros, quien contaba en el puerto con la única fuerza de seguridad más o menos organizada. "Los huelguistas son alrededor de cuarenta hombres armados de cuchillos y revólveres (...) –advirtió *La Nación* el 18 de junio–. El subprefecto tiene en la mina las fuerzas de marinería con que cuenta, que son siete hombres armados a máuser, quienes hacen la guardia por turnos, no habiendo ocurrido hasta ahora ningún incidente. Los huelguistas fueron despedidos ayer de la mina y reemplazados por otros peones que se comprometieron a trabajar. Hoy estos últimos dijeron que las amenazas que recibían de los huelguistas los ponían en temor por lo que no trabajarían (...) Anoche a las nueve rodearon los huelguistas en número de cuarenta hombres más o menos, la subprefectura del puerto. El subprefecto Barros salió y los incitó cortésmente a que se disolvieran sin promover desórdenes, cuya indicación fue acatada. Se dice que los huelguistas intentaron inutilizar el caño mayor de la mina de petróleo. El comercio está alarmado, pues la policía cuenta sólo con cuatro o cinco agentes. Uno de ellos hace guardia de noche en la perforadora, no tienen armas de fuego de ninguna clase y tampoco tienen caballos. El doctor Lezana, gobernador del territorio, conocedor de este estado de la policía, debiera subsanarlo sin pérdida de tiempo, dándoles armas, municiones y caballos y dotar a la policía por lo menos de diez agentes más." El diario no informaba cuáles eran las razones del paro. Ocho días después, en cambio, anunció que "la huelga de la peonada" había terminado y las actividades volvían a la normalidad, después de despedir a los organizadores de la protesta.

Pero lo más grave ocurría en Cholila. Allí, dijo Vicente Calderón, la policía "era ejercida entonces por un personal de la más baja condición que pueda uno imaginarse. Eran tres sujetos de pésimos antecedentes que se hallaban entregados por completo a los empleados que la Compañía Cochamó tenía en ésta y que no vacilaron en ser instrumentos de los mismos en un bien pensado plan de venganza". Juan Bonansea fue la primera víctima de ese presunto complot.

Bonansea había sido nombrado por Lezana en abril de 1906 como comisario *ad honorem*. Era más bien un representante del gobernador, con autoridad relativa sobre los tres efectivos asignados a la subcomisaría de Cholila. Sus responsabilidades parecían difusas, aunque a diferencia de otros funcionarios de la misma condición se preocupó por las tareas de vigilancia, aun antes de la designación: en julio de 1905, junto a Elías Gibelli, comisario de Ñorquinco, exploró la frontera en persecución de cuatreros. Por otra parte había tenido enfrentamientos con pobladores chilenos de El Bolsón, y en particular con Bernardo Azócar y José Cárdenas, a quienes desalojó tres veces de un campo fiscal vecino al almacén de ramos generales de Guillermo Mayorga.

El 30 de marzo, Bonansea fue hallado asesinado en el cañadón Cayuqueo, un desolado paraje del distrito Sacanana, unos trescientos kilómetros al oeste de la capital del territorio. Había recibido un tiro y siete puñaladas y su cuerpo yacía oculto en un pedregal adyacente al camino, "donde parece que fue arrastrado a cincha", según *La Cruz del Sur*. La noticia llegó a Rawson, donde la víctima iba a entregar supuestamente un nuevo informe sobre actividades chilenas en la cordillera, recién el 10 de abril. El comisario Orrego, de Telsen, heraldo del infausto suceso, no halló "rastros indicativos de los autores del crimen, que por el estado de descomposición del cadáver parecía que se perpetraría seis a ocho días antes".

Consternado por el crimen de su colaborador, el gobernador Lezana planteó al ministro del Interior "la necesidad imperiosa de crear una comisaría de policía en Cholila para contener los desmanes de los bandoleros chilenos que merodean por ese punto". El comisario Francisco Mujica y doce gendarmes partieron de Rawson en busca de los asesinos de Bonansea, que nada tenían que ver con cuatreros transandinos. Según reveló el propio gobernador, el comisario fue atacado mientras dormía por un peón que lo acompañaba en el viaje y que se le había presentado tres días antes de la partida pidiendo conchabo. El diario *La Nación* recordó que "por El Bolsón, Epuyén y Cholila tienen su guarida los bandoleros que asaltaron el Banco de Mercedes de San Luis"; uno de ellos "se dirigía a la Colonia 16 de Octubre con una tropilla de caballos, no habiendo sido posible perseguirlo por falta de elementos". El Territorio de Chubut, agregó el diario en otro artículo, constituía "el foco de atracción del pillaje internacional, de gavillas organizadas (...) de criminales chilenos y norteamericanos". Un destacamento militar al mando del teniente Moura salió entonces de San Martín de los Andes hacia Sarmiento para tranquilizar a los pobladores. Al pasar por Colonia San Martín, el 23 de abril, los pobladores pidieron que "permaneciera acá unos días, recorriendo la cordillera y los montes cercanos", pero el reclamo cayó en saco roto. La crónica registró la reaparición de los fantasmas de Evans y Perkins: "El vecindario trata de formar una policía compuesta de pobladores para vigilar la colonia y perseguir dos de los bandoleros que fugaron de Comodoro Rivadavia y que merodean en estos alrededores". Se esbozaba casi un mapa del delito. "Estamos a un día de marcha del territorio chileno, del río Frías, y a dos del río Aysen, parajes estratégicos para refugiarse toda clase de malhechores, vagos y cuatreros, quienes continuamente nos roban caballadas", apuntó *La Nación*.

El crimen de Bonansea fue adjudicado al peón Luis Guerra, detenido junto a los chilenos Juan Gualberto Avilés, quien no tenía relación con el hecho y fue sobreseído, y Carlos Hemple. El móvil del crimen permaneció difuso para la historia oficial, pero el comentario popular, tal como lo expresó el maestro Calderón, lo atribuyó a una venganza de la Compañía Cochamó. El hecho azuzó el antichilenismo de Lezana y lo impulsó a hacer una nueva recorrida por la región, en abril de 1908. La población de El Bolsón, Epuyén y Cholila "se ha duplicado después de mi primera gira —dijo a la prensa—, siendo todos los pobladores de procedencia chilena. La región más hermosa y más fértil que tiene el territorio se encuentra por lo general en manos ineptas y lo que es peor de personas de pésima conducta". Lezana afirmaba que al respecto contaba con datos aportados por hacendados locales. "Los escapados de las cárceles de Chile y los autores de nuevos delitos no hacen más que pasar la frontera con toda libertad y plantar su choza, viviendo de la hacienda de los vecinos", aseveró.

El comisario Mujica creó problemas suplementarios. A mediados de abril, mató a Carlos Hemple en una aparente aplicación de la ley de fugas, como se conoce a la práctica histórica de asesinato de presos que distingue a la policía argentina. "Después de haber sido detenido como cómplice en el homicidio de Bonansea, en la medianoche del 16 al 17 de abril, Hemple se intentó fugar. El comisario organizó tres partidas y el chileno no respondió a la voz de alto. El comisario obró ejecutando un acto lícito...", consideró *La Cruz del Sur*. Mujica fue sobreseído, pero enseguida enfrentó otro contratiempo, ya que el cónsul chileno en Bariloche, Leandro Pérez, presentó una denuncia en su contra "por extorsiones y desalojos de terrenos que ocupan" pobladores de El Bolsón. El oficial argumentó que obedecía órdenes superiores: "El gobierno me dio orden [de] no permitir poblar a nadie en Cholila, Bolsón y Epuyén sin permiso [del] Ministerio [de] Agricultura". Además sostuvo que los chilenos afincados en El Bolsón estaban "acostumbrados a hacer lo que se les antoja porque tienen plata y los protege el nunca bien ponderado juez de paz de Ñorquinco". En octubre de 1908 Mujica sumó una nueva denuncia, en este caso de Miguel Iribarne y Agustín Zeltmann, los antiguos vecinos de Cassidy en Cholila. Después de desarmarlos y someterlos a apremios, dijo *La Prensa*, "pretendió hacer firmar a los detenidos una exposición, por la cual se declaraban culpables del delito de desacato a la autoridad". El radio de acción del funcionario era amplio: "No es sólo en Cholila donde el comisario Mujica comete atropellos semejantes, pues también invade con frecuencia la jurisdicción del Río Negro, donde ha aplicado multas injustas a los vecinos Fernando Urrutia, N. Carrasco, Wenceslao Urrutia y Rozel (hijo)".

La muerte de Bonansea pasó a segundo plano en la consideración del gobernador, postergada por la distribución de tierras en Cholila. Con esa preocupación, Lezana recorrió el valle "para cerciorarse personalmente de que la mensura practicada por la Compañía Cochamó abarca los únicos terrenos aptos para la agricultura que existen en este paraje, dejando algunos trazos insignificantes y aislados que sólo servirían para puestos sin importancia", dijo *La Nación*. El gobernador comprobó "que la mensura abarca todo el Valle de Cholila, quedando dentro de ella más de catorce poblaciones" y antes de partir dejó una promesa: "renovará sus gestiones para conseguir [que] no se apruebe dicha mensura". Menos publicidad tuvo su visita, como en 1904, a los establecimientos de la Compañía de Tierras. Lezana accedió a una petición de la empresa británica para nombrar un comisario y varios agentes y ponerlos a patrullar la región, con gastos sufragados a medias por la compañía y el gobierno territorial.

El 8 de mayo Vicente Calderón fue nombrado comisario inspector de policía, para cubrir el lugar de Bonansea. Menos de un mes después tuvo su bautismo de fuego. Ocurrió en la noche del 3 de junio, cuando llegaron a su puesto, sobre el Lago Los Mosquitos, dos hombres a los que conocía. Los tres se pusieron a charlar y tomar mate en la cocina, alrededor del fogón.

–Traigo el asado, para asentar el mate –dijo de pronto uno de los visitantes, y salió de la casa.

En la oscuridad, extrajo el arma que llevaba consigo y trató de no hacer ruido. "Dio una vuelta a la cocina hasta situarse del lado de afuera, frente al lugar ocupado por mí, apoyó el revólver en una ranura, y a una distancia no mayor de treinta centímetros hizo fuego contra mi cabeza", dijo Calderón. El maestro sobrevivió para contar la historia, porque la bala penetró por detrás de su oreja derecha, se desvió hacia abajo, atravesó el cuello y terminó por incrustarse entre los tizones del fogón. Como un acto reflejo, intentó buscar un arma pero se desplomó, inconsciente y envuelto en sangre. Esas visitas en las que había confiado lo arrastraron por las piernas hacia fuera del rancho y lo dejaron en medio de un mallín, seguros de que era hombre muerto.

Pero la humedad y el frío reanimaron a Calderón. Como pudo el maestro se acercó hasta el rancho. Voces sofocadas, gritos, ruidos de pelea, lo detuvieron antes que alcanzara la puerta. Los agresores atacaban ahora a su peón, Ascención Mayorga, quien se había acercado atraído por el estampido del revólver. Hubo insultos y exclamaciones, de pronto se hizo un silencio y tras esa pausa volvieron a hablar los hombres que habían intentado asesinarlo. El maestro no quiso averiguar más; luego supo que su empleado yacía degollado. "Arrastrándome, cayendo en menucos [pozos] y pantanos –relató– conseguí hacer una legua y llegar a la casa del vecino Sixto Gerez, uno de los pocos argentinos que poblaban la zona." Allí lo vendaron y le contuvieron la hemorragia. Pero Calderón se sentía todavía en peligro. "Pedí a don Sixto un caballo y montando en pelo emprendí la marcha a las tres de la mañana del día 4 de junio, rumbo a Esquel. Para ganar tiempo debí ir por el camino de la cortada de la cordillera, que estaba totalmente cubierto de nieve."

Eran doce leguas en un sendero difícil en condiciones normales. El caballo se hundía a veces hasta sus ijares; siete horas después se detuvo frente a la estafeta de correos de Esquel. Llevaba un hombre echado sobre el lomo, inmóvil. Hércules Musacchio, médico de la gobernación que andaba de gira, comprobó que aún vivía.

El atentado contra Calderón y Mayorga provocó las consabidas advertencias sobre el peligro del bandolerismo, la escasez de recursos de la policía y la necesidad de crear una fuerza especial. "Dentro de poco –auguró *La Nación*–, en vez de tener inmigración laboriosa nos veremos rodeados de bandoleros y salteadores fugados de las cárceles de Chile." El asesinato de Bonansea estaba presente, y circuló el comentario de que los autores venían del otro lado de la frontera. No obstante, cuando Calderón pudo declarar hubo un giro imprevisto: el maestro reveló que sus agresores habían sido dos policías de Cholila, el sargento Antonio Battilana –autor del disparo a traición– y el agente José Ayala. Los vecinos se reunieron espontáneamente, acompañaron al subcomisario Mariano Pizarro y lo obligaron a detener a los acusados.

En la noche del 9 de junio, el oficial Milton Roberts organizó un grupo de voluntarios para detener al tercer miembro de la policía de Cholila, el subcomisario Elviro Cejas. Los vecinos se ocuparon también de custodiar a los detenidos. Se desprendía una reflexión inevitable. "Por sesenta pesos nacionales –apuntó *La Nación*– no se puede tener agente de policía bueno, aquí donde todas las ganancias son pingües y la gente apta para la policía ninguna. En toda la cordillera desde Chos Malal a Comodoro Rivadavia, se precisaría aumentar a doscientos agentes con sus respectivos cabos y sargentos y demás."

El caso se desdibujó a través de un dilatado proceso judicial. Como en el atentado contra Bonansea, surgió la creencia de que el hecho respondió a una venganza de la Compañía Cochamó. Sin embargo, no es inverosímil pensar que ambos episodios fueron manipulados para bloquear el avance de la empresa chilena. En agosto la justicia letrada de Rawson tomó las indagatorias y designó peritos para el reconocimiento de cuchillos y ropas de los acusados y de Mayorga. Después de ese impulso inicial el trámite se demoró y recién en julio de 1911 tuvo lugar la presentación de las defensas y la acusación del fiscal. Como el juez estaba ausente, el propio fiscal se encargó de dictar sentencia, en septiembre del mismo año: Elviro Cejas quedó sobreseído por falta de pruebas, mientras que Battilana y Ayala terminaron condenados a veinticinco años de presidio, con reclusión solitaria en los aniversarios del crimen. "El fallo –explicó con cierta torpeza *La Cruz del Sur*– aplica la ley que si dos o más individuos resuelven cometer un delito con auxilio antes, en el acto y después de su ejecución, ese acuerdo constituye un complot y cada uno será considerado como autor principal del delito." De esta manera se justificaba la pena impuesta a Ayala, ya que el autor material del ataque a Calderón fue Battilana.

La entrega de tierras pretendida por la Cochamó quedó suspendida por orden del gobierno nacional. Una parte de los bienes que la compañía tenía en la Argentina pasó a integrar los activos de la Sociedad Anónima Importadora y Exportadora de la Patagonia, la empresa de Braun y los Menéndez Behety, que también reconocía origen chileno pero había sabido anudar relaciones poderosas; otra parte fue adquirida por el grupo británico que manejaba la Compañía de Tierras Sud Argentino. Sin embargo, las preocupaciones del gobernador Lezana no terminaban. En un informe reservado de 1907 ya había denunciado "la inmigración clandestina" de chilenos, "que se desliza mañosamente y silenciosamente por los boquetes de la montaña [y] es la que menos ventaja ofrece como elemento poblador, por la mala calidad de sus individuos y porque nunca trae el propósito de incorporarse a nuestra vida". Lezana despachó a gusto su xenofobia: los chilenos, aseveró, "son menesterosos, vagos, ignorantes y hasta criminales (...) y nunca dejan de auxiliar y de encubrir a los autores de hechos delictuosos [generalmente robos de hacienda]". Semejantes ideas no eran la expresión de una personalidad trastornada: constituían la opinión formada desde fines del siglo XIX en torno al conflicto de límites, alimentada por los funcionarios nacionales y sus representantes y que en poco tiempo más tendría su desenlace en una persecución desembozada.

La nota estaba firmada por Walter Gregory, en nombre de la Compañía Trilladora Advance, en Minneapolis, Estados Unidos, el 14 de diciembre de 1907 y decía: "El presente será entregado a Uds. por el señor Andrew Duffy, un joven que va a la Argentina para tomar cargo de una máquina trilladora. Vino a nosotros bien recomendado". El destinatario era la empresa de Juan y José Drysdale, en calle Perú 440, ciudad de Buenos Aires. Sin embargo, el portador de la misiva parece haber pasado por la capital argentina sólo como una etapa de un viaje más largo. O quizás allí le indicaron el destino más conveniente para sus aspiraciones. Al dorso de la recomendación que llevaba, alguien escribió: "Toma el tren en Plaza Constitución para Bahía Blanca –infórmese en Solís 502– pregunta por Walter Jones, vicecónsul de los Estados Unidos". Y en efecto, tales fueron sus pasos iniciales en el país.

Las verdaderas referencias de Andrew Duffy eran, parece, muy distintas. Según la tradición oral, en principio Duffy trabajaba como cantinero, o como custodio de un *saloon* en algún punto del estado de Montana, y se convirtió en asaltante. Al cruzar esa línea sin retorno habría integrado varias bandas, entre ellas la de los hermanos Ketchum, que como se vio confluyó en La Pandilla Salvaje de Cassidy y Longabaugh, y las de Henry Ieuch y Harry Tracy, "el bandido más desesperado que haya entrado en Brown's Park", según el historiador Charles Kelly, y célebre en los Estados Unidos por el repudiado asesinato del ranchero Valentine Hoy.

La nota de recomendación con que Duffy llegó a Buenos Aires sorprende porque allí aparece como una especie de obrero calificado, aunque en realidad se trataba de un *cowboy*, es decir, de un tipo de trabajador rural completamente opuesto al que introdujo la tecnificación de las labores campesinas. El galés John William Reale dijo (citando a Daniel Gibbon) que la carta, mecanografiada en una hoja con el sello de la Compañía Advance, era falsa. En apariencia, Duffy se dirigió a la Argentina con el mismo plan que los compañeros que lo habían precedido, es decir, establecerse en un sitio apartado y vivir sin preocuparse por el acoso de la ley. De igual modo que éstos, se vinculó con Daniel Gibbon, quien comenzaba a actuar como eje de un nuevo núcleo de bandidos de origen norteamericano. A la vez, parece que Duffy había conocido en Montana a Robert Evans, cuando éste se dedicaba al robo de caballos. Acaso esta relación hizo que a mediados de 1908 se radicara en el oeste de Chubut; enseguida se hizo conocido por su apodo, Dientes de Oro.

El chileno Wenceslao Solís fue testigo, y lo recordaba porque para él eso era algo nunca visto. Mansel Gibbon estaba "acompañado de otro hombre que tenía dos dientes de oro" y hablaba sólo en inglés.

En adelante, él sólo lo trató por el sobrenombre. "Despúes supo por Miguel Iribarne que se llamaba Delfi o Doffi [sic], según había leído en un diario." El recién llegado se hospedó en Esquel, en casa de Daniel Gibbon, quien además le consiguió su primer trabajo: "Medió para que William Lloyd Jones Glyn le diera unos animales para que los cuidara a interés". La declaración fue realizada por Eduardo Humphreys y debe valorarse, ya que el ex comisario se convirtió en uno de los principales amigos de Dientes de Oro. También por intervención de Gibbon trabajó como medianero y crió animales de John Henry Jones.

Los empleadores de Duffy no eran personas que pasaran inadvertidas: se trataba de dos de los vecinos más respetados y de mayor poder económico en el oeste de Chubut. Jones poseía la estancia 16 de Octubre; fue uno de los pocos que aprobó el examen del geólogo norteamericano Bailey Willis, quien pasó por la zona en 1913 y se deprimió al contemplar las edificaciones de la Colonia 16 de Octubre. John Henry Jones integraba el reducido grupo de "granjeros prósperos, limpios y con un confort razonable", dijo el visitante, contratado por el gobierno argentino para dirigir una comisión de estudios hidrológicos. A su vez, Jones Glyn, galés naturalizado, había llegado a la Argentina en 1881 y formó parte de la expedición que acompañó a Luis Jorge Fontana en la primera exploración oficial del valle. Dueño de la estancia *Parc Unig* (Parque Perdido), fue el primer estanciero que introdujo un toro de raza Hereford en la Patagonia, traído desde Inglaterra para mejorar el ganado argentino. En marzo de 1904 recibió en su casa del Valle 16 de Octubre al gobernador Lezana, en la recordada gira de éste por el territorio, lo invitó a almorzar y le agasajó con el vino que elaboraba su hermana. En 1911, en su carácter de estanciero y "persona de responsabilidad", el gobernador Alejandro Maiz lo propuso como integrante de la primera comisión de fomento de la Colonia 16 de Octubre, siendo designado tesorero en julio de ese año. Jones Glyn también habría contratado como medianero a Robert Evans, quien lo mencionó como "el tío Glyn". Estas relaciones lo pondrían más tarde en apuros.

¿Se engañaban estos honrados pobladores? ¿Ignoraban los antecedentes de sus medianeros? Aun hay otros elementos para considerar al respecto. Daniel Gibbon declaró que Duffy, desde Esquel, "sostenía correspondencia con el vicecónsul norteamericano en Bahía Blanca, Mr. [sic] Jones". Dientes de Oro "venía de Bahía Blanca, donde paraba en la casa de Jeff Woodward, quien más tarde vino a Cholila". Se ignoran mayores datos sobre Woodward, salvo el hecho de que, dijo Gibbon, llegó a Chubut junto al ex *sheriff* de Texas John C. Perry y se alojó en su establecimiento. Éste dijo que había conocido a Duffy en 1908, "fecha en que llegó a su casa, donde pernoctó una noche". Tal vez ambos hablaron sobre las máquinas trilladoras que Dientes de Oro decía saber manejar y que a Perry le interesaban realmente, como demostró cuando las introdujo en su campo.

La correspondencia entre Duffy y el cónsul norteamericano en Bahía Blanca deja de ser llamativa si se recuerda que los bandidos supieron tramar relaciones íntimas con los representantes de su país. Por otra parte, Perry aparece de nuevo en compañías equívocas. Esto no significa de ninguna manera que haya tenido tratos ilegales, pero sí excluye la posibilidad de que haya querido revalidar su viejo oficio de *sheriff*. Y sobre todo, al igual que las mencionadas relaciones con John Henry Jones y William Jones Glyn, demuestra que el señalamiento de los norteamericanos como personas al margen de la ley fue una imposición externa, ajena al grupo social en que se insertaron. Por el contrario, patrones y compañeros de trabajo valoraron a Duffy por su pericia en las faenas de campo. Y su firma apareció luego entre las de los "pobladores de la precordillera" que solicitaron al Ministerio de Agricultura, en septiembre de 1909, la creación de una Colonia Agropecuaria Nacional, que a partir de 16 de Octubre podía comprender Cholila, El Bolsón y Epuyén: es decir, como antes Cassidy y Longabaugh, participaba de los reclamos de la comunidad. Daniel y Mansel Gibbon y Eduardo Humphreys se contaban también entre los signatarios de la petición.

Según Williams Roberts, antiguo poblador de la Colonia 16 de Octubre, el vaquero "se disfrazaba muy bien, pues se sacaba los dientes de oro que tenía y se los cambiaba por otros y ninguno podía reconocerle". Daniel Gibbon le contó que "Duffy había formado parte de una gavilla en los Estados Unidos donde había asaltado un banco y robado una piedra de diamante muy grande". El dato tiene el sabor de un relato cocinado en las conversaciones de fogón: "Para repartirla –agregó Roberts sin asombrarse– la habían hecho pedazos con un martillo grande". Se comentaba que Duffy conservaba el trozo de diamante que le correspondió en el botín y que lo exhibía en ciertas ocasiones, cuando sentía el peso de la distancia y quería probar ante sí mismo la verdad de sus recuerdos. Gibbon asustó también con sus relatos al maestro galés Roberto O. Jones, a quien, como se dijo, intentó convencerlo de que Dientes de Oro no era sino el temible Harvey Logan, cuyo cadáver había sido identificado por un detective de la Agencia Pinkerton. El estanciero de Corcovado Lucio Ramos Otero definió a la perfección el rol de ese astuto narrador: Gibbon "era lenguaraz o intérprete de los famosos bandoleros yankees Place y Ryan". Y ahora hacía lo mismo con sus sucesores.

Duffy se estableció con un puesto en la zona del Arroyo Montoso, cerca de Esquel. Este pueblo comenzaba por esa época su desarrollo, que lo haría prevalecer sobre la Colonia 16 de Octubre. La exoneración de Eduardo Humphreys ayudó seguramente para que las dependencias públicas pudieran ser trasladadas desde Súnica, el paraje donde vivía el ex comisario, a Esquel: el 25 de febrero de 1906 comenzó a funcionar allí la oficina del telégrafo, a cargo de Medardo Morelli, circunstancia luego tomada como fecha de fundación; en el mismo año se instaló la comisaría.

En casa de Duffy vivió durante un tiempo un compatriota, William Wilson. Éste es uno de los nombres clave en la segunda etapa de la banda norteamericana. Se presume (las versiones se repiten unas a otras sin acreditar la fuente documental) que ingresó en la Argentina en 1904 y trabajó en General Villegas, junto a un hermano, para dirigirse a Chubut en 1908. En su caso el nexo habría estado dado por la familia Newbery, que como se recordará tenía una estancia en ese punto de la provincia de Buenos Aires; los negocios estaban a cargo de George Newbery, ya que su hermano Ralph había fallecido en abril de 1906, cuando buscaba oro en Tierra del Fuego. Wilson trabajó como conductor de carros de Richard Clarke, el dueño del almacén de ramos generales de Súnica, que había tenido a Cassidy y Longabaugh en su cartera de clientes. Allí se reunió con un compatriota, Peter Litjens, quien había llegado a la región a mediados de 1907 e integró también la segunda promoción de bandidos. Pero si es cierto que la vida de un hombre consta en realidad de un solo momento, cuando sabe para siempre quién es, ese momento fue para Wilson el encuentro con Robert Evans, a mediados de 1908, a partir del cual se dedicó al robo y al crimen.

En su informe a la Agencia Pinkerton, el argentino-galés Milton Roberts describió a Wilson como un hombre de aproximadamente veinticinco años (en 1910), delgado, de pelo claro, tez oscura y quemada por el sol, nariz pequeña y recta. "Ha estado trabajando dos años como conductor de carros y [es] un excelente esquilador", anotó. En Río Pico, Lucio Ramos Otero recogió testimonios similares: además de ser ampliamente conocido como "capataz de los carros" de Clarke, los pobladores afirmaban que Wilson "siempre fue muy serio y muy trabajador".

Ramos Otero agregó una suma de detalles tan curiosos que sin proponérselo llegó a la caricatura. Wilson "era muy aseado, [tenía] siempre limpias las manos, la cara, y se ocupaba en coser su ropa a la menor rotura que tuviera; siempre trabajando, nunca lo vi fumar". Era parco y por añadidura, pese a que llevaba varios años en el país, sólo hablaba inglés. "Tenía lindas manos finas, buen mozo, nariz más bien fina (...) Usaba chambergo negro y pequeño, de alas chicas (...) siempre se le veía el pantalón por atrás, de chico o poco fundillo que tenía."

Daniel Gibbon ofreció a William Wilson conducir un arreo de hacienda, aunque como se verá en el capítulo siguiente no se trataba de un trabajo convencional. En 1907 "el lenguaraz" había sufrido un contratiempo, ya que un indígena de Colonia San Martín denunció el robo de cuatrocientas ovejas de su campo; al seguir su rumbo, aseguró, se orientó hacia Esquel y "vio que eran arreadas por una persona a caballo acompañada de un perro, cuyos rastros siguió". Y las huellas lo llevaron al campo de Gibbon. Intervino el comisario Andrés Gárate: apartaron las ovejas "en un corral arriba de las sierras [pero] como faltaba la mitad de las robadas se procedió a reunir otra majada de Gibbon que tenía en la costa de un arroyo", donde se halló el resto de los animales. El dueño recuperó sus ovejas, mientras el comisario no tomó ninguna otra medida.

La historia de Peter Litjens es mucho menos conocida que la de sus compañeros de andanzas. Según testimonio de John C. Perry, había aparecido en la región a mediados de 1907. Se dice que trabajó previamente en tareas rurales en Santa Fe y Entre Ríos, es decir que siguió un camino alternativo al de otros vaqueros, aunque llegó al mismo lugar. Y también trabó amistad con Daniel Gibbon. A su vez William Jones Glyn declaró que Wilson y Litjens "le fueron presentados por Clarke como encargados de sus carros". El vínculo era de conocimiento público y fue denunciado por Ramos Otero, quien acusó al comerciante de encubrir a los bandidos. Clarke debió ser un testigo privilegiado, ya que además era vecino de Humphreys y había conocido bien a Cassidy y Longabaugh, pero nunca fue citado a declarar. Esta omisión es comprensible: tenía una relación estrecha tanto con la policía local (que cobraba los sueldos en su almacén) como con la Policía Fronteriza (a quien le cedió provisiones y sitio donde instalarse).

La aparición de estos nuevos personajes se produjo en momentos en que el proceso de desplazamiento de la población chilena tomaba nuevo impulso hacia el sur de la Patagonia. Había un nuevo camino, abierto en septiembre de 1904, cuando el empresario alemán Wilhelm Vallentin obtuvo la reserva de noventa leguas cuadradas de tierras fiscales en la cuenca del Río Pico. Era una zona desconocida de la frontera, que subsistía como un espacio sin demasiados controles ni autoridades, y en consecuencia resultó todavía más atractiva para la población en busca de tierras donde asentarse o de un refugio para situaciones de peligro, como ocurrió con los norteamericanos.

Las tierras gestionadas por Vallentin iba a ser destinadas a colonos alemanes. En ellas se hallaban radicadas, en el momento de la exploración del empresario, cinco familias: cuatro eran indígenas y la restante chilena, de David Orellana, que había sido también uno de los primeros habitantes de Cholila y "era amigo de Roberto Evans, cuando éste llegó a Río Pico", de acuerdo con un testimonio de Wenceslao Solís. "La gente vive sin ser propietaria de la tierra –observó Vallentin–, tan sólo ocupando la cantidad que desea y actúa como verdadera propietaria de la misma, sin límites. Viven del ganado y la agricultura."

Para facilitar el transporte de los nuevos colonos, Adalberto Schmidt, socio de Vallentin, inauguró un transporte en automóvil desde Rawson a la Colonia 16 de Octubre. En una prueba piloto realizada en diciembre de 1905, tardó nueve horas en alcanzar el Valle de las Plumas. El 12 del mismo mes llegó a Colonia San Martín en su primer viaje de carácter oficial.

Además de Schmidt y de Augusto Bischof, también socio de la compañía colonizadora, viajaron en el coche "dieciséis pasajeros agricultores, procedentes de varias provincias, que desean conocer los campos mencionados (...) La colonia comenzará a poblarse en el mes de febrero (...) El automóvil no ha podido pasar de esta colonia [San Martín] y los pasajeros se trasladaron en carro hasta Río Pico". Entre ellos se encontraban los hermanos Eduardo y Juan Hahn, alemanes que establecieron el primer comercio de ramos generales de la zona. El primero quedaría asociado en la memoria popular a los bandidos norteamericanos, aunque no compartió con ellos más que un negocio; llegó a la Argentina en 1896, a los dieciocho años, y recorrió la Patagonia. La propaganda de la empresa de Vallentin lo convenció de dejar Gaiman, donde tenía una fábrica de jabón.

La colonización fracasó por aparentes desinteligencias entre Schmidt y Vallentin, quien desapareció sin dejar rastros ni dar explicaciones, y el proyecto expiró formalmente en agosto de 1907, fecha en que una investigación del gobierno nacional constató que sólo un colono alemán estaba instalado en la zona (los Hahn no fueron censados). Por ese entonces comenzaron a radicarse allí pobladores de origen chileno. Entre ellos estuvieron varios de los que habían tratado a Cassidy y Longabaugh y, en consecuencia, quedaron luego más expuestos a las persecuciones legales.

En 1907 llegó desde Cholila Wenceslao Solís, el antiguo peón de los norteamericanos. Otro de los que se habían radicado ya en Río Pico era Juan Aguilar, a quien Butch y Sundance le dejaron una montura en aparente recompensa por sus servicios. Claudio Solís siguió el mismo camino: "arreando su pucho de capital que tenía en vacunos, caballos y en dos carros de bueyes trajo toda su familia y las cosas de mantenimiento de hogar", según uno de sus hijos. Al sur, en Río Huemul, había otros ex residentes de Cholila, como Pascual Macías, Telésforo Díaz y Jacinto, Juan y Domingo Marchán. Todos eran "conocidos de Roberto Evans y Mansel Gibbon", según Wenceslao Solís.

El desplazamiento movilizaba a familias enteras y a la vez se tramaban relaciones entre los integrantes de los distintos núcleos: Rosalba Solís y el español Miguel Iribarne, casados en Cholila, se afincaron sobre el Lago número 4 de Río Pico con "un puesto muy arregladito" y "una quinta bien trabajada", según Ramos Otero. También se estableció la familia Cadagan, que procedía de La Unión, Chile; varios de sus miembros habían vivido en Cholila. Santiago y Guillermo Cadagan, en particular, aparecieron relevados en el censo de pobladores divulgado en 1905. Otro integrante de la familia,

Juan Cadagan, nacido en 1886 e ingresado en la Argentina en 1905 encontró trabajó como peón de Lucio Ramos Otero, en Corcovado, y su padre, Diego Cadagan, se haría medianero del mismo estanciero en Río Pico. Pioneros, aventureros y bandidos volvían a encontrarse en el camino.

Capítulo 10
El mártir de la colonia galesa

Daniel Gibbon no era sólo el lenguaraz de los norteamericanos. Conocidos y vecinos de la Colonia 16 de Octubre dieron testimonio sobre su actuación como apoyo logístico y punto de contacto en situaciones comprometidas. Fue un anfitrión tan generoso que su hospitalidad se transformó en protección y complicidad. Estuvo al tanto como nadie de cada uno de los planes y los hechos que acometieron y, recurriendo muchas veces a las bromas y a la ficción, contó sus historias con dos objetivos aparentes: justificar los actos de los bandidos y confundir a sus acusadores. En su momento más crítico, se sospechó que incluso había sido socio e inspirador de sus acciones.

Uno de tales negocios parece haber sido el arreo y venta de hacienda robada, en los que tomó como "empleados" a Robert Evans, William Wilson y Andrew Duffy. En el capítulo anterior se narró un caso de abigeato que lo comprometía. El comisario local intervino para devolver los animales, pero se abstuvo de hacer una investigación. La víctima no era uno de esos poderosos estancieros capaces de hablar directamente con el gobernador o quejarse a través de los diarios nacionales, sino un indígena con posibilidades mínimas de reclamar. De esa manera se tendió un manto definitivo de silencio sobre un episodio que pudo ser revelador. Acaso Gibbon extrajo alguna enseñanza; cuando llegó a Chubut la segunda generación de bandidos, se condujo con discreción. Ya nadie descubriría hacienda robada en su campo. Con tal fin, hizo valer sus relaciones y gestionó la documentación que otorgaría cobertura legal a sus amigos. Claro que a primera vista su vinculación con los norteamericanos era la de un hacendado con sus medianeros: alguien que entrega animales para crianza o manutención, a cambio de un porcentaje convenido. Sin embargo, de acuerdo con varios de sus vecinos, las haciendas no existían, o mejor dicho no le pertenecían. Esos datos tampoco fueron demasiado investigados, por lo que ahora el silencio y la oscuridad cierran el paso a ese capítulo de la historia. Pero entre las sombras se insinúa algún movimiento. Y lo que parece traslucirse es la práctica tradicional de los ladrones de ganado de los Estados Unidos: el arriero iniciaba su viaje con una pequeña cantidad de animales, que incrementaba con lo que podía robar en otro punto del recorrido, para vender el conjunto al final del trayecto. El truco consistía en obtener una guía de campaña que autorizara el transporte de una cantidad de hacienda que cubriera la que se planeaba robar.

Según se cuenta, a fines de 1908 Robert Evans y William Wilson llegaron a Río Pico conduciendo un rebaño de más de mil ovejas cara negra. Instalaron su campamento a tres kilómetros del almacén de ramos generales de Eduardo Hahn, a quien le ofrecieron la oportunidad de comprar a buen precio esos animales de calidad. En su declaración posterior ante la Policía Fronteriza, Hahn excluyó a Wilson del episodio. No había ninguna razón para ignorarlo, y tampoco podía haberse olvidado, ya que lo conocía, lo había tratado y el nombre del bandido estaba en boca de todos. Parece dudoso, entonces, que Wilson haya estado presente. Es posible que su inclusión en la historia oral haya sido un efecto de la notoriedad posterior que adquirió; por entonces, y hasta fines de 1909, trabajó junto con Peter Litjens como conductor de carros en Súnica.

El contrato de venta fue firmado en Río Pico el 20 de noviembre de 1908 entre "don Roberto Evans de una parte y don Juan y Eduardo Hahn de otra"; las ovejas debían ser entregadas cinco días después. Evans, declaró más tarde Eduardo Hahn, afirmó que los animales "eran de la sociedad que tenía con su tío William Lloyd Jones Glyn". El comerciante de Río Pico necesitaba demostrar que había accedido al negocio de buena fe, sin sospechar que las ovejas en cuestión eran robadas. Lucio Ramos Otero, que no lo apreciaba, afirmaba a quien quisiera escucharlo que sabía con quién trataba y qué transacción realizaba. En su descargo, Hahn argumentó que el rebaño tenía una señal registrada a nombre del bandido, lo que acreditaba su propiedad, y agregó que éste llevaba una guía de campaña firmada por Medardo Morelli, juez de paz suplente de Esquel, para trasladar otras mil quinientas ovejas. "Evans decía que era de un arreo que tenía en camino, pero que no son de las que compré por cuanto ese arreo no llegó a Río Pico", advirtió el comerciante.

El negocio se realizó entonces con la venta de mil veintisiete ovejas, a razón de cuatro pesos por cabeza. La cláusula cuarta del contrato estipulaba la forma de pago: "el vendedor recibirá de los compradores en la fecha de la entrega cuatrocientos pesos en efectivo", y se cancelarían las cuentas particulares de Roberto Evans, Juan Aguilar y Jacinta Carrasco. El documento daba cuenta de las relaciones del vendedor. Aguilar, cabe recordar, era el chileno que había trabajado con Cassidy y Longabaugh en Cholila; ahora vivía en Río Pico y acompañaba a Evans, a quien debió haber conocido en aquellos viejos tiempos. Jacinta Carrasco era viuda y estaba emparentada con los Solís; según pobladores de Río Pico, habría sido amante de Andrew Duffy o por lo menos cómplice de los bandidos.

Los Hahn se comprometían a entregar el saldo antes de marzo de 1909. Evans había registrado una marca en Colonia San Martín el 13 de agosto anterior y ésa, si se cree en Eduardo Hahn, era la señal con que le fueron entregados los animales.

Francisco Dreyer, subcomisario de Tecka, expuso otra versión. La guía librada por Medardo Morelli, dijo, concernía a las ovejas vendidas y el caso involucraba a Daniel Gibbon. "Y por referencia de Isaac Dobson, ex capataz de la Compañía de Río Frías –afirmó–, sabía que aquellos animales habían sido robados a aquella compañía situada en territorio chileno y que recibieron la señal de Daniel Gibbon." En aparente apoyo de este testimonio, David Rees, poblador de 16 de Octubre, declaró que Mansel Gibbon, hijo del anterior, robó quinientas ovejas "de una estancia de seis leguas", que ostentaban "una señal igual a la de Daniel Gibbon".

Dreyer agregó que el robo a la empresa chilena era "público y notorio", y de hecho Ramos Otero lo menciona en sus escritos. El subcomisario Narciso Espinosa, a cargo de la policía de Cholila, comenzó a investigar el asunto. No obstante, el negocio salió tan bien que planearon repetirlo. El 27 de abril de 1909, Evans obtuvo una guía a su nombre para remitir mil quinientos lanares a Santa Cruz "con destino crianza"; el 30 de mayo, Wilson y Duffy, otro "recomendado" de Gibbon, consiguieron permisos similares. En los documentos de estos dos últimos los animales figuraban como pertenecientes a Jones Glyn; las guías fueron expedidas por Medardo Morelli.

William Pritchard, poblador de 16 de Octubre, recordó haber visto en poder de Gibbon "una guía por una cantidad de ovejas bastante grande a nombre de William Wilson, firmada por Medardo Morelli". A la vez, Gumersindo Zenteno confirmó ese testimonio e introdujo una precisión: Gibbon tenía "una guía para mandar ovejas al sud pero que era por una cantidad mayor que la que iba a mandar, favoreciendo en esta forma el robo de ovejas", con el método mencionado. Por último, John William Reale puso en primer plano a Medardo Morelli. El juez de paz suplente le dijo "que había expedido una guía falsa a pedido de Daniel Gibbon y William Jones Glyn para Robert Evans y William Wilson por una cantidad de ovejas". Morelli se declaró amigo de Gibbon y Glyn "y no quería hacerles mal". Lamentablemente no pudo dar su propia versión sobre los hechos porque de pronto estaba en Buenos Aires, "ignorándose su domicilio", consignaron los instructores del sumario policial donde se exhumó el asunto.

Gibbon planteó su vínculo con los bandidos en términos formales. Había firmado un contrato, aseguró, por el cual entregaría mil quinientas ovejas a Evans, para explotarlas a medias. El norteamericano salió a buscar campo al sur del Lago Buenos Aires, sin regresar a Esquel y el negocio se frustró. Se refería al arreo que Evans le había prometido a Eduardo Hahn y que no se concretó. En agosto de 1909, el subcomisario Espinosa detuvo a Evans y Wilson en el almacén del comerciante, en Río Pico, "cuando los bandidos estaban chupando", según Ramos Otero. Parece que en la ocasión también se hallaba presente Juan Aguilar, el chileno que aparecía mencionado en el contrato de venta de las ovejas y que pronto sentiría en carne propia los métodos de "investigación" de la policía. Pese a la sorpresa, los norteamericanos lograron escapar. El percance hizo que abandonaran el plan de usar las guías con que contaban para llevar hacienda al sur.

En tanto, William Jones Glyn negó haber gestionado alguna guía irregular, "ni tuvo negocio ninguno ni transacción de ninguna índole" con las personas que le nombraban. Pero en el Registro Estadístico de Señas estaban guardadas sus cartas a Morelli, firmadas de puño y letra, en que solicitaba guías para Wilson y Duffy. No existía delito, ya que las guías en cuestión no fueron utilizadas. Pero a fines de 1911, momento en que declaró, reconocer esas relaciones era comprometedor. El hecho de haber sido amigo o tratado de alguna manera a los bandidos bastaba para ir preso (salvo que se contara con influencias, como Richard Clarke, quien jamás fue molestado). Confrontado con los documentos que lo involucraban, Jones Glyn dijo que había obrado de buena fe. Negó haberse vinculado con Evans y reveló que "Duffy le fue presentado en Arroyo Pescado por Eduardo Humphreys (...) y posteriormente le confió unas vacas para el pastoreo". Por otra parte, "habiéndose trasladado a Trelew, dejó un certificado a Mansel Gibbon para que fuera entregado a Wilson (...) El certificado era por quinientas ovejas de su señal (...) Pero aquel no retiró ningún animal. Las condiciones en que debían ser llevadas era pagarlas al contado a razón de cuatro pesos o en su defecto las llevaría a medias, por tres años (...) al Río Mayo". Jones Glyn tenía una reputación intachable y estaba ligado a sucesos históricos de la comunidad; su vinculación aparece como un efecto de los enredos tramados en el entorno de Gibbon.

La persecución de los norteamericanos, impulsada por el frustrado asalto a la Casa Lahusen y reavivada luego de la evasión de Evans y Wilson, fue una nube amenazante que pronto se disipó. Los nuevos vientos que soplaron en la política del territorio aliviaron la situación de la banda. En agosto de 1909 Julio Lezana culminó su segundo período como gobernador del territorio, para ser reemplazado por Alejandro Maiz. Previamente, el 23 de julio, Milton Roberts renunció a su puesto en la policía de Esquel "por razones particulares". Evans debió alegrarse, ya que detestaba a ese policía, que había estado a punto de detenerlo tras el asalto al banco de Villa Mercedes. "Yo sé quién pedir vigilantes –dijo en su duro castellano a Ramos Otero–, galenses de la Colonia 16 de Octubre. Ya otra vez [Milton Roberts] pasar cerquita de mí (...) Yo no hace nada pero si ahora pasar al lado lo mato, meta pun pun y a la mierda galense" [sic]. En un malicioso comentario sobre aquella dimisión, *La Prensa* dijo el 2 de agosto que "varios empleados de policía [de la Colonia 16 de Octubre] han renunciado por temor de ser destituidos por el nuevo gobierno. Les fue aceptada a todos...".

Otro personaje que debió sentirse contento por la nueva situación fue Eduardo Humphreys. Después de su deshonrosa exoneración había mantenido una prolongada batalla contra Lezana, en procura de recuperar su puesto. Y el 26 de agosto logró ser readmitido, al ser designado subcomisario *ad honorem*, a cargo de la comisaría del distrito 16 de Octubre (que desde 1906, como se dijo, funcionaba en Esquel). En teoría se encontraba un escalón por debajo de su anterior título, pero los pobladores de la región entendieron que ésa era una fórmula y volvieron a tratarlo (según se ve en diversos documentos y notas periodísticas) como "comisario", devolviéndole el grado perdido. La novedad debió tranquilizar a los norteamericanos, que otra vez contaban con una persona de máxima confianza en la policía. Entre ellos, Andrew Duffy había tramado una estrecha relación con Humphreys.

Hubo más designaciones equívocas con el cambio de gobierno. El 9 de octubre, el gobernador designó a Francisco Dreyer subcomisario *ad honorem* en Tecka. Era un personaje con un pasado oscuro. Se comentaba que había cometido una estafa en La Pampa, tras lo cual cambió de lugar de residencia y de apellido, ya que el verdadero habría sido Berti. Además fue acusado de apropiarse ilegalmente del menor Saturnino Echegaray en Río Negro. Según la denuncia de la madre, Dreyer recibió al chico de parte del comisario Tomás Torres Ardiles "por un sueldo mensual de veinte pesos según manifestación hecha por el menor (...) a un señor Félix Quevedo que encontró a Saturnino en Quetrequile manejando un carro de Dreyer".

El mapa de cambios en la policía incluyó el traslado de Andrés Gárate de la Colonia 16 de Octubre a Puerto Madryn y las designaciones del comerciante Juan M. Ciolfi en Las Plumas y de Hugo Branstein en Cholila, ambos *ad honorem*. El segundo renunció enseguida, "en vista que no encuentro una posesión en que ocuparme para ganar la vida", y se mudó en busca de mejores horizontes. El gobernador Maiz, por otra parte, no comenzó con buen pie, ya que cinco días después de asumir funciones reclamó al Ministerio de Agricultura la concesión de títulos de propiedad a ocupantes de tierras, en un gesto juzgado como mera demagogia por el gobierno nacional. Y tras una semana pidió licencia para viajar a Buenos Aires y "atender asuntos urgentes", lo que se le negó. En poco tiempo más enfrentaría un problema mucho más grave, a causa de los norteamericanos.

En la época turbulenta que señaló la transición de un gobierno a otro hubo también fuertes denuncias contra el juez de paz y el comisario de Telsen. Entre los principales acusadores se hallaban Elena Greenhill, la Inglesa Bandolera, como le decían, y su segundo esposo, Martín Coria, el hombre que la había sacado de prisión aunque no la liberó de las sospechas por el asesinato de su primer marido. Ambos manejaban un almacén de ramos generales en Montón-Niló, un paraje de Río Negro que conectaba el sur de la meseta de ese territorio con el alto valle del río y a la vez se ubicaba a una distancia equivalente de los ramales de ferrocarril que se extendían al norte y al sur. Se dedicaban además a la compraventa de hacienda y la producción de ovejas cruzadas con la raza Rambouillet. Y entre sus amistades figuraban los empleados jerárquicos de la Compañía de Tierras, que en ese territorio tenían su sede en Maquinchao. Allí residía el gerente general de la empresa, Francisco Preston, aquel que se quejaba por las boleadas de guanacos y había vendido a Cassidy los primeros caballos que tuvo en la Argentina.

Las características de la pareja llamaban la atención. Greenhill trabajaba en el campo a la par de los hombres y Coria suscitaba resquemores por las vinculaciones que decía tener en la provincia de Buenos Aires y la pericia que demostraba para manejarse en cuestiones legales y litigar ante la justicia. Las historias tramadas a su alrededor circularon cada vez con mayor frecuencia, y esa insistencia no se explica tanto por una cuestión de cultivo del folclore como por las disputas que mantuvieron con otros comerciantes y grupos de poder. Al parecer, Napoleón Astete, hermano del primer esposo de Greenhill, preservó su encono por el crimen y trató de accionar contra la pareja desde Choele Choel, donde se había establecido.

En la construcción de esos relatos, la Inglesa asumió progresivamente el protagonismo y desplazó a Coria a un segundo plano. Mientras ella aparecía como una mujer hábil y arriesgada, con una conducta censurable y a la vez objeto de cierta admiración, a él lo describían como una especie de pusilánime, un ave negra, alguien cuya exclusiva competencia consistía en explotar los mecanismos más retorcidos del Derecho para esquilmar a pobres y analfabetos. "A las latas de tabaco Caporal [Greenhill] les pegaba de cualquier forma, hasta en el aire –aseguró el escritor rionegrino Elías Chucair–. Parecía que ni apuntaba siquiera y accionaba el gatillo de una manera muy particular. Dejaba a todos con la boca abierta, sabía comentar mi padre." En otros testimonios, lo pintoresco se desdibujaba ante actitudes dudosas o francamente delictivas. Se decía que vendían hacienda robada y que desalentaban de tal manera a sus proveedores que éstos no insistían en cobrar las mercaderías del almacén. Incluso dejaban en ridículo a gente de avería. "Rufino Montiel era bravo, por eso le decían el Toro (...) –aseveró el vecino José Eduardo Figueroa–. Cuando alcanzó a la Inglesa y le reclamó los animales [que le había quitado], ella le contestó: 'Esto te voy a dar', y le indicaba la..." [sic].

Según la acusación más reiterada, Greenhill y Coria se apoderaron mediante engaños de los animales de una viuda. Un descendiente de la víctima, Joaquín Valdebenitos, recordó al respecto: "En Corral de Piedra (...) yo tenía unos tíos que estaban ahí desde el año 1900 o antes. Eran chilenos. Él se llamaba Valentín Jara y ella Mercedes Cifuentes. Tenían como ocho mil ovejas y cuatrocientas vacas (...) Cuando ella se quedó viuda le sacaron un poder para administrarla y le sacaron todo con un ave negra que era el marido, que era medio abogado. Le arrearon animales a Chile y lo único que salvaron fueron los yeguarizos". Esta denuncia apareció relacionada en muchos relatos con la persecución que la pareja comenzó a sufrir de parte de la policía de Chubut a mediados de 1909.

El enfrentamiento entre los Coria y un sector de la policía de Chubut respondía a otras razones. No se trataba, además, de una fuerza de seguridad que combatía a delincuentes, sino en todo caso de dos facciones que se disputaban la tenencia de cierta cantidad de animales, y acaso el control del tráfico ilegal. La ley, a veces, no era sino el instrumento con que un grupo social consolidaba su posición y sus propiedades. Los hechos se iniciaron el 17 de febrero de 1909, cuando los policías Juan Caminada y Ramón Puga, de Telsen, tomaron por asalto un puesto que Coria tenía cerca de ese lugar y se llevaron los caballos y ovejas que encontraron, además de conducir preso a Heriberto Greenhill, hermano de Elena y administrador del campo.

Juan Caminada tenía cierta trayectoria en la policía de Chubut, y aunque alcanzó el grado de sargento no se había destacado precisamente por su integridad. En febrero de 1896 fue sospechado de complicidad en la fuga del célebre Ascencio Brunel. Cuatro años después, en octubre de 1900, lo acusaron por insubordinación contra el comisario inspector José Pedro Moré, quien había hallado durmiendo en servicio a su hermano, el cabo Pedro Caminada (otro hermano, Santiago Caminada, fue asimismo cabo de policía). Ese mismo año estuvo bajo investigación por robar animales de vecinos de Telsen; una averiguación interna concluyó que además había vendido caballos, ropas y uniformes provistos a la policía. Se pidió su destitución por delincuente, pero el gobernador Alejandro Conesa resolvió descartar las denuncias sin tomar ninguna medida.

Tres días después del asalto policial Elena Greenhill acudió a la comisaría de Telsen con las guías y boletos de marcas correspondientes a los animales secuestrados. La policía se negó a atender el reclamo y mientras tanto condujo la hacienda a un campo del sargento Caminada, en el paraje Chorroy Ruca.

Greenhill reclamó varias veces ante el gobernador y el juez letrado de Chubut por el abuso policial, sin tener respuesta. "Viendo que la justicia tardaba en hacerse –dijo *La Prensa*– y que a medida que transcurrían los meses los animales secuestrados iban siendo marcados y contraseñalados por el comisario [sic] Caminada, resolvieron los esposos Coria reunir todos sus animales y trasladarlos al Río Negro, donde poseen otro puesto, después de sacar del juzgado las guías correspondientes." La denuncia presentada por Coria no lo especificó, pero lo que hicieron fue copar el campo de Caminada, cuando éste se hallaba ausente, y arrear con los animales que encontraron. Según una versión policial, la Inglesa y los peones Modesto Rosales, Jacinto Rodríguez y Timoteo Medina se llevaron mil treinta y cinco lanares. Llegaron a Montón-Niló el 28 de julio.

De inmediato se armó una comisión para perseguirlos, encabezada por Domingo Calegari (o Caligaris), comisario de Telsen. "En el camino –señaló *La Prensa*– los vecinos N. Goyeneche, Alejandro Centeno y Víctor Sandoval denunciaron que una banda al mando de Martín Coria les había robado las ovejas que cuidaban." Al ingresar en Río Negro, Calegari pidió refuerzos en la subcomisaría de Quetrequile, donde se sumó el oficial Héctor Altamirano con sus agentes. Parece que también estaba José Carlos Cifuentes, hermano de Mercedes Cifuentes de Jara, llegado desde General Roca. En total, dieciocho hombres integraban esa partida sedienta de revancha.

Los perseguidores llegaron al boliche de Montón-Niló el 29 de julio. Hay varias versiones sobre lo que ocurrió a continuación, y también difieren las nóminas de los allí presentes. Los Coria dijeron que estaban con sus hijos, de nueve y once años, una viuda con tres hijos menores "y, como a cincuenta metros de la casa, dos comerciantes turcos, a quienes habían alojado" y que suponían una novedad de la época: los mercaderes ambulantes. La versión policial agregó a los tres peones de la Inglesa y un indígena sordomudo que era sirviente del matrimonio.

De acuerdo con Martín Coria, "vieron aparecer a lo lejos un grupo de jinetes, quienes abriéndose a dos columnas, llegaron a la casa, rodeándola". Echaron pie a tierra Caminada y otro policía, el sargento

Alejandro Guardia. El segundo "dio un grito, ordenando que nadie se moviera y enseguida hizo fuego. Se inició con tal motivo un tiroteo entre los asaltantes y los asaltados, que trataban de repeler el ataque".

El otro bando contó el suceso al revés. En un telegrama enviado al juez letrado de Río Negro, los policías aseguraron que "fuimos agredidos por disparos de armas de fuego antes de llegar al domicilio de Coria a una distancia de ciento cincuenta metros más o menos. No conseguimos detener a los delincuentes debido al poco armamento, proyectiles y personal de ambas comisiones [de las policías de Chubut y Río Negro], ya que éstos nos superaban en cantidad de armamentos por poseer Winchester".

En un alto del enfrentamiento, Coria ofreció parlamentar con el jefe del grupo visitante. Se adelantó entonces el comisario Calegari, "quien dijo que iban a examinar un arreo que había llevado del Chubut la señora de Coria, sin la guía correspondiente". Después de comprobar lo infundado de las sospechas, con los documentos a la vista, "el empleado policial le pidió que no relatara lo sucedido, para lo cual le dio por escrito su conformidad respecto a la hacienda", dijo el esposo de la Inglesa. De pronto, si se cree en esta versión, hubo un clima tan amistoso que la comisión policial se retiró sin mayores inconvenientes mientras Calegari y otro de los integrantes de la partida, un poblador de Chubut de apellido Lara, se quedaron a tomar unas bebidas que compraron a los comerciantes sirios que se hallaban de paso. Y acaso, mientras las copas distendían los ánimos, cambiaron impresiones acerca de un rumor que sonaba cada vez más fuerte y que poco después daría lugar a sorprendentes revelaciones: la extraña desaparición de mercachifles de origen árabe que llegaban a esa zona de Río Negro y cuyo rastro se perdía como por arte de encantamiento.

Según otro relato de la historia, sedimentado en la memoria popular, Martín Coria no estaba en Montón-Niló, o en todo caso su participación fue accesoria, porque Elena Greenhill, asistida por sus peones y su puntería certera, dirigió la resistencia y venció a la partida que los superaba en número, y el indio sordomudo propuso una tregua que en realidad ocultaba una trampa. En esta versión, que parece apuntar a salvar la ropa de la policía, los representantes de la ley fueron sorprendidos por el "cálido" recibimiento de la dueña de casa y quedaron sin defensa posible: la mayoría creyó más conveniente escapar, a excepción de los mencionados Calegari y Lara, desarmados y tomados prisioneros tras la refriega. En *La Prensa*, el comisario de Telsen parecía casi un héroe: "Se adelantó solo hasta la casa de Coria, para convencerlo de que se entregara. Los bandoleros lo tomaron prisionero y lo retuvieron hasta que se fueron los otros policías". Pero este diario se rectificó luego de tales afirmaciones –"los datos del suceso llegaron suscriptos por personas desconocidas"– y avaló el relato del otro bando.

Calegari habría sido obligado a firmar ese documento que Coria pretendía haber obtenido de buenas maneras. Tal puede ser el núcleo de lo que realmente ocurrió y que en sucesivas ampliaciones, como círculos concéntricos en el agua, terminó por transformarse en un suceso extraordinario. El comisario, se cuenta, fue despojado de su uniforme y, junto con su compañero de desgracia, forzado a realizar las tareas domésticas. En calzoncillos, o quizá con ropa de mujer, la autoridad tuvo que limpiar, cocinar y lavar los platos. Los rehenes quedaron en libertad a la mañana siguiente –dicen algunos– o después de varios días de servidumbre –según otros–. El relato es ambiguo y asocia dos sentidos contradictorios, dos miradas distintas: la satisfacción por la humillación de la fuerza pública, tanto más intensa en los sectores bajos, los más golpeados por las arbitrariedades de la ley, y el espanto por una situación de mundo al revés, donde quien manda es puesto a obedecer y quien no tiene voz ejerce la autoridad (el indio sordomudo que hacía de sirviente de los Coria se habría disfrazado con el uniforme policial).

Coria se propuso denunciar los hechos. Pero la policía más cercana estaba en Quetrequile, cuyos agentes habían colaborado con el comisario Calegari. Entonces debió ir a otro pueblo, El Cuy, en busca de un amigo, el comisario José María Torino. Éste se encontraba en General Roca, investigando el extraño caso de las desapariciones de mercachifles árabes, y el esposo de Greenhill no pudo conectarse con él, de manera que por el momento quedó sin protección.

Un episodio tan notable como la reducción a la servidumbre de un policía no pudo transcurrir sin secuelas. En un enfrentamiento posterior una hermana del sargento Caminada atacó a Elena Greenhill: "Le disparó tres tiros de revólver, sin dar en el blanco; pero hirió a un peón", según una crónica. El hecho se perdió en el tiempo, quizá porque no se ajusta al estereotipo de la Inglesa Bandolera. El 7 de agosto, el corresponsal en Rawson de *La Prensa* se hizo eco de un rumor sorprendente: el asesinato de Martín Coria. "Llega la noticia –afirmó– de que un hermano del señor Juan Caminada ha dado muerte al acompañante de la señora de Coria, que en el mes pasado hizo serias denuncias en esta capital contra el mencionado empleado." En Telsen, a la vez, había una rebelión contra las autoridades: unos veinte vecinos, "acosados por las tropelías que cometen a diario el juez de paz, señor Vilches, y el comisario de policía [Domingo Calegari], han tomado presos a ambos".

El muerto gozaba de buena salud, ya que Coria no tardó en presentarse en el Ministerio del Interior y ser considerado por el mismo diario como "honrado estanciero" y "persona culta en su trato", al tiempo que se saludaban sus "vinculaciones recomendables en el partido de Dolores". Pero antes de la reivindicación pasó momentos difíciles. Al día siguiente de su supuesta muerte cayó detenido en General Roca. El juez de Chubut, Luis Navarro Careaga, pidió asimismo la captura de Elena Greenhill por "disparar con armas de fuego contra la autoridad en Chorroy Ruca", lo que no se ajustaba a los hechos. Acusado por robo de hacienda, Coria fue conducido a la cárcel de Choele Choel. De allí lo derivaron a Rawson el 25 de agosto. Sin embargo, ante el juez de Chubut "probó con documentos que él era el único dueño de la propiedad que ocupaba, así como de sus haciendas", y quedó en libertad.

A causa de las reiteradas denuncias de los pobladores de Telsen, el Ministerio del Interior ordenó sumariar al juez de paz y el comisario de ese punto. Ambos quedaron destituidos de sus cargos en septiembre de 1909, a poco de asumir sus funciones el gobernador Maiz. La guerra entre los dos sectores continuó a través de la justicia de Río Negro, que actuó en connivencia con la policía corrupta: la denuncia de Martín Coria quedó "traspapelada" mientras se impulsaba un expediente de la policía de Quetrequile por robo, hurto, extorsión y atentado a la autoridad.

El rumor iba y venía en el almacén de Richard Clarke: la sucursal en Arroyo Pescado de "la cooperativa", como se conocía a la Compañía Mercantil del Chubut, estaba por recibir una suma importante de dinero para comprar la lana de los productores de la región. Estaba por recibir, o más bien –aseguraban los comentarios– ya había recibido diez mil pesos. O tal vez más: una pequeña fortuna, en todo caso, en un lugar en el que no existía policía y no había vecinos a la vista. Y el dato llegó a los oídos de William Wilson.

A treinta kilómetros al este de Esquel, aquel paraje señalaba un cruce de caminos entre la Colonia 16 de Octubre y Rawson y a la vez una vía de salida a San Carlos de Bariloche y Neuquén, y a través de este punto a Chile. En 1906 la Compañía Mercantil del Chubut, empresa creada por los colonos galeses para la comercialización de sus productos, decidió aprovechar la ubicación geográfica instalando allí una de sus sucursales. La cooperativa se dedicaba a la venta de ramos generales y acopiaba los frutos del país. Aunque sin población fija, Arroyo Pescado se convirtió enseguida en un activo centro de intercambio. "Vimos a las familias, casi siempre en pleno, salir un día para el Pescado con sus coches o *wagons*, dedicar el siguiente a compras, desde comestibles, ropas para toda la familia, hasta enseres de cocina, herramientas y recados –recordó Egrwn Williams, poblador del Valle 16 de Octubre–. Todo había en la casa, para grandes y chicos. Al tercer día, si no se descansaba, se emprendía el regreso."

El ingeniero Llwyd Ap Iwan fue designado gerente de la sucursal de la Compañía. Ese nombramiento abría un nuevo capítulo en una trayectoria rica en emprendimientos e iniciativas. Ap Iwan era una personalidad relevante en el ámbito de los galeses, en primer lugar por cuestiones familiares: su padre, el reverendo Michael Daniel Jones, había actuado como promotor y mecenas (al punto de empeñar su casa) de la colonización galesa en la Patagonia. Jones es la traducción inglesa del apellido Ap Iwan, que en galés significa "hijo de Juan"; aunque nunca estuvo en Chubut, lo llamaron "padre de la colonia".

Llwyd Ap Iwan llegó a la Argentina en 1886, cuando tenía veinticuatro años, para trabajar en la construcción del Ferrocarril Central del Chubut, que unió Puerto Madryn y Trelew. También vino un hermano, Mihangel, aunque luego emigró a la provincia de Buenos Aires y se radicó en Junín. Era una época de descubrimientos y de fundaciones, y el ingeniero galés estuvo siempre entre los protagonistas. En 1887 participó de la expedición a la cordillera que encabezó el gerente de la compañía ferroviaria, Ashael P. Bell, y delineó la primera mensura de la Colonia 16 de Octubre. Al año siguiente, en base a sus viajes y a testimonios de indígenas, confeccionó un mapa del territorio de Chubut. Iba ganando una posición de prestigio y predicamento, que se extendía también a la cultura. En 1890 fue nombrado secretario de la sociedad *Camwy Fydd* (Chubut del futuro): sus miembros "se reunían semanalmente y formaban un núcleo con el fin de interesar a la población en las manifestaciones culturales de la nación galesa", según el historiador W. M. Hughes. Su casamiento, el 6 de junio de 1891, resultó "todo un acontecimiento social", de acuerdo con otro cronista galés. La esposa, Myfanwy Rufydd Jones, era la hija mayor de Lewis Jones, el dirigente histórico de la colonización galesa; el gobernador del territorio, Luis Jorge Fontana, hizo de padrino.

El 14 de octubre de 1893, con otros trece galeses y el pionero Francisco Pietrobelli, fundó en Gaiman la *Phoenix Patagonian Mining and Land Company*, más conocida como Compañía Fénix. La empresa se propuso crear una colonia agrícola pastoril y explorar la región en busca de minerales y tierras fértiles. La opinión adversa del perito Francisco Moreno cerró las puertas del gobierno nacional para esos proyectos, pero entre aquella fecha y 1897 Ap Iwan realizó tres campañas exploratorias al noroeste de Santa Cruz, en la zona limítrofe con Chile, y dejó su nombre en un cerro de esa provincia. Entonces confraternizó con los caciques tehuelches Quilchamal y Kankel, quienes le proveyeron de guías. Así, sus viajes fueron otra demostración de la manera en que los galeses se vinculaban con los indígenas, que el reverendo William C. Rhys sintetizó en un lema: "Tratar a los indios como nos tratamos unos a otros".

Ap Iwan intervino también en algunas de las cuestiones más delicadas que afectaron a la colonia galesa. En noviembre de 1895 la ley de organización del Ejército dispuso que los miembros de la guardia nacional serían convocados a ejercicios durante los domingos. Los galeses, invocando razones religiosas, se resistieron a que sus hijos nacidos en la Argentina integraran la milicia y se generó un conflicto con el gobernador Eugenio Tello. El ingeniero fue elegido y enviado a Buenos Aires para interceder ante el gobierno nacional, pero sus buenos oficios no bastaron: la voluntad política de llegar a un arreglo tropezó con el rechazo de los jefes locales del Ejército y luego del gobernador siguiente, Carlos O'Donnell. La situación se dilató y el 23 de enero de 1899, el mismo día en que el presidente Julio A. Roca llegó de visita al Chubut, la prensa de Buenos Aires denunció que dos enviados de la colonia galesa gestionaban en Londres la instauración de un protectorado británico en Chubut. Los encargados de la supuesta misión fueron Thomas Benbow Phillips y Llwyd Ap Iwan, quienes efectivamente estaban en la capital británica, previo paso por Buenos Aires para pedir el cambio de día de los ejercicios militares; la Compañía Mercantil del

Chubut solventó sus gastos. Según *La Nación*, en Londres intentaban entrevistarse con miembros del gobierno inglés; se quejaban de la "opresión militar" y de la actitud de las autoridades argentinas hacia la colonia. Los galeses de Chubut negaron haber autorizado la gestión de un protectorado; para W. M. Hughes "fue una hábil maniobra diplomática para llamar la atención" sobre sus demandas. De hecho, Roca eliminó poco después la controvertida disposición.

A principios de 1904 Ap Iwan se radicó en el oeste de Chubut. "Recientemente, con su familia, partió hacia la Cordillera, llevando un gran arreo de ganado –informó *The Standard* el 25 de marzo de ese año–. Piensa establecerse cerca de Tecka, en las tierras pertenecientes a su hermano, el conocido doctor Mihangel Ap Iwan, de Junín. La nueva estancia se llamará Bodwan, como la casa de su padre, en el norte de Gales." Dos años después comenzó a dirigir la sucursal de la Compañía Mercantil del Chubut en Arroyo Pescado. Allí su vida transcurrió sin mayores sobresaltos hasta el miércoles 29 de diciembre de 1909. Ése fue un día inclemente, como si la naturaleza participara de lo que estaba a punto de desencadenarse: el viento no dejó de soplar contra el edificio de la Compañía Mercantil del Chubut, con tal violencia que hacía retumbar la puerta, de modo que había que mantenerla cerrada. Pocos clientes se presentaron en el almacén y al dar las seis de la tarde el gerente ordenó a los jóvenes dependientes de la casa, David Owen Williams y Robert Jones, que cerraran el negocio.

"Pero cuando yo salía para cerrar el fondo del almacén y las ventanas –escribió Jones una semana más tarde, en una carta a sus padres– llegó un viejo indio, uno muy poco agraciado y muy lerdo y D. O. Williams empezó a atenderlo y yo seguí cerrando las ventanas para estar listo cuando éste se retirara." El indígena tenía un billete de cincuenta pesos y quería cambiarlo, "y no había más que pocos billetes chicos en el negocio y en la caja fuerte, así que lo convencimos de que gastara lo más que podía". Ap Iwan se dirigió a su casa, una construcción distante unos metros, y seguramente al salir se cruzó con otro cliente, el poblador Francisco Arbe, quien acudía apurado para hacer una compra.

Jones se encargó de despacharlo, y cuando terminaba "llegó otro hombre al negocio y empezó a hablar en castellano con Francisco Arbe de monturas". El empleado comprendió que era norteamericano, por su modo de hablar. Más tarde conocería su nombre: Robert Evans.

"Empezamos a conversar un poco, yo no pensé mal de éste como no lo hubiera pensado de cualquier otro", dijo Jones. No había razón para desconfiar, el recién llegado parecía simpático y demostraba conocer el negocio. "Preguntó si eran nuevos los dependientes", según Williams.

–¿Tiene usted monturas aquí? –preguntó el otro, en inglés, mientras Arbe daba las buenas tardes y se retiraba.

–Sí –contestó Jones–. ¿Qué precio, señor?

–La mejor. Quiero que sea de buena calidad.

Williams seguía ocupado con el viejo indio, pero pudo echarle un vistazo y luego describir a Evans: "Era de estatura mediana, grueso, de cabello rubio, afeitados los bigotes y barba, como de cuarenta a cuarenta y cinco años de edad", dijo a *Y Drafod*, el periódico de la colonia galesa. "Me dirigí a abrir el lugar donde guardábamos las monturas y volví trayéndole una –recordó Jones–. Él la examinó y preguntó el precio."

–Noventa y dos pesos. Sin estribos ni cincha.

–Oh. Bastante cara. ¿Puede mostrarme otra?

–Creo que tenemos otra de esta calidad –dijo Jones, y fue en busca de una segunda montura.

Evans pareció satisfecho. Se quedaba con la montura más económica, agregó dos pares de estribos y luego quiso ver unos pantalones de corderoy.

–Muy lindos –dijo–. Es una lástima que nuestros hombres de campo no tengan algo de este material.

El indio terminó su compra y David Owen Williams pudo guardar su billete en la caja. La puerta del almacén se abrió entonces de golpe. Pero no era el viento sino otro hombre, también con apariencia de norteamericano. Era más joven, delgado, rubio, lucía afeitado, medía más o menos un metro ochenta y se llamaba –supieron después– William Wilson. "Se había parado entre las dos puertas por donde podía haber escapado cualquiera de los presentes", recordó Williams.

–¿Dónde está el señor Ap Iwan? –preguntó de pronto Evans.

–En su casa –repuso Jones.

–¿Volverá esta noche?

–No lo creo. Es hora de cerrar.

Los norteamericanos hablaron algo entre sí, que los otros no alcanzaron a escuchar y Evans alzó la voz:

–¿Qué haremos? –preguntó, para Wilson, y siguió, volviéndose hacia Jones–: No podemos llevar esto sin antes ver al señor Ap Iwan.

Robert Jones era un empleado aplicado. Corrió hasta la casa del gerente, que estaba por sentarse a cenar con su familia, le dijo que había dos caballeros que querían verlo y regresó con él a la cooperativa.

–¿Tiene usted una carta para mí? –dijo Evans.

–¿A qué nombre? –repuso Ap Iwan.

–Jones –respondió Evans, pero no le dio tiempo al gerente para cumplir el pedido, extrajo un revólver y cambiando el tono ordenó–: Manos arriba. Entreguen las llaves o serán hombres muertos.

Wilson saltó el mostrador y, también revólver en mano, apuntó a los sorprendidos empleados.

–Manos arriba –dijo.

Williams no hizo caso: creyó que se trataba de una broma.

–Manos arriba –repitió Wilson–. No lo diré otra vez.

"Robert Evans cerró las puertas –dijo luego Williams– y ordenó al declarante y al mozo [Jones] que apoyaran las manos, el primero en un armazón de la tienda y el segundo en los hombros de aquél." Sin dejar de vigilarlos, Wilson vació la caja, que apenas contenía el billete de cincuenta pesos del viejo indio.

–Aquí hay muy poco dinero –advirtió Ap Iwan.

Evans "dijo que era mentira y que le diera las llaves y la plata que había, contestándole el gerente que se lo entregaría todo si le dejaban la vida. Enseguida le preguntó a Wilson si quería llevar también las monedas de níquel, contestando éste que sí", declaró Williams.

–Marche con ese hombre de una vez –ordenó Evans a Ap Iwan, señalando a su compañero– y entregue cada centavo.

Acto seguido se volvió hacia los empleados.

–No se asusten –dijo–. Sus vidas están aseguradas si hacen lo que se les ha dicho.

El ingeniero galés fue al escritorio seguido por Wilson. "Qué tuvo lugar allí es difícil decir, más que luego sentimos una discusión de que había más dinero", dijo Y Drafod, citando a Williams. Se oyó el ruido de la caja fuerte al ser abierta y tras una pausa la voz de Wilson:

–¿Eso es todo?

–Sí –respondió Ap Iwan.

Hubo un ruido sordo, de forcejeo. El gerente tenía una mano vendada por una quemadura, sufrida días antes al sofocar un principio de incendio en la cooperativa, y habría intentado desarmar al ladrón. "En eso sentimos una detonación y un ¡ay! y luego tres detonaciones más", dijo Williams. Al instante apareció Wilson, "diciéndonos que ese pobre diablo, por no querer entregar un dinero que no le pertenecía, había perdido la vida y en eso empezaron a saquear la casa de todo lo que querían". Lo cierto es que ese fabuloso botín que esperaban encontrar no existía: el dinero para comprar lana no había sido enviado aún a Arroyo Pescado.

Así, agregó Jones, mientras Evans los mantenía encañonados, Wilson "empezó a bajar mercaderías de los estantes, mucha ropa, botas altas, pantalones, pañuelos de seda, sobretodos, toallas y muchas cosas más y procedió a cargar todo sobre los caballos". No obstante, rehusaron apoderarse de treinta pesos que había dejado en depósito un cliente: quizá porque no querían robar a personas sino a firmas comerciales. "Una vez que terminaron sus cosas nos dejaron salir y partieron a todo lo que daban las patas de sus caballos", concluyó el empleado de la Compañía Mercantil.

Mientras Jones se ocupó de dar la trágica noticia a la esposa del gerente, Williams fue en busca de ayuda. William Pritchard se encontraba en las inmediaciones. "En el acto vino –relató *Y Drafod*– y después de tomar cuenta de lo sucedido hizo cerrar la casa y mandar a llamar los vecinos más próximos y después ensilló y fue a Esquel a dar cuenta a las autoridades", es decir, el subcomisario Humphreys.

La noticia del crimen, no bien llegó Pritchard al pueblo, corrió como reguero de pólvora. Williams Roberts se la comunicó a Daniel Gibbon. El amigo de los bandidos "se puso muy agitado, diciendo que él no sabía nada del asalto y preguntó varias veces si era cierto que había muerto Ap Iwan". Ambos fueron al encuentro de Humphreys, "que mandó a buscar al único vigilante que había y al poco rato principiaron a venir los vecinos que habían tenido conocimiento de lo sucedido y se ofrecían para salir en busca de los malhechores".

Humphreys, dijo el testigo, tuvo una reacción inesperada: se puso a beber. Pero no quería darse valor. Ebrio, trató de desinteresarse del asunto, "dejando a cargo de Daniel Gibbon la formación de una comisión para la persecución". El subcomisario revivía la situación de febrero de 1905, cuando estuvo ante el dilema de detener a sus amigos Cassidy y Longabaugh tras el asalto en Río Gallegos o dejarlos en libertad. Resolvió ir a Arroyo Pescado junto con Pritchard; como pronto demostraría, lo hizo sólo para salvar las apariencias. Al respecto, Gumersindo Zenteno recordó que esa noche estaba en el puesto de Santiago Macías, en Gualjaina, "y vio pasar en una vagoneta al comisario Eduardo Humphreys y William Pritchard en completo estado de ebriedad; llevaban dos o tres botas de vino y varias botellas de whisky". Y recién llegaron a Arroyo Pescado, por supuesto que completamente desquiciados, a las cuatro de la tarde del 30 de diciembre. Allí las cosas no mejoraron. "Humphreys no tomó ninguna disposición, continuando bebiendo juntamente con Pritchard la botella de whisky que habían traído en el coche desde Esquel", dijo David Owen Williams.

Milton Roberts y Juan D. Evans, enterados del suceso en la Colonia 16 de Octubre, resolvieron perseguir a los asaltantes por su cuenta. En camino a Arroyo Pescado se cruzaron con Daniel Gibbon, quien encabezaba una partida de cuatro hombres (entre ellos, dos de sus hijos). Siguiendo "órdenes" de Humphreys, el amigo de Evans y Wilson se proponía "cortar rastros hacia el norte, en dirección a la Sierra de Esquel". Casualmente, era la dirección contraria de los bandidos, que se dirigían hacia el sur, en busca de Río Pico.

Daniel Gibbon trató de que Roberts y Evans renunciaran a la búsqueda. Primero les dijo que los asaltantes eran unos alemanes y luego que "algunos habían dicho que eran Hood y Grice". No consiguió atemorizarlos, y en la madrugada del 31 de diciembre los galeses estuvieron en Arroyo Pescado. Encontraron a la viuda de Ap Iwan tan dolorida como indignada por la actitud de Humphreys. El enojo se tradujo en una protesta ante el gobernador Alejandro Maiz, quien no adoptó ninguna medida al respecto.

En Arroyo Pescado, "Eduardo Humphreys trató de hacerle desistir [a Milton Roberts] de esa comisión, diciendo que los asaltantes eran Hood y Grice, y que todo el vecindario de la Colonia no los podría tomar", declaró David Williams. Sin hacerle caso, Roberts y Evans salieron cinco horas después hacia Tecka, siguieron camino hasta la Colonia San Martín y llegaron finalmente a Río Pico.

Allí, Roberts "encontró un amigo que le dijo que William Wilson había pasado el Río Pico abajo". Volvieron entonces a Tecka, "a buscar alguien de las comisiones", sin resultado.

Mientras tanto, reveló David Williams, con la excusa de levantar el sumario "Humphreys permaneció dos días en la cooperativa, durante los cuales no dejó de tomar". La máxima autoridad policial decía que la comisión de Roberts "era una locura, que cometía una barbaridad al intentar perseguir a esa gente".

Daniel Harrington, antiguo vecino de la Colonia San Martín, encabezó una segunda partida de búsqueda. La tercera, a cargo de Daniel Gibbon, recorrió la línea de la Compañía de Tierras y regresó a Esquel para asistir al entierro de Ap Iwan. Después de la inhumación, dijo Gibbon, "tuvieron una reunión de vecinos para ver el mejor modo de poder dar con los malhechores". La conferencia derivó en un telegrama dirigido al Ministerio del Interior. Entre los veintitrés firmantes se hallaban el propio Gibbon y Richard Clarke, que había empleado al asesino de Ap Iwan en su negocio de Súnica hasta poco antes del crimen. "Por falta de armas, municiones y personal competente es imposible organizar una expedición para perseguir a los malhechores", decían los pobladores, por lo que exigían el envío de una fuerza especial de seguridad. Los norteamericanos habían creado tales lazos en el oeste de Chubut que no podían ser detenidos sin que se provocaran conflictos: en este sentido, se necesitaba la intervención de un agente exterior, sin relaciones en la zona. Pero al mismo tiempo hubo negligencia y encubrimiento de los asaltantes de Arroyo Pescado.

Clarke también integró las partidas que "buscaban" a los asaltantes; al igual que en el caso de Gibbon, su alistamiento pudo constituir una forma de aventar comentarios suspicaces. Sin embargo los rumores no se detuvieron, y pronto surgió el convencimiento de que Wilson se había informado respecto de Ap Iwan cuando trabajaba como conductor de carros en Súnica. Milton Roberts, por otra parte, denunció las verdaderas intenciones de tales "perseguidores". El 14 de enero de 1910, dijo, llegó a Nueva Lübecka, "donde encontró la comisión al mando de Daniel Gibbon". Decidido, Roberts propuso sumar fuerzas para ir a Río Pico, donde, como todo el mundo sabía, se ocultaban Evans y Wilson. Pero el amigo de los bandidos "le dijo (...) que era mejor no ir pues la gente que perseguían era muy peligrosa y si entraban a las montañas del Río Pico los iban a matar a todos como perros". Gibbon aseguró más tarde que fue Richard Clarke quien se opuso a esa idea y que éste "estuvo muy enojado con Roberts". ¿Acaso porque le recordaron a quién había tenido como empleado?

Francisco Albornoz, el baqueano chileno que llevó a Cassidy hasta el valle de Cholila, dijo por su parte que, cuando conversaban sobre el asalto de Arroyo Pescado, Gibbon y Humphreys pasaban a hablar en inglés "y únicamente sabía que se trataba de la cooperativa porque este nombre y algunas palabras las pronunciaban en castellano". Lo mismo le pasó a William Pritchard con Andrew Duffy: el bandido apodado Dientes de Oro "mantenía frecuentemente conversaciones secretas con Daniel Gibbon, retirándose para que no fueran oídos (...) y cuando el declarante se acercaba cambiaban de conversación". Pritchard trataba de hablar sobre el asalto de Arroyo Pescado, pero los otros hacían oídos sordos.

Por añadidura, Gibbon justificó los hechos en una conversación con el chileno Honorato Insunza, su vecino de Esquel. Según su versión, los bandidos actuaron "en la creencia de que hubiera mucho más dinero del que había". Por cierto, "eran muy buena gente, que solamente robaba en los bancos o a gente rica pero nunca a los pobres. Y Wilson mató a Ap Iwan en defensa propia". Además Gibbon se hizo cargo de una deuda que tenía el asesino del galés en el comercio de Pérez Gabito, en Esquel. "Pero le había dicho –reveló Milton Roberts– que no dijera nada, pues era conveniente que no se supiese que él la había pagado."

Acaso para compensar su increíble actitud, Humphreys se mostró activo a través de la prensa y las relaciones públicas. En un telegrama al Ministerio del Interior informó que los asaltantes "se dirigieron hacia el sur, cortando los hilos telegráficos entre cada oficina". A la vez, "identificó" a uno de los implicados como Hood. El aporte resulta sospechoso porque era de conocimiento público que el bandido respondía al nombre de Evans; buscarlo por su antiguo apellido suponía dar lugar a equívocos (de hecho, junto con Gibbon, indujo la confusión entre Grice, el norteamericano que llegó y se fue de Chubut casi sin dejar rastros, y Wilson). También afirmó que los norteamericanos habían amagado asaltar el 25 de diciembre el almacén de la Compañía de Tierras en Leleque. "Intentaron hablar con el gerente y como no pudieron conseguirlo preguntaron si había correspondencia a nombre de un tal Jones", dijo, en lo que era un calco del golpe a la Compañía Mercantil. Parece que entonces los bandidos se llevaron una tropilla de once caballos de la vecina estancia Lepá, también propiedad de la Compañía de Tierras, cerca de la que se hallaba establecido Andrew Duffy.

La conmoción provocada por el crimen hizo que los nombres de Evans y Wilson salieran de la oscuridad y se difundieran públicamente. Los grupos de búsqueda se multiplicaron y al mismo tiempo hubo nuevos actos de sabotaje. Gumersindo Zenteno integró una partida que salió de Leleque para sumarse a la que conducía Gibbon. Hubo alarma ya que al acercarse oyeron varios disparos, pero resultó que "habían sido hechos por la comisión al mando de Daniel Gibbon contra unos guanacos". Los comisarios Juan Chamartin, de San Martín, y Luis Fonda, de Ñorquinco, y el vecino Alberto C. Bay, de Corcovado, encabezaron otras partidas. Nadie pareció responder a la propuesta de Milton Roberts de batir la zona de frontera en Río Pico, donde andaban Evans, Wilson y su nuevo compañero de andanzas, Mansel Gibbon, apodado Jack o Cameron Jack. En cambio, resurgieron la xenofobia y las especulaciones arbitrarias: "Se calcula que en Río Pico hay como cien vagos, en su mayoría chilenos, todos los cuales son gente de mal vivir que ha venido del Norte y con ese motivo reina mucha intriga. Los robos de hacienda quedan impunes", señaló *La Prensa*.

En su edición del 6 de enero de 1910, este diario dio cuenta de la onda expansiva del crimen: "El Ministerio del Interior recibió ayer nuevos telegramas relativos a los rumores de preparativos de asaltos por una cuadrilla de bandoleros norteamericanos que merodean por el territorio de Chubut". Según se precisó entonces, "hay dos grupos de malhechores norteamericanos en la Patagonia, de los que, de vez en cuando, se desprenden partidas de dos o tres (...) Los centros donde se refugian son la región del Lago Buenos Aires y Cholila". El alemán Juan Plate, estanciero de Nueva Lübecka, de paso por Buenos Aires, hizo memoria: "Los bandoleros que cometen estas fechorías son diez norteamericanos, los mismos que asaltaron el Banco Nación de Villa Mercedes y el Banco de Río Gallegos". El 9 de enero, bajo el título "Bandolerismo en Chubut", el *Buenos Aires Herald* reveló que "el presidente del Banco de la Nación, Ángel Estrada, ha enviado una nota al Ministerio de Economía adjuntando copia de un telegrama que recibió del gerente de la sucursal de Comodoro Rivadavia, que manifiesta: 'Según información recibida de personas confiables los célebres bandidos yanquis que infestan la región preparan un golpe contra este banco'". El diario recordaba que "en Esquel el almacén de un tal Solari fue asaltado por cuatro enmascarados armados" y sostenía: "La policía tiene conocimiento de que personas sospechosas andan por cercanías de Comodoro Rivadavia con buenas monturas. Hoy una partida de policías y pobladores fue a dar una recorrida. En este momento los dueños de los comercios intentan comunicarse con el Ministerio de Interior para pedir elementos de defensa, ya que la policía cuenta con muy pocos. Los bandidos que merodean en los alrededores, se dice, son muchos".

La inauguración del muelle nuevo de Puerto Madryn, el 10 de enero, estuvo también perturbada por los acontecimientos. En el almuerzo que se sirvió en la playa no hubo otro tema de conversación: los bandidos iban rumbo al Lago Buenos Aires, decían unos; según otros, viajaban en dirección a Madryn para subir a un barco y continuar la fuga. Ese disparate pareció verosímil, ya que las autoridades reforzaron la vigilancia. Y en respuesta a las demandas de los habitantes de Comodoro Rivadavia, el gobernador Maiz incrementó el plantel policial de ese pueblo y dispuso la creación de una comisaría en Arroyo Pescado, a cuyo frente designó a José Pedro Moré. Mientras tanto, Evans y Wilson se pusieron a salvo en Río Pico. "Pero ojalá, digo yo, tengan un final como el que le dieron al pobre señor Ap Iwan", dijo Robert Jones, y su deseo se cumpliría.

El golpe contra la sucursal de la Compañía Mercantil había sido preparado: así lo indica, por caso, el dato respecto a la ubicación de Wilson al ingresar en el almacén, pensada para evitar la fuga de los empleados. William Pritchard declaró que conocía a ambos bandidos, y también a su cómplice Mansel Gibbon, justamente "por haberlos visto varias veces en la cooperativa"; además, en octubre de 1909, Daniel Gibbon le reveló que Duffy y otros compañeros preparaban un asalto en Trelew, aunque evidentemente cambiaron de idea y decidieron ir a Arroyo Pescado.

Sin embargo, cometieron errores tan gruesos como irreparables. En la escena del hecho, Evans actuó como jefe y se mostró eficaz para dar las órdenes y conducir el asalto. Pero dejó lo más importante en manos del inexperto Wilson. Se supone que Ap Iwan intentó resistirse y por eso lo asesinaron. "Los norteamericanos no matan por dinero", dijo más tarde Evans a Ramos Otero; pero su cómplice no fue capaz de resolver la situación de otro modo. Se entiende la desesperación de Daniel Gibbon, al enterarse de la noticia, o de Humphreys, buscando anularse en el alcohol: ellos eran conscientes de la magnitud del crimen. Y había circunstancias agravantes, que explican la indignación de los pobladores. El asesino se ensañó con la víctima: "Escuché un ruido como de lucha –dijo Robert Jones– y seguidamente un disparo y el señor Ap Iwan exhaló su último suspiro, *pero fueron disparados tres tiros después*" (subrayado mío; Williams hizo un relato similar). Contrastaban dos conductas opuestas: la violencia de los bandidos y la actitud pacífica de los galeses.

Por otra parte, la Compañía Mercantil no podía equipararse con una empresa capitalista ortodoxa, como la Compañía de Tierras. Aunque hacía las veces de banco, no se dedicaba a la especulación ni a la usura (los estatutos, además de prohibir la venta de bebidas alcohólicas, fijaban que el máximo de utilidad a obtener por un producto no debía superar el diez por ciento del costo; los colonos dejaban dinero para que la firma pudiera realizar sus operaciones). La Compañía, por el contrario, suponía la materialización del ideal de cooperación. El esfuerzo combinado "es mejor que el capitalismo" y a la vez excluía los métodos de huelga y resistencia contra "lo que se considera desleal o injusto de parte de los empleadores", según predicaba William C. Rhys. Los damnificados por un asalto no eran accionistas sin rostro y sin nombre que vivían en Buenos Aires o Londres sino los miembros de la colonia galesa de Chubut. La aparición de Juan D. Evans en Arroyo Pescado, dispuesto a perseguir a los asesinos, era especialmente significativa: único sobreviviente del Valle de los Mártires, guía de la expedición de Fontana, creador del molino de trigo más grande del Valle 16 de Octubre, ese colono hacía presente a la comunidad.

Como se dijo, Llwyd Ap Iwan era una de las personalidades más importantes y apreciadas del territorio. No solamente los galeses lamentaban su pérdida. "Todos dicen (...) que no había otro tan instruido como él entre la gente que llegó aquí –dijo el joven Robert Jones–, y los indígenas se lamentan muchísimo por él. Todos los que yo me encuentro dicen en su propia lengua 'Pobre Sr. Ap Iwan'."

El crimen separó a los norteamericanos de una comunidad que hasta ese momento los había tolerado y admitido en la medida en que dentro de ella actuaron de acuerdo con ciertas normas. Las demandas de un cuerpo de policía especial fueron anteriores, pero a partir de ese momento se hicieron tan insistentes que conducirían a la creación de la Policía Fronteriza. Evans y Wilson quedaron marginados y en adelante sólo pudieron vivir escondidos; su acción perjudicó también a Mansel Gibbon, Duffy y Litjens y más tarde a sus protectores. Las conductas de Daniel Gibbon y Humphreys revelaron el grado de compromiso que habían alcanzado con los bandidos.

La seguridad en los territorios nacionales parecía fuera de control. La persecución de dos asaltantes había quedado en manos de particulares, mientras la policía se dedicaba al trámite burocrático de confeccionar un sumario. Y en Río Negro había más problemas. El 24 de enero de 1910 llegó a General Roca una tropa de cincuenta y seis presos, chilenos y aborígenes, conducidos por el comisario José María Torino. Se los acusaba por la desaparición de los mercachifles árabes. Las circunstancias eran pavorosas: las víctimas rondaban el centenar, habían sido asesinadas y muchas de ellas devoradas en rituales caníbales.

Capítulo 11
Cabezas de turco

En agosto de 1907 un comerciante de origen sirio, José Elías, de veintidós años, salió de General Roca hacia la árida meseta del suroeste rionegrino. Acompañado por el peón Kesen Ezen, de diecisiete años, llevaba cuatro mulas cargadas de mercaderías que pensaba comerciar con indígenas. La travesía no estaba exenta de riesgos, ya que se internaban en una especie de *terra incognita*. Y los mercaderes ambulantes eran objeto de una valoración ambigua. Estaban en la mira de los comerciantes tradicionales, que los acusaban de actuar como reducidores de cuatreros, al comprar hacienda y objetos robados y reintroducirlos en el circuito legal. Pero a la vez hacían de informantes del Ejército y la Policía, al recorrer regiones poco transitadas y donde la ley era una abstracción, con lo que despertaban la desconfianza de las poblaciones marginales.

Los jóvenes no volvieron a ser vistos. Parte de sus avíos y alguno de sus caballos aparecieron en puntos distantes y lo que era preocupación por su suerte se convirtió en alarma. El 15 de abril de 1909, después de recorrer la zona por su cuenta, un cuñado de Elías denunció los hechos en la comisaría de El Cuy, a cuyo frente estaba José María Torino, el amigo de Martín Coria y Elena Greenhill, la Inglesa Bandolera. Se sospechaba que los desaparecidos podían hallarse en Lagunitas, paraje situado ciento setenta y cinco kilómetros al sudoeste de aquel punto y al norte de Maquinchao. Y corrían rumores sobre comerciantes de origen árabe extraviados en la misma zona y bajo idénticas circunstancias, sin dejar el menor rastro de su paso, como si hubiera un limbo en el desierto.

El comisario Torino llegó a ese perdido rincón de Río Negro a fines de 1909, al frente de una reducida comisión integrada por policías y vecinos. El cacique Quilincheo, también llamado Pedro Vila, era el referente de los pobladores. A los cuarenta y nueve años, poseía un capital formado por mil vacunos, doce mil lanares y quinientas yeguas. Tenía dos esposas –una chilena y otra argentina– y estaba emparentado con otros respetados indígenas de la zona, como Bernardino Aburto, Hilario Castro, Juan Cuya y Julián Benigno Muñoz. A través de los pasos cordilleranos de Chubut, viajaban periódicamente a Chile para comerciar ganado. Su contacto era Pablo Brevañez, juez de paz de la localidad de Toltem y cuñado de Cuya, quien hacía transportes de mercadería a Río Negro. En Lagunitas no había comisaría, juzgado de paz ni escuela; el único enclave de la civilización era un almacén de la firma Inda y Contín, con casa central en Viedma.

La población entera del paraje se convirtió en sospechosa por la desaparición de los turcos. El silencio y la sorpresa que los aborígenes mostraban ante los primeros interrogatorios parecían la prueba de una estudiada estrategia para eludir a la justicia. Tal como lo planteaban los investigadores, revivía el conflicto de la "guerra del desierto". "Buscar en aquellos parajes intérprete es caer en un error –dijo el comisario Torino–, pues el indio siempre guarda el rencor, recordando sus épocas tradicionales, en las que ellos dominaban el desierto y guardando las esperanzas de volver a sus dominios antiguos aborrecen a todo el que no es indígena." Sin necesidad de traductores, los policías se valieron de la tortura y el terror para sus averiguaciones. Lo hicieron con tal violencia que uno de los acusados, Marcial Avilés, falleció a causa de los apremios sufridos; y ésa no sería sino la primera de una serie de muertes.

Cuando el silencio se quebró, las palabras parecían incontenibles. Uno de los primeros en hablar fue Juan Aburto, un chico de dieciséis años al que se le atribuyó una voluminosa y detallada declaración. Según su testimonio, los pobladores de Lagunitas habían asesinado a puñaladas y tiros a Elías, Ezen y otros dos turcos el 1° de noviembre de 1907, en el toldo de Ramón Cristóbal, alias Zañico (zorrino). Después de despojarlos de sus pertenencias, encendieron fuego e iniciaron un ritual escalofriante. "El cadáver de José Elías –se consignó en su relato– fue decapitado por Francisco Muñoz, quien después de cortarle las dos piernas le abrió el pecho y después de extraerle el corazón y cortarle las partes genitales se puso a jugar con ellas y por último charqueó el corazón y lo puso en el fuego con cuidado para asarlo (...) Julián Benigno

Muñoz les dijo: 'Antes, cuando yo era capitanejo y sabíamos pelear con los huincas, sabíamos comer corazones de cristiano; pero de turco no he probado nunca y ahora voy a saber qué gusto tiene'. Después de comer la mitad del corazón e invitarlos a sus hijos con la otra mitad les dijo: 'Está rico, sabroso; coman muchachos, para que se hagan guapos' (...) Zañico y Julián Muñoz se pusieron a discutir sobre las propiedades que encerraban los penes (...) y el viejo Muñoz sostenía que el pene no servía para gualicho pero sí el polvo de los huesos humanos."

En la misma ocasión, aseguró Juan Aburto, fueron asesinados otro turco y su peón, un indígena chileno. Aquí intervenía un extraño personaje: Antonia (o Antonio) Hueche, conocida como el Macaguá, "quien de las vísceras sacó el corazón diciendo: 'Lo voy a secar y guardar porque es bueno para tener coraje para matar turcos y cristianos'". Era una mujer que vestía de hombre, con poncho, bombachas y chiripá. Oriunda de Chile, había sido soldado del Ejército, enrolándose en 1897 en Bariloche, pese a su pequeña estatura (un metro sesenta) y sin que nadie advirtiera su sexo. Según el comisario Torino, "hacía las veces de curandera y capitaneja", ya que "era la hechicera de la tribu"; se ignoraba su edad, algunos decían que habían sido niños, adolescentes y adultos mientras ella permanecía con el mismo aspecto, y aunque parecía una anciana, de acuerdo con los registros del Ejército, tendría entonces cuarenta y cinco años. Su ambigüedad sexual la apartaba del común de los mortales y de alguna manera incidía en su predicamento en la comunidad. "No es posible imaginar un ser más repulsivo –reprobó *La Nación*– y sus fallos son acatados sin discutir por los indios."

Antonia había sido la instigadora de los crímenes, y la sacerdotisa de un ritual sacrílego. En su casa, dijo Juan Cuya, los supuestos caníbales asesinaron a "dos turcos vendedores" a principios de 1908. "Dijo que para quemar a las víctimas había que estar un día entero –aseguró el supuesto testigo, en otro caudaloso testimonio de la causa–, que los caballos [de los comerciantes] los largaran al campo mirando lo que harían de ellos. Cuando fueron a donde estaban los turcos les extrajeron el corazón y los testículos y Antonio Gueche [sic] descarnó una de las víctimas e hizo asar un pedazo de carne humana", del que se sirvieron varios comensales. Cuya probó un bocado, "el cual arrojó porque le pareció muy salado y despedía mucho agua". Siguiendo indicaciones de Antonia, los indígenas molieron los restos y con el polvo obtenido hicieron amuletos para ahuyentar el gualicho que penaba a quienes se alimentaran de carne humana.

Los testimonios de Aburto y Cuya se multiplicaron con el horror que provocaron. No se trataba de un caso excepcional sino de una práctica generalizada. De hecho, nuevos relatos de pobladores acudieron a confirmarlo y a referir crímenes desconocidos. "Siempre que los han asesinado –dijo Aburto–, los caciques asaban carne de las víctimas más gordas y comían." Pascual Muñoz contó que a una de las víctimas le habían rebanado una mano porque tenía un tatuaje, "con la curiosidad de saber en qué consistía y en la creencia de que pudiera ser un remedio que usaran los turcos como gualicho y que a él le pudiera ser de beneficio, por lo que guardaron la carne extraída en un trapo". Los temores sobre la existencia de más víctimas adquirían certeza. Otros comerciantes habían creído ir en viaje de negocios cuando caminaban hacia la muerte y el horror. No existía otra respuesta para sus ausencias: no estaban desaparecidos, habían sido devorados. Torino anunció que en varios de los toldos en que moraban los indígenas había testículos disecados, ropa y anillos de los muertos, y huesos y restos de cadáveres en el campo. Antonia Hueche, en particular, guardaba un corazón humano para probarlo como talismán: "He visto que es bueno sacarle a los cristianos aun vivos el corazón y el de los turcos también debe ser bueno para tenerlo dentro del toldo como gualicho", habría explicado. En las bacanales, según el sumario policial, los acólitos permanecían como en trance, obnubilados por el fuego donde se cocinaban los monstruosos bocados.

–Cómo chirrea [sic] la grasa –había dicho uno.

–Son gordos –agregó otro.

–Vean correr la grasa... –insistió un tercero.

De acuerdo con la construcción elaborada por el comisario, en el paraje Lagunitas no existía un núcleo de población aborigen sino una banda de delincuentes, encabezada por Pedro Vila, a quien secundaban los ya mencionados Bernardino Aburto, Castro, Cuya y Julián Muñoz. Los acusados, se insistía, eran chilenos, lo que recordaba los lugares comunes más divulgados sobre el delito en la Patagonia y en consecuencia otorgaba verosimilitud a los cargos. El otro eje de la acusación surgía de las costumbres anormales que allí se observaban. La transgresión, en esa remota comunidad, parecía no tener límite: a la mujer-hombre se le unían el crimen y la antropofagia. La repulsión de que daban cuenta los diarios no excluía cierta "comprensión", ya que el cuadro descripto remitía a las antiguas crónicas de viajeros europeos que daban cuenta de la barbarie de los salvajes, y entre ellas a la de Charles Darwin, quien había afirmado que los indígenas fueguinos incluían la carne humana en su dieta. "Cuando en invierno los aprieta el hambre matan y devoran a las ancianas de la tribu", escribió el naturalista inglés, quien también creyó que la lengua yámana estaba formada por apenas cien palabras. La antropofagia, en particular, era por tradición el rasgo del salvaje, que lo definía como no humano y en consecuencia avalaba su eliminación (las leyes de Indias autorizaban el combate y la esclavización de los indios que practicaban el canibalismo); algo de esa concepción se mantenía presente, como para que nadie reparara en los vejámenes que sufrían los aborígenes de parte de los "investigadores".

Torino partió de regreso a General Roca en los primeros días de enero de 1910, llevando cincuenta y seis detenidos, entre ellos ocho mujeres. La marcha, lenta y penosa, insumió veintidós días. En la causa terminaron por aparecer implicados casi doscientos pobladores. Los empleados del almacén de Inda y Contín también eran sospechosos, por el hecho de sostener relaciones de intercambio con los indígenas y de haber recibido supuestamente las mercaderías de las víctimas, pero no formaron parte de la comitiva que conducía el comisario. Antonia Hueche tampoco fue detenida, y ni siquiera pudo ser indagada. Torino la visitó en su toldo el 4 de enero y presenció una especie de posesión diabólica: la mujer-hombre, dijo, estaba "completamente postrada; le corría por la boca y la nariz una materia sanguinolenta, las piernas ulceradas a consecuencia de enfermedades al parecer venéreas, a no dudar encontrándose en el último período de la tuberculosis; no fue posible obtener ni una sola palabra en respuesta a las preguntas que el suscripto le hizo". Sin embargo había bastante de comedia en ese cuadro de horror: "La referida mujer –agregó el comisario–, con la vista fija hacia arriba y manteniéndose en inacción, fingió en forma tal estar fuera de sus facultades mentales que hacía presumir su próximo fin". Y al día siguiente otro policía la vio caminando a unos diez kilómetros, "y con un freno y una matra al hombro, para agarrar caballos". La hechicera desapareció sin dejar huellas.

Los hechos tuvieron amplia difusión en los medios de prensa. Los cronistas de la época acudieron a los lugares comunes sobre los aborígenes, que incluso han repetido hasta no hace mucho presuntos historiadores: se trataba de hombres "taimados", "cobardes", a quienes les gustaba mentir y emborracharse. El 25 de febrero de 1910 el comerciante Salomón Eldahuk, "teniendo conocimiento de que se está instruyendo un sumario por múltiples asesinatos de unos turcos vendedores ambulantes que hacían negocios en la parte sur del territorio", denunció en la comisaría de Choele Choel la desaparición de cincuenta y cuatro mercachifles, a los que identificó. Al igual que los funcionarios, los periodistas tildaban a los detenidos de "bandoleros chilenos". En este marco, la vinculación con Pablo Breváñez se convertía en un indicio: el juez de paz chileno apareció mencionado en algunos testimonios como el verdadero cerebro de la carnicería. En rigor se trataba de aborígenes, y sólo algunos de ellos habían nacido en el país vecino. Pedro Vila, el líder de la supuesta banda, era argentino; Juan Cuya había servido durante nueve años como sargento del Ejército en Choele Choel, y su foja no registraba objeciones. Pero la espectacularidad de los cargos ocultaba tales detalles.

La barbarie de los indígenas no podía tener disculpas. "Están acusados de formar parte de una gavilla de bandoleros, que desde 1904 venía asesinando en el departamento 9 de Julio a los vendedores ambulantes turcos y a sus peones. Se conocen hasta ahora cincuenta y seis víctimas", dijo *La Prensa* el 26 de enero. Cinco días después la nómina de comerciantes asesinados ascendió a noventa y siete y, en versiones modernas, a ciento treinta. Atraían con engaños a las víctimas, simulaban bailes, los recibían al son de guitarras y acordeones; tras matarlos a traición, "se repartían el dinero y las mercaderías y enviaban los animales a Chile. Los cadáveres eran horriblemente mutilados, algunas veces quemados y otros enterrados profundamente". Para explicar el silencio que había rodeado durante tanto tiempo a los crímenes se tramaban conjeturas: "Los jefes de la gavilla habían, según parece, amenazado de muerte a quien hiciese revelaciones y, por otra parte, se habían destruido u ocultado con todo cuidado los cadáveres". No había prueba de un delito, pero nadie dudaba de que se habían cometido muchos, y los más pavorosos que pudieran imaginarse.

Caras y Caretas otorgó resonantes títulos a varios de los sospechosos: Pedro Vila era "jefe de capitanejos"; Pascual Muñoz, "descuartizador de la partida" y Juan Cuya "capitanejo-caníbal, que se desayunaba con filets de turcos". Y explicó en detalle el *modus operandi*: "Cuando los capitanejos tenían noticias de la llegada de los turcos con sus cajones de menudencias a cuestas, reunían a sus auxiliares para el mejor éxito del ataque. Luego de un cambio de ideas y de designar a los operadores, se invitaba a los ambulantes con corderos asados, vino a discreción, mate amargo y otros números de la obsequiosidad patagónica. Y entre un mate y un trago de vino, los bandoleros ultimaban a sus víctimas". Con la muerte, no estaban sino a mitad de camino: "Después, ante los cadáveres, se procedía a la extracción del dinero, ropas, mercaderías y alhajas. El descuartizador efectuaba la división de los cadáveres en trozos. Terminada esta horripilante operación, los capitanejos ordenaban el traslado de los restos a un monte de la vecindad, donde se practicaba la incineración". Para dar fe de tal relato, el comisario Torino adornaba el sumario con una "cabeza de turco, que el capitanejo Vila pretendía hacer pasar por cabeza de guanaco" y "restos humanos y líos de baratijas hallados (...) en el cerro Colamilleo [Colán Niyeo]".

El 16 de febrero, *La Nación* publicó un reportaje al general Godoy, "que llegó ayer del Río Negro, donde pasó una temporada en su establecimiento de campo". El militar, que había interrogado a varios de los detenidos en General Roca, consideró que el pretendido canibalismo constituía una leyenda. No obstante, dio cuenta de un caso, que atribuyó a la perfidia todopoderosa de Antonia Hueche. "Hizo ella sus agorerías –dijo– y obligó a los bandoleros a mascar carne humana a fin de no ser descubiertos y ahuyentar el gualicho. Extrajeron un trozo no mayor que la palma de una mano y la mayor parte obedeció al mandato de Antonia Wueke, alias Macaguá, eso fue todo." Aunque bajó el tono, Godoy avaló el relato de los hechos de Torino –los indígenas "asesinaron algunos turcos, y efectivamente sus cadáveres fueron mutilados"– y lo alabó –"ha demostrado un valor y una serenidad a toda prueba"– para descalificar mejor a su enemigo político, el gobernador del territorio, Carlos Gallardo, quien según dijo "se informa de las noticias del territorio que administra por intermedio de los diarios de Buenos Aires".

Así como el militar aprovechaba la ocasión para cuestionar al gobernador, las pintorescas alusiones a los "bandoleros chilenos" encubrían sordas disputas entre facciones enfrentadas por rivalidades económicas. En ese ovillo hubo un juego de denuncias en el que apareció Martín Coria, quien actuaba como aliado de Torino. Varios indígenas del paraje Lagunitas, con apoyo de los empleados de Inda y Contín, lo acusaron por robar y contraseñalar ovejas. El sumario, instruido por el comisario de El Cuy, concluyó con el sobreseimiento del marido de la Inglesa.

En principio, la justicia de Río Negro procesó a sesenta y siete personas por los crímenes de los mercachifles, cuyo número exacto variaba de una versión a otra. Según el comisario Torino, los aborígenes conformaban una gavilla dedicada a la caza de turcos, cuyos jefes "prometieron a todos los cómplices (...) que con el tiempo serían ricos, pues el mejor negocio era el de matar turcos". Las mínimas pertenencias de los indígenas también resultaban sospechosas, ya que el móvil de los asesinatos había sido el robo. En particular la atención se concentró sobre el "jefe de capitanejos" Quilincheo, el que más animales poseía y a la vez a quien se atribuyó el mayor número de víctimas. Pero la "investigación" de Torino se desmoronó como un castillo de naipes cuando el caso salió de la órbita policial.

Al pasar las actuaciones al juez Alfredo Torres, el 24 de marzo de 1910, el comisario reseñó las declaraciones y dio cuenta de numerosos asesinatos y actos de canibalismo. Lo significativo es que no pudo identificar a ninguna víctima, más allá de Elías y Ezen (pero tampoco probó que hubieran sido asesinados en Lagunitas). En las declaraciones que les adjudicaron, los aborígenes se mostraban en extremo detallistas al relatar los hechos, pero curiosamente no recordaban ningún nombre. La declaración del menor Juan Aburto, base de la acusación, tenía todo el aspecto de un invento. De creerse en ella, cabe concluir que el joven indígena tenía una memoria comparable a la de Ireneo Funes, el personaje de Jorge Luis Borges: recordaba con precisión virtualmente todos los crímenes, los situaba sin dudar en la cronología, conservaba las descripciones de todos los caballos en que habían llegado los turcos y enumeraba a los implicados en cada caso, aunque fueran muchos. Y el extenso testimonio de Juan Cuya era demasiado parecido al de Aburto. Los imputados, al fin, dijeron a la justicia que habían declarado o avalado declaraciones por miedo al comisario. Y tenían justificadas razones para sentirse atemorizados: dieciséis de los acusados murieron como consecuencia de las torturas sufridas durante la actuación policial. El propio Torino hizo una transparente alusión a sus métodos al remitir el expediente: "La morosidad que observará el señor juez en la instrucción de este proceso –dijo– la motivó la preparación que hay que practicar con cada indagado, pues cuando no les conviene declarar (...) manifiestan que no comprenden el castellano".

El fiscal Villafañe pidió –y obtuvo– el sobreseimiento definitivo de los acusados por falta de mérito. La pretendida cantidad de víctimas era una fábula: no se conocían familiares, amigos ni compañeros de los supuestos comerciantes asesinados, a excepción de los de José Elías. La promocionada denuncia de Salomón Eldahuk tenía un costado oculto; los vendedores denunciados como desaparecidos eran en realidad deudores de su negocio, se habían aprovisionado de mercaderías y "no regresaron a regularizar su deuda". Por otra parte, apuntó el fiscal, "la pobreza franciscana, el estado andrajoso y de miseria en que se hallaban los procesados en el momento de su detención" desvirtuaban las retorcidas operaciones que les adjudicaban con el dinero y las mercaderías de las fantasmagóricas víctimas.

Más allá del desenlace de la causa, la historia tramada por la policía y afinada por el periodismo persistió como versión oficial y se convirtió en una especie de leyenda itinerante. Poco después, como se verá, circuló un rumor sobre asesinato de comerciantes turcos en el oeste de Chubut. En lo inmediato, los medios de prensa descubrieron que el caso de "los caníbales del río Negro" demostraba la necesidad de una fuerza especial de policía. "El departamento a mi cargo –se quejó Torino– es extenso por demás; y está minado de bandoleros chilenos y en su mayoría indígenas." "Este asunto (...) se relaciona –dijo *La Prensa*– con la seguridad entera de la región." En consecuencia, destacó *La Nación*, "es necesario que el gobierno se preocupe de esas cuestiones y trate de que haya allí una vigilancia eficaz (...) La policía actual no puede realizar milagros. El comisario gana por mes ciento setenta y un pesos, ochenta el sargento, setenta el cabo y sesenta los soldados". Para *Caras y Caretas*, "la eliminación de estos elementos [los supuestos bandidos chilenos] requiere sin pérdida de tiempo el establecimiento de un servicio permanente de policía volante".

La ficción de los indígenas caníbales, así, dio un nuevo impulso al pedido de mayor represión. Los actos de antropofagia y los asesinatos seriales quedaron sin demostrar, pero la ilusión fue productiva: impidió ver los crímenes verdaderos que se cometieron en las mazmorras policiales y al mismo tiempo reactivó la persecución contra la población aborigen y chilena, la auténtica cabeza de turco de la historia.

La amistad del comisario Torino no impidió que Martín Coria fuera preso. La policía de Quetrequile continuaba su guerra contra el esposo de Elena Greenhill, sin duda para vengarse por las humillaciones sufridas. En 1910, después de acumular denuncias en su contra por usurpación, abuso de autoridad, extorsión y hurto, fue conducido a la cárcel de Viedma. Entre los acusadores se encontraban, como se dijo, aborígenes del paraje Lagunitas, quienes decían haber sido despojados de sus ovejas bajo amenazas. Sin embargo, Coria terminó sobreseído en todas las causas.

Los enfrentamientos entre las facciones policiales y los Coria quedaron aparentemente en suspenso. Hasta que el 4 de octubre de 1914 Martín Coria falleció en Buenos Aires, a los cuarenta y tres años, víctima de una enfermedad. Según las interpretaciones tradicionales, Greenhill quedó entonces más expuesta a sus enemigos, ya que había perdido a quien, valiéndose de tramoyas y argucias seudolegales, neutralizaba los embates de la policía. El final de la Inglesa avala esas apreciaciones.

En marzo de 1915 Elena Greenhill tomó una serie de decisiones que demuestran que se sentía en peligro: envió a sus hijos a Buenos Aires, dejó un poder a un amigo para que cobrara una deuda en San Antonio Oeste y abandonó la casa de Montón-Niló para refugiarse en la estancia Maquinchao, de la Compañía de Tierras. A fines de ese mes salió de viaje hacia el sur. La acompañaba el peón Martín Taborda, un entrerriano que debía una condena de prisión en su provincia, y llevaba once mil pesos, con los que pensaba comprar tierras donde establecerse y empezar una nueva vida, lejos de sus enemigos.

La policía de Chubut, enterada del viaje, decidió aprovechar la oportunidad. El comisario Félix Valenciano urdió un plan para capturar a la Inglesa. Pero no la quería viva. Acompañado por el agente Norberto Ruiz, se disfrazó de vasco y esperó su paso. En la tarde del 31 de marzo, ambos atacaron a traición a Greenhill y Taborda en Laguna Fría, un paraje desolado a treinta y seis kilómetros al sur de Gan Gan. La Inglesa fue herida y luego rematada de un tiro en la nuca; Taborda, también herido, logró escapar, aunque cayó detenido al día siguiente.

El plan preveía además el encubrimiento del homicidio. La policía presentó la ejecución como un tiroteo que "duró algo así como una hora", según negligentes cronistas, y sostuvo que Greenhill venía de asaltar a un arriero. La subcomisaría de Quetrequile, solidaria con Valenciano, fraguó un expediente por asalto y robo, con el doble propósito de justificar el crimen y la rapiña del dinero que llevaba la

Inglesa. Taborda, único acusado, resultó sobreseído al cabo del proceso, pero no pudo evitar la deportación a Entre Ríos, para cumplir con la condena con que cargaba.

El comisario Valenciano, prototipo del policía corrupto y criminal, continuó su carrera en Santa Cruz. En 1922 fue denunciado por asesinar a tres trabajadores que se negaron a pagarle las coimas que regularmente imponía entre los esquiladores. Debió huir del territorio, pero al tiempo regresó para ocupar el puesto de juez de paz en la zona del Lago Buenos Aires.

Elena Greenhill fue enterrada en el cementerio de Gan Gan. Una hermana trasladó luego sus restos al Cementerio Británico de Buenos Aires. El sitio de su tumba, sin embargo, no ha sido localizado. "En Quetrequile –dice un testigo de la época– de lo único que se hablaba era de la muerte de la Inglesa. Cada uno que llegaba de la zona de Gan Gan, Sacanan o Talagapa, la contaba de una manera diferente." La memoria popular preservó desde entonces la figura de Elena.

Los crímenes imaginarios de Río Negro acapararon la atención pública y postergaron la consideración del asesinato de Llwyd Ap Iwan. No obstante, la indignación permanecía intacta en la colonia galesa de Chubut y el reclamo de combatir a los bandidos aparecía de manera expresa en los influyentes diarios porteños. El hecho de ser norteamericano se transformó en una condición dudosa, estigmatización que sufrieron colonos que trabajaban honestamente. La protección de Eduardo Humphreys y la comisaría de la Colonia 16 de Octubre a aquellos peligrosos vecinos había quedado expuesta de modo flagrante. Y por si fuera poco no tardaron en producirse nuevas irregularidades.

El 26 de enero de 1910, como directa consecuencia del crimen de Ap Iwan, la gobernación de Chubut creó una comisaría en Arroyo Pescado. José Pedro Moré, designado jefe, tenía como subordinada a la también flamante subcomisaría de Tecka. Aunque de origen comerciante, como se vio en otros capítulos, el nuevo funcionario tenía experiencia en cuestiones de seguridad y conocía la zona asignada. Y se lanzó de inmediato a recorrer la región, en particular los parajes de Languiñeo y Cañadón Blanco. "Algunos de esos puntos –informó en febrero desde Tecka– distan hasta veinticinco leguas de toda policía, donde jamás [pudo] sentirse [alguna] acción correctiva." Se proponía llegar hasta Corcovado y Río Pico, "donde hay bastante que hacer por delitos cometidos". Lo principal era que "la acción policial sea eficaz", para lo cual exigía "mejor personal".

Moré tuvo más problemas con sus colegas que con los bandidos. El 24 de mayo, el subcomisario Dreyer informó desde Tecka que el "comisario Moré prohibió unas carreras [de caballos] por ser los contratantes de las mismas gente bochinchera [sic]; pide se deje sin efecto el permiso concedido para correrla". La jefatura de Rawson avaló al subordinado: "Permita carreras", le ordenó. Y se explicaba: eran las actividades que, en la orilla de la ley, contribuían con dinero o favores especiales a la economía policial. A su vez, acaso celoso, o quizá para impedir averiguaciones molestas, Humphreys se dedicó a sabotear las actividades del comisario de Arroyo Pescado. Lo hizo a su manera. El subcomisario simulaba colaborar cuando en realidad ponía obstáculos, aprovechaba los resortes burocráticos y parecía investigar cuando creaba confusión y despistaba.

Ocurrió que la comisaría de la Colonia 16 de Octubre era la dependencia que recibía los sueldos del personal de Arroyo Pescado. El dinero llegaba a ese punto, pero no continuaba hasta su destino. Siempre había alguna urgencia, algún pago demorado, que impedía cumplir con las disposiciones. En agosto de 1910, harto de la situación, Moré denunció que Humphreys se había quedado con los sueldos de cinco meses y que había tenido que hacerse cargo personalmente de pagarles a los policías a su cargo. Por entonces, como se verá, el subcomisario había quedado fuera del juego.

El asesinato de Ap Iwan parece haber sellado el destino de Humphreys. Por si no hubiera sido suficiente, otros actos dudosos volvieron a poner de relieve su equívoca figura. El 15 de febrero de 1910 se supo que los acusados por el crimen de un hacendado habían escapado cuando eran conducidos a Rawson. "La comisaría de 16 de Octubre —se lee en las novedades de entonces de la policía del Chubut— comunica correrse versiones de que la comisión que conducía al matador de [Francisco] Michelarena haya desertado, esperando la llegada de la galera para informar la exactitud de lo ocurrido." El homicida Rafael Beltrán y su cómplice José Ortiz habían convencido al policía Teófilo Ahumada, que los conducía, para que cruzara esa delgada línea que separaba la ley del delito. Según un informe posterior del jefe de policía Martín López, el trío se lanzó de inmediato al pillaje: "Asaltaron (...)

a un mercachifle robándole ropas y algunas armas, pasando por Cañadón Blanco, donde robaron una tropilla de caballos".

Seguramente resurgieron en la memoria de los pobladores los antecedentes inmediatos de persecuciones engañosas e investigaciones realizadas para asegurar la impunidad de los responsables. Al respecto, uno de los episodios menos conocidos giraba en torno a la provisión de municiones del propio Humphreys, presuntamente a los bandidos norteamericanos.

El dato fue aportado por Francisco Albornoz, quien como ex policía de 16 de Octubre y ex peón de Daniel Gibbon y Butch Cassidy estaba al tanto de muchas historias ocultas. Según reveló, en cierta ocasión (no precisó la fecha) había tenido que llevar dos cajas con balas y acaso armas desde la casa del subcomisario, en Súnica, hasta la de Gibbon, en Esquel. Se sospechaba que las municiones procedían del grupo de Butch Cassidy. Interrogado al respecto, Humphreys negó haber recibido "algún depósito de cajones en el puerto del [Río] Corintos" de parte de Cassidy, según le preguntaban. "Como también tenía negocio en ese paraje bien pudieron haber recibido su hermano [Mauricio] u otra persona", agregó.

Pero Albornoz fue preciso en su recuerdo y conocía bien a los involucrados. Había cargado las cajas "en una pequeña casa de negocios de Humphreys, que estaba a cargo de un dependiente", para llevarlas hasta lo de Daniel Gibbon. "Uno de los cajones –siguió– era un poco alargado, como de un metro de largo por un metro sesenta y cinco de ancho y alto y el otro un poco más chico y del mismo ancho y altura." Tenían inscripciones que no pudo descifrar, porque era analfabeto. Sin embargo, "en la casa vio que de uno de los cajones Tomás Gibbon extrajo balas y se entretuvo tirando al blanco".

El punto quedó sin aclarar, pero Humphreys caminaba en la cuerda floja. El subcomisario Narciso Espinosa, en teoría un superior y a cargo de la inspección de la cordillera, recorría la zona de Cholila y Leleque. A su paso recibía datos y denuncias sobre los norteamericanos. Es probable que el gerente local de la Compañía de Tierras, el escocés Charles Hackett, le haya manifestado su disgusto por el mencionado robo de una tropilla en la estancia Lepá, poco antes del crimen de Ap Iwan. De hecho, la empresa asumiría en poco tiempo más un rol activo en el apoyo a la policía. Por otra parte, Espinosa no estaba en buenas relaciones con los bandidos: era quien había detenido a Evans y Wilson en Río Pico y seguramente andaba con ansias de revancha después de que ambos se habían fugado.

El entorno de Daniel Gibbon se mostraba preocupado y reforzaba sus precauciones ante aquellos que no formaban parte de la banda. Esa repentina desconfianza llamó la atención de David Roberts, de 16 de Octubre, cuando en marzo de 1910 fue al puesto del Arroyo Montoso, donde vivía Andrew Duffy, para marcar unas yeguas que tenían a medias. Roberts encontró allí a Gibbon, que había llegado el día anterior, y detrás de él acudió Peter Litjens, el ex conductor de carros del almacén de Richard Clarke. Los tres hablaban aparte y no mostraban interés por comentar los asuntos del día. La situación se reiteró en Esquel, donde el testigo vio a Gibbon y Litjens conversando en forma reservada y cambiar de tema cuando él trataba de intervenir.

Esos diálogos no debieron referirse a algún tipo de plan sino a la difícil situación en que se hallaba el grupo. En sus diálogos con el estanciero Lucio Ramos Otero, cuando ambos se encontraban en Río Pico, al abrigo de la frontera, Robert Evans manifestó su rencor hacia la colonia galesa del Valle 16 de Octubre, a la que le adjudicaba las presiones al gobierno territorial por que se emprendiera una verdadera campaña contra el delito. El crimen de Ap Iwan había provocado una fisura irreparable en la comunidad, y lo que antes era indiferencia ahora se convertía en hostilidad manifiesta. Además, constituía una nueva demostración de la debilidad de la ley en aquellas regiones y de la necesidad de adoptar una medida definitiva. No fue el único episodio que sacudió la modorra de los funcionarios: el poderoso empresario sueco Carlos von Flack se quejó el 13 de mayo de 1910 ante los gobernadores de Chubut y Santa Cruz "del asalto [de] que fui víctima en el boquete de Río Baker, Santa Cruz, despojándome de dos mil animales vacunos, y no he sido atendido por las autoridades". Von Flack no era una persona indefensa ni pacífica: dos años antes había desalojado por la fuerza a pobladores de la zona del Valle Simpson, en Chile, y en 1914 se haría célebre por su intento de expulsar a sangre y fuego a los pobladores asentados en Chile Chico, a quienes trataba justamente de "bandoleros". Fue un ejemplo del terrateniente que operaba en la Patagonia más allá de la línea que separaba a los países y que sabía explotar la situación de frontera, demandando la protección tanto del gobierno chileno como del argentino cuando enfrentaba algún problema de negocios.

Otros preocupantes rumores llegaban a la jefatura de policía de Rawson. El 17 de mayo Humphreys recibió de sus superiores un pedido de informes "sobre voces corrientes de asesinato de dos turcos por un Gibbon, en su jurisdicción". Un eco de la historia de "los caníbales del Río Negro" recorría así el territorio de Chubut. A diferencia de los sucesos comunes, cuyo comentario se agotaba en el día, aquella fantástica denuncia superaba la coyuntura para transformarse en un relato y volver a ocurrir de manera casi similar en puntos distantes de su origen. Lo único que variaba era la identificación del responsable: no ya los aborígenes sino una determinada familia. Pero en ambos casos se apuntaba a poner bajo sospecha a un sector de la sociedad.

Seis días después, en una inesperada acción, el inspector Espinosa detuvo a Daniel Gibbon, sus hijos Tomás, Alberto, Mansel y Cirilo, Andrew Duffy y Peter Litjens y se los entregó a Humphreys, para que los alojara en la comisaría de Esquel. La redada no tenía que ver con aquel pedido de informes sobre los turcos, sino con averiguaciones que había realizado Espinosa y que incluso desconocía el jefe de la policía del territorio. "Comunique causa [de la] detención –ordenó la jefatura de Rawson a Humphreys, para insistir–: y se le previene que corren rumores que uno de los nombrados asesinó dos turcos, robándoles quince mil pesos." El 27 de mayo, la jefatura reiteró el pedido al subcomisario Espinosa "poniéndole en conocimiento que en su jurisdicción han asesinado dos turcos (...) sindicándose como autor a un tal Gibbon; informe al respecto". Humphreys contestó al día siguiente "que en su jurisdicción no se conoce sobre asesinato [de] turcos"; por otra parte, ignoraba las causas de la prisión de sus amigos.

El rumor sobre el crimen de los turcos perdió fuerza y desapareció ante sucesos igualmente graves y, sobre todo, más reales. En los días siguientes, Tomás, Alberto y Cirilo Gibbon quedaron en libertad; el 9 de junio, Espinosa comunicó que saldrían detenidos para Rawson los restantes detenidos. Pero Humphreys tenía otros planes al respecto.

La prisión del grupo se hizo en condiciones tan anormales que Duffy, hallándose en un calabozo, "tenía dos revólveres en la cintura", según recordó el poblador William Pritchard. Dientes de Oro no lo pasaba mal, ya que fue invitado a comer en casa de Humphreys, quien "le tenía muchas consideraciones", de acuerdo con otro testigo. Y al recibir la orden de traslado de los presos, el subcomisario puso en libertad a Daniel Gibbon con la excusa de que debía preparar el coche y los caballos para el viaje. Eso equivalía a facilitar su fuga. Al mismo tiempo, con el mismo pretexto, envió a Duffy al puesto del Arroyo Montoso, "custodiado" por Tomás Gibbon y el agente Pedro Ángel Muñoz. Se dio el ridículo de que el preso iba armado hasta los dientes, con sus revólveres a mano, y los vigilantes no llevaban siquiera un cuchillo.

Como no tenían apuro, pararon en casa de Daniel Gibbon a tomar algo.

–Humphreys es muy buen comisario –dijo Duffy, sin sonrojarse–. Además de permitirme ir a mi casa, me dio veinte pesos para gastos de viaje.

Antes de dejar Esquel, Dientes de Oro sintió sed y con ese dinero compró una botella de whisky, seguramente para brindar a la salud de su hospitalario carcelero. Al llegar al puesto del Montoso, se puso a reunir los caballos en el corral, junto a Gibbon, de acuerdo con la orden impartida. Luego pasaron a la cocina, para beber y reparar fuerzas. Duffy se excusó para salir un momento. De pronto, declaró el agente Muñoz, "apareció en la puerta con un revólver Colt en una mano y una pistola máuser en la otra, gritándoles en inglés que alzaran las manos".

Tomás Gibbon hizo de intérprete entre el bandido y el policía. "Me dijo –prosiguió Muñoz– que Duffy nos decía que nos quedáramos tranquilos y que si hacíamos algún movimiento nos mataría, preguntando si teníamos armas."

–Ahora yo comisario –dijo Duffy en castellano, y mostró sus dientes de oro en una ancha sonrisa.

Acto seguido les ordenó empaquetar víveres y útiles de la cocina y ponerlos en su caballo carguero. Por último, relató Tomás Gibbon, "le sacó el recado al vigilante, diciéndole que tenía un compañero pobre de pilchas y que algún día le pagaría (...) Se despidió dándoles la mano y llevándose todos los caballos que había en el corral".

Una situación semejante, se supone, habría puesto en máxima alerta a la policía. Pero horas después hubo una "distracción" en la comisaría de Esquel y Mansel Gibbon escapó de su celda. "Aprovechó un descuido del cabo Manuel Morales y [del] agente José Arriagada", dijo Humphreys, desentendiéndose del asunto. Según un relato atribuido a Daniel Gibbon, su hijo se valió de un ardid increíble: le pidió al cabo que le escribiera una carta a su novia, ya que él era analfabeto. El policía, que no tenía otra cosa que hacer, lo retiró del calabozo y, dada la importancia del asunto, lo hizo pasar a una oficina. Mansel le dictó unas palabras y luego una frase tan larga que complicó a Morales. Mientras el cabo se aplicaba afanosamente a la escritura, el preso salió de la comisaría y acaso le repitió el párrafo desde la ventana, rogándole que no cometiera errores; en la calle, por supuesta casualidad, lo esperaban un caballo ensillado y con armas provistas por Daniel Gibbon.

Parecía difícil ver alguna muestra más acabada de negligencia. La burda evasión de su comensal Duffy y de Mansel Gibbon le costaría el puesto a Humphreys. Enfurecido, Narciso Espinosa lo suspendió en sus funciones, mientras ponía otra vez preso a Daniel Gibbon. El 20 de junio, la jefatura de policía de Rawson registró la última comunicación del subcomisario depuesto: "Remite las novedades de la comisaría de Esquel, correspondientes a mayo".

Ese mismo día Humphreys quedó adscripto a la jefatura de Rawson. El 10 de julio el subcomisario Julio Vega fue designado en su lugar, en el departamento de 16 de Octubre; y seis días después lo condujeron a la capital del territorio en compañía de Litjens y de Daniel y Tomás Gibbon. Las acusaciones de Espinosa –que no trascendieron– quedaron sin embargo en suspenso. Los Gibbon regresaron a Esquel, mientras que el rastro de Litjens se perdió para siempre. Por su parte, a fines de mes Humphreys fue desafectado de la policía. Una etapa oscura llegaba a su fin.

Espinosa se dedicó a la búsqueda de los evadidos. El 12 de julio, envió un alarmado telegrama desde Cholila: "He podido comprobar que bandoleros Hood, Wilson, Duffy y Mansel Gibbon se han venido con elementos de espía, merodeando cordillera [desde] Cholila a Nahuel Huapi. Sigo mis investigaciones a fin [de] averiguar paradero fijo". Sin embargo, el rumbo final de los aludidos fue Río Pico, donde no existía destacamento policial. Allí entraron en relaciones con varios miembros de las familias Solís –en especial Wenceslao Solís– y Cadagan.

En agosto de 1910, visitaron a Wenceslao Solís en el puesto que ocupaba junto a su esposa, Amelia Cadagan. El ex peón de Cassidy y Longabaugh se hallaba con su primo Eugenio Solís. Según dijo éste, Mansel Gibbon se presentó "acompañado de otro hombre que tenía dos dientes de oro y que no habló nada con él sino con Mansel, en inglés, y después que le hicieron algunas preguntas a Wenceslao Solís se fueron". La presencia de Duffy en Río Pico llamó tanto la atención como su repentina ausencia. Al parecer aquella fue la última vez que fue visto... al menos con vida.

Juan Cadagan sintió curiosidad por saber qué había pasado con Duffy y preguntó por él. Mansel Gibbon le dijo que "había ido a Buenos Aires a buscar otros compañeros". El viaje, en realidad, no tenía regreso. Uno de sus parientes había descubierto la verdad por accidente, y aunque guardaba un forzado silencio el suceso pronto sería difundido.

Así se supo que, mientras hacía pastar su hacienda, Santiago Cadagan había salido a un claro en el bosque, donde tenían su campamento los norteamericanos. El poblador descubrió una zanja y en la zanja el cadáver de un hombre y en el hombre los rasgos de Andrew Duffy.

–Ése es Dientes de Oro –dijo Mansel Gibbon, por si quedaba alguna duda, y entonó una especie de oración fúnebre–: Le hemos matado porque ya era demasiado malo; el otro día quería matar a un chico para verlo saltar.

Evans se acercó para advertirle a Cadagan "que se callara o lo matarían". Había un tercer hombre, que contempló la escena sin emitir palabra. Pudo ser William Wilson. O acaso Juan Vidal, un joven indígena chileno que se había sumado a la partida de los norteamericanos. Había trabajado durante un mes con Wenceslao Solís y según referencias de pobladores de Río Pico se ocupaba de abastecer de víveres a los bandidos.

El asesinato de Duffy constituye otro enigma. Según Wenceslao Solís, los norteamericanos le dijeron que "no querían semejante compañero porque era muy sanguinario". El chileno debía saber más de lo que declaró, ya que Dientes de Oro fue enterrado en el lote de tierra que él ocupaba. Otros testimonios repitieron a continuación como un sonsonete esa "razón", sin introducir mayores detalles. "Quería matar hasta las criaturas en cualquier casa que llegaban", afirmó Juan Cadagan. Pero extrañamente no hubo referencias previas sobre esas supuestas anormalidades.

Como se dijo, Evans lo había conocido en los Estados Unidos y acaso lo atrajo hacia Chubut. Algo grave debió ocurrir para quebrar esa amistad. Los ajustes de cuentas entre bandidos se realizaban por cuestiones concretas, como el reparto de un botín o una traición, pero no pareció ser el caso. Wilson había asesinado a Ap Iwan sin que nadie del grupo se mostrara horrorizado; al contrario, hasta justificaban ese acto por la resistencia que opuso el ingeniero galés al asalto. Y matar a alguien porque mostrara tendencias homicidas no dejaba de ser una sangrienta paradoja.

Nadie se preocupó por averiguar qué ocurrió con Duffy, a excepción de una joven chilena, Margarita Garrido. Una carta quedó como testimonio de esa búsqueda. En ella, la mujer pedía disculpas por haber estado ausente; una enfermedad la había demorado en Trelew, pero entonces se hallaba en una casa de Esquel, cuya dirección indicaba. "Si le es posible –rogaba– puede venir a visitarme de noche con confiansa que nadies sabra nada de lo contrario me manda decir ho me escribe en que punto se encuentra que yo ire" [sic]. Y transcribía unos versos:

Mas no me puedo olvidar
de los ratos deliciosos
Que en tus brazos amorosos
yo lo sabía pasar.

Margarita envió la carta a casa de Daniel Gibbon, con una nota donde le pedía a Mansel que la entregara a su destinatario. Pero también se sentía atraída por éste, ya que le proponía visitas nocturnas en su domicilio, igualmente "con confianza". Como tampoco obtuvo respuesta de Mansel, acudió a ver a su padre. Y Daniel Gibbon le respondió con una mentira: "Le dijo que había ido a Norte-América [sic], pero que vendría pronto".

El joven Gibbon pensaba en otra mujer. Según Juan Cadagan, "había principiado [sic] a hablar" a su hermana Guillermina, "con el propósito de casarse con ella, pero las relaciones duraron poco tiempo". Evans hacía bromas sobre la chica y Mansel: "Cuando ceba Guillermina, le da mate dulce", decía.

Más allá de ese clima distendido, "circulan rumores alarmantes respecto de la seguridad de vidas y haciendas de los pobladores de la Colonia 16 de Octubre –dijo *La Prensa* el 7 de junio de 1910– debido a la falta de vigilancia, pues el gobierno prometió hace tiempo mandar el 3º de Caballería y hasta hoy no cumplió. Parece que se cometieron robos y asaltos sin que [se] haya logrado capturar a los culpables, por falta de policía y de elementos de movilidad".

El 6 de julio, en un editorial alusivo a la policía de los territorios nacionales y "los célebres bandidos norteamericanos", *La Nación* reclamó al gobierno nacional "la definitiva energía usada y comprobada hace treinta años por la conquista del desierto". Y exigía "policías bien montadas y bien compuestas", donde hubiera "hombres aptos, que es decir bien retribuidos ante todo, conocedores de la región, decididos y endurecidos en la existencia rural; y caballada abundante, sólida (...) La policía rural tiene que atacar al bandolerismo con sus mismos elementos; y nuestro bandolero es siempre un hombre bien montado, de corazón decidido y de sólida carnadura". La nota, se aprecia, enfocaba precisamente los problemas crónicos que arrastraba la policía. "Suspendidas por el momento las operaciones de la partida norteamericana, el bandolerismo renace en La Pampa", donde aparecía un grupo "tan bien organizado que su jefe le da número y denominación de regimiento de caballería".

La situación era particularmente grave en Chubut, de acuerdo con un extenso artículo del mismo diario, del 27 de julio. El gobernador Alejandro Maiz era esta vez el centro de la crítica. "En su gira prometida con mucha anticipación a las cordilleras se limitó a un paseo por la costa del mar, internándose quince leguas hasta la estancia La Oriental, para desde allí regresar a Rawson; es así como nuestro hombre de gobierno no puede darse cuenta con exactitud de lo que realmente maneja." Al mismo tiempo se insistía con el peligro extranjero: "San Martín, Cholila y Río Pico, regiones ricas en ganados, casi totalmente pobladas por chilenos, amén del elemento de mal vivir que de Chile emigra y encuentra fácil permanencia y que constituye a nuestro juicio un peligro inminente para el poblador que ha pasado muchos años de penurias (...) El crimen y el robo van tomando en la región de la cordillera una proporción increíble (...) Son bandoleros chilenos, y es penoso tener que decirlo, no se cuenta con ningún elemento argentino para contrarrestarlo".

Chubut tenía por entonces una población aproximada de treinta mil habitantes. La producción de lana era su actividad económica más importante. "En los valles de la Cordillera –apuntaba la *Memoria del Ministerio del Interior* de 1910/1911– no es posible por el momento la extensión de la agricultura (...) pues las enormes distancias que hay que recorrer hasta llegar al puerto de embarque, unidas a la falta de medios de transporte, hacen imposible su desarrollo, cultivándose sólo lo indispensable para el consumo local." Los caminos necesitaban reparaciones urgentes. "El de 16 de Octubre requiere imperiosamente componer sus bajadas en el Cañadón de las Plumas, de Carro Roto y de Rock y Trip. El camino a Ñorquinco debe seguir hasta el norte de Bolsón, que es el único para llegar al de Cochamó en Chile. El que va a la Colonia San Martín, debe prolongarse hasta Río Pico." Había tres puentes sobre el Río Chubut, en Rawson, Trelew y Gaiman, por lo que el cruce de otros cursos, como el Senguer, suponía una aventura. Estas condiciones favorecían asimismo a los bandidos, ya que los mantenían protegidos del avance de la civilización.

Las campañas periodísticas y los reiterados pedidos de los pobladores por su seguridad tuvieron finalmente respuesta el 1° de febrero de 1911. Ese día el gobierno nacional creó la Policía Fronteriza del Chubut, con asiento en la Colonia 16 de Octubre, "teniendo en cuenta la necesidad que existe de hacer verdadera policía en la frontera de ese territorio", según consideró el ministro de Interior, Indalecio Gómez. La fuerza contaría con un jefe propio, dependiente del gobernador y estaría integrada además por un comisario inspector, cuatro subcomisarios, dos sargentos, cinco cabos y cuarenta y tres gendarmes. El 11 de febrero, mediante otro decreto, fue designado Mateo Gebhard como jefe. El 8 de mayo, a la vez, se dispuso la creación de la Policía Fronteriza de Río Negro, con sede en Bariloche. Tenía jurisdicción en ese departamento y en el de 9 de Julio y quedó bajo el mando de Adrián del Busto.

Mateo Gebhard era un desconocido en Chubut. "Se trataba de un hombre pequeño, rubio, con el uniforme completo de un mayor de la caballería –relató el geólogo Bailey Willis, que lo conoció en Esquel–. Se lo veía impecable, desde sus botas lustradas hasta la trenza dorada de su gorra cilíndrica." Nacido en Praga, llegó a Punta Arenas en 1894, cuando tenía veinte años y revistaba como guardamarina en un buque de guerra alemán. Allí desertó, después de golpear a un oficial. "Durante cuatro años había dado vueltas por la Patagonia –agregó Willis–, dedicándose a cualquier cosa, desde pastorear ovejas en adelante. Después ingresó al servicio argentino [el ejército] con el rango de sargento. Ahora había dado su palabra al ministro del Interior de organizar la Policía de Frontera y establecer un orden." La última frase condensa un conflicto que no tardó en manifestarse: Gebhard desconocía la autoridad del gobernador Maiz y pretendía reportarse directamente al ministro Gómez.

Según una crónica de la revista *Fray Mocho*, Gebhard permaneció en el Ejército hasta 1902, cuando se dirimía el conflicto de límites con Chile: "Arreglada la cuestión internacional de aquel entonces pidió su baja y se incorporó a la policía de Santa Cruz". De inmediato dio cuenta de sus aptitudes. "Se inició con la captura de un asesino famoso: Manuel Morales (a) Viejo Chile, que mataba por hábito (...) Después aprehendió, poco a poco, a todos los congéneres de Morales, que eran más de cincuenta, famosos por su existencia de asesinos." Un antecedente exagerado, que tal vez fue tenido en cuenta para la misión encomendada.

Los bandidos, mientras tanto, parecen haber deambulado sin rumbo fijo por el sur de Chubut. En enero de 1911, Evans y Wilson fueron vistos en el paraje Monte Solo, donde recibieron la hospitalidad de un compatriota, Ossa Latt, ermitaño dedicado a la búsqueda de oro. Allí Wilson olvidó un cuchillo, que poco después sería preservado como una especie de reliquia. Según un relato local, dijeron ser estancieros y trataron de convencer, sin éxito, a dos pioneros radicados en Lago Blanco, los primos Cunningham, para que se sumaran a su vida de aventuras. Al mes siguiente, de acuerdo con Juan Cadagan, estaban escondidos en el monte, en Río Pico. Amelia Cadagan contó que "habían hecho un bote, para navegar por el Río Pico", con ayuda de Antonio Solís, a quien le entregaron un caballo a cambio del trabajo. Era uno de los robados a la Compañía de Tierras en la estancia Lepá. Y a principios de marzo reaparecieron cinco kilómetros al norte de Esquel, en un sector de sierras que a partir de su paso se conoció como El Cañadón de los Bandidos.

En la tarde del 3 de marzo, cuando andaba a caballo por la zona, Francisco Albornoz divisó a tres hombres que le parecieron sospechosos. Quiso la casualidad que se cruzara con Daniel Gibbon y que éste tuviera un largavista. Con el pretexto de rastrear un animal perdido, el chileno le pidió prestado el anteojo y así pudo ver mejor: reconoció a Mansel Gibbon, creyó divisar a Dientes de Oro, aunque éste ya no se hallaba entre los vivos, y no pudo identificar al tercer hombre. De acuerdo con testimonios posteriores, los otros dos no eran sino Evans y Wilson.

Albornoz dio cuenta de la novedad al llegar a Esquel. Se formó una comisión de búsqueda al mando del subcomisario Dreyer e integrada por los agentes Francisco Calatayud y Miguel Barria, los vecinos

Rosa Ferreyra y Fortunato Fernández, empleado de la Compañía de Tierras, y el propio Albornoz. "Como se trata de [un] paraje sumamente escabroso –informó Dreyer al jefe de policía de Chubut– resolví dejar los caballos a cierta distancia y llevarles ataque a pie. Veinte cuadras antes de llegar y siendo ya casi de noche encontramos un individuo que de a caballo salía del monte. Le dimos voz de alto que no acató, y viendo que echaba mano a la cintura mandé hacer fuego. El individuo desaparece perdiendo [el] sombrero y va herido al parecer."

Se trataba de William Wilson, y la comisión se lanzó en su persecución. "Seguimos hacia el campamento guiados por Albornoz –prosiguió Dreyer– y a unos cincuenta metros de él fuimos recibidos a balazos. Contestamos recíproco fuego, fue herido de los nuestros Fortunato Fernández en una pierna." En el campamento abandonado quedaron algunos objetos (un rebenque, espuelas) y "regueros de sangre que no pudimos seguir pues se retiraron siguiendo un arroyo". Wenceslao Solís negó que existiera un herido entre los bandidos y relató una versión diferente. Mansel Gibbon y Wilson, dijo, "caminaban por la Sierra de Esquel y en un momento [en] que este último se había adelantado bastante fue atacado a balazos por un grupo armado. Wilson extrajo su revólver y efectuó dos disparos, pero no sabía si había herido a alguien".

En la madrugada siguiente, la partida regresó a la Colonia 16 de Octubre. "Fortunato Fernández –informó Dreyer– presenta una herida de bala que le perforó las dos piernas, la parte posterior, sin interesar hueso". El médico Hugo Roggero no tenía anestesia ni demasiado instrumental a mano, por lo que hizo beber mucha caña al herido y le amputó una pierna con un serrucho. Fernández, puestero de los ingleses en la estancia Lepá, se repuso de ese percance pero no sobrevivió mucho tiempo: el 11 de mayo fue muerto de dos disparos por el vecino Arturo Jones. La imaginación popular atribuyó el crimen a una venganza de los bandidos por el tiroteo del cañadón. Pero *La Prensa* dio una versión menos novelesca: "Después de una disputa por antiguas diferencias, se descerrajaron varios tiros de revólver. Resultó muerto el señor Fernández y gravemente herido el señor Jones". Algo de cierto había en las represalias contra los miembros de la comisión: Francisco Albornoz fue amenazado de muerte por Daniel Gibbon y debió irse de Esquel, dijo, "porque continuamente le perseguían, sobre todo de noche".

Por ese entonces el escuadrón de la Policía Fronteriza se preparaba para la acción en Trelew, instalado en el edificio del antiguo Regimiento 6°. Mientras esperaba la provisión de caballos y armamentos, Gebhard inició la instrucción militar del personal. Parece que los ejercicios incluyeron malos tratos y hubo desinteligencias ya que el segundo jefe renunció y fue reemplazado por Leandro Navarro, a quien el comandante de la Fronteriza nombró "comisario inspector capitán", al dar cuenta de su incorporación al cuartel el 1° de marzo. El 15 de ese mes, Maiz advirtió por telegrama a Gebhard sobre dos crónicas de *La Prensa* que denunciaban castigos y palizas a soldados del escuadrón, además de hechos escandalosos protagonizados por policías en la cordillera. El gobernador no daba ningún crédito a tales versiones. "Ya ve la clase de corresponsales [que] tiene allí ese diario", dijo, en una lamentable expresión de complicidad. Los testimonios sobre aquellas prácticas se harían cada vez más frecuentes.

En su nota de respuesta al gobernador, Gebhard adujo que de ser ciertas las denuncias debería haber intervenido la policía local o la justicia... "y puedo afirmar sin temor a exagerar que las relaciones entre el vecindario y la tropa se basan en recíproco respeto". En eso no se equivocaba, ya que la mayoría de los medios de prensa y los vecinos influyentes, aquellos que comenzaban a formar las "fuerzas vivas" del territorio, apoyaron explícitamente su misión. "Según manifestación del subcomisario de Trelew –completó el jefe de policía Justo Alsúa– lo informado por el jefe de la Policía Fronteriza es exacto", por lo que las acusaciones fueron desestimadas. El 22 de marzo, Maiz partió de regreso a Chubut. "Lleva un plantel de veinticinco hombres para la policía fronteriza", anunció *La Prensa*. Eran los prolegómenos de una nueva campaña al desierto.

Capítulo 12
Secuestrado en la cordillera

Lucio Ramos Otero había sido advertido. "En diciembre o enero [de 1911] un galense de Esquel –recordó– me había dicho que los norteamericanos estaban en Río Pico y que tuviera cuidado, porque bien podía ser que me pasara algo (...) También [Francisco] Epele, viéndome salir una vez solo con mi Winchester, me dijo si no tenía miedo que me agarraran los yanquis, a lo que le contesté que iba cerquita a traer la tropilla." El dueño de la estancia Corcovado, una propiedad de quince mil hectáreas ubicada en el paraje homónimo del oeste de Chubut, tenía entonces cuarenta y un años. Era delgado y de mediana estatura y, según ya se dijo, llamaba la atención por sus actitudes nada convencionales como patrón: trabajaba a la par y hasta al servicio de sus peones. Para él existía un peligro más cercano que la banda de Robert Evans: el hombre que había asesinado a dos de sus empleados, Pío Quinto Vargas, volvía a rondar el campo tras ser indultado por el gobierno territorial. En todo caso, suponía, los bandidos podían ser el instrumento de un nuevo ataque de ese enemigo tan temido.

El enfrentamiento recrudeció a fines de 1910, cuando Ramos Otero regresó de un viaje a Paraguay. Según el alambrador Carlos Schulte y el peón Bautista Ríos, en diciembre Vargas ingresó cuatro veces de manera furtiva en el campo de su vecino. Nadie se atrevió a hacer el menor reproche, pero Ramos Otero viajó setenta y cinco kilómetros para presentar una denuncia ante la policía de Tecka, entonces el punto poblado más próximo.

El subcomisario Francisco Dreyer se mostró comprensivo y pareció adoptar su partido. El 21 de diciembre notificó a Vargas y a su hermano Antonino que debían "abstenerse en absoluto de penetrar en el campo propiedad del señor Lucio Ramos Otero", pues éste "desea vivir completamente aislado de ustedes". No era una gestión desinteresada: al mismo tiempo le pidió al estanciero una carta de recomendación para hacer méritos ante el gobernador Alejandro Maiz.

Al día siguiente, en una evidente actitud de desafío, Vargas cruzó un sector del campo de Ramos Otero para ir hasta el almacén La Pilarica, de Manuel Cao, que quedaba dentro de la misma estancia. En la conversación salió el tema de la rivalidad y Vargas puso más leña al fuego: "No lo voy a matar tan fácil –comentó, ante la respetuosa rueda de curiosos–, si anda disfrazado". Era una alusión burlona al chiripá que usaba Ramos Otero, traído de Paraguay.

Las provocaciones continuaron. El 27 de diciembre, relató el estanciero, "aprovechando Vargas que estoy solo, entra en mi casa [y] lo echo rápido con mis dos pistolas" y la ayuda de los empleados Schulte y Ríos.

Vargas hizo su descargo con una inocencia que dejaba traslucir cierto rencor:

–Yo fui a saludar al *rico* –subrayó esta palabra con una mueca de desprecio–. Y el *rico* me echó.

Al día siguiente, Dreyer intentó una mediación. Pero Ramos Otero, ciertamente perturbado, optó por levantar una especie de panóptico. "Cambié mi cama al galpón, a un altillo, todo abierto, con puertas y ventanas a todos los vientos –contó–. Hice un parapeto de tablas, lana y bolsas en dirección al puesto que vive Vargas y puse mi cama ahí (...) Al lado de mi cama tenía un Winchester, tres revólveres, dos pistolas y quinientas balas para todas esas armas. Yo podía divisar de ese altillo, en todas direcciones, y ellos no me veían a mí. Como yo no contaba con ningún peón (eran muy miedosos los que tenía), yo coloqué un Winchester en un esquinero y con unos hilos podía tirar desde mi cama. Así si vienen tiro tres tiros a la vez o casi seguidos, entonces ellos van a creer que no soy yo solo sino dos más y quizá no se animen."

Otros personajes equívocos rondaban la estancia, aunque pasaban más inadvertidos. La esquila atraía a pobladores de otros puntos y entre ellos estaban Wenceslao Solís y Juan Cadagan, llegados desde Río Pico. Pero, según los peones de Ramos Otero, no acudían en busca de trabajo. Se la pasaban jugando a las cartas, daban vueltas, charlaban un poco de todo y, entre tantos temas, de las cosas que hacía el patrón y de unas vacas que había entregado en enero y tenía por cobrar.

Precisamente con ese fin, a principios de marzo de 1911, Ramos Otero abandonó su trinchera para viajar a Trelew. Cobró un cheque por más de ocho mil pesos y permaneció unos días en ese pueblo, que con el desarrollo que había alcanzado (1620 habitantes y 267 edificios, según datos del mismo año) debía ser un respiro para la soledad y las condiciones rigurosas de la vida rural. En el camino de regreso, el 19 de marzo, tuvo un sobresalto. Poco antes de llegar a la estancia, contó, "salen dos jinetes, uno en un tordillo negro (que después supe era Roberto Evans) y otro en un zaino negro (que era Wilson) y se apartan un poco uno del otro". Los norteamericanos se detuvieron y cambiaron de dirección, sin pronunciar palabra, al notar que el hacendado estaba acompañado por dos peones armados y las características del terreno impedían un golpe por sorpresa.

El episodio no alarmó a Ramos Otero, quien creyó que se trataba de un encuentro casual y no conocía a los bandidos. Pero esos hombres no actuaban al azar. Wenceslao Solís había averiguado sin problemas la fecha de regreso del dueño de casa, ya que los peones lo esperaban con ansiedad para cobrar sus sueldos. Y el chileno les había pasado el dato.

Ramos Otero emprendió un nuevo viaje el 29 de marzo, esta vez para hacer compras y trámites en Tecka, donde había oficina de correos y telégrafo. Tenía peones ocupados en cercar su campo y necesitaba rollos de alambre. Salió entonces en un carro tirado por seis caballos y mulas y acompañado por el peón chileno José Quintanilla. Al caer la tarde llegaron a la estancia Tecka, donde pernoctaron. Era la *Tecka Land Company*, la otra estancia de los ingleses en el oeste de Chubut, fundada en 1910 con sesenta y dos leguas cuadradas de la Compañía Cochamó adquiridas por el mismo grupo que manejaba la Compañía de Tierras.

En ese momento había una actividad inusual en Corcovado. Francisco Epele, hacendado con domicilio en Rawson, había comprado vacas a Pío Quinto Vargas. Tomás Austin, el ex representante de la Compañía Cochamó, tomaba en consignación esos animales para llevarlos a Chile. El encargado del arreo iba a ser Daniel Gibbon.

El negocio se demoraba justamente porque Gibbon aún no había llegado. El amigo de los bandidos debió cruzarse en el camino con Ramos Otero, ya que arribó a Corcovado el 30 de marzo. "Traía consigo muchas personas –declaró el peón Bautista Ríos–. Entre ellas ha oído nombrar a unos hermanos Coaraza, un tal Pedrón (a) Pan Seco y un hijo de Gibbon, todos los cuales tenían campamento en un mallín como a diez cuadras de la estancia." El hijo aludido no podía ser Mansel, que andaba con otro asunto entre manos.

Austin tenía una larga experiencia en el comercio de ganado del otro lado de la cordillera. Parece que había aprendido algunos trucos para mejorar sus ganancias. En una carta a Gibbon, le adelantó que haría un "arreglo" por el cual el encargado del control fronterizo "pondrá doscientos animales menos en la cuenta" para no pagar tantos impuestos. Según Ramos Otero, esta y otras cartas intercambiadas entonces por ambos hombres "usan de palabras o frases cuyo significado saben ellos solamente" y que habrían aludido a la vez a otro negocio.

Como Vargas carecía de instalaciones, querían hacer el rodeo de la hacienda en los corrales de su vecino. Ramos Otero se negó, aunque aceptó alojar a Epele y Austin, quien por otra parte decía ser amigo de su madre, residente en Buenos Aires. Se mostró tan hospitalario que el día de su salida a Tecka madrugó, "porque yo en persona ordeñé tres lecheras y traje un balde de leche para que el señor Austin tuviera a su disposición"; y le dejó las llaves de sus propias habitaciones. Pero tales atenciones provocaban más burlas que reconocimientos. También se hallaba alojado allí Humberto Repetto, porteño de treinta y dos años, "de paso por varias comarcas del sud de este Territorio Nacional", según su posterior presentación ante la policía. Sin embargo, en vez de un turista, parece que era empleado de Austin, o al menos que llegó a Corcovado con el comerciante, desde Chile.

El rechazo de Ramos Otero, una nueva manifestación de su encono con Vargas, no fue tomado en serio. Apenas partió al volante de su carro, los otros entraron la hacienda con la que debían trabajar. El capataz Ramón Opazo y los jornaleros presentes no se atrevieron a poner reparos a lo que hacían esos distinguidos señores. El gesto de Austin es significativo tanto de su relación con los peones –cuya opinión no importaba– como de la falta de respeto hacia el anfitrión.

En la tarde del 30 de marzo, con el alambre y otras mercaderías compradas, y después de despachar algunos telegramas, Ramos Otero y Quintanilla emprendieron la vuelta desde Tecka. De nuevo hicieron noche en el establecimiento de los ingleses. En la tarde del 31, alcanzaron el Cañadón del Tiro, un paraje distante no más de una legua del casco de la estancia Corcovado. La huella tomaba una cuesta y se desdibujaba de pronto en un pantano, por lo que tuvieron que reducir la marcha. Cuando el carro avanzaba paso a paso, dijo Ramos Otero, "sale un hombre morrudo y medio alto de entre unas piedras; me agarra la rienda derecha del [caballo] cadenero con la mano izquierda y con un Winchester me apunta". Era Mansel Gibbon, a quien entonces no conocía. "Rápido, otros dos hombres más se acercan por entre las piedras que hay alrededor a la baranda de mi carrito y revólver en mano me apuntan." Uno se veía bajo, robusto, de cuarenta años, cabello castaño con algunas canas; el otro, delgado, rubio y con barba, parecía más joven. En ese momento no los identificó; luego recordaría que eran los mismos que habían intentado abordarlo cuando regresaba de Trelew.

Estuvieron unos segundos en silencio hasta que habló el hombre bajo. Al escucharlo, por el acento y la dificultad para expresarse, Ramos Otero supo que estaba con los famosos norteamericanos.

–Manos arriba –dijo Evans y mientras el flaco, Wilson, registraba al estanciero y su peón en busca de armas, agregó–: Yo no viene por Vargas. Yo quiero plata nomás.

En cierto sentido, pronunciaba una advertencia tranquilizadora. Pero Ramos Otero no se convenció. Por el contrario, creyó que iban a matarlo por encargo de su rival.

–Bajen –agregó Evans. No bien obedecieron, Wilson revisó el carro. Gibbon permanecía atento, con el Winchester listo.

El jefe señaló a Quintanilla.

–Éste de negro se ha puesto blanco –bromeó. Pero enseguida cambió de humor, rojo de ira–. Y también ha querido disparar. Pero yo lo mato como a un capón.

Las amenazas eran innecesarias, ya que no hubo gestos de resistencia. Los rehenes fueron maniatados y unidos por el cuello con una soga, a una distancia de un metro. Evans revisó los bolsillos de Ramos Otero y comprobó, con desencanto, que llevaba poco más de cien pesos y algunas monedas. A su vez, Wilson tomó el reloj del estanciero y la llave de la caja fuerte de la estancia.

–¿Tiene plata? –preguntó Evans.

–Sí, señor –respondió Ramos Otero.

–¿Cuánto tiene?

–No sé, señor.

–¿No dice mentira, don Lucio?

–No, señor.

De pronto Evans se mostró enojado.

–Mí tiene dinamita –estalló–. ¡Pone a todo y vuela!

Revolvió el cajón donde llevaban los víveres, extrajo una lata e hizo una especie de *show*:

–Qué lástima –dijo–, don Lucio no trae vicios. Aquí un tarro de duraznos, tanto tiempo que no como. Está vacío, caramba –arrojó la lata al suelo y siguió hurgando–. Aquí galletitas, tanto tiempo que no como. Está vacío, caramba –y repitió el acto.

Mansel Gibbon deslizó un comentario burlón:

–Oh, don Lucio –dijo–. Son cosas de la vida.

Ramos Otero y Quintanilla fueron obligados a subir a la parte trasera del carro. Wilson, que precisamente había trabajado como conductor de esos vehículos, tomó las riendas y lo dirigió fuera de la huella, hacia una loma resguardada por piedras. Allí habían dejado cuatro caballos. Los bandidos se mostraban tranquilos, relajados, y hablaban en inglés, idioma que los otros no entendían. Evans tenía una curiosidad: quería saber qué cantidad de personas había en la estancia. "Está el señor Austin con diez o veinte peones", mintió Ramos Otero. El otro cambió de conversación y le dijo que eligiera un caballo para montar. "Cuando llegó la noche, sin luna, pero bien estrellada –agregó el estanciero–, ordenó la marcha, desatándonos las manos."

Evans y el estanciero iban al frente, seguidos por Gibbon y el peón; cerraba Wilson, que en contraste con el jefe, "sólo trabajaba y muy poco hablaba". Se llevaban los caballos y las mulas y dejaban el carro. Iban a tomar por asalto la estancia, pensó Ramos Otero. O lo iban a entregar a Vargas. Los bandidos no le sacaron las dudas, fuera de la declaración inicial de que buscaban dinero. Poco después sus temores parecían confirmarse: tras recorrer el Valle de Jaramillo se detuvieron ante el Arroyo Tucu Tucu, donde su peor enemigo hacía pastar la hacienda. Evans desensilló y, caminando, se perdió en la oscuridad. Lo entregarían maniatado, pensó Ramos Otero, y su cuerpo se perdería para siempre en el agua, no quedaría rastro ni prueba del delito. Así había ocurrido años atrás con dos de sus peones.

Al rato volvió el bandido. Venía solo y con una pava.

–¿Quiere agua? –ofreció.

A poco de retomar la marcha Ramos Otero advirtió que seguían la huella en dirección a Río Pico.

La actividad en la estancia Corcovado continuaba con normalidad. El día del secuestro Vargas entregó la hacienda a Austin y Epele. Daniel Gibbon se reunió allí con ellos. El albañil alemán Otto Krause, empleado de paso, los vio tomar posesión del casco y las instalaciones. Por la noche, "Epele se fue a dormir y cuando quedaron Austin y Gibbon conversaban en galense, idioma que no conozco". Hablar en una lengua inaccesible para los demás parecía una actitud sospechosa. Ambos hombres, además, provocaban suspicacias, sobre todo Gibbon, por su reconocida relación con los bandidos.

El 1º de abril Humberto Repetto salió rumbo a Tecka, para cumplir con un trámite encargado por Austin. A poco de partir, dijo, extravió la huella y subió la loma donde había quedado el carro de Ramos Otero. Una equivocación rara, porque ya había recorrido el camino; igualmente extraña parece su decisión de seguir adelante, en vez de comunicar de inmediato la novedad en la estancia. No obstante, cuando estuvo en el paraje dio cuenta del descubrimiento al juez de paz Enrique Coen; el subcomisario Dreyer se hallaba en Esquel. Ambos hombres no dieron demasiada importancia al asunto; suponían que el estanciero estaba "campeando", buscando los caballos que se le habían perdido, una tarea que por lo común insumía varios días.

Mientras tanto, Austin tenía un mal presagio. "Se extrañaba de la ausencia del señor Otero y presentía una desgracia", dijo Krause. Esa difusa premonición se confirmó cuando Repetto estuvo de vuelta y contó que había encontrado el carro abandonado; en consecuencia lo envió otra vez a Tecka, para que hiciera una denuncia formal y trajera a la policía.

La novedad generó revuelo entre los peones. Krause y otros tres compañeros resolvieron ir al Cañadón del Tiro. "Cuando estaba agarrando caballo –declaró el alemán– fui llamado por el señor Austin, quien me dijo que antes de marchar pasara por su habitación en la estancia para convenir lo referente al reconocimiento que iba a hacer." Pero el albañil no le hizo caso, porque "sentía una repulsión instintiva por Austin". Los peones inspeccionaron el sitio donde estaba el carro sin hallar nada que pudiera orientarlos sobre la suerte del patrón y regresaron. "A media cuadra antes de llegar –agregó Krause– nos salió al encuentro Daniel Gibbon, preguntando (...) si íbamos en comisión, a lo que apenas contesté, siguiendo para la estancia, pues las ideas y prevenciones contra Gibbon son públicas y notorias." El testigo sugería que Austin y Gibbon intentaban controlar la situación posterior al secuestro.

No obstante, cabe recordar que fue Austin quien hizo denunciar el suceso, más allá de que eso implicara una formalidad sin resultados prácticos. El 4 de abril, Repetto regresó con el juez Coen. Ese mismo día Justo Alsúa, jefe de la policía de Chubut, ordenó a los subcomisarios Dreyer y Eduardo Nickel (éste de la comisaría de San Martín), trasladarse a la estancia y poner presos a los hermanos Vargas; al mismo tiempo comunicó la desaparición del hacendado a sus familiares en Buenos Aires. Alsúa mantenía cierta relación con Ramos Otero y sabía de sus problemas con Vargas.

Mientras tanto, Austin experimentó un nuevo "presentimiento": Ramos Otero había sido asesinado. Para demostrar su afecto, ofreció una recompensa de diez mil pesos para quien entregara al responsable y cinco mil por el cadáver del desaparecido, lo que parecía casi una exhortación al asesinato. Por lo demás, continuaba su trabajo en la estancia como si nada pasara y él fuera el dueño. "Siete días han estado aquí todos los peones del señor Austin con su capataz Gibbon, sin detener el arreo (...) –rememoró Krause–. Austin era el peor. Me dijo el primer día que desapareció: 'Venga, Otto, nosotros vamos a arreglar de modo de saber de don Lucio; yo estoy encargado de todo y ustedes son mis peones, porque don Lucio me ha dejado las llaves'."

Dreyer y Nickel se presentaron el 6 de abril. Ambos habían sido nombrados *ad honorem* por el gobernador Maiz. El primero parece haber sido el típico policía corrupto de la época, que utilizaba su cargo para obtener provecho personal y hacer un pequeño capital. Siguiendo una práctica que era bastante habitual, amparado por el juez de paz, explotaba a los indígenas y les cobraba "impuestos" por ocupar tierras fiscales. El subcomisario de San Martín, en tanto, era de nacionalidad inglesa y había recalado en Chubut tras una vida de oscuras aventuras como marinero. Abandonado en Buenos Aires por su barco tras contraer una enfermedad, se alistó con la compañía colonizadora de Wilhelm Vallentin y viajó a Río Pico; cuando fracasó ese proyecto deambuló a la búsqueda de una oportunidad, que llegó con su sorprendente designación como encargado de una comisaría.

No parecían los más indicados para hacer la menor investigación. Y aunque se lo hubieran propuesto tampoco podrían haber seguido los rastros de los fugitivos, indescifrables entre los de los peones que iban y venían en torno al rodeo. En la estancia se encontraron con Austin, Gibbon –padre de uno de los responsables– y Epele, pero decidieron no molestarlos con preguntas. Por el contrario, escucharon sus opiniones. Y en particular la de Austin, quien conocía desde tiempo atrás a Ramos Otero. Un personaje singular, decía. Lo demostraba aquella historia de cuando se descubrió que él, hijo de millonarios, trabajaba como un miserable, haciendo de cocinero de vulgares peones.

Los policías no tardaron en convencerse de la hipótesis de un homicidio. "No cabe duda –telegrafió Dreyer a Alsúa ese mismo día– acerca asesinato [de] Ramos Otero. Se presume que quien lo asesinó [fue] el mismo peón que llevaba." Quintanilla reunía las condiciones básicas de un sospechoso: era indígena y chileno. La acusación contra él parece haber sido de la cosecha propia del subcomisario, ya que no se conoció ningún testimonio al respecto. Al mismo tiempo desvinculaba explícitamente a los Vargas, y en particular a Pío Quinto: tenía una coartada –había trabajado con su hacienda– y lo respaldaban varios testigos. "Pondré todo empeño a fin de esclarecer este hecho", prometió Dreyer a modo de despedida. Sin dilaciones, el jefe de policía de Chubut pidió la captura del peón.

Otto Krause y el jornalero Rosario Vera dieron fe del empeño de Dreyer. Ambos debieron acompañarlo en sus investigaciones. El primer sospechoso fue Epitasio Pinuer, uno de los puesteros de la estancia. Era un hombre pacífico y retraído. Bastaba mandarlo llamar, le aconsejaron, para que se presentara. Pero el policía quería hacerle sentir el rigor de sus métodos. "Las medidas tomadas por Dreyer eran sin fundamento de ningún género –dijo Krause– y así se lo manifesté cuando quiso tomar preso a Epitasio Pinuer."

–Me parece que está por hacer una macana –advirtió el alemán.

Pinuer se presentó en la cocina de la estancia y quedó detenido, porque el policía estaba convencido de que debía saber algo. Y a continuación decidió caer por sorpresa en el puesto. Allí encontró a otro encargado, Adolfo Avilés, y al jornalero Antonio Medina. Dreyer se puso a charlar con los presentes y de pronto "apoyándoles el Winchester les gritó repetidas veces 'échense al suelo, carajo'", dijo Krause. Le sacó el tirador a Medina y lo maniató.

–Ahora vamos a encontrar la plata de Otero –dijo.

"Ya en ese estado –agregó Vera– lo insultó, amenazándole con armas y tratando por medios violentos de arrancarle la confesión de ser el asesino de Otero." A la vez, "a don Adolfo Avilés no lo dejaba levantar y estaba lo mismo que esos turcos que rezan las oraciones. Le preguntó qué hacía, de dónde era y mil preguntas sin sentido". Hasta que el hombre le recordó a Dreyer que él era padrino de su hija y entonces pareció volver a la realidad.

Sin respuesta para lo que pretendía saber, el "investigador" dejó en paz a Avilés, "llevándose a Medina al Corcovado –relató Krause–, donde lo puso en libertad después de decir que parecía que Medina no era culpable, pues el procedimiento que empleaba él siempre daba resultado".

Por supuesto, tal método infalible tenía excepciones. Pío Quinto y Antonino Vargas recibieron una citación para presentarse en la estancia, que ambos desoyeron sin sufrir mayores apuros. Dreyer y los peones forzados a secundarlo hallaron al primero haciendo campamento en el Arroyo Tucu Tucu; una caída del caballo, dijo el enemigo de Ramos Otero, lo había dejado dolorido, impidiéndole acudir al llamado del subcomisario. "Entonces Dreyer sacó útiles de escribir y le tomó declaración sobre su paradero y ocupaciones durante los días de la desaparición del señor Otero", dijo Krause.

Vargas creía que Ramos Otero se había largado por su cuenta. El interrogatorio derivó al último incidente que había mantenido con su vecino. "Vargas declaró que Otero le había aplicado varios puntapiés, replicándole entonces Dreyer que eso no lo iba a poner –reveló Krause–, porque era peor para él tener que decir que le habían pegado unas patadas en el culo." En rigor, aclaró el testigo, en atención a la amistad que los unía, la declaración fue armada por el subcomisario, quien formulaba las preguntas y también las respuestas.

De regreso en Tecka el 8 de abril, Dreyer informó a Alsúa que los peones rechazaban su primera hipótesis: Quintanilla no podía ser el asesino de Ramos Otero. "Pío Quinto Vargas, a quien detuve, ha comprobado con personas insospechables y numerosas que se encontró cerca del lugar", agregó. Además, "muy empeñado en demostrar su inocencia", se ofrecía para colaborar en la búsqueda. El subcomisario tenía una nueva conjetura. Se trataba más bien de un prejuicio, ya que recordaba los antecedentes del desaparecido: "como [Ramos Otero] andaba mal de la cabeza, no podía creer", decía, que hubiera sido secuestrado o víctima de un crimen. Nickel le confió a Krause sospechas idénticas: "Debía haberse ido al Paraguay (...) agregando que la causa de una resolución tan súbita sería probablemente que don Lucio sufría la manía de las persecuciones".

En su comunicación con Alsúa, el policía de Tecka puso énfasis en negar la posibilidad de un secuestro. "Teniendo en cuenta que don Lucio es excéntrico hasta el exceso –decía– no me sorprendería que volviera [a] hacer lo que hizo otras veces y es: desaparecer por un tiempo." A continuación se hacía eco de supuestos rumores: "Don Lucio manifestó reiteradamente aquí intenciones de irse al Paraguay y Bolivia (...) Es muy capaz de aparecer cualquier día en otra parte, como hizo el año [18]96 que fue encontrado a pedido de las autoridades de la capital y de su familia, trabajando de peón con el ingeniero Cobos al sud de este Territorio". El policía era malicioso e infundado: como se explicó, Ramos Otero había viajado un poco en busca de la aventura, y su familia lo mandó llamar al producirse el fallecimiento de su padre; es significativo que lo que se juzgaba extravagante haya sido su rechazo a las diferencias sociales.

Ese viaje inspiró numerosas anécdotas sobre el estanciero. Una de las más llamativas contaba que, cuando trabajaba como cocinero en la expedición del ingeniero Cobos, los peones plantearon su descontento porque no cobraban los sueldos. Cobos argumentó que no le habían enviado el dinero de Buenos Aires. El conflicto parecía no tener salida, hasta que Ramos Otero anunció que él se haría cargo del gasto; y ante la incredulidad general, echó mano a su tirador y sacó la plata que se necesitaba...

La "desaparición voluntaria" fue la hipótesis que suscribieron Dreyer y Nickel y en consecuencia se consideraron eximidos de cualquier investigación. Alsúa repitió esa versión ante los familiares y le agregó supuestos datos: el 9 de abril, por caso, comunicó la sorprendente novedad de que Ramos Otero seguía viaje hacia el sur; en la oficina de telégrafo de Tecka, aseguraba, había dicho que pensaba viajar a Paraguay; no existían pruebas para acusar por crimen a Quintanilla o Vargas, únicos sospechosos. Sin embargo, el hallazgo del carro bastó para convencer a los peones de que tal suposición era un disparate. En el lugar "estaba el asador chico, la pavita, todas las cosas de cocina –destacó el observador Krause–. ¿Cómo se iba a ir y dejar todas esas cosas?". Y el comentario popular afirmaba que Vargas había asesinado a Ramos Otero; el cuerpo, según había ocurrido antes con un peón, jamás se encontraría; como Dreyer era su amigo, no sería acusado por el crimen.

El 7 de abril los distinguidos visitantes abandonaron la estancia de Corcovado. Según su declaración, Gibbon salió "con las haciendas de Austin y Epele del corral de Lucio Ramos Otero para [la estancia] Pampa Grande, donde recibió más animales y continuó su viaje para Chile, sin volver más al Corcovado". No obstante, la correspondencia con Austin se mantuvo y debió mantenerse al día. En una carta sin fecha, pero que corresponde a esta época, el consignatario le avisó que "Cameron Jack está aquí; él puede ir a traerlo". Una anotación enigmática, ya que ése era el apodo de Mansel Gibbon; y todavía más sospechosa porque trataron de despistar, diciendo que en realidad aludía a un peón de Gibbon conocido como el Boer, o el Boer ronco. El hilo, al igual que muchos otros en la madeja de esta historia, quedó suelto.

Ese mismo día se marcharon los policías, dando por concluida su investigación. Antes de retirarse, Dreyer clausuró las habitaciones del casco y entregó un Winchester al capataz Ramón Opazo, diciéndole que debía vigilar la estancia. Pero el episodio adquiría proyección nacional. En Buenos Aires, *La Prensa* informó sobre la desaparición de Ramos Otero e introdujo a unos personajes que nadie tenía en cuenta. "Se supone que haya sido alevosamente asesinado por los bandidos norteamericanos, que tienen aterrorizada la población", decía. En la óptica de este diario, el suceso servía para poner de relieve las falencias del gobierno territorial: la Policía Fronteriza, mientras se planteaba ese grave problema, "no puede salir [de Trelew] por falta de medios de movilidad". Por su cuenta, *La Razón* responsabilizaba a las víctimas: Ramos Otero "tenía el gran defecto, conocido por todos, de llevar sumas considerables de dinero cuando viajaba por el territorio; el peón que lo acompañaba era de nacionalidad chilena" y en consecuencia resultaba sospechoso. *El Diario* y *La Argentina*, de Rawson, reproducían las versiones que acusaban a Quintanilla.

Las autoridades del territorio estaban en la capital, lejos del escenario de los hechos. No se les ocurrió presentarse en Corcovado y desde el primer momento respaldaron sin dudas los informes de la policía local. Pero en realidad la desaparición de Ramos Otero dejó de ser investigada al cabo de pocos días, más allá de una recorrida por el Río Corcovado y alguna visita al almacén de Eduardo Hahn, que provocó más risa que alarma entre los norteamericanos. Los peones eran los únicos comprometidos en la búsqueda.

Se observaba así una escisión nítida. Por un lado, los funcionarios locales (policía, juez de paz, encargado de correos) daban por sentado que estaban ante otra "locura" de Ramos Otero y, de manera brutal, se desentendían de mayores averiguaciones. En la misma línea, los hacendados no lo veían como a un par sino como a un extravagante que abolía la distancia con los peones y, en consecuencia, con alguna excepción, no manifestaron su preocupación por el bandolerismo, como solía ocurrir. Y los diarios locales y aun los nacionales, con alguna excepción, publicaron la versión oficial e incluso alabaron las inexistentes actividades de la policía, difundiendo las supuestas "rarezas" del protagonista. Por su parte, los peones, aunque como se verá existían matices, tenían otra verdad: el patrón había sido asesinado por Vargas o, decían algunos, por los bandidos norteamericanos. Pero ellos no estaban en condiciones de hacer reclamos: en su mayoría eran chilenos e indígenas. Y tampoco pretendían plantearlos. El testimonio del albañil Krause es revelador porque describe a comerciantes y funcionarios en un solo bloque, con las mismas actitudes falaces y cínicas. ¿Cómo se les ocurriría denunciar a quien veían en íntima amistad con la policía y la justicia de paz? No tenían ninguna prueba de lo que creían, y su hipótesis era falsa, pero ese error era, en otro plano, la afirmación de una verdad. En su perspectiva la historia confirmaba las arbitrariedades y la opresión de aquello que se llamaba ley; estaba presente el antecedente de 1905, cuando Vargas pudo cometer un doble homicidio y recibir un simulacro de condena.

Pero si no importaba lo que opinaran los peones, si no se les reconocía el derecho de hablar, los Ramos Otero tenían influencias y dinero y exigían que se aclarara el asunto. El apoderado general de la familia, Abdon Ahumada, y los encargados de los establecimientos que explotaban en General Conesa (Río Negro) y Malaspina (Chubut) se sumaron a la presión. Había que darles una respuesta. Alsúa les dijo primero que Ramos Otero había ido a Chile y que de allí se dirigiría a Buenos Aires y luego que "todas las presunciones" indicaban el Paraguay como destino del misterioso viaje. Fue tan insistente y enfático, hablando de los esfuerzos de la policía de Chubut, que casi logró convencerlos. Juan Carlos Ramos Otero, hermano de Lucio, decidió hacer eso que correspondía a los funcionarios: ir a Corcovado y cerciorarse personalmente de los hechos. El jefe de policía trató de disuadirlo, sin éxito; a mediados de abril Juan Carlos Ramos Otero se embarcó en Buenos Aires rumbo a Puerto Madryn.

El 16 de abril de 1911, desde Bariloche, el comisario Gabriel Marty hizo su aporte a la confusión general: "Según informes recogidos

–aseveró– Lucio Ramos Otero pasó para Chile fines de diciembre, no habiéndose visto aún regresar". Ésta era una versión torpe y engañosa, tal vez tributaria de alguna amistad con Dreyer. En la fecha que menciona el comisario, según testimonios ya citados, Ramos Otero estaba en Corcovado. En realidad, el estanciero había pasado por Bariloche a fines de julio de 1910. El viaje había sido algo accidentado, según *La Prensa*, que recogió su testimonio: "Manifiesta que entre Las Hayas y Pichileufú es muy difícil pasar, debido a la enorme cantidad de nieve. Anduvo dos días extraviado. Consiguió, por fin, llegar al rancho que ocupaba un señor Soto, quien, aprovechando la fuerte helada de la noche, lo condujo por sobre la nieve hasta las inmediaciones de este pueblo". Pero el jefe de policía Alsúa creyó que existía un simple error de fechas y le contestó: "Lucio Ramos Otero debe haber pasado para Chile en los primeros días de este mes, ruégole averigüe con exactitud".

Aquel mismo día Juan Carlos Ramos Otero llegó a Trelew. Lo acompañaban un amigo porteño y dos policías de Chubut: los subcomisarios Arévalo, sobrino del gobernador Maiz, y Jacinto del Barco. A la vez Dreyer regresó a la estancia, porque los peones habían hallado restos de una res faenada en cercanías del Cañadón del Tiro, y se quedó una semana, aunque no hizo más que repetir a diestra y siniestra sus convicciones respecto a la suerte de Lucio Ramos Otero. "Se han perdido todas las esperanzas de encontrarlo vivo", dijo *La Nación* el 17 de abril, manifestando confianza en que "con la próxima llegada del jefe de la Policía Fronteriza, señor Gebhard (...) pueda descubrirse el supuesto crimen".

La verdadera suerte del estanciero se conoció poco después, y quedó documentada en una serie de folletos en que expuso su odisea. De acuerdo con ese registro, antes de la medianoche del 1° de abril los bandidos y sus cautivos pararon cerca del puesto de Adolfo Avilés, todavía en la estancia. "Se veía fuego y ladraban los perros", dijo Ramos Otero, pero nadie les salió al paso. A la hora abandonaron la huella principal y siguieron por terreno llano, hasta que Evans ordenó detenerse. Cebaron mate, pusieron asado al fuego y descansaron. Cuando se definieron las primeras luces del amanecer se trasladaron a orillas de un arroyo cercano, en un sitio que solían usar como campamento.

Al retomar camino, cruzaron a todo galope la pampa del Lago Vintter y pasaron por un puesto abandonado. Un arroyo angosto y profundo demoró la marcha; Ramos Otero aprovechó para dejar caer un pañuelo de mano que llevaba sus iniciales, con la esperanza de fijar un rastro. Esta anécdota, procesada en el laboratorio de la imaginación popular, retornaría multiplicada. La leyenda cuenta que, no ya prisionero en Río Pico sino en un viaje a Comodoro Rivadavia, Ramos Otero olvidó un pañuelo floreado en el sitio donde había acampado y prefirió recogerlo a la vuelta, seis días después; en efecto, entonces lo encontró donde lo había dejado y abrió, para comprobar que seguía allí la fabulosa suma de dinero que había guardado, algo que para él no tenía demasiada importancia...

Reconocía el lugar al que se aproximaba, porque lo había recorrido en febrero, "en un viaje que hice a Río Pico, a mi puesto de las vacas que tenía a medias el viejo Diego Cadagan". Después de sortear el arroyo volvieron a la huella principal. El camino se cerró en una picada estrecha, donde las mulas se soltaron para internarse en la montaña. Sin que le dijeran nada, Wilson fue detrás de ellas. Evans comenzó a silbar, hasta que su compañero, a la distancia, en la espesura, le contestó; el diálogo continuó y el silbido del otro se fue haciendo más nítido, para dejar de escucharse cuando Wilson volvió a la senda con los animales.

La marcha fue lenta y penosa en la montaña. Las mulas se empacaban y había que cuidar que los caballos no perdieran sus cargas. Después de más de dos horas salieron a un sector de llanura y pasaron frente al puesto de Claudio Solís. Allí se metieron en un monte tupido y siguieron hasta alcanzar un campamento. "Era como un hueco en una pendiente, donde corría un arroyito pequeño como manantial", dijo Ramos Otero. Observaron rastros de un fogón, tablas partidas, basura.

–Este campamento de otros bandoleros, no nosotros –aclaró Evans, como si le disgustara el desorden.

Allí comieron y descansaron; los bandidos se turnaban para vigilar. Ese día, 3 de abril, ingresaron en zona de cordillera y se pusieron a salvo, cuando aún nadie los buscaba. Ramos Otero intentaba orientarse. "Yo observaba todo y miraba el rumbo, pastos, lagos, ríos, todo lo que en mi desesperación podía acordarme", dijo. Reconoció a la distancia el puesto de Miguel Iribarne y después el de Diego Cadagan, su medianero. La marcha continuó hasta las orillas del Río Pico, cuyo curso siguieron. Como si estuviera en un cuento infantil, el estanciero dejó otra huella de su paso: una pequeña cartera. Los bandidos reunieron entonces una tropilla en la cual había caballos con la marca de la Compañía de Tierras, posiblemente parte de los robados antes del crimen de Ap Iwan.

El 6 de abril alcanzaron la frontera con Chile. Las nevadas y lloviznas y las características del terreno dificultaron el avance. Se vieron obligados a hacer tramos cada vez más cortos a medida que la vegetación se cerraba y, después de dejar el curso del Río Pico, a abrirse paso a machete entre las cañas y el monte. En los tramos empinados avanzaban paso a paso. Descansaban en los espacios abiertos, o los abrían con sus cuchillos. No existía camino por donde iban: eran los únicos baqueanos. El 7 de abril, "al pasar un caña[vera]l tupido y que hubo que hachar –anotó Ramos Otero– nos hallamos en un medio limpio, donde corría un arroyito y nos detuvimos". Había terminado la travesía, después de dieciocho leguas.

Evans ató a Ramos Otero a un árbol y volvió a interrogarlo. Sabía que necesitaba una segunda llave para abrir la caja fuerte y el estanciero confesó que la guardaba en un baúl, oculta bajo un poco de ropa. "Hablaron en inglés el jefe y el flaco –contó Ramos Otero– y yo no pude entender más que 'mayordomo', que repitieron en castellano dos o tres veces"; deliberaban sobre los pasos a dar. A continuación quisieron saber las características de su casa: dos piezas grandes de adobe, respondió, una construcción maciza. Al día siguiente, a poco de amanecer, comenzó a nevar. Evans armó dos toldos con lonas y después de almorzar un puchero envió a Gibbon a hacer unas compras.

Mansel estuvo un día afuera y regresó con dos caballos cargueros bien provistos: llevaban casi una res, yerba, azúcar, tortas, arroz, una maleta con herramientas. En su equipaje cargaba también una lona con las iniciales de Eduardo Hahn; cabe presumir que se habían abastecido en su almacén de ramos generales, por su proximidad y por la relación previa entre el comerciante y los bandidos. Y además Gibbon traía los comentarios que circulaban sobre el secuestro. Evans los transmitió a los cautivos: "Toda la gente dice [que a] Don Lucio lo ha muerto Vargas (...) Muy amigo comisario Dreyer de Vargas, no va a hacer nada. Toda la estancia cerrada, poner sello y marca en las puertas (...) También dice la gente que el peón chileno robar la plata de don Lucio, que se fue a Chile". En fin, "dice mucha mentira la gente".

Los bandidos seguían sin manifestar sus propósitos y el temor y la incertidumbre de Ramos Otero aumentaban. En cambio, Quintanilla hacía buenas migas con Mansel Gibbon, quien hablaba de manera distendida:

–La mujer chilena muy caliente –dictaminó–. Pero, quién sabe, más la norteamericana...

A continuación se ponía amenazante:

–Usted no sabe quiénes somos nosotros.

–No –respondió Quintanilla, sumiso.

–Nosotros norteamericanos somos muchos –alardeó Gibbon–. Nosotros somos buenos, no matamos a nadie. Pero afuera están los compañeros. Y ésos matan y degüellan.

Era otra bravuconada, para intimidar al chileno. Además, Mansel había nacido en Trelew. Sin hacer caso de tales conversaciones, el 12 de abril Evans y Wilson salieron a hacer una recorrida a caballo. Descubrieron algo importante, pero lo comentaron en inglés y en consecuencia los rehenes tardarían en enterarse de qué se trataba. Al día siguiente repitieron la excursión, aunque esta vez Gibbon reemplazó al jefe. Llevaban pala y hacha, y estuvieron afuera hasta media tarde. Los cautivos escucharon que daban golpes, había "ruido de palos como que fueran arrastrados (...) entre piedras o planchadas de piedras". Pero no se atrevieron a preguntar qué estaban haciendo.

A partir de entonces se instauró una rutina: Wilson y Gibbon salían temprano del campamento con sus herramientas de trabajo, mientras Evans vigilaba a los cautivos. El jefe demostró sus habilidades en carpintería fina, fabricando una culata para su Winchester. También se dedicó a entretenerlos, tocando con una flauta el vals "Las olas" y prestándoles un ejemplar de *El Hogar*, donde había un cuento sobre bandidos. "Comprendí que me lo daba el jefe para que leyera esa historia y viera en ellos unos bandidos iguales", dijo Ramos Otero. Luego le pasó un libro para que aprendiera inglés. Y en el fogón, bromeando con Gibbon, cantaba con su castellano macarrónico:

Te va' ser cagar de la risa
al contar los amores
de un gringo bonito
con una chilena petisa.

El 19 de abril Evans develó el misterio.

–Bueno –anunció a Ramos Otero–, usted va' ser ahora encerrado en una pieza.

Habían construido una pequeña cabaña de troncos, a ocho cuadras del campamento. La celda, de tres metros de altura, estaba emplazada al pie del Cerro Botella, en el actual paraje Aldea Las Pampas. Los bandidos llegaron desde una estribación del cerro e hicieron entrar a los prisioneros por una esquina del techo. Taparon el agujero y lo aseguraron con la punta de un enorme tronco de lenga que, a pesar de sus esfuerzos, no pudieron hacer correr sobre la parte superior.

Las paredes de la pieza estaban formadas por ocho palos horizontales en cada lado. Otros once cubrían el techo, cruzado por un travesaño reforzado con cadenas y cuyos extremos estaban asegurados con puntales afirmados en la tierra. En la puerta había una abertura de quince centímetros, por la cual les pasarían alimentos y bebidas.

–Qué linda casa, llena de flores y pajaritos –bromeó Evans; hizo una pausa y se volvió hacia Ramos Otero–. Usted tiene casa más linda en la estancia Corcovado, pero no más segura –acercó su rostro a las hendijas y pareció ponerse serio–: Usted va' escribir carta certificada su mamá, pedir ciento veinte mil libras.

–Todo lo que usted quiera –respondió el otro, desesperado–. Pero ¿por qué no lleva uno de ustedes la carta?

–¡Pedir plata carta certificada y basta!

La suma era exorbitante, pero Ramos Otero accedió. No veía otra posibilidad de salir. Sin embargo, los bandidos parecieron olvidarse del asunto. Al día siguiente vieron llegar a Wilson, quien les preparó la comida. En lo sucesivo Evans se encargó de atenderlos. Y ninguno hizo la menor alusión al pedido de rescate.

Evans se divertía con los rumores que corrían. "Dice la gente [que a] don Lucio lo ha muerto Vargas –informó a Ramos Otero el 21 de abril–. Quién sabe, echar a un minuco [pozo] con la piedra atada al cogote. Comisario Dreyer, en la estancia, tiene todos los peones de sirvientes. Policía no hace nada. Andar comisión de San Martín por boliche Río Pico, tomar whisky y después no sabe nada." Aludía a una recorrida de Eduardo Nickel, quien anunció que haría una investigación por la zona y se presentó en el almacén de Eduardo Hahn y en un puesto vecino.

Sin embargo, en su visita siguiente Evans había cambiado de humor. Estaba más irritado que preocupado. "Dicen venir cincuenta vigilantes, policía de Buenos Aires, todos vestidos de negro", comentó: el rumor popular recreaba la imagen de la Policía Fronteriza como cuerpo especial de policía. El bandido atribuía su llegada a los reclamos de los galeses de la Colonia 16 de Octubre e, implícitamente, al asesinato de Ap Iwan.

–Si venir aquí –amenazó–, yo meto todo dinamita y vuela don Lucio, la casa y el último botón de vigilante.

El bandido reveló además que uno de los hermanos de Ramos Otero acompañaba a los policías de la Fronteriza.

Los rumores tenían una fuente: José Guevara, un peón de Ramos Otero. En sus relatos adornaba a la Policía Fronteriza con características grotescas: venían con perros rastreadores, aseguraba, capaces de detectar rastros de cinco años de antigüedad. Como apreciaba a su patrón, decía que si tuviera dos mil pesos los gastaría pagando a los norteamericanos para que mataran a Vargas y vengaran a don Lucio. Por desgracia, no tenía esa suma. "Vargas agarrar a Guevara en el campo, bajar los pantalones y dar unos azotes en el culo. Norteamericanos no mata a nadie y menos por dos mil pesos", dijo Evans antes de retirarse.

La Policía Fronteriza seguía acantonada en Trelew, a la espera de armas y caballos. Pero los rumores sobre su inminente viaje a la cordillera alarmaron a los bandidos y los decidieron a actuar. Por una singular casualidad, sus movimientos coincidieron con los del subcomisario Dreyer.

Dreyer permanecía en la estancia de Ramos Otero sin nada que hacer y en la tarde del 23 de abril, dijeron los peones, resolvió volver a Tecka. Horas después de su partida, siendo de noche, el encargado Ramón Opazo escuchó ruidos extraños. Se asomó a mirar y descubrió tres siluetas moviéndose en la oscuridad, alrededor de la casa del patrón.

Opazo fue a averiguar. Uno de los desconocidos se adelantó para contenerlo: "Puso la mano por delante, dando un grito extraño, disparando acto seguido cuatro tiros al aire". Bastó para asustar al encargado, que corrió hacia el galpón donde dormían los peones Vera, Gil Montaña y Bautista Ríos. "Nos dijo que estaban asaltando la estancia –declaró el primero–, que se veía luz en las habitaciones". Vera fue a avisar al alambrador Schulte y Ríos a los albañiles Krause y Enrique Krug, pero "como estaban desarmados esperaron a la luz del día".

A la mañana siguiente, relató Krause, "fueron varios a revisar las habitaciones: encontraron la casa saqueada, un baúl abierto y su contenido desparramado por el suelo". Habían intentado hacer un boquete

con un tronco de ñire en una de las paredes y luego rompieron a hacha-
zos una ventana. Así ingresaron en una habitación donde se guardaban
herramientas. Desde allí no podían pasar al dormitorio, ya que la
puerta se abría del otro lado. Entonces comenzaron a trabajar en otro
agujero, pero enseguida cambiaron de idea. Más valía utilizar el ingenio
que la fuerza: hicieron una pequeña abertura en la puerta, metieron
por allí un alambre y al fin movieron el picaporte. Los ladrones se llevaron ocho mil doscientos pesos y arrasaron con lo que encontraron
de utilidad: armas, municiones, un largavistas, toda la ropa, ¡hasta unas
cartillas escolares!

En las inmediaciones de la casa, dijo Krause, "había rastros de tres
personas, uno parecía de alpargatas y los otros dos de bota o botín";
también rescataron un trozo de pantalón de corderoy. El alemán hizo
una especie de impresión de las pisadas, primero en chapa y luego en
papel, pero nadie se interesó en examinarlas. Los intrusos escaparon a
caballo; las huellas se perdían en un mallín cercano. Sin querer dejaron
allí un rastro: Bautista Ríos encontró un freno con cincha, que según
se supo después pertenecía a Mansel Gibbon.

Opazo fue a denunciar el suceso en Tecka. El juez de paz Coen siguió el relato sin demostrar mayor curiosidad y lo derivó a la policía.
No se trataba de ir de una casa a otra vecina: entre un lugar y otro mediaba una legua. Al llegar al punto indicado el subcomisario Dreyer
"se hallaba en el corral, marcando unos caballos"; tras escucharlo "le
contestó que se volviera al Corcovado, donde él iría dentro de unos
días". En términos de la modernidad, la estancia de Ramos Otero
constituía una zona liberada: ninguna de las mencionadas autoridades se
preocupó por constatar la denuncia.

La identidad de los ladrones no fue establecida. Los peones creyeron que entre ellos estaban Dreyer y Vargas, pero esta suposición
no refleja sino su percepción de lo que era el orden: una alianza es-
puria de individuos con cierto poder, hostil a los pobres. El dato más
cierto, al respecto, lo proporcionó Guillermo Cadagan, quien supo
por vecinos de Río Pico "que habían pasado en dirección al Corcovado los tres bandidos norteamericanos (...) y que habían saqueado la estancia".

La intervención de Mansel quedó delatada por el olvido del freno.
Evans fue a atender a los cautivos a primera hora del día del robo; hasta
la mañana del 25 de abril no se lo volvió a ver en el calabozo. Es decir

que también pudo integrar la partida; y el tercero no debía ser sino Wilson (el trozo de corderoy habría sido desgarrado de sus ropas). Los interrogatorios previos del jefe de los bandidos a Ramos Otero sobre las personas que se encontraban en la estancia y las características del casco les suministraron la información que necesitaban.

Mientras saqueaban su casa, Ramos Otero había puesto en marcha un plan de fuga, secundado de mala gana por Quintanilla. Comenzaron por sacar una larga caña del techo y fabricar con ella una horqueta. Así extrajeron un tizón del fuego en el que los bandidos hacían la comida. Al mismo tiempo prepararon mechas con arpillera y la grasa de la carne que recibían. Wilson tenía la precaución de rociar el fogón con agua cada vez que terminaba la faena, pero Evans no seguía esa costumbre. Los únicos palos secos de la construcción eran los de la ventanilla de la puerta. Ramos Otero pensó que podían quemarlos para agrandar la abertura. Era casi suicida, pero la incertidumbre resultaba insoportable.

En medio de sus febriles maquinaciones, sin hacer caso de los reparos del peón, Ramos Otero notó que uno de los troncos del techo estaba flojo. Había otra forma de escapar, comprendió, más esforzada pero menos riesgosa que provocar un incendio. Calzó un jabón en la punta de la caña y untó el travesaño, con la idea de que pudiera zafar cuando hicieran fuerza. Subió a los hombros de Quintanilla, "y a fuerza de paciencia y maña conseguí mover los dos primeros palos".

El 27 de abril, después de la visita de rigor de Evans, envolvió el extremo de la caña en arpillera y lo encendió en el fogón; acto seguido se puso a quemar una rienda que sujetaba el travesaño. El tiento se cortó, pero el travesaño quedó fijo. En eso estaban cuando inesperadamente, a media tarde, regresó el jefe de los bandidos. Evans les preparó mate cocido y un puchero con arroz, y después de servirles lavó la olla y tiró las sobras del lado en que intentaban abrir un hueco. Sin embargo se fue enseguida, sin advertir lo que ocurría. Los prisioneros decidieron esperar la noche para retomar el trabajo. Después de hacer caer uno de los troncos del techo, lograron desplazar el travesaño, todavía sujeto a tierra con un puntal, y finalmente, haciendo palanca con un palo y la caña, lo voltearon. Así abrieron un hueco por el cual lograron escapar.

El calabozo estaba en el borde de un peñasco, por lo que debieron usar la rienda que habían quemado para descender. Luego intentaron orientarse con el lucero, yendo hacia el norte. Hicieron diez cuadras en monte cerrado y llegaron a un espacio limpio: el campamento de los bandidos.

Diego Cadagan había dormido con cierto sobresalto la noche anterior. Soñó que Ramos Otero, su patrón, estaba vivo, pese a los rumores sobre su muerte, y que le hablaba. Al despertar, el puestero no pudo recordar esas palabras. Tal vez le decía dónde estaba y qué había ocurrido desde el momento de su desaparición. Sueño y realidad se fusionaron en la mañana del 28 de abril, cuando los prisioneros de los norteamericanos llegaron a su casa.

Por suerte para el estanciero y el peón, los bandidos dormían cuando pasaron cerca de su campamento. La pesadilla continuó. "Marchamos horas y más horas –dijo Ramos Otero– entre un monte tupido de cañaverales, árboles podridos quemados, botados por todo el suelo, que unas veces los pasaba por arriba, encima de ellos, sentándome o pasando por debajo [sic]. Las cañas eran las que me daban más trabajo. Tenía que abrir con mis brazos las cañas de seis metros de alto algunas y éstas estaban a veces cruzadas..." Al amanecer, cruzaron el Río de las Pampas, que corría con bajo nivel de agua. Estaban salvados: allí se encontraba el puesto de Juan Solís, familiar de Diego Cadagan y en consecuencia alguien a quien podían pedir ayuda.

Siguieron con caballos prestados hasta la población de Miguel Iribarne, sobre el Lago número 4. El colono se compadeció de Ramos Otero: le cortó la barba y los bigotes y le proveyó un chambergo y un pañuelo, para disfrazar su aspecto. Sospechaba, dijo, que estaba en manos de los norteamericanos, pero se mantenía lejos de los boliches y no quería meterse con nadie. No obstante los acompañó los diez kilómetros que mediaban hasta la casa de Diego Cadagan.

El puestero de Ramos Otero pertenecía a una familia chilena que se había desplazado de manera gradual desde Cholila a Río Pico, durante los primeros años del siglo. Estaba integrada por los hermanos Diego, Guillermo, Tomás y Manuel Eusebio Cadagan. Diego era padre de Guillermina y Juan. La mujer, como se vio, era cortejada tanto por Mansel Gibbon como por Wilson; el varón había trabajado de peón en la estancia Corcovado y luego utilizó esa experiencia para hacer de informante sobre su ex patrón. En otras ramas de la familia, también radicadas en Río Pico, estaban los hermanos Pablo y Rosa Cadagan, y también Adolfo y Amelia Cadagan, esposa de Wenceslao Solís, el espía de los bandidos.

Ante la presencia inesperada de los desaparecidos, las jóvenes Cadagan mantuvieron actitudes tan opuestas como significativas. Guillermina se mostró expansiva, de buen humor: "Aquí siempre viene Roberto [Evans]", dijo. Ramos Otero no se preocupó por averiguar, pero es probable que los bandidos se hayan informado a través de su medianero sobre lo que ocurría en Corcovado y sobre los rumores procedentes de Rawson. Los caballos que tiraban el carro del estanciero aparecieron en un mallín de Diego Cadagan, algo que no fue aclarado. Por su parte, Amelia fue tan reservada y hosca que despertó las sospechas del estanciero. Se explica: su esposo mantenía íntimo contacto con los bandidos y por lo tanto debía conocer la verdad y comprender que había problemas.

Según las manifestaciones que hacían entonces, los pobladores de Río Pico y Corcovado creían que Ramos Otero había sido asesinado por Vargas. Lo que era casi un hecho aceptado encubría, sin embargo, actitudes diferentes. Se perfilaban con bastante nitidez tres grupos. En primer lugar, los cómplices y auxiliares de los bandidos: se encargaban de hacer averiguaciones o cumplir pequeñas misiones allí donde aquéllos corrían riesgos. El 29 de abril, por ejemplo, Antonio Solís acompañó a uno de los norteamericanos hasta la casa de Miguel Iribarne en busca de los fugitivos, aunque dijeron que se les había perdido un toro. Otro grupo estaba al tanto de lo que ocurría y prefería callar por temor, como dio a entender el propio Iribarne. El tercero, el más cercano a Ramos Otero, sospechaba de Vargas e intentaba ubicar a su patrón. Este último sector de jornaleros y puesteros, como se vio, era el único que hacía una evaluación sensata de lo ocurrido: en su opinión las circunstancias en que había aparecido el carro de Ramos Otero desvirtuaban la hipótesis de una "desaparición voluntaria", por otra parte tan abrupta como inmotivada.

Esas conexiones se ventilaron poco después. La investigación de la Policía Fronteriza sacó partido de los roces entre Diego Cadagan y Wenceslao Solís. Pese a que sus familias estaban emparentadas, ambos se detestaban. Antes del secuestro habían tenido una pelea, un día en que Solís, ebrio, llegó a su casa con Evans, Wilson y Mansel Gibbon e intentó forzarlo a tomar caña. Wilson se interpuso entre ambos y evitó que el incidente pasara a mayores. Los visitantes "se encontraban de farra" y al preguntarle por sus compañías, Wenceslao "contestó que eran unos galeses de la colonia que venían a comprar vacas lecheras". Cadagan los echó tildándolos de bandidos, "a lo cual los otros se fueron riéndose".

Y el encono fue tal que llegaron al punto de incriminarse mutuamente. Solís hizo aparecer a Cadagan más interesado por las vacas que por su patrón: en los días del secuestro el puestero le habría dicho que Ramos Otero "se había perdido y era probable que hubiera muerto y como él era medianero de doscientas vacas esperaba que al hacerse el reparto se sacaría unas cuantas". Luego, él y su hermano Tomás "temían que cuando llegase la comisión que se esperaba [la Policía Fronteriza] se verían comprometidos por haber aparecido [Ramos Otero] tan cerca de ellos". En esto no se engañaban en lo más mínimo.

Wenceslao Solís dio un relato detallado, que pudo deberse tanto el conocimiento que tenía como al hecho de que los "investigadores" lo torturaron. "Durante el tiempo que duró el secuestro –se lee en su declaración– vio pocas veces a los bandidos en los puestos de los vecinos, por lo que cree que tenían el paradero fijo en la montaña." Sin embargo, "con frecuencia los había visto en las casas de Eusebio, Guillermo y Diego Cadagan y algunas veces en la de Tomás Cadagan". Contaban con "dos campamentos que llamaban de invierno a las orillas del Río Pico (...) y otro donde sólo estuvieron unos días, que se hallaba instalado en el mallín de Juan Cadagan".

Los hermanos Cadagan no pudieron negar que conocían a los bandidos, aunque aseguraron que esas relaciones eran las normales de cualquier vecino en Río Pico. Eusebio Cadagan estaba en una situación engorrosa porque se decía que su hija Elcira había recibido un vestido, una camisa y un pañuelo de seda robados de la estancia de Ramos Otero como regalo de Evans. Diego Cadagan afirmó, en particular, que el único amigo de los norteamericanos era Wenceslao Solís, quien le había presentado a Evans y Wilson aquella noche en que andaban divirtiéndose. Es comprensible que haya omitido nombrar a su hijo Juan, compinche de Wenceslao.

Otro personaje de comportamiento dudoso fue José Guevara. Este jornalero se mostró emocionado con la reaparición de Ramos Otero pero al mismo tiempo había frecuentado a los bandidos. Acaso la efusión no era sino un recurso para disimular: según Wenceslao Solís, le recriminó a Mansel Gibbon haber olvidado el freno en la estancia, algo que sólo se explica si existía algún tipo de complicidad. Además dijo que no se había enterado del robo, cuando vivía en la misma estancia, estaba en contacto con los demás peones y no se hablaba de otra cosa. Solía andar por Río Pico, ya que su novia vivía por allí, precisamente cerca del calabozo. Evans lo consideraba un charlatán.

El 30 de abril Ramos Otero estuvo definitivamente a salvo en su estancia. Las muestras de afecto de sus peones contrastaron con el silencio y –lo que era peor para él– las dudas de los funcionarios y miembros de la propia clase. "Los que me difaman son personas que figuran o representan alguna categoría –dijo–. La gente trabajadora, sencilla (...) todos creían." En particular, le indignó la indiferencia de aquel a quien había brindado su hospitalidad: "Del *señor* Austin ni un papelito, nada, él que es tan zalamero, tan jesuita, tan atento, tan cortés, tan bien educado, que viste tan bien de levita cerrada y galerita". Lejos de acudir en su búsqueda, Dreyer informó al jefe de policía Alsúa el 1º de mayo: "El secuestro es punto dudoso. El final del sainete lo había yo previsto de antemano y felicítome no haberme equivocado". Pero el subcomisario de Tecka no recibiría congratulaciones. Algunos diarios se hicieron eco de sus palabras y plantearon burlas. El más alevoso fue *La Cruz del Sur*: "El señor Otero ha aparecido en su hogar –informó el periódico de los salesianos–, después de haber andado por Chile durante el tiempo en que se le anduvo buscando con tanto interés. ¡Lástima que no se halle una cabeza fantástica que haga del asunto una de las novelas corrientes y de moda!". Incluso el gobernador Maiz escribió al Ministerio del Interior, el 3 de mayo, en respaldo de la versión policial.

"El Ministro del Interior no debe aceptar como artículo de fe la afirmación del citado gobernador –exigió *La Prensa*–, sino ordenar una investigación." Se imponía la convicción de que Ramos Otero decía la verdad; los bandidos norteamericanos no eran un invento suyo. *Tribuna* recordó los antecedentes de la pandilla en la Argentina y explicó su inserción social: "Los hacendados de la precordillera les guardan todo género de consideraciones, porque jamás han cometido actos de raterías, de robos vulgares, pues esos sujetos se han concretado a asaltar a los bancos (...) Esos bandidos son considerados como personajes de gran roce y cultura social; de ahí que años atrás alternaran con lo más granado de los centros patagónicos (...) son los estancieros de la precordillera los primeros en despistar a quienes salgan en su persecución".

Estas afirmaciones eran más pertinentes a propósito de Cassidy; en cambio, Evans y Wilson recibían ayuda sólo de algunos pequeños criadores y peones afincados en la última zona libre de la frontera.

El mismo día en que el gobernador lo desacreditaba, Ramos Otero se encontró con su hermano en la estancia. En la comitiva que acompañaba a Juan Carlos se había colado Dreyer y apenas intentó hablar, Lucio lo echó a empujones. El jefe Alsúa, en tanto, exhibió rapidez de reflejos: "Se demuestra —aseguró al gobernador— que el subcomisario Dreyer ha prescindido en seguir practicando las diligencias que se le encomendaron en esta Jefatura. En vista de lo expuesto el suscrito ha procedido a suspender en el ejercicio de sus funciones al expresado subcomisario" [sic]. Hasta el momento de la reaparición de Ramos Otero, sin embargo, había rubricado sin el menor reparo los informes que recibía.

Dreyer quedó en una posición insalvable y el 23 de junio sería exonerado. "Lo reemplaza otro inepto", destacó Ramos Otero, en alusión a que el puesto pasó a ser ocupado por el ex marinero Eduardo Nickel. Las derivaciones del secuestro provocaron además una serie de convulsiones internas. En mayo, el gobernador exigió el arresto de un subteniente que, en Trelew, lo cuestionaba por su actitud ante los hechos; luego intentó sancionar a Hugo Roggero, médico de la Colonia 16 de Octubre, porque decía que no existía fuerza de seguridad para perseguir a los bandidos. El subcomisario Arévalo, sobrino del gobernador, baleó y llevó preso a Juan Ciolfi, juez de paz de Las Plumas. También el comisario Marty, en Bariloche, enfrentaba una situación comprometida, aunque en su caso pesaba una acusación del gerente de la Compañía Chile-Argentina, Carlos Boos. A principios de mayo, el influyente hombre de negocios fue agredido por dos personas en los talleres de su empresa. Marty se negó a recibir la denuncia y finalmente se excusó por ser "enemigo personal del denunciante y hallándose emparentado con uno de los acusados". El comisario enfrentaba además una orden de embargo judicial, por lo que abandonó el pueblo entre gallos y medianoche, mudando antes sus muebles y pertenencias para evitar la confiscación.

El secuestro dejó varias preguntas abiertas. La principal concierne a las intenciones de los bandidos, ya que no hubo negociación por el rescate. Pero la exigencia de Evans parece haber sido una broma; ciento veinte mil libras suponía una cifra fabulosa, y debía saber que exigirla era un despropósito. Tanto como su eventual cobro, en Buenos Aires, a la madre del estanciero. Además, no se interesaron porque Ramos Otero escribiera la carta en cuestión. La familia de la víctima sospechaba que Austin o Gibbon serían los encargados de cobrar el rescate. Pero no hubo ninguna prueba al respecto, y las sospechas se explican sobre todo por los resquemores que quedaron tras el episodio y por las conductas dudosas de ambos.

En realidad el objetivo de los bandidos no era cometer un secuestro sino apoderarse del dinero que había cobrado Ramos Otero por sus vacas. El primer intento, la forma más sencilla de lograrlo, falló. Entonces elaboraron un plan, en el que estaba contemplado el secuestro: los movimientos de los bandidos dan cuenta de un golpe previsto en sus detalles. Tal vez pensaron en retenerlo hasta que se retiraran Austin y los peones que trabajaban con la hacienda de Vargas, para proceder así con comodidad. Es imposible saber qué pensaban hacer con Ramos Otero y Quintanilla, aunque Evans puso énfasis en afirmar que ellos no cometían asesinatos.

Otro interrogante es la actitud de los funcionarios de Tecka y de algunas personas que llegaron a la estancia a propósito de la venta de hacienda de Vargas. Parece haber existido algo más que desidia en el subcomisario Dreyer y el juez Coen. La amistad con Vargas, en principio, determinó su conducta ante el secuestro. No obstante, la falta de reacción y el silencio que mantuvieron ante el robo en la estancia salen de ese marco. "No lo saben en Rawson, ningún diario lo dice, ninguna policía lo vio [sic]", se quejó Ramos Otero. "Los bandidos norteamericanos –dijo su hermano Juan Carlos a *La Prensa*– tienen espías en la misma policía y en los empleados del telégrafo, por lo cual están al corriente de los movimientos de la autoridad y de los giros de dinero que hubiera." El estanciero y su familia creyeron en una especie de conspiración que excedía a los bandidos; tampoco lograron demostrarlo, aunque hubo indicios de complicidad y hechos dudosos que no se investigaron.

El 22 de mayo, el escuadrón de la Policía Fronteriza partió de Trelew rumbo a la cordillera. El jefe había creado expectativas. Gebhard era esperado como el Mesías, dijo *La Prensa*, "pues aquellas localidades están infestadas de bandoleros norteamericanos y otros delincuentes". Pero en realidad actuaría como ángel exterminador.

Capítulo 13
En nombre del orden

Me gusta la caza del hombre.

MATEO GEBHARD

La fuga de Lucio Ramos Otero y los rumores sobre la expedición del mayor Mateo Gebhard alteraron los ánimos de los norteamericanos y su entorno. El 24 de mayo hubo reunión en la casa de Wenceslao Solís, en Río Pico. De acuerdo con diversos testimonios, allí se encontraron José Guevara –el peón del secuestrado–, Eugenio Solís, Adolfo Cadagan, Juan Vidal y Mansel Gibbon; al caer la noche llegó Robert Evans. La conversación se enredó en reproches y discusiones. Guevara le recriminó a Gibbon que hubiera olvidado el freno en la estancia de su patrón, pero el otro no se molestó en responder. "Le dejaba hablar muchas veces sin atenderlo", recordó Wenceslao Solís.

Previamente Wenceslao Solís y Gibbon habían pasado por el puesto de Diego Cadagan, el medianero de Ramos Otero. Ambos parecían exaltados, quizá por el alcohol. El segundo quiso provocar una pelea: "Me decía que fuera a dar cuenta a la policía o a don Lucio de que ellos estaban allí y amenazaba matarme, sacando un cuchillo", declaró Cadagan. No era el desliz de un borracho; el otro había ayudado al estanciero poco después de que consiguiera escapar de su encierro en la montaña y quería hacerle pagar esa traición. La trama de lealtades de la comunidad estaba resquebrajada; la llegada de la Policía Fronteriza profundizaría esas fisuras.

Los ánimos de los participantes de la reunión no mejoraron cuando se presentó Evans. Enojado, el jefe de los bandidos acusó a Guevara y Wenceslao Solís de querer matarlo por orden de Ramos Otero. Intervino Gibbon, "diciéndole a Roberto que no era cierto, que no hiciera caso de cuentos de mujeres". Intimidado, Guevara negó sus conversaciones de boliche, en las que proclamaba que contrataría a los norteamericanos para matar a Pío Quinto Vargas. El jefe de los bandidos pareció serenarse; le preguntó que decía Ramos Otero de su cautiverio.

–Está muy contento –balbuceó el peón–, porque lo trataron bien.

Para dar por terminada la cuestión, Evans le advirtió "que tuviera bien entendido que los norteamericanos no mataban a nadie por dinero", declaró Guevara. El énfasis que ponía en aclarar las cosas indica que estaba en juego el honor, algo que lo excedía y que en realidad aludía a un grupo, aquel que había fundado Cassidy. No eran mercenarios, y esa definición respondía a una norma de conducta que aseguraba su relación con los pobladores, es decir que les daba la garantía de no ser delatados: "En todo Río Pico –apuntó al respecto Ramos Otero– dicen 'los norteamericanos no es [sic] mala gente, no matan a nadie, sólo le sacan a los ricos'".

Durante esa misma noche, Evans entregó sesenta pesos a Solís. Una recompensa, se supuso, por ciertas gestiones realizadas en Colonia San Martín. El dinero fue secuestrado poco después todavía en poder del chileno por la Policía Fronteriza, y al intentar dar cuenta de su origen él y su mujer se contradijeron. Parece que Solís y Juan Cadagan habían sido comisionados "a averiguar lo que hubiera de cierto sobre la venida de la policía" y al regreso informaron que "se decía en todas partes que la policía venía pronto". Algunos describían un ejército de cincuenta hombres; otros doblaban esa cifra.

Evans escuchó en silencio esas malas noticias.

–Mejor –dijo, al fin–. Así quedan para nosotros las viudas.

Pero ahora tenían que andar escondidos. El 7 de junio Evans y Wilson aparecieron en el almacén de Eduardo Hahn y obligaron al empleado Martín Erath a atenderlos a puerta cerrada. El dueño estaba en su chacra y resolvió no averiguar qué sucedía, según dijo, "con el fin de evitar un conflicto". La liberación de Ramos Otero y las versiones sobre el inminente arribo de la Policía Fronteriza convertían a esos antiguos clientes en personas no gratas. Ese día se hallaban también en su negocio, instalados en la cocina y de paso hacia sus puestos, Manuel, Eusebio, Diego y Guillermo Cadagan.

Erath dijo que temía a los norteamericanos. Conservaba el recuerdo de la visita anterior de Wilson, el 26 de abril, un día antes de que Ramos Otero escapara de prisión. El bandido hizo una compra, comentando que estaba de viaje. De pronto, sacó un revólver del cinto y lo puso sobre el mostrador.

–Aquí tiene usted –dijo–. Pégueme un tiro. Mi cabeza vale mucha plata y usted puede hacerse rico.

–No lo haré –respondió Erath, y apartó el arma.

Wilson sacó otro revólver del cinto, como si fuera un ilusionista, y repitió el ofrecimiento.

–En las botas llevo otro –advirtió.

La nueva visita no estuvo exenta de tensiones. "Hicieron una pequeña compra que intentaron pagar con un billete de mil pesos", dijo Erath. Buscaban cambiar algo del botín obtenido al saquear la estancia de Corcovado. El empleado logró convencerlos de que la caja estaba casi vacía y accedieron a abonar con un billete más chico. Luego volvieron a su escondite en la montaña. El mundo que los rodeaba comenzaba a tornarse amenazante.

En camino a la cordillera, después de dejar su asentamiento en Trelew, la Policía Fronteriza comenzó por inspeccionar las tropas de carros que encontraba. Una especie de gimnasia para las tareas que pronto acometería. En teoría, exigía a los transportistas el boleto de marca de sus haciendas y las guías de los animales que conducían, y si no podían acreditar su propiedad eran detenidos y los animales quedaban secuestrados; a la vez instruía un sumario que derivaba al juez de Rawson. En la práctica, quedó claro enseguida, se trataba de una especie de fuerza de ocupación que imponía un control de la población basado en el terror. "A cuanta persona desconocida hallaban a su paso –dijo el escritor Ascencio Abeijón– le requerían la papeleta [documento personal] y a aquellos que no la tenían, sin más preámbulos, de inmediato y en el mismo lugar, le aplicaban de diez a cincuenta palos o azotes, con los sables o las fustas." Las protestas y reclamos servían para incrementar los golpes. De inmediato comenzaron a circular anécdotas sobre las brutalidades que se perpetraban con tal procedimiento. A poco de andar en Chubut, "se le temía más a la policía volante que a los mismos bandoleros, porque contra la primera no había defensa".

El comentario generalizado en el oeste era que el jefe de la Fronteriza venía "con carta blanca", es decir, sin límites ni control sobre sus acciones. De hecho, no reconocía ningún otro poder, al margen del lejano ministro del Interior, Indalecio Gómez; le causaba gracia y ordenaba más azotes cuando alguna de sus víctimas advertía que se quejaría ante la justicia. En una comunicación personal, Gómez le advirtió al gobernador Alejandro Maiz que la Fronteriza debía instrumentar una "acción enérgica para limpiar de bandoleros ese territorio", pero a la vez había que "proceder con prudencia y evitar el exceso de celo", por lo que le encargó supervisar las operaciones. Maiz respondió que había instruido en ese sentido a Gebhard, pero en los hechos éste actuó a su antojo. El mayor no lo reconoció como a un superior sino, en todo caso, como a un igual y pasaría un largo tiempo hasta que el gobernador se decidiera a enfrentarlo. Esa sorda rivalidad desgastó de manera lenta pero sostenida sus relaciones; se reeditaban las intrigas palaciegas, uno de los principales obstáculos para la normalización de los territorios nacionales.

El 12 de junio, al llegar a Tecka, Gebhard comunicó al gobernador una novedad resonante: llevaba presos a dos norteamericanos. Eran los hermanos Charles Jefferson y Bennie Walter Wagner, de veintiuno y dieciocho años, "quienes confiesan ser autores de varios hechos en Río Negro". La propaganda que hizo el jefe de la Fronteriza, y su reiteración idéntica a través del tiempo, ocultaron la verdadera historia de esos chicos que pagaron caro un acto de inexperiencia. Hijos del tejano Jefferson Wagner, arriero y tropero de Jarred Jones en Nahuel Huapi, habían conseguido poco antes trabajo como carreros, para llevar unas mercaderías desde General Roca hasta Bariloche. El viaje resultó una sucesión de contratiempos y accidentes: dos miembros de la tropa desertaron a poco de salir; perdieron las mulas y al ir a campearlas extraviaron la carga, que habían dejado al cuidado de un boyero.

En definitiva los Wagner se quedaron con las manos vacías (aunque la mercadería fue recuperada y llevada a la comisaría de El Cuy, en Río Negro, aquella donde estaba José Torino, el comisario que había descubierto a los indígenas "caníbales") y no se atrevieron a presentarse así en su destino. Sin rumbo fijo, pasaron por Gastre y siguieron hacia el sur. Eran norteamericanos, iban mal entrazados y carecían de ocupación, lo que los convirtió en sospechosos. Su captura fue presentada como el primer éxito de la fuerza. El jefe de la Policía Fronteriza de Río Negro, mayor Adrián Del Busto, encomendó la "segura vigilancia [de los] hermanos Wagner, [ya que] están vinculados a [los] norteamericanos que tanto buscamos". El capitán Leandro Navarro, segundo jefe de la Fronteriza de Chubut, repitió como un eco al informar al gobernador el 2 de julio: "Hermanos Wagner [están] en rigurosa custodia (...) mantenían íntimas relaciones [con la] gavilla [de] norteamericanos". Pero en verdad no tenían la menor relación con episodios delictivos y menos todavía con los bandidos de Río Pico; su padre había denunciado al comisario Marty –el mismo que debió huir de Bariloche para evitar un embargo–, por complicidad con ladrones de ganado, y es posible que el incidente los haya marcado como enemigos de la ley.

Por esa fecha, Del Busto se instalaba en Bariloche con el cuerpo de la Policía Fronteriza de Río Negro. Los diarios destacaban los hechos delictivos de la región; resurgía con fuerza la idea de que los territorios del sur eran un espacio sin orden. En "la frontera", dijo *La Prensa* el 28 de mayo, el estanciero Luis Chavero había librado una batalla a sangre y fuego con bandidos chilenos, tras la cual "dio muerte a dos de ellos y escapó con vida, milagrosamente". Y el 9 de junio: "Se sabe que en Río Manso continúan los grandes robos de hacienda que se pasan a Chile". Los colonos reclamaban vigilancia policial. "En El Foyel y Río Manso hay personas que se dedican al tráfico de animales robados –insistió otra crónica del mismo diario– y en el destacamento Ensenada [Chile] se detuvo por sospechas a un individuo que llevaba una tropilla de caballos. Este sujeto tenía la guía con sello del juzgado de Bariloche, pero el jefe del destacamento chileno notó que tenía muchas faltas de ortografía y que por consiguiente no podía haber sido expedido por el juez; después se comprobó que había sido falsificado."

El mismo día en que Gebhard llegó a Tecka, unos bandidos asaltaron un almacén en Río Pico. El golpe fue atribuido a un grupo que lideraba el chileno Basilio Pozas (o Rozas, o José Pozzi, o Segundo Monsalve). Según un informe del subcomisario Eduardo Nickel, uno de los dependientes del negocio, ubicado cerca de la naciente del Río Pico, había reconocido a un chileno. Los ladrones se llevaron dinero y mercaderías y dejaron atados a los empleados; entre aquéllos, dijo el policía, "no iba ningún rubio o persona que pareciera extranjera". Y al escapar se habían apropiado de la tropilla que conducía un peón de la estancia Tecka.

Gebhard resolvió mantener al segundo jefe de la Fronteriza acantonado en Tecka con trece soldados, para vigilar de cerca a los peligrosos hermanos Wagner. Por su cuenta, él siguió hacia Corcovado con el subteniente Jesús Blanco, su mano derecha, el sargento Justiniano Carmona y veinte soldados. La primera misión que le habían encargado era encontrar a Evans y su grupo, y con tal fin el 15 de junio se reunió con Lucio Ramos Otero en la estancia Tecka. El hacendado, mal predispuesto, trazó un cuadro grotesco del escuadrón: al llegar, a un toque de corneta, "todos los vigilantes ensanchan las filas, pues venían de a dos en fondo y quieren formar de a cuatro, pero los caballos flacos y quizá los vigilantes ignorantes, pues iban algunos que poco saben andar a caballo, hacen una confusión risible". Apenas pasadas las presentaciones de rigor, se suscitó un roce que anticipó la incompatibilidad absoluta de esas dos personalidades:

–Entre nosotros, con toda franqueza –dijo Gebhard–, ¿es cierto lo de su secuestro?

Ramos Otero estaba alterado no tanto por el pasado cautiverio como por los rumores que difundían funcionarios locales y repetían casi sin variantes las autoridades del territorio y la prensa. La pregunta no era precisamente la más indicada para tranquilizarlo: quedó un instante enmudecido y luego estalló en una crisis de nervios. Entre llantos, resumió su odisea y la indignación que le provocaba el hecho de que lo creyeran un farsante.

–No es para tanto, don Lucio, cálmese –dijo Gebhard y luego, disgustado–: No se llora; es una vergüenza.

Por añadidura, el mayor le advirtió que no iba a tolerar sus "extravagancias": dijo "que ya sabía que yo trabajaba en lugar de los peones, pero que no iba a permitir eso". Superado el momento, ambos estuvieron de acuerdo en ir hacia Río Pico. Ramos Otero debía conducir a la Fronteriza hasta el sitio de su cautiverio, donde se suponía que podrían capturar a los bandidos. El estanciero sumó cuatro peones a la expedición, que salió el 17 de junio desde Corcovado, y virtualmente la financió, haciéndose cargo del aprovisionamiento de la tropa. La Compañía de Tierras entregó una tropilla, en lo que sería el inicio de una colaboración decidida con la Fronteriza.

Antes de partir, el subteniente Blanco interrogó a Ramos Otero sobre el secuestro. Así comenzó el sumario donde la Policía Fronteriza investigaría a los bandidos norteamericanos. El testimonio fue interrumpido *in media res* por orden de Gebhard, "visto el estado moral del declarante y teniendo conocimiento el que suscribe que los autores del secuestro se hallan a inmediaciones [sic] de Río Pico". Parece que el mayor dudaba del equilibrio psíquico de Ramos Otero. En sus memorias, el estanciero afirmó que, por su parte, desconfiaba de los policías, y trató de negarse a prestar declaración. La farsa, argumentaba, no era lo que él decía sino aquello que representaban los demás: el subteniente Blanco tomó el trabajo de sumariante con un entusiasmo que parecía cómico, dadas ciertas dificultades en el manejo del lenguaje. "Se equivocaba a cada momento por poner la tercera persona del verbo" y recurría a "palabras altisonantes" y otras expresiones "que había que verlas en el diccionario". En fin, "parecía escribir una novela". Por un lado los soldados mostraban un apego sobreactuado hacia la ley, y por otro la negaban de manera brutal: el jornalero Beato Burgos mostraba signos de golpes en la cara tras haber sido castigado con un rebenque "porque a juicio del mayor no contestó con cultura a las preguntas que le hiciera".

Gebhard abusó de las intimidaciones, las agresiones gratuitas y las demostraciones de fuerza. En el camino a Río Pico, recurrió a las levas forzosas, una práctica erradicada desde la profesionalización de las fuerzas armadas que instrumentó en su presidencia Julio A. Roca; más que a la idea de normalidad que se pretendía imponer, respondía a una lógica guerrera retrógrada, completamente desfasada de los hechos. El orden se instauraba ejerciendo abusos y aplicando la violencia terrorista. Los peones, explicó el mayor a Ramos Otero, "tenían obligación de prestar sus caballos y servicio voluntariamente" y a la vez de informar si sabían algo sobre los bandidos, so pena de terminar presos. No se les reconocía ninguna pertenencia y aparecían como potenciales sospechosos. Los soldados marchaban con instrucciones de detener a cualquier jinete que hallaran por el campo.

La primera víctima fue Miguel Opazo, quien tuvo la mala suerte de cruzarse en el camino, después de la salida de la expedición de Corcovado. El mayor pudo representar su papel: "Con el mismo tono de siempre, soberbio y malo, lo reta, lo insulta, le dice que es espía de los norteamericanos", desaprobó Ramos Otero, quien intercedió por la libertad del sospechoso, ya que lo conocía como "buen peón chileno" y era pariente del encargado de su estancia. Pero los soldados continuaron con las detenciones de los hombres que encontraban a su paso, en general chilenos: no se trataba de vagabundos sino de personas establecidas, forzadas a hacer de baqueanos o mensajeros. Al mismo tiempo, superando a las peores *razzias* que se hicieron en la campaña bonaerense contra los "vagos y mal entretenidos" en el siglo XIX, la Policía Fronteriza procedió a registrar las propiedades, por lo general humildes ranchos, y a servirse de los animales.

Ramos Otero intentó compensar estos atropellos ofreciendo dinero o pagando aquello que tomaban, lo que provocó el reproche de Gebhard.

–Usted no tiene que pagarles nada a esos canallas –dijo el jefe de la Fronteriza–. Use sus caballos.

Al aproximarse a Río Pico, el mayor destacó al subteniente Blanco para que se adelantara con un pelotón hasta el almacén de Eduardo Hahn y detuviera "a toda persona que entre y salga". Sin embargo, cuando el grueso de la expedición llegó a ese punto, el 18 de junio, Gebhard se mostró amistoso con el comerciante alemán. El origen y la lengua en común hicieron que surgiera entre ambos una afinidad instantánea, reforzada a expensas de lo que consideraban rarezas de Ramos Otero. El estanciero quiso averiguar si los bandidos se habían aprovisionado allí cuando lo tenían secuestrado, pero el militar se desinteresó de esa cuestión. Y Hahn guardó silencio sobre la visita que le habían hecho los norteamericanos diez días atrás. Después dijo que obedeció a su empleado Martín Erath, "que tenía miedo de que Evans y Wilson fueran a vengarse".

El chileno Juan Aguilar cayó preso en su puesto de Río Pico "porque fue peón de los bandidos norteamericanos Place y Ryan en Cholila", dijo Ramos Otero; y, como se vio, en 1909 había acompañado a Evans y Wilson en su fuga del subcomisario Espinosa, a poco de ser detenidos en el almacén de Hahn. Esposado e interrogado a golpes, Aguilar declaró que conocía a Evans como cualquier habitante de la zona y que ignoraba su paradero. Gebhard, denunció más tarde el detenido, "me pegó más de veinte latigazos en la cabeza y en la espalda (...) en la casa de mi suegra Jacinta Carrasco. El motivo era que había confesado conocer a los norteamericanos Roberts y Wilson" [sic]. La Fronteriza le confiscó en el acto sus caballos.

Guillermo, Tomás y Eusebio Cadagan estaban campeando animales, lejos de sus puestos, y en consecuencia se salvaron de correr la misma suerte. Por su parte, Adolfo y Juan Cadagan lograron sustraerse a las sospechas alistándose como baqueanos de Ramos Otero. El segundo había sido colaborador de los norteamericanos en la preparación del secuestro; como en un *gag* típico del cine mudo, el perseguido marchaba con los perseguidores. En cambio, Wenceslao Solís no pudo esconderse.

Las torturas no constituían el último recurso sino el primer paso. "El mayor ordenó que le dieran una paliza a Wenceslao para que declarara", dijo Ramos Otero. "Fui castigado por el mayor Gebhard y el sargento Carmona –confirmó Solís– el día 19 de junio de 1911, tres veces, primero con rebenque, habiendo recibido aproximadamente cuarenta lonjazos en la espalda, después con varillas de calafate sobre las nalgas, habiéndome bajado los pantalones y por último con machete en la espalda. No recuerdo la cantidad de azotes con las varillas y el machete."

A pesar del terrible castigo, el prisionero se resistía a dar datos precisos. Expresaba su voluntad de colaborar, pero más bien como una forma de evitar los tormentos.

–Yo los voy a llevar a donde están ellos –prometió.

–Bueno –concedió Gebhard–. ¿Dónde están y cuántos son?

–Son muchos –repuso Solís–. Son Place y Ryan.

–Mentira. Ésos están en Buenos Aires

Gebhard andaba algo despistado al respecto. "Otra paliza, se ordenó (...) –dijo Ramos Otero– y le pusieron el revólver en la cabeza para asustarlo. Nada, Wenceslao siempre [decía] lo mismo (...) Siempre que el mayor insistía en que dijera dónde estaban prometía acompañarnos, guiarnos, seguir todos los rastros hasta dar con ellos y nada más. De ahí no lo sacaban." Al día siguiente se repitieron los tormentos, sin resultado. "Me castigó el subteniente Blanco –dijo Wenceslao Solís– con el cabo del rebenque, no recuerdo cuántos golpes. Mientras fui castigado estaba con esposas. Sucedió a la orilla del patio de mi casa, estando presente (...) mi mujer e hijas." Eugenio Solís también quedó preso, aunque no fue maltratado.

La expedición llegó luego a la casa de Antonio Solís, primo de Wenceslao, quien recibió idéntico tratamiento, en presencia de su familia. Era el hombre que había ayudado a los norteamericanos a construir un bote y en la búsqueda de Ramos Otero, cuando éste huyó; tampoco pudieron sacarle una palabra. Más tarde, negó haber sufrido torturas: "Como le pedía [ser liberado] con mucha insistencia y tal vez algo de insolencia, [Gebhard] le dijo 'bribón' y le dio con la fusta un guascazo sobre el hombro izquierdo. Ha sido un solo golpe y no ha sido muy fuerte tampoco (...) y por consiguiente no tiene el más mínimo motivo de queja". La declaración fue tomada por Eduardo Nickel, quien estaba adscripto a la Fronteriza: no parecía el ámbito más adecuado para denunciar a esa misma fuerza.

En tanto, Wenceslao Solís recibió curaciones. Apenas se repuso volvieron a "interrogarlo". Esta vez los soldados lo colgaron de un árbol; cuando estaba a punto de quedar ahorcado, aflojaban la presión del lazo.

El chileno repitió que podía llevarlos hasta donde se ocultaban los norteamericanos y logró convencerlos, al menos para que suspendieran las torturas; sin embargo, según Ramos Otero intentó desviarlos de su rumbo. Fue el propio estanciero quien logró orientarse en la montaña, reconociendo algunos sitios por donde lo habían conducido en su cautiverio. El monte cerrado los obligó a seguir la marcha a pie, pero pudieron alcanzar la base del cerro Botella, el 22 de junio, y ver todavía en pie el calabozo donde había estado encerrado.

Los Cadagan aparecieron al día siguiente. Asustado por el cariz de los sucesos, Eusebio Cadagan dijo que había visto una rastrillada que correspondía a los caballos de los bandidos, cerca del Río Pico, y sugirió no hacer caso de las indicaciones de Solís. Esa contribución los apartó por el momento de la mirada de Gebhard, quien los tenía en su lista de sospechosos; el terror a caer presos era más fuerte que su solidaridad con esos vecinos. La expedición marchó en la dirección indicada y halló los rastros tras cruzar el curso de agua. A medida que avanzaban, las huellas se apreciaban con mayor nitidez. El 24 de junio, dijo Ramos Otero, después de atravesar una loma recorrieron "una senda muy angosta que los mismos caballos de los bandidos habían hecho. En algunos árboles se notaba que las árganas de los cargueros de los bandidos se habían rozado con aquéllos pues estaban raspados". Acamparon en un sector de playa sobre el río y a continuación el avance se hizo aun más dificultoso. "Aquí se estrecha el Río Pico, hay que cruzar el río a un lado y otro porque no hay espacio. La Cordillera va alzándose, estrechando el río. El monte de cañas y coihues es espeso y no se puede andar más que por las orillas", anotó Ramos Otero.

Seguían el rumbo correcto. El 25 de junio, después de abrirse paso en el monte, hallaron una tropilla de los bandidos y luego, en un recodo del río, su campamento. Habían dejado una carpa, un fogón con rescoldo, dos camas preparadas en el suelo, municiones, un Winchester y todas las provisiones con que contaban. Los fugitivos debían estar en los alrededores. Un grupo encabezado por el sargento Carmona salió a explorar y descubrió dos caballos atados en un sector de playa y a continuación pisadas en la arena. Apostados en una barranca, escucharon un silbido, repetido varias veces y vieron bajar por el monte a Wilson, en dirección a los caballos. Lo seguía otro hombre, bajo y grueso, con chambergo claro y pañuelo al cuello;

Ramos Otero comprobó que no era Evans ni Mansel Gibbon. Más tarde lo identificaron como Juan Vidal, el paisano chileno que acompañaba a los norteamericanos.

Wilson montó su caballo. Un paso atrás, Vidal preparaba el poncho para poner en el lomo del otro animal. El sargento Carmona se asomó de su escondite.

—Párese —gritó, hacia el norteamericano.

Los vigilantes que lo acompañaban abrieron fuego al mismo tiempo. Sin manifestar mayor sorpresa, Wilson respondió con su revólver; dejó el caballo y se reunió con Vidal en la espesura, perdiéndose en un tramo donde "las cañas y montes son tan tupidos que no se puede andar". Gebhard y el resto de los soldados llegaron apurados por los estampidos. El mayor había quedado fuera de la escena, pero supo recuperar el protagonismo: caminó hasta el caballo que había montado el norteamericano, le hizo sacar la montura y le pegó con su revólver dos tiros en la cabeza; luego mandó descuartizarlo y arrojar sus restos al río. De manera inesperada, se trenzó en una nueva discusión con Ramos Otero; ambos se acusaron mutuamente, y sin sentido, por la fuga de Wilson y Vidal.

Al reiniciar la persecución descubrieron rastros de caballos, que atribuyeron a Evans y Mansel Gibbon, quienes no daban señales de vida. "Seguimos orillando el río —contó Ramos Otero—, cruzándolo varias veces, pues es muy estrecho el caminito o senda que hay entre la misma orilla del río y la montaña, tupida, montosa y de alta pendiente en parte, así que mejor es ir por el mismo río u orillarlo metido entre el agua." Así hallaron pisadas y luego, en una pampa quemada, un hueco con brasas todavía calientes. El 28 de junio, cuando dejaron de buscar y se sentaron a tomar mate alrededor de un fogón, encontraron a Wilson: el bandido apareció montando un caballo en pelo y logró esfumarse, aunque a pie, tras otro breve enfrentamiento sin consecuencias. Aparentemente, Wilson se reunió a continuación con sus compañeros; según informó Gebhard, el 1º de julio los bandidos "alcanzan a robar cinco caballos a lo de Eduardo Hahn" [sic], siendo perseguidos por el subteniente Blanco. La Fronteriza se replegó hasta el puesto de Diego Cadagan, donde hizo campamento.

Allí recibieron al subcomisario Eduardo Nickel, en cuya partida se alistaba como caballerizo José Quintanilla, el compañero de infortunios de Ramos Otero. Nickel, que venía de San Martín, entregó correspondencia y dio cuenta de las novedades a Gebhard. Lo más importante era una orden del gobernador para dirigirse a Cholila e investigar robos atribuidos a chilenos y argentinos. En un almacén sobre el Río Percy, en la Colonia 16 de Octubre, una partida de bandidos había asesinado al comerciante italiano Carlos Fortunato. También en la misma jurisdicción había sido asaltada la familia del colono William Thomas. Ambos hechos fueron cargados en la cuenta de Basilio Pozas, quien ya parecía opacar a los norteamericanos. La Policía Fronteriza tenía otra misión.

Precisamente el 2 de julio vecinos de Cholila pidieron al gobernador Maiz "garantías y protección de nuestras vidas e intereses que están en peligro. Robos y violaciones se cometen todos los días. Los criminales armados se pasean por los poblados sin que la policía pueda evitar estos hechos que tienen horrorizados a todos [los] pobladores". En particular destacaban que "el 26 de junio se cometieron en Epuyén dos salteos habiendo varias víctimas. Los criminales [se] alojaron cerca de la comisaría en ademán de amenaza". Firmaban la nota quince pobladores, entre ellos el ex *sheriff* John C. Perry, Tomás Gibbon –uno de los hijos de Daniel Gibbon– y Ventura Solís, el primer habitante de Cholila y uno de los líderes de la numerosa familia Solís que se radicó en el oeste de Chubut.

Los robos aludidos habían formado parte de un *raid*. "Tres bandoleros se presentaron armados de Winchester en el negocio de Miguel Breide, en Epuyén, asesinando a un peón de éste –dijo *La Nación*–. Ataron a los dueños de casa y saquearon y quemaron los libros comerciales y repartieron las mercaderías a varios concurrentes (...) Todo esto sucedió a las nueve de la mañana y a las cinco de la tarde se repetía el asalto a la casa del negocio del señor Echevarría, quien escapó milagrosamente (...) siendo el negocio saqueado y destrozado a balazos." La policía local no se había atrevido siquiera a presentarse. Al día siguiente, los bandidos aparecieron en el negocio de Fernando Urrutia, en Los Repollos, cerca de El Bolsón. Allí se toparon con el comisario Marty, entonces destacado en aquel punto. Eran seis, y llevaban sus caballos cargados con las mercaderías robadas.

–¿De dónde vienen? –preguntó Marty, en la puerta del negocio, flanqueado por dos agentes.

Pozas desmontó y se adelantó.

–Del sur –contestó.

–¿Traen pasaportes?

–Sí –respondió el bandido, y, dirigiéndose a sus compañeros, que estaban formados en línea–: Este señor quiere el pasaporte. ¿Por qué no se lo dan?

–Con la carabina se lo vamos a dar –dijo uno de sus seguidores.

El comisario decidió actuar. Sin perder más tiempo, retrocedió un paso y corrió a toda velocidad, encerrándose con sus agentes en la casa de Urrutia. Los bandidos permanecieron un rato en el lugar, sin que los policías se asomaran ni respondieran a sus burlas.

Al mismo tiempo el gobernador Maiz recibió una fuerte protesta del escocés Charles Hackett, administrador de la Compañía de Tierras en Leleque, quien se declaró "cansado de los asaltos que cometen varias gavillas de bandoleros que se cree son chilenos". Luego de recordar los casos recientes, dio cuenta de algo que lo concernía directamente: "Ayer tomaron preso un peón de nuestra estancia Lepá y después de amenazarlo con muerte lo llevaron como caballerizo a una sierra, frente a estancia Leleque, donde quedaron medio día espiando con anteojos". Si los bandidos tenían algún propósito lo abandonaron por la noche, cuando se retiraron y dejaron huir al rehén. "He avisado al mayor Gebhard de estos sucesos, poniendo a su disposición algunos elementos", agregó Hackett. La Compañía de Tierras se quejó además a través de los diarios, diciendo que "le han robado desde septiembre a marzo último cuarenta caballos, siendo el número de vacunos y lanares diez veces mayor".

La respuesta fue inmediata: una partida de siete vigilantes llegó a la administración de la estancia británica para dedicarse a la búsqueda de los bandoleros. El cabo Lucio López, hombre de confianza de Gebhard, salió destacado con la misma misión a El Bolsón, donde se suponía que acampaban los bandidos. Los seguidores de Pozas parecían haberse dividido para despistar a sus perseguidores. Según algunos informes eran seis; otros hablaban de un grupo de diez personas, y los más exasperados afirmaban que el chileno guiaba a un ejército de cuarenta ladrones. En cualquier caso, eran hombres bien armados y resueltos a vender cara su libertad: nadie podría sorprenderse si aparecían muertos en un tiroteo... Se movían en la frontera, pasaban a Chile; como allí tampoco podían estar seguros debido al acoso de los carabineros, reingresaban a la Argentina.

El 6 de julio Basilio Pozas encabezó su golpe más espectacular: la toma del pueblo de Cochamó, en Chile. Una partida de bandidos enfrentó y puso en fuga a los carabineros, dio muerte a un sargento y a continuación se lanzó al saqueo de negocios y casas. El Ejército chileno movilizó al Regimiento de Llanquihue, pero los asaltantes huyeron hacia la frontera. Apenas se conoció, el suceso provocó alarma generalizada en Río Negro y Chubut. Uno de los heraldos fue Carlos Boos, gerente de la Compañía Chile-Argentina en Bariloche, quien se enteró a través del telegrama de un corresponsal: "Cuarenta bandoleros bien armados se apoderaron del pueblo Cochamó entregándose a toda clase de depravaciones", alertaba el mensaje. "El terror cunde día a día; cada negocio, casa o estancia, están convertidos en fortalezas, viéndose guardias a todas horas de la noche, con el Winchester en el brazo", dijo el corresponsal de *La Nación* en Cholila el 11 de julio. Este diario exhortaba a una acción conjunta entre las policías chilena y argentina; la frontera que con tanto celo se había invocado para contener a los "intrusos" caía ante la amenaza que encarnaban los bandidos y la súbita convicción de que las fuerzas de ambos países "están obligadas a cultivar vinculaciones regionales".

La vida cotidiana de los pobladores estaba trastocada. Las escuelas de El Bolsón y Epuyén cerraron sus puertas por temor a ser asaltadas, y agricultores y ganaderos suspendieron sus trabajos. Las personas desconocidas o de paso eran vistas con aprensión y consideradas espías de los bandidos. "Un dato demuestra el estado anormal de estas regiones –destacó aquel diario–: es el hecho de haberse vendido en todas las casas de negocio enorme cantidad de armas de fuego y municiones. Todas las clases sociales llevan con ostentación las armas." La Compañía de Tierras, la Sociedad Anónima del grupo Braun-Menéndez Behety y la Compañía Chile-Argentina armaron a sus empleados para que hicieran guardias nocturnas. Y hasta el cacique Miguel Ñancuche Nahuelquir organizó a los aborígenes de la Colonia Cushamen para resistir el eventual acoso de Basilio Pozas y los cuarenta bandidos.

En El Bolsón, el cabo López se reunió con el subcomisario Eufemio Palleres, quien encabezaba otro pelotón, y ambos siguieron hacia Leleque, para tranquilizar al administrador Hackett y escuchar sus sugerencias. "Hay más bandidos que trato comprobar", dijo Palleres en un telegrama al cuartel de la Fronteriza el 9 de julio. Ese día la expedición de Gebhard y Ramos Otero se encontraba en Tecka, de regreso de su excursión en busca de los norteamericanos.

El jefe de la Fronteriza informó al gobernador de Chubut "haber comprobado plenamente [el] secuestro del señor Lucio Ramos Otero" y el asalto a la estancia, "delitos cometidos por Robert Evans y William Wilson, norteamericanos, y Mansel Gibbon, argentino-galés, quienes se sirven de un sujeto chileno, Juan Vidal, como espía y cómplice". En un alarde de minuciosidad, Gebhard indicaba las coordenadas geográficas del sitio donde estaba el calabozo, "compuesto de 72 rollizos empotrados, [de] 25-30 centímetros de diámetro, 3½ metros de largo, 2½ metros de ancho". Otros delitos salían a la luz. "Los caballos secuestrados [a los] bandoleros son los robados a la Compañía de Tierras Sud Argentino; montura encontrada en el caballo muerto y un saco montañoso parecen ser los robados en el asalto y asesinato de la Cooperativa en Arroyo Pescado."

A la vez Gebhard se dispuso a continuar el sumario a propósito del secuestro. Wenceslao Solís quedó detenido formalmente "por encubridor y presunto cómplice" y fue conducido con esposas y un centinela de vista. El mayor elaboró una lista de personas que serían citadas a declarar y comenzó por convocar a Ramos Otero, para que concluyera su relato. Pero el estanciero no acudió al llamado; según su versión, al llegar a Corcovado se puso a leer diarios atrasados y redescubrió con indignación las versiones difundidas aun en el momento de su liberación por el gobernador Maiz y el jefe de policía Justo Alsúa, por lo que decidió ir a la Colonia San Martín –temía pisar Tecka, el pueblo más cercano– para enviar telegramas de respuesta. En realidad, el viaje a Río Pico y el espectáculo de las brutalidades de la Fronteriza habían profundizado su desconfianza y temor: no veía ninguna diferencia entre el mayor y los policías corruptos que conocía, y quería perderse de vista.

Ramos Otero, en definitiva, se negó a declarar. Prefería hacerlo ante la justicia letrada de Rawson, donde inició una querella contra Evans, Wilson y Mansel Gibbon y luego intentó sin éxito impulsar una causa para investigar "los graves y reiterados delitos de abuso de autoridad y lesiones cometidos por el jefe de la Policía Fronteriza". Mateo Gebhard, dijo el estanciero, utilizaba "la misma táctica" del defenestrado subcomisario Dreyer: "hacer uno mismo la declaración, acomodar uno todo". En cambio, subrayaba, "yo no necesito comprar a nadie, ni que nadie me compre. Proceda la policía o la justicia como es su deber, como la ley lo manda. Que sea buena o mala la ley, cúmplase, no se ande con distingos porque yo visto bien, tenga dinero o influencia (...) Yo no necesito ocultar los hechos, ni decir mentira, ni pedir protección, porque yo ejercito un derecho, no un favor". Este hombre que apelaba a la ley y respetaba a los otros estaba "loco"; la "normalidad" asistía al que cometía abusos y no reconocía ningún freno a sus acciones.

Gebhard terminó por fastidiarse. "Este señor –dijo en un informe– [es] el mayor obstáculo (...) pues ordenó a sus peones que no declaren nada so pena de despacharlos." El sumariante Blanco "duda del sano juicio de Ramos Otero, quien en lugar de contestar llora negándose". Lo peor era la actitud que observaba con ciertos sospechosos. "Es increíble. Resulta ahora que del sumario se desprende la culpabilidad de los Cadaganes [sic], medianeros de Ramos Otero, a quienes éste según su manifestación les ha regalado mil pesos por haberse portado bien." El estanciero, como se vio, respetaba a los peones y los reconocía como iguales. Pero su bondad resultaba quizás excesiva: apiadándose de Amelia Cadagan le entregó dinero, sin reparar en que su esposo Wenceslao Solís había sido el principal colaborador de los secuestradores. Sus juicios de valor sobre los bandidos no eran enteramente negativos: rescataba sobre todo a Wilson, a quien veía como un hombre afecto al trabajo, algo en lo que debió reconocerse. Cuando Gebhard le preguntó qué haría con él en caso de tomarlo prisionero, respondió:

–Le daría una estancia y que trabajara. Pero tendría que trabajar día y noche para sacarle hasta la última gota de sangre.

No era el castigo que consideraba el mayor. Ramos Otero demostró además notable ingenuidad al aceptar como baqueano a su espía, Juan Cadagan, y su forma de interrogar a Solís y Amelia Cadagan resultaba candorosa. Pero tales actitudes no eran tan irracionales como se ha pretendido. El estanciero estaba interesado en revelar lo que él creía la trama oculta de su secuestro y las conexiones de los norteamericanos con funcionarios y personajes de poder. Era una sospecha atendible, pero sus observaciones y razonamientos derivaban con frecuencia en sentimientos persecutorios: de pronto, pensaba, cualquiera de las personas que lo rodeaban podía ser un espía de los norteamericanos o de los policías. Gebhard razonaba con el mismo mecanismo: para él los pobladores eran bandidos solapados o por lo menos cómplices. Según un telegrama fechado en Cholila el 12 de julio y publicado en *La Nación*, "hay fundadas sospechas para creer que los bandidos cuentan con encubridores radicados en todos los parajes donde han recorrido, formando así una fuente de información que les facilita la acción e impunidad de sus crímenes". Seis días después otra comunicación afirmaba que "todos están contestes que El Bolsón, Cholila, Epuyén y El Manso son la incubadora del bandidaje, con espías radicados desde largo tiempo, poniendo a prueba el temple de la nueva Policía Fronteriza". El corresponsal del diario era Pedro Pascual Ponce, maestro de la escuela de Cholila y activo colaborador de Gebhard.

La búsqueda de Basilio Pozas dejó en segundo plano la investigación del secuestro del estanciero. El inquieto administrador Hackett, convertido en informante, comunicó al capitán Navarro que el chileno había pasado otra vez la frontera con sus compañeros. Por otra parte, los perseguidores "no pudieron encontrar vestigios de la gavilla [que] se decía estaba en El Maitén". La Fronteriza tuvo un inesperado contratiempo: "Me han sido hurtados –dijo Navarro– quince caballos pertenecientes a este escuadrón de un potrero que dista treinta cuadras del campamento, donde estaban al cuidado de dos agentes". El vergonzoso episodio fue mantenido en secreto. Gebhard, recién llegado de Río Pico, salió de inmediato hacia la cordillera y dividió sus tropas en comisiones que puso al mando de Eduardo Nickel, Jesús Blanco y Eufemio Palleres, para barrer la zona de El Maitén, El Bolsón y Cholila.

"Partidas de bandoleros son numerosas y bien armadas. Cuentan con numerosos espías. Acabo de tener noticias que de Cochamó los corren para este lado, habiendo librado combate con gendarmería chilena", informó Palleres el 12 de julio. Los informes indicaban que Pozas y sus seguidores "buscan refugio en la vieja guarida conocida por El León, un arroyo que se encuentra a diez cuadras de la frontera y once de El Bolsón, punto de concentración del bandolerismo". El invierno dificultó las búsquedas, ya que se sucedieron varias nevadas. "Dicen que cuarenta bandoleros amenazan asaltar Ñorquinco", escribía Gebhard, haciéndose eco de los rumores circulantes. Pero el tiempo impedía los movimientos: "Ayer nevó fuerte –telegrafió el mayor desde Cholila el 18 de julio–, caminos pesados, imposible avanzar".

El jefe de la Fronteriza se puso al frente de las partidas de Palleres y López, reforzadas con dieciocho policías de Río Negro y veinte vecinos. En el camino "se tomaron numerosos encubridores y sospechosos", dijo Gebhard, que además recibió a agentes de Neuquén. El gerente local de la Compañía Chile-Argentina y varios de sus empleados también participaban en la expedición. Esa empresa aseguraba haber perdido veinte mil cabezas a manos de ladrones de ganado, lo que parece una exageración. "El establecimiento, como se sabe, está en el límite de la cordillera", dijo *La Nación*, y su actividad, con tantos robos, se hacía "poco menos que imposible". A su vez, el administrador de la Compañía de Tierras "puso caballadas sin límites, baqueanos y algunas armas a mi disposición", dijo Gebhard con satisfacción. En Súnica, Richard Clarke "facilitó galpón y piezas" en su estancia, donde se mudó el cuartel central del escuadrón. El apoyo a la Fronteriza tenía un sesgo bien pronunciado.

El 24 de julio, en zona del Río Manso, a cinco cuadras de la frontera y en territorio de Río Negro, los soldados de Gebhard acorralaron a Basilio Pozas. Los relatos sobre un ejército de facinerosos se revelaron como una fábula: el bandido no tenía más que dos compañeros a sus órdenes, que por añadidura sortearon el cerco y lo dejaron solo. Al informar sobre el hecho, el jefe de la Fronteriza se limitó a decir que el chileno fue herido al mediodía, "falleciendo a las 10 AM [sic] del día 25 de julio; hice enterrar cadáver en territorio argentino". Sin embargo, en las charlas de fogón, con el transcurso del tiempo, el relato creció, incorporó detalles y circunstancias y el fugaz tiroteo se convirtió en un dilatado enfrentamiento en terreno escarpado y en medio de la noche. Poco a poco, Gebhard pasó del oscuro segundo plano en que aparecía a ocupar el centro de la escena. El geólogo Bailey Willis pudo escuchar esa versión, relatada por el propio militar.

De acuerdo con tal historia, Pozas trataba de ingresar en territorio chileno en busca de algún refugio. Del otro lado de la frontera, las nevadas que cubrían las cumbres habían frenado a los carabineros en Cochamó, pero éstos querían vengar al compañero muerto por los bandidos. Parecían proponerse la exterminación del grupo, ya que habían dado muerte a cinco de sus integrantes. Adrián del Busto, la máxima autoridad de la Fronteriza de Río Negro, se había puesto de acuerdo con jefes de carabineros en Puerto Montt para poder ingresar en territorio chileno en busca de los fugitivos.

"Mientras mis hombres seguían por el camino –contó Gebhard– di un rodeo para cortarle la retirada por si trataba de entrar en el bosque (...) Corrí velozmente hacia el río y en la oscuridad caí desde el alto y escarchado borde de la quebrada (...) y las balas picaron en el suelo a mi rededor." A la madrugada hallaron a Pozas sumergido a medias en el río, con cuatro heridas de bala, y el frío de la muerte en los huesos.

–Tal vez le quedan veinte minutos de vida –dijo Gebhard–. Es suficiente para salvar su alma. ¿Dónde están sus cómplices?

Pozas no respondió.

–Usted se muere –agregó Gebhard.

–No importa –replicó el otro, y expiró.

En cambio, la memoria popular acuñó otras versiones. "Eran corrientes los comentarios sobre personas que con antecedentes ya comprobadamente criminales –dijo Abeijón–, al ser detenidas por las patrullas eran muertas sin más trámite, ya sea en el cruce de algún río o en las montañas boscosas con precipicios, donde los cuerpos no volvían a aparecer." Es decir que Gebhard aplicaba la "justicia" por su propia mano; los crímenes se volverían más frecuentes en poco tiempo, cuando el mayor comprobó que las personas que detenía eran puestas en libertad por el juez de Rawson. Abeijón citó el caso de un hombre de apellido Corvalán, asesinado a traición por la Fronteriza cuando era conducido preso a Esquel: "Al llegar a uno de los ríos de la región, le dijeron que como baqueano del paso marchara adelante indicando el lugar del cruce, y cuando lo hacía, al llegar a la mitad del río, recibió dos balazos en la cabeza".

Según *La Nación*, Pozas "fue herido por la policía argentina al querer pasar el río Manso", es decir que no existió un verdadero enfrentamiento. No es improbable que se trate del personaje del relato de Abeijón (en la época no hay referencia a la muerte del supuesto Corvalán): la heroica novela del jefe de la Fronteriza podría encubrir un crimen vulgar. El mismo diario aseguró que en poder del muerto "se encontró una lista con nombres de personas conocidas, que se supone iban a ser víctimas de los bandoleros". Pozas colaboraba con la investigación, sin duda.

"A pedido general de vecinos –dijo Gebhard– dejé en Río Manso, en el hito, un destacamento al mando de Justiniano Carmona, compuesto de tres soldados, habiendo dejado el Mayor Del Busto tres vigilantes de Río Negro." Les ordenaba mantenerse atentos, "pues dos bandidos, Segundo Soto y Santiago Gómez, merodean aún allí". Eran los compañeros de Pozas, que andaban escondidos en los bosques. Entre el 24 y el 25 de julio ambos se habían tiroteado con patrullas de la Fronteriza. El mayor regresó a Cholila el 5 de agosto, con apenas dos hombres "pues los demás [soldados] siguen bandoleros en Bolsón, donde se dice [que] se han tiroteado con Efraín Carrasco; del cabo Carreño tengo noticias que pasó por lago Nahuel Huapi persiguiendo José Damas". Este último, detenido poco después, era un poblador convertido en "bandido" por el simple hecho de resistirse a caer preso.

En Cholila, Gebhard se reencontró con Palleres, a quien envió a El Bolsón, para que sumara fuerzas al subcomisario Bernardo Arias. La muerte de Pozas significaba el punto de partida de una *razzia* indiscriminada. "Al mismo tiempo –reveló *La Nación*– varias comisiones detenían en distintos puntos a todas las personas indicadas de complicidad [sic] con los bandoleros. Estas personas, en su mayoría pobladores, ascienden a ochenta, poco más o menos. Hay también tres mujeres que tienen cargos muy graves en su contra. A dos de ellas se las acusa de envenenamiento frustrado al peón de las mismas, por temor de que éste descubriera que habían ocultado a la banda de Basilio Pozas." Entre otros cayeron presos Francisco Mariñanco, acusado de quíntuple homicidio en Neuquén, y Teófilo Ahumada, el policía de la Colonia 16 de Octubre que se había fugado el año anterior con los asesinos de un hacendado y vivía en Río Manso; fuera de estos casos, no hubo demasiadas detenciones justificadas.

"He entregado al Mayor Del Busto 32 detenidos, 630 piezas de correspondencia (...) secuestré recados, ropas procedentes de Río Pico y siete caballos [de la] compañía Leleque, cuyas marcas fueron sacadas a cuchillo. Se trata de una banda perfectamente organizada que tiene sus cómplices y baqueanos en Cochamó y también aquí, que operaba en gran escala. Sumario bien instruido causará sorpresas. Tropa se ha conducido con una abnegación digna de encomio", informó Gebhard, que se jactaba ante el gobernador Maiz de hacer recibido felicitaciones del Ministerio del Interior y de la Embajada Argentina en Santiago de Chile. Entre los detenidos puestos en manos de Del Busto estaban Facundo Toledo y Facundo Bahamonde, quienes fueron sacados de territorio chileno, Fernando y Wenceslao Urrutia y Gabino Santana, todos pobladores conocidos que habían cruzado la frontera en busca de trabajo y un pedazo de tierra. Las relaciones entre ambos jefes policiales no eran sin embargo cordiales, ya que Gebhard había cuestionado "la indisciplina reinante en el personal de Río Negro".

Según el jefe de la Fronteriza de Chubut, Pozas "fue cabecilla de la banda. Fuera de dos asesinatos, robos y violaciones que cometió aquí, en Cochamó (...) mató a un carabinero, asaltó casas y violaron entre todos numerosas criaturas de uno a seis años, muriendo algunas de ellas". Todavía restaba detener a los mencionados Soto y Gómez, un ex carabinero, y los hermanos José y Efraín Carrasco.

El maestro de Cholila, Pedro Pascual Ponce, hizo de baqueano en la búsqueda de los hermanos Carrasco. La persecución llevó a los soldados hasta el Lago Puelo, donde se decía que estaban refugiados varios bandoleros, entre ellos un norteamericano. "Supongo será Wilson, por filiación que dan. De subcomisario Arias tengo datos que pretendió o violó unas mujeres", dijo Gebhard.

A mediados de agosto el sargento Carmona ubicó en zona de Río Manso a Segundo Soto y Santiago Gómez. Los perseguidos confesaron haber cometido varios delitos y murieron supuestamente tras ser heridos en un tiroteo. Un tercer chileno, Alfredo Flores, fue capturado con vida. Los diarios les atribuyeron frases desafiantes. "Antes de morir, Soto dijo que la policía debe dar gracias a que los tomaron desparramados en la última batida que se les hizo –afirmó *La Nación*–, pues otro gallo hubiera cantado si hubieran estado reunidos." Tras pronunciar supuestamente palabras por el estilo, Flores "declaró que en los alrededores de Río Pico están los demás compañeros, que son veinticinco". El testimonio volvía a poner en foco la zona donde se ocultaban Evans y sus seguidores.

A fines de mes, como consecuencia de redadas en El Bolsón, Epuyén y Cholila, la Fronteriza de Chubut había detenido a ochenta y una personas. El 28 de septiembre comunicó la prisión de otras diecisiete personas, entre ellas dos mujeres. "Lamento no poder servir a V. S. con fotografías de los presos", dijo Gebhard al gobernador y le indicó que podía comprar una cámara en Trelew. Peor era que prácticamente la totalidad de los presos fuera inocente de los cargos que le atribuían. "Las indagatorias –dice el historiador chileno Sergio Millar Soto– se reducen exclusivamente a preguntar si el detenido conoce a personas que la policía califica de bandoleros, y por el solo hecho de conocerlos el interrogado pasa a prisión como cómplice de delitos imaginarios." Los "investigadores" allanaban domicilios sin órdenes judiciales y confiscaban las pertenencias de las víctimas, como si constituyeran un botín de guerra. La Fronteriza de Río Negro instrumentaba otras prácticas. Parece que Adrián del Busto no ordenaba destruir las propiedades y apropiarse del ganado de los pobladores de frontera sino cobrarles multas, que fijaba a su antojo; los que protestaban eran puestos al cepo por la noche.

"La Compañía Sud Argentina de Tierras [sic] facilitó cerca de cuatrocientos caballos –reveló Gebhard el 25 de agosto–. Sus empleados más altos han cooperado eficazmente con nosotros." Un mes después, dijo *La Nación*, "el jefe de la Policía Fronteriza recibió orden del Ministerio para conducir a Bariloche a varios presos para carearlos con otros que se encuentran allí. Con tal motivo (...) se ha formado una comisión de particulares para ayudar a los agentes a conducirlos. Estos se llevaron en carros de la Compañía de Tierras". En la misma época la empresa británica terminó de alambrar sus propiedades; esto importaba tanto para disminuir los robos y las ocupaciones de "intrusos" como para reducir el personal, ya que no se necesitaban tantos pastores ni vigilantes.

La Compañía de Tierras aparecía entonces como uno de los principales impulsores de la persecución de la población chilena. Veinte años después de reunir tierras en base a privilegios, podía sancionar lo legal y decir quiénes atentaban contra la propiedad. Y sus instalaciones en Leleque sirvieron para interrogar a detenidos. El apoyo sería correspondido por Gebhard: el grupo de estancias británicas recibió a cambio un número no determinado de pobladores de El Bolsón y El Foyel como mano de obra esclava.

Los hermanos Pablo y Benito Opazo se encontraban entre esos pobladores tratados como delincuentes y forzados a hacer de sirvientes. Pablo Opazo fue apaleado por el sargento Carmona ("me pegaron por sospecha", dijo), mientras los vigilantes rapiñaban las escasas prendas de valor que tenía en su rancho. El 8 de septiembre, llevado al puesto de Sixto Gerez, en Cholila, volvió a ser golpeado "porque no declaraba, delante de todos, que se reían", según denunció. Al día siguiente se le reunió su hermano Benito, tomado preso en Esquel. Los dos fueron rapados y llevados a la estancia Leleque. "Temprano a la mañana, casi todos los días, me echaban al río desnudo", dijo Pablo Opazo; su hermano permaneció atado a la intemperie y luego lo encerraron en un calabozo improvisado en una cuadra de la compañía británica. Por último, los pusieron a trabajar. De allí, un mes después y antes de ser liberado, Pablo Opazo marchó al cuartel de la Fronteriza, para hacer de caballerizo. El cautiverio de Benito Opazo terminó recién en diciembre, luego de ser llevado a Rawson. No habían cometido ningún delito; al contrario, fueron víctimas. Este dispositivo que asociaba a una fuerza de seguridad y una compañía privada en la represión prefigura los centros clandestinos de detención que, a partir del golpe militar de 1976, funcionaron en el interior de grandes empresas.

No sólo la *suite* de estancias británicas –como decía el naturalista Clemente Onelli– apoyó a Gebhard. También la Compañía Chile-Argentina manifestó su "profundo agradecimiento por la brillante campaña efectuada contra bandoleros y cuatreros". En Ñorquinco y 16 de Octubre se recolectaban firmas en su apoyo, y *La Cruz del Sur*, el periódico salesiano que se había burlado del secuestro de Ramos Otero, saludó a la policía "que tan ejemplarmente disciplina su activo jefe". "He contado con el concurso de todo [el] vecindario laborioso sin distinción de nacionalidades", se jactó el mayor. Incluso algunos ciudadanos chilenos colaboraron en la persecución de sus compatriotas: "No solamente dieron datos y caballos sino que me acompañaron personalmente". Vicente Calderón, el maestro que había denunciado la supuesta conspiración de la Compañía Cochamó, y Milton Roberts, el policía honesto que persiguió a los compañeros de Cassidy, se contaban entre los colaboradores activos.

"En general –afirmó Abeijón–, la población sana de los territorios del sur no desaprobaba los procedimientos policiales del tipo ya descripto, salvo en casos excepcionales (...) Era común oír decir que desde la actuación del mayor Gebhard, desde la cordillera al Atlántico, se podía dormir con el dinero en la palma de la mano abierta, sin cerrar la puerta." Los testigos de la época avalan esa impresión y al mismo tiempo matizan sus alcances: "Gebhard era sinónimo de orden a lo largo y a lo ancho de los Andes –dijo Bailey Willis–, por lo menos del poco orden que había". El norteamericano trazó una apología del austríaco: "Era sinónimo de propósitos indomables, coraje temerario, estrategia inteligente y habilidad para conducir hombres", afirmó. "Desde que ha llegado a la cordillera no ha tenido un solo día de descanso –apuntó *La Nación* el 8 de septiembre de 1911–; quiere dirigir la persecución él mismo y no descansará hasta limpiar de malhechores y descubrir los innumerables cómplices que éstos tienen." El 24 de septiembre, al pedir autorización para instalar una casa en comercio en Cholila "por indicación del señor Mateo Gebhard", Leopoldo Ferreira manifestó: "Vemos complacidos los pobladores de estos parajes la acción enérgica y eficaz desplegada por nuestras autoridades fronterizas con el bandolaje [sic]".

Sin embargo, desde el primer momento hubo voces que se alzaron para repudiar los abusos. El "loco" Ramos Otero se constituyó en el principal denunciante, sin que nadie le hiciera mayor caso. Hugo Roggero tuvo el gesto de renunciar a su puesto de médico de la gobernación, "no por causas profesionales sino por tutelar mi dignidad frente al mayor Gebhard", en repudio a los tormentos que se aplicaban como norma de procedimiento y luego de ser hostilizado por el mayor.

El médico había recibido a Antonio Solís inconsciente y ensangrentado, con huellas de golpes en todo el cuerpo, tras un "interrogatorio" del subteniente Blanco.

–¿Cómo se puede curar esto, doctor? –preguntó Blanco.

–Muy fácil –respondió Roggero–. No lo vuelva a hacer más.

Es comprensible que muchos pobladores hayan observado que los bandidos habían desaparecido ante la llegada de la Fronteriza. En verdad, al menos en esta época y al margen de algún grupo que iba y venía en la frontera, el bandolerismo era un problema que en Chubut prácticamente sólo concernía al pequeño grupo nucleado alrededor de los norteamericanos. La banda, continuación de la que armaron Cassidy y Longabaugh, había sido tolerada durante años por los mismos funcionarios y grandes hacendados que se rasgaban las vestiduras por el "auge del delito". Todavía en julio de 1911 el corresponsal en Cholila de *La Nación* pudo decir que "el bandidaje chileno es más temible en esta región que los famosos norteamericanos". Pero la incursión de Basilio Pozas parece haber sido, en verdad, un fenómeno aislado. Los "bandidos" que atrapó Gebhard fueron, en su enorme mayoría, peones y pobladores que ocupaban tierras fiscales. Esa categoría fue utilizada una y otra vez no para aludir a cierto tipo de delincuentes sino para poner fuera de la ley a sectores de la población y proceder en consecuencia.

La adhesión que recibió la Policía Fronteriza se explica en primer lugar por su contraste con la policía que los pobladores conocían hasta el momento. Ese cuerpo sujeto a una disciplina rígida, uniformado y bastante bien provisto, y que actuaba sin miramientos, daba en principio más seguridad que los inútiles, mendaces y corruptos que habían representado a la ley. Una fuerza severa parecía ser la respuesta exacta a un territorio sin orden. Por otra parte, las prácticas terroristas de Gebhard forzaron la sumisión de muchos a través del temor. Sin embargo,

esas mismas arbitrariedades y abusos hicieron que los pobladores toma-
ran progresivamente distancia. Según la historia oral, al comprobar
que el juez de Rawson ponía en libertad a los detenidos, Gebhard comenzó a aplicar la "ley de fugas", el antiguo recurso policial para encubrir el
asesinato de personas indefensas. La Fronteriza acuñó la expresión "gi-
ren zorros colorados" para ordenar, por telégrafo, el envío de matras,
cueros y otros productos de sus pillajes.

Una vez terminada la campaña en los alrededores de Cholila, Gebhard volvió a fijar su atención en Río Pico. Los norteamericanos no
parecían haberse movido de sus refugios. Entre el 26 y el 28 de julio
Juan Cadagan estaba en el paraje El Rodeo de Solís con un peón de
Wenceslao Solís, "repuntando la hacienda". De pronto, "les salieron
de entre las cañas Robert Evans y William Wilson, quienes les preguntaban cuántos soldados tenía el mayor". También estaban preocupados por la custodia destacada en la estancia de Ramos Otero, aunque
ya había sido levantada. Cadagan les dijo que los soldados eran más de
veinte, y que lo sabía "por haber estado [el escuadrón] en su casa días antes de la entrevista". En esos días habían perdido el bote con que contaban para movilizarse por el Río Pico; Amelia Cadagan, quizás asustada
por la detención de su esposo Wenceslao Solís, lo quemó junto con algunas ropas en el paraje La Piedra Baya, en costas del mismo río.

La Policía Fronteriza (o el juez de Rawson, en otra versión) había
obtenido un dato relevante para llegar hasta ellos. Ricardo Perkins, el
empleado de la Compañía de Tierras devenido bandido, estaba en la
ciudad de Buenos Aires. La información llegó a oídos del jefe de Investigaciones de la policía porteña, José G. Rossi, el mismo que había
confeccionado los prontuarios de Cassidy y Longabaugh.

A mediados de septiembre se supo que Perkins paraba en la casa
de un hermano, en la calle Bebedero 5666. En la mañana del 13 de ese
mes fue detenido y conducido al Departamento Central de Policía. La
captura reactivó el sumario que elaboraba en Chubut la Policía Fronteriza, varado por el silencio de Ramos Otero. El único testimonio
más o menos relevante era el de Wenceslao Solís, aunque estaba prácticamente limitado al secuestro. A partir de entonces la investigación
pasó a concentrarse en la historia previa de los norteamericanos, en
base a algunos datos que dio Perkins y a la información de archivo que
refrescaron los diarios. Gebhard pudo confeccionar una lista más amplia

de testigos, entre los cuales se hallaba Daniel Gibbon, quien el 5 de agosto había regresado de Chile, diciendo que se había enterado del secuestro de Ramos Otero estando en el país vecino, al encontrarse por casualidad con Martin Underwood, el hacendado de la Colonia 16 de Octubre, quien incluso le había mostrado, dijo, recortes de diarios.

Perkins concedió una entrevista a *La Nación* en la División Investigaciones de la policía porteña. Los periodistas creían que iban enfrentarse con uno de esos personajes popularizados por los folletines del *Far West*: un vaquero alto, grueso, de barba rubia o colorada, endurecido por el peligro y la vida salvaje. Y se encontraron con un hombre "bajo, delgado, casi anémico, trigueño, de ojos pardos y cabello negro".

–Yo soy Ricardo Knight Perkins, efectivamente –aclaró, con tonada cordobesa que delataba su origen en la zona rural de Villa María.

Repuestos de la desilusión, los periodistas plantearon sus preguntas:

–¿Qué ha hecho usted, Perkins, para que el juez letrado y el jefe de la Policía Fronteriza del Chubut lo acusen?

–Nada malo, absolutamente.

–¿Ha conocido usted a Place y a Ryan?

–Y he tenido con ellos la relación que mantenían todos los vecinos. Place y Ryan, pródigos como verdaderos ladrones, tenían allá muchos amigos. La policía era siempre bien recibida en su estancia, y una vez el mismo gobernador se alojó allí.

A continuación Perkins se desligó del intento de asalto a la Casa Lahusen y de la agresión contra el peón Manuel Sánchez; se había juntado con Robert Evans, aseguró, ignorando su pasado criminal. Y mostró un pergamino que acreditaba sus estudios en el Colegio Militar de Richmond, en los Estados Unidos.

–Yo, argentino, honré así en el extranjero el nombre de mi patria –se ufanó.

Los relatos del ex empleado de la Compañía de Tierras no fueron incorporadas al sumario policial. Tampoco, por increíble que parezca, se le tomó declaración, pese a que en los primeros días de diciembre llegó detenido a Rawson. Pero su testimonio periodístico debió ser la base para la ampliación de indagatoria tomada el 28 de septiembre a Wenceslao Solís. El chileno comenzó a desgranar una historia todavía poco conocida, que se acercaba a sus últimos capítulos. La Parca tenía poca lana para hilar en el huso de los norteamericanos.

Capítulo 14
Balas y rosas para Evans y Wilson

Nadie supo cómo recibieron aquella revista. Estaban a miles de kilómetros de distancia de los lugares donde podían conseguirla. Pero allí la tenían: era *The Wide World Magazine*, el número de septiembre de 1910. Había llegado a las manos de Robert Evans y William Wilson, a su recóndito escondite en Río Pico. Les interesaba porque uno de los artículos hablaba de los viejos tiempos y traía noticias de amigos a quienes hacía mucho no veían. Y eran buenas noticias: desmentían, o por lo menos no confirmaban, los rumores que habían llegado en los últimos tiempos a la casa de Daniel Gibbon.

Pero los norteamericanos no tenían tiempo para distraerse. Habían perdido la simpatía de los vecinos, atemorizados por el avance y los métodos de la Policía Fronteriza. Sus principales colaboradores estaban presos y los antiguos amigos los habían delatado. Río Pico ya no era el sitio aislado y extraño a la ley que los protegía: el escuadrón de Gebhard, al modo de un ejército de ocupación, había atravesado el monte para llegar hasta uno de sus campamentos. Esa situación los volvía vulnerables; el hecho de ser norteamericanos no necesariamente pudo haberlos individualizado en una comunidad de extranjeros, pero ahora se distinguían de los pobladores comunes: eran buscados, y también podían caer todos los que de alguna forma los ayudaran. Después de perseguir a la banda de Basilio Pozas, el jefe de la Fronteriza encabezaba una nueva expedición en su búsqueda. Para colmo de males, Wilson se había herido la mano derecha al explotar un cartucho en el momento en que lo recargaba. Guillermina Hahn, la esposa de Eduardo Hahn, o el poblador Ernesto Stamm, según distintas versiones, se habían ocupado de curarlo y de proveerle alcohol y vendas.

Gebhard salió hacia Río Pico el 18 de octubre de 1911. Llevaba veinticuatro hombres de tropa y siete indígenas; en el camino engrosó sus filas con los "sospechosos" que se le cruzaban, obligados a cumplir trabajos forzados. Fue el caso de Amalio Bugrero, poblador dedicado a la cría de ganado. "Lo detienen en la Colonia San Martín –denunció Lucio Ramos Otero– y lo llevan preso a la comisaría por ser conocido de los bandoleros norteamericanos. En la comisaría le ponen esposas y al otro día lo mandan a su puesto a que traiga la tropilla y sirva de baqueano y peón al sud en la expedición que hace el mayor."

Parece que a Bugrero, conocido como Bracha o el Brasilero, le gustaban las bromas. Evans también era de ánimo jocoso, pero su humor tenía giros imprevisibles. "En el boliche de Eduardo Hahn, en Río Pico, un día se enojó Roberto [Evans] porque Bracha quería tomarlo por la farra –dijo Lucio Ramos Otero– y entonces Roberto sacó el revólver y a un chimango que pasaba volando lo bajó de un tiro."

–Como he muerto ese pájaro –amenazó el norteamericano–, te voy a bajar a vos, negro de mierda...

"Y todos se callaron en el boliche", agregó Ramos Otero.

El jefe de la Fronteriza tenía datos según los cuales los bandidos habían resuelto desplazarse al sur. Uno de sus informantes, quizás el más importante, era Wenceslao Solís. Al ampliar su declaración indagatoria, el 28 de septiembre, el ex peón de Butch y Sundance dijo que Evans frecuentaba Valle Huemules, en el sudoeste del territorio. En efecto, allí había estado a principios de 1911 con Wilson; la pequeña colonia norteamericana asentada en la zona debía ser un factor de atracción. John Noble, un inmigrante del estado de Idaho, había fundado el año anterior la estancia La Norteamericana. Por allí andaba también John Brooks, el inglés que decía haber tomado el té con Butch Cassidy y Sundance Kid en Cholila. Se cuenta que Wilson habló del modo en que había que cocinar las tortas fritas para que la masa se levantara bien y fueran crocantes; detalle que se corresponde con las memorias de Ramos Otero, quien recordaba casi con fruición las tortas que preparaba el bandido cuando él era su prisionero.

Junto con Mansel Gibbon, añadió Solís, el "gringo" debía haber tratado a ex pobladores de Cholila que recorrían Valle Huemules, como Carlos Solís, Pascual Macías o Telésforo Díaz. Estos tres eran chilenos que, a impulso de la indiscriminada persecución policial, continuaron en movimiento, para reingresar poco después en su país y sumarse a los primeros pobladores del valle del Río Simpson (denominación chilena del Río Huemules). Por las dudas, Gebhard incorporó a Wenceslao Solís a la tropa, y como preveía una larga persecución obtuvo una autorización del gobernador Antonio Lamarque para entrar en territorio de Santa Cruz.

Mientras esperaba el enfrentamiento con la banda de Evans, la Fronteriza no perdía el tiempo. A poco de salir cayó preso Efraín Carrasco, sobreviviente de la banda de Basilio Pozas, "quien se había escapado milagrosamente, debido a las escabrosidades [sic] del terreno", en El Bolsón, según *El Diario*. También fue capturado su hermano, José Carrasco. Al llegar a Valle Huemules, hicieron campamento en la estancia del explorador lituano Julio Koslowsky. Colaborador del perito Moreno, era el primer poblador de la zona, donde se había radicado en 1896; dos años después encabezó una colonización de familias rusas y polacas que fracasó por la inclemencia del invierno y la escasez de recursos con que contaban.

Gebhard convocó a los vecinos del valle. Como era costumbre, los soldados salieron a recorrer con la consigna de llevar presos a los que encontraran por el camino y así fue como cayeron los primos George Cunningham, que ocupaban tierras en la precordillera. Dado que eran homónimos, uno se hacía llamar Jorge y el otro George; el primero era norteamericano, de Montana, y el segundo irlandés y se habían establecido en diciembre de 1910.

Ambos fueron conducidos ante la presencia de Gebhard. Como creyó que le estaban haciendo una broma con los nombres, el mayor ordenó dar cinco azotes a George, que se atrevió a contestar. El irlandés tenía cierto parecido físico con William Wilson, lo que empeoró las cosas. La intervención de John Brooks, que había conocido a Gebhard cuando era policía en Santa Cruz, despejó el equívoco.

Gebhard decidió volver sobre sus pasos e ir hasta Nueva Lübecka. Ahora deshabitado, sobre la actual ruta provincial número 20, el paraje se había poblado a partir de la radicación del pionero alemán Juan Plate. El nombre correspondía a una de sus dos estancias, bautizada así en honor a Lübeck, ciudad natal de su esposa. Desde 1904 contaba con una oficina de correos; el edificio puede verse aún en pie, amarillo y decorado con piedras lajas, rodeado por un cerco metálico y grandes eucaliptos.

Desde ese punto, a través del telégrafo, Gebhard pudo comunicarse con el gobernador Maiz y ponerlo al tanto de lo que terminaba de averiguar. "He demorado en Río Huemul –dijo– buscando en los montes a los bandoleros, quienes según indicios se separaron en dos grupos. Primero Evans y Wilson siguieron [hacia el] Lago Buenos Aires. Gibbon y Vidal al norte (...) y se juntaron en Lago Buenos Aires o Río Baker (...) Wilson se hizo llamar aquí Jones y Evans, Chambers, y según dijeron aquí llevan documentos. No sería extraño que Jones y Chambers, vecinos de 16 de Octubre, se los hubieran proporcionado pues se conocen."

El mayor desmentía rumores sobre un asalto e informaba respecto a una mujer, "desaparecida en Río Blanco, la lleva un bandolero llamado Emilio Pérez (a) Gatuto, con rumbo sur, llevando la mujer dos criaturas, una de cuatro años y otra de meses, parece que va voluntariamente. El hombre que hacía con ella vida marital se fue a Sarmiento". La vida privada de las personas parecía también una cuestión de seguridad pública.

Gebhard siguió rumbo al Lago Buenos Aires. Existía el proyecto de hacer un operativo conjunto con la policía chilena. "El jefe de carabineros de Puerto Montt –dijo Adrián del Busto, jefe de la Fronteriza de Río Negro– me comunica que diecisiete hombres de sus fuerzas han desembarcado en Río Aysen, siguiendo al Río Baker en persecución bandidos yanquis." El jefe aludido era el alférez Ybars, quien "me pide comunique mayor Gebhard a los efectos del encuentro con la Policía Fronteriza de este territorio".

El avance de la Fronteriza se complicó de manera inesperada. "En la entrada de Baker –informó Gebhard el 1° de diciembre– se ha evadido Efraín Carrasco, a quien siguen actualmente dos comisiones con rumbo a Río Mayo (...) La evasión tuvo lugar el 16 de noviembre a las 2 AM [sic] noche tormentosa." Lo peor era que Evans y sus hombres parecían haberse esfumado. Mientras tanto seguían las redadas: "Fue capturado Emilio Pérez, asesino de Lorenzo Parra en Pichileufú". No había datos sobre aquella mujer que lo acompañaba. El mayor, destacaba *La Nación*, "capturó en Laguna Verde al individuo Manuel Gómez, quien resulta complicado en el asesinato o desaparición de Antonio Giménez, hecho ocurrido en abril de 1909. Este crimen permanecía hasta ahora en absoluto misterio".

Gebhard resolvió dividir sus fuerzas, enviando un grupo de regreso a la estancia de Koslowsky, con los presos tomados, mientras por su parte siguió hacia Puerto Deseado, "en procura de datos y comunicaciones". Lo acompañaba un grupo de elite integrado por cinco soldados, el sargento Carmona, Milton Roberts y dos baqueanos, entre ellos Wenceslao Solís. El mayor hizo un nuevo reporte al llegar a aquel punto de Santa Cruz: "He seguido a los bandoleros hasta las proximidades del Lago Frío, paraje denominado Las Pinturas"; aquí quedó desorientado al perder definitivamente los rastros, "pues los bandoleros marchan con preferencia en pedregales". No obstante, "puedo asegurar que siguieron con dirección al Río Chico y tal vez más al sud pues por valle del Río Deseado no han pasado".

El mayor se había perdido. Y otra vez quedaba fuera del centro de la acción.

Manuel Márquez era un poblador de Río Pico amigo de Ramos Otero. El estanciero de Corcovado le había pedido que le comunicara cualquier novedad que tuviera de los norteamericanos. El hombre cumplió: a fines de noviembre de 1911 fue a Colonia San Martín para anotar a un hijo y a la vez con algo importante para informar. El juez de paz Segundo Villagrán lo escuchó con atención pero le dijo que debía ir corriendo a dar cuenta a la policía. Márquez respondió que pensaba lo mismo, pero la comisaría del aquel punto estaba vacía. Villagrán le recomendó probar en un boliche cercano.

Allí, en efecto, Márquez pudo encontrar al subcomisario Eufemio Palleres. Dos días antes, reveló el poblador, había visto pasar a Evans y Wilson cerca de su casa. Palleres convenció a Márquez para que mantuviera la boca cerrada:

–No digas nada porque si no te doy una paliza –le dijo. Y pasó el soplo al capitán Leandro Navarro, que había quedado de consigna en el cuartel de la Fronteriza, en Súnica.

Bailey Willis dejó una descripción del cuartel y sus ocupantes. "Me encontré con un simple campamento de unos cien hombres –dijo–, que vivían en unas ramadas cubiertas de paja. Sólo los oficiales tenían carpas, pero éstas se habían convertido en hospitales. Un solo edificio, con habitaciones divididas por arpillera, contenía cocina, comedor, oficina y aposentos de oficiales. Por demás sencillo; pero el soldado argentino se contenta con poco o nada. En mi honor formaron los soldados y se efectuaron algunos ejercicios. Son soldados rasos con sólo tres meses de instrucción. Hombres de a caballo, eran bastante torpes a pie, pero sus cabalgaduras estaban en buena línea."

El dato de Márquez debió ser muy confiable, porque Navarro no dudó en reunir a los pocos soldados que tenía disponibles: "Hago reconcentrar soldados destacados en Cholila, Esquel y Tecka –informó el 28 de noviembre– para que al mando [del] subteniente Blanco se incorporen al personal de San Martín y se trasladen al paraje indicado, como también marchará [el] subcomisario Palleres".

Según *La Nación*, los norteamericanos habían intentado una maniobra para confundir a sus perseguidores: "Evans y Wilson lanzaron hacia el sur con gran caballada a Mansel Gibbon y Juan Vidal, volviendo ellos hacia atrás con rumbo a Río Pico". Los fugitivos pasaron por la casa de su viejo amigo Eduardo Hahn, "en cuyas inmediaciones permanecieron de fiesta". Los gringos habían sido observados "por su antiguo espía Eduardo Solín [sic; ¿alusión a alguno de los Solís?], actualmente espía al servicio del mayor Gebhard". De acuerdo con esta versión, Gebhard había recibido el dato y alertado a Navarro, lo que constituye una falsedad y un nuevo intento del mayor por adjudicarse protagonismo. "Que se deje de macanear Gebhard, él se lo pasó en el fogón, tomando whisky y jugando al poker", había dicho ya Ramos Otero a propósito de la primera campaña en Río Pico.

Lo cierto es que el 1° de diciembre, cuando Gebhard perseguía espejismos por el desolado paisaje santacruceño, Jesús Blanco salió de Tecka en busca de los norteamericanos. La partida quedaría conformada con Palleres y los soldados Urbano Montenegro, Roberto Leguiza, Manuel Sequeira, Juan Ponce, Pedro Peña, Pedro Rojas y Cándido Ríos. Cinco días después llegaron a la casa de Wenceslao Solís, en Río Pico, "última población que existe en la región que debía recorrer la comisión a mi cargo", según informó luego el subteniente Blanco. Como el dueño de casa había sido llevado por Gebhard a Santa Cruz, tomaron como baqueano a su primo Eugenio Solís, que había quedado en el puesto.

Blanco y varios de los soldados habían participado de la expedición anterior, cuyo camino rehicieron. Así llegaron al antiguo campamento de los bandidos, en costas del Río Pico, aunque sin hallar novedad. A continuación apreciaron los restos del calabozo de Ramos Otero y el 8 de diciembre marcharon de regreso por el costado sudoeste del río, deteniéndose para rastrear los pasos del cauce y "una angostura que es indispensable atravesar para pasar al cerro Botella". Al atardecer arribaron a la casa de Claudio Solís, también primo de Wenceslao, donde pernoctaron. Desde allí mandaron a buscar a Manuel Márquez.

A la mañana siguiente, bien temprano, continuaron la búsqueda. Manuel Márquez reemplazó a Eugenio Solís como baqueano. El grupo avanzaba con sus armas listas, "registrando minuciosamente dos lagos y varios bosques, donde se veían rastros de haber pasado caballos", según las notas de Blanco. Cerca de las diez, antes de llegar a la casa del alemán Ernesto Stamm, se cruzaron con Juan Hollesen, apodado El Austria o El viejo Austria, quien estaba "campeando". Era un alemán de cuarenta y un años, residente en la Argentina desde 1898. "Interrogado –consignó Blanco– dijo que hacía pocos días había visto la lona del campamento [de los norteamericanos], a una distancia aproximada de una legua del lugar donde nos encontrábamos." Los policías lo invitaron a hacer de guía hasta ese sitio.

Los pobladores de Río Pico acuñaron otra versión sobre ese episodio. "Los malditos celos –dijo el médico Constantino Salinas Jaca, el primero en trasladar tal relato a un texto escrito– habían hecho de las suyas, anulando para los bandidos los efectos encubridores del miedo, pues un vecino, sospechando la infidelidad de su mujer y aceptando como cierta su inteligencia con los bandidos fue con el soplo a los polizontes y señaló el lugar en que se encontraban." Otros artículos repitieron más tarde ese comentario difuso, identificando a Wilson como el amante en cuestión aunque sin aportar datos ni elementos demostrativos. Ahora es imposible, y acaso irrelevante, comprobar la supuesta aventura. En su declaración policial, Hollesen afirmó que Evans le había robado una escopeta en enero de 1910 y "al pedir su devolución le dijo que se callara, que podría ser que algún día se la devolviera". Es decir que existió un conflicto previo que propició la delación.

Los pobladores de Río Pico respetaban y hasta apreciaban a los norteamericanos, pero el terror diseminado por la Policía Fronteriza había logrado socavar esas relaciones. Los bandidos "son conocidos de todos y vienen a hacer visitas de vez en cuando", declaró Tomás Cadagan. Pero Gebhard, como decía Bailey Willis, era la encarnación del orden y ante el espectáculo de las persecuciones y las consecuencias que implicaba ser sospechado de simple amistad con los fugitivos, muchos adherían a su campaña y trataban de ocultar sus antiguos vínculos. En definitiva, lo importante no era el motivo sino el acto de la delación. Hollesen no aportaba una simple información sino que, para la tradición oral (que ignoró la intervención de Márquez), cometía una especie de traición. Los norteamericanos estaban desprevenidos, y él los entregaba a una partida superior, en hombres y armas. Sin su aporte difícilmente podrían haberlos ubicado: se encontraban en una zona de bosque cerrado, al noroeste del Lago número uno.

El Viejo Austria condujo la partida a través de una senda abierta por el ganado cimarrón. Recorrieron una legua, con las carabinas prontas y los sentidos alertas al menor ruido. El guía resolvió adelantarse por una loma que terminaba en un cañadón. Había visto el campamento de los bandidos en esa quebrada, donde corría un arroyo. No fue necesario que hiciera una comprobación: en ese momento, dijo Blanco, "el soldado Peña manifestó que en el fondo del cañadón se veía una matra colorada extendida en forma de toldo". El subteniente ordenó desmontar y avanzar a pie.

Los soldados se acercaron sin hacer ruido hasta una distancia de veinticinco metros. Los detalles de lo que ocurrió a continuación son todavía materia de controversia. Lo que sigue en discusión es la forma en que ocurrieron los hechos, no tanto por un afán de precisión como porque de allí se desprende el sentido de la historia.

Según la tradición oral, Wilson descansaba o quizá dormía. Estaba tendido en la carpa y aún tenía vendada la mano, por el accidente con el cartucho, que le había arrancado un dedo. Evans preparaba un guiso y mientras tanto engañaba el estómago con unas copas de cognac. Prestaba menos atención al Winchester, que había dejado en el piso, que a un cuaderno pentagramado y a una libreta de tapas negras donde podía leer:

Yo soy la morocha,
la más agraciada,
la más renombrada
de esta población.
Soy la que al paisano
muy de madrugada
brinda un cimarrón.

De acuerdo con la versión oficial, Evans no estaba tan distraído, y menos amodorrado por el cognac. Escuchó ruidos que no eran del bosque y divisó enseguida entre la espesura la figura de los soldados. Levantó su Winchester y sin pronunciar palabra abrió fuego "con balas explosivas y dun-dun [sic]". El monte no protegió al soldado Montenegro: exponiéndose en un claro, recibió un disparo en el pecho y se desplomó sin un quejido. El resto de la comisión avanzó haciendo fuego a discreción.

Evans cambió de posición y siguió disparando hasta vaciar la carga de su Winchester. Sin posibilidad de recargar el arma, empezó a tirar con una pistola máuser y puso fuera de combate al soldado Peña, hiriéndolo en el antebrazo derecho. La resistencia del norteamericano hizo retroceder a Blanco y Palleres, que se quedaron en la retaguardia. "Leguiza, Rojas y Ríos le hicieron fuego –declaró luego el soldado Sequeira–, notando que aquél se tiraba al suelo pero sin cesar de hacer fuego." Evans había caído herido, "y como Ríos creyera que estaba inutilizado, cruzó un pequeño arroyo y dándose cuenta que el individuo le tomaba los puntos para hacerle fuego, le hizo un disparo con su carabina".

–Ya está –dijo Ríos, un español de veinticinco años.

Evans, alcanzado en el pecho, murió en el acto. Pero según el informe del propio subteniente Blanco "tenía cuatro heridas mortales": es decir que pudo ser acribillado estando en el suelo, desarmado. Así falleció el hombre al que llamaban Roberto Evans, y antes Hood, y cuyo verdadero nombre ignoramos; había querido reunir dinero suficiente para volver a los Estados Unidos y sacar a un hermano de prisión.

La intervención de Wilson, en la versión oficial, recién comienza con la muerte de su compañero. Había sido sorprendido a medio vestir, ya que sólo calzaba una bota, que se quitó porque evidentemente le estorbaba para correr y era más fácil desprenderse de ella que calzarse la restante. Según la versión oficial intentó resistir en el lugar, pero la herida en la mano derecha y la puntería certera de Cándido Ríos lo convencieron de que convenía escapar. "Aprovechó la ventaja que le daba la espesura del bosque y lo escabroso del terreno para huir –dijo Blanco–, después de que Ríos le hizo saltar la pistola Parabellum de dos balazos, uno de los cuales le inutilizó el mecanismo de disparo y el otro pasó rozándole la culata de la pistola atravesándole la mano izquierda." En una fuga desesperada, "tiró un winche [sic] en el monte" e hizo ocho cuadras, pero lo seguía la muerte en la figura del soldado Pedro Rojas, un chileno de diecinueve años.

El chileno iba a caballo y no tardó en acorralarlo. Le hizo un disparo y pudo verlo caer, "levantándose Wilson con un revólver en la mano –dijo Palleres– y como pretendía hacer fuego con el revólver, aquél le hizo un disparo". Detrás de él llegó el subteniente Blanco, que desmontó y se inclinó sobre el herido.

–¿Sos Evans o Wilson? –preguntó.

–Wilson –murmuró el norteamericano, y expiró.

Según Lucio Ramos Otero, el interlocutor fue Eufemio Palleres. Al desplomarse herido, Wilson "ha alzado un trapo blanco, para entregarse".

–¿Vos sos Wilson?

–No.

Contrariado, Palleres comenzó a golpear al agonizante con la culata del máuser hasta que llegó Blanco y le ordenó suspender el castigo.

Casi sesenta años después, redescubierto por la prensa como último sobreviviente de la historia, Pedro Peña dio una tercera versión sobre el último momento de Wilson. En este relato no hay diálogo, pero la acción es más elocuente y brutal que cualquier palabra: Blanco se acercó al norteamericano, que yacía desarmado, y le dio el tiro de gracia. En el sumario, el subteniente consignó que Rojas había errado el primer disparo que hizo, pero que pudo tirar otra vez, "cayendo Wilson con el pecho atravesado por dos balas": esa notable circunstancia (un disparo que deja dos proyectiles) pudo encubrir el acto que revela Peña.

Montenegro falleció en el lugar, poco después de ser herido. La Fronteriza tenía su primer caído. Peña fue llevado al almacén de Eduardo Hahn y de ahí a Tecka, para recibir atención médica. "Se censura duramente la inercia del doctor Hugo Roggero, médico de policía, que desde ayer a las seis de la tarde tenía orden de la policía y elementos a su disposición para trasladarse a Tecka (...) y no lo hizo hasta hoy a las seis y media de la mañana –informó el corresponsal de *La Nación* el 14 de diciembre–. Los perjuicios que puede ocasionar son gravísimos, pues el herido [ha pasado] más de tres días sin ninguna curación profesional de una herida hecha por bala explosiva, en días de gran calor, sin ningún elemento, después de trasladarse desde veinte leguas." Esa supuesta demora del médico aludía en realidad al enfrentamiento que sostenía con la Policía Fronteriza y sus propagandistas.

"Dada la actitud agresiva de los bandoleros –dijo Palleres– fue imposible tratar de efectuar su captura", por lo que optaron "por el último recurso". Pero, como ya habían demostrado, los soldados tiraban primero y averiguaban después. El propio relato de la Policía Fronteriza hace sospechar que los norteamericanos fueron asesinados cuando no podían defenderse; o al menos que las cosas no ocurrieron de la manera en que se pretendía. Los pobladores de Río Pico comenzaron a elaborar otra versión, acaso con la sospecha de que los expedientes policiales, muchas veces, no se hacen para averiguar la verdad sino para ocultarla.

Según Constantino Salinas Jaca, la Fronteriza abrió fuego de improviso, sin dar la voz de alto, y Evans cayó muerto; Wilson "pudo empuñar su pistola y haciendo fuego mientras huía, mató a uno de sus perseguidores, malhiriendo a otro". Al verse rodeado, "prefirió suicidarse a caer vivo en manos de la Fronteriza". El relato cambia de signo la intervención de la fuerza represiva: se trata de un ataque artero, a traición, y lo único digno de admiración es la acción de un hombre que prefiere morir libre antes que entregarse. Aquí se manifiesta otra vez la sorda hostilidad popular hacia los representantes del poder y en concreto a una fuerza que era percibida como "legión extranjera" mientras los muertos formaban parte de la comunidad.

A su vez, Ramos Otero afirmó que, al margen de la desigualdad de fuerzas, Evans estaba ebrio y Wilson tenía "toda deshecha la mano derecha". El estanciero, sin embargo, acreditó la versión de la Fronteriza en base al testimonio de su amigo Márquez; parece exagerar en la descripción del estado de los bandidos, y en su relato se nota cierta intención de desmerecer a la Fronteriza. Negaba la peligrosidad de los norteamericanos y a la vez revelaba la cobardía de los jefes: "Ni Blanco ni Payeres [sic] hicieron nada –aseguró–, permaneciendo ocultos uno en el monte y el otro en una zanja con el vigilante Ponce". La suya era una voz en el desierto, que respondía a una especie de propósito político, distinto del relato de los pobladores, en procura de denunciar los abusos.

Por último, en su vejez Pedro Peña dio una versión diferente a la que estableció el sumario. "Evans fue el primero en caer –dijo–. Antes dejó el Winchester cuyo cargador se le había terminado y comenzó a tirar con una pistola. Ahí fue alcanzado por las balas nuestras. A mi lado estaba el soldado Urbano Montenegro, un valiente, que recibió un balazo en el pecho al iniciarse el tiroteo. Wilson alcanzó a salir de atrás de un árbol disparando la carabina." El norteamericano y el soldado se hirieron mutuamente. "Wilson se tambaleó y no alcanzó a llegar al caballo" cuando fue rematado por Blanco.

El relato de la Policía Fronteriza, en fin, no puede ser tomado como la verdad de lo ocurrido. Primero, porque el sumario tiene toda la apariencia de haber sido fraguado. Las declaraciones de los soldados se repiten con mínimas variantes, como si alguien las hubiera preparado. El único civil que dio testimonio fue Hollesen, para hacerse eco del mismo relato. Se sabía que los sumariantes de Gebhard acostumbraban a formular las preguntas y a continuación las respuestas. Esa impresión se refuerza por el modo en que los soldados refirieron sus acciones: en todos los casos pusieron de relieve que se defendieron de una agresión o de un intento de agresión previos, estereotipo con el que la policía argentina ha legitimado históricamente el uso y abuso de la violencia. Tanta insistencia en resaltar que actuaron en legítima defensa se vuelve sospechosa.

Segundo, por los antecedentes de la Fronteriza cabe sospechar que Blanco y sus soldados no se proponían precisamente detener a Evans y Wilson para, como se dice, ponerlos a disposición de la justicia. Esta determinación debió potenciarse ante la muerte de Montenegro. Los soldados, seguramente, iniciaron el tiroteo para valerse de la sorpresa; si dieron la voz de alto fue al mismo tiempo que descargaban sus armas, como había ocurrido en el enfrentamiento con Wilson y Vidal, en la primera expedición. Es probable, incluso, que Wilson haya sido muerto cuando estaba desarmado: no parecía en condiciones de empuñar un revólver, con una mano inutilizada a causa de un accidente y la otra atravesada por una bala.

Los cuerpos de los bandidos, cargados en un catango, fueron llevados hasta el almacén de Eduardo Hahn. Allí tuvo lugar el velatorio del soldado Montenegro, un joven humilde que había llegado de La Plata para enrolarse en la Fronteriza. "El día 10 –anotó Blanco– hice llamar a todos los vecinos de Río Pico en cinco leguas de circunferencia de la casa de Eduardo Hahn e hice reconocer a los dos cadáveres." Para dar fe labró un acta, donde los vecinos Juan Hollesen, Emil Hermann,

Belisario Contreras, Juan B. Munita, Ernesto Stamm, Claudio Solís, Martín Erath y Juan Hahn "certifican que los dos cadáveres que se encuentran de cuerpo presente son los de los bandoleros norteamericanos a quienes conocen por Roberto Evans y William Wilson". El subteniente agregó una descripción final de los muertos: Evans era de "cuarenta años, aproximadamente, estatura regular, grueso, blanco, ojos azules, pelo y barba castaños claros y boca regular", Wilson, de "treinta y cinco años aproximadamente, blanco, alto, delgado, pelo y bigote castaño claro, ojos azules".

Al derivar el sumario al juez Luis Navarro Careaga, la Fronteriza consignó que el mismo día del reconocimiento, Blanco "dio sepultura en Río Pico a los bandoleros". La versión de los pobladores es diferente. Evans y Wilson, dijo el médico Salinas Jaca, "permanecieron varios días sin ser inhumados (...) abandonados en la explanada de la única casa de negocios entonces existente", es decir, la de los hermanos Hahn. Comenzó a circular una leyenda macabra, según la cual Blanco decapitó a los norteamericanos y puso sus cabezas en frascos con alcohol, en la creencia de que podría obtener algún provecho, al estilo de los cazadores de recompensas. Según otra versión, el subteniente desistió del degüello porque no había suficiente alcohol. Los dueños del almacén resolvieron enterrar los cuerpos a una cuadra del negocio. Pero los fantasmas no podrían ser sepultados.

La comisión de Blanco secuestró "un Winchester, dos pistolas Colt y dos revólveres Colt calibre 45, una pistola Parabellum, unas cuatrocientas balas de diferente calibre". Además el reloj con tres tapas que le habían robado a Ramos Otero, dinero, y entre otros objetos, el ejemplar de *The Wide World Magazine* de septiembre de 1910 y la libreta de tapas negras donde Evans, al parecer, había anotado la letra de "La morocha", el tango de Ángel Villoldo y Enrique Saborido.

Según *La Nación*, "todas las disposiciones hasta la ejecución del plan de captura" le correspondían al mayor Gebhard, "aplaudiéndose su gran actividad y discreta ejecución"; lo último puede entenderse en doble sentido. Tal atribución de los hechos implicaba una evidente falsedad, cuando hasta se ignoraba el paradero del jefe de la Fronteriza: "Se cree que se encuentra disponiendo e impartiendo órdenes entre Nueva Lübecka y Río Frío, puntos cercanos de donde se fugó Efraín Carrasco, y desde allí se pondrán en contacto con las tropas del cuerpo de gendarmería y carabineros chilenos que se embarcaron en Puerto Montt para desembarcar en Río Frío y puerto Chacabuco".

Gebhard, se supo al fin, seguía en Puerto Deseado, "por haber tenido noticias en Río Pico que los bandidos norteamericanos, después de robar una tropilla de caballos" iban rumbo a ese aislado pueblo "para asaltar la tesorería del ferrocarril". Los fantasmas no le daban tregua. "Suministré datos a la policía de Santa Cruz –informó por telégrafo el 14 de diciembre– pues [Mansel] Gibbon manifestó que se iría a San Julián a la casa de Walters, cuya familia es amiga con la de Gibbon." Llevaba como baqueano a un preso que "dice conocer las cuevas entre las pedreras entre Deseado y Río Chico, adonde vive Juan Coronado", a quien buscaba por un crimen ocurrido en Paso Limay, Neuquén. Aprovechaba la ocasión para recomendar el nombramiento de Milton Roberts como subcomisario de la Policía Fronteriza. Al día siguiente, anunció su partida con noticias de un viejo conocido: "El cabo Bernasconi queda enfermo aquí y lo atenderá Wenceslao Solís".

Mansel Gibbon y Juan Vidal se habrían puesto a salvo en Chile. La Policía Fronteriza hizo circular la versión de que regresaban a Chubut confundidos en la tropa de un arreo, reunidos con Efraín Carrasco, lo que no se comprobó. Otro informe de la fuerza represiva afirmó que los fugitivos, "en las proximidades de Vanguardia, departamento de San Julián, se reunieron con otros dos sujetos al parecer de nacionalidad norteamericana, siendo imposible darles alcance por las malas condiciones de las caballadas" y porque buscaban "los lugares más pedregosos" para marchar. Por las relaciones de sus padres y hermanos, Mansel Gibbon tenía mejores posibilidades de recibir ayuda; de hecho, el 25 de mayo de 1911, en medio del escándalo por el secuestro de Ramos Otero, varios vecinos de la Colonia 16 de Octubre habían pedido al gobernador del territorio "se deje libre de procedimiento policial" a Cameron Jack, como le decían.

Es probable que Mansel se haya reunido con su padre mientras lo buscaba la Policía Fronteriza. Guillermo Barber, poblador de 16 de Octubre, dio una pista al respecto: "Daniel Gibbon, a su regreso de Chile en agosto [de 1911], antes de presentarse en Esquel –dijo–, hizo un viaje al sud, ignorando a dónde se dirigió ni con qué objeto [sic], extrañando a la llegada a Esquel el cambio radical que se había operado en el carácter de Gibbon, quien ya no salía de casa ni frecuentaba los almacenes como anteriormente había hecho". En tren de conjeturas se puede arriesgar que fue él quien dejó a Evans el ejemplar de *The Wide World Magazine*; según los testimonios de sus conocidos, Daniel Gibbon era la única persona que guardaba revistas norteamericanas, y no cualquiera sino aquellas que tenían noticias de sus viejos amigos. La Fronteriza, de hecho, le confiscó otro número de la misma revista, de octubre de 1909, que contenía el artículo "The Bandit Hunters" (Los cazadores de bandidos), de T. R. Porter, sobre un grupo especial de policías formado por la Union Pacific, la compañía ferroviaria que había padecido a La Pandilla Salvaje. La nota daba por prófugo a Harvey Logan y estaba ilustrada con fotos de Butch Cassidy y Sundance Kid.

Ramos Otero aseguró que Gibbon y Vidal fueron vistos entre fines de diciembre de 1911 y principios de enero de 1912 en Colonia San Martín, lo que parece un acto demasiado arriesgado; a la vez, el estanciero consideró verosímil que anduvieran por Santa Cruz. Se dice que Mansel Gibbon cambió de nombre y volvió fugazmente a Esquel en 1922, para retornar años más tarde, inadvertido, y radicarse en Comodoro Rivadavia o algún punto de Santa Cruz, según distintas versiones, y vivir hasta los noventa y seis años. El destino de Juan Vidal es todavía más oscuro: desapareció en la frontera tan misteriosamente como había aparecido.

La campaña en Río Pico y el norte de Santa Cruz se cerró con nuevas persecuciones. El 23 de diciembre el comisario Julio Antueno salió de Tecka con treinta y tres presos, rumbo a Rawson. El mismo día llegó al cuartel de la Fronteriza, desde el Lago Buenos Aires, el sargento Juan Barrionuevo con un grupo de otros once detenidos, entre ellos José Carrasco y Emilio "Gatuto" Pérez. La Policía Fronteriza, dijo *La Cruz del Sur*, "ha barrido como el pampero con todas las malas sombras venidas de allende de las altas cumbres", lo que parece una definición exacta de sus objetivos. Según un informe del Ministerio del Interior, el total de detenidos en Chubut ascendía a ciento noventa y seis personas.

La opinión pública y los medios de prensa avalaban los abusos de Gebhard. Una de las pocas excepciones parece haber sido Alberto Fandiño, corresponsal en Trelew de *La Prensa*, que como se vio fue uno de los primeros diarios en denunciar los malos tratos que prodigaba la Fronteriza. Esas revelaciones estaban vinculadas con disputas comerciales, ya que Fandiño era consignatario de hacienda y estaba enfrentado con Justo Alsúa, jefe de la policía de Chubut y uno de los principales hacendados del territorio. El juez Navarro Careaga intervino en la disputa, ya que en 1910 instruyó dos causas contra Fandiño, aunque no mostró tanto interés para investigar las acusaciones de abigeato lanzadas contra el jefe de policía. El 26 de diciembre de 1911 la policía irrumpió en la agencia del diario porteño en actitud intimidatoria; el corresponsal aseguró que buscaban documentos que comprometían a Alsúa. Ese mismo día Fandiño solicitó garantías al gobernador "a fin de que pueda atender mis asuntos sin amenazas y persecuciones por parte de la policía, pues desde hace treinta días no me es posible salir de mi domicilio".

Pero nadie atendía las reclamos de Lucio Ramos Otero y quienes se atrevían a manifestar su desacuerdo corrían el riesgo de ser escarnecidos públicamente, como le ocurrió al médico Hugo Roggero. Los denunciantes debían presentarse en Buenos Aires, y ni aun así conseguían que se investigaran los atropellos. "Hace ya varios días –dijo *El Diario* el 4 de noviembre– que un comerciante del Chubut se presentó al Ministerio del Interior formulando quejas contra el jefe de la Policía Fronteriza de aquel territorio, al que acusa de arbitrariedades y abusos de todo género. Hasta ahora el ministerio no ha tomado medida alguna." Y no la tomaría, cuando Gebhard recibía manifestaciones públicas de adhesión. Pero enseguida el gobierno argentino debió enfrentar una reacción más seria. "Un telegrama de Santiago de Chile –advirtió *La Nación* el 10 de diciembre– dice que chilenos residentes en el Chubut reciben malos tratos de las autoridades." El corresponsal desestimaba de inmediato la acusación: "Lo que hay es que el mayor Gebhard trabaja con todo empeño para limpiar el territorio de toda la gente de mal vivir".

A la vez, desde Bariloche, donde había entregado presos a los hermanos Wagner, el subcomisario Nickel informó otra preocupante novedad. Había llegado a ese pueblo una comisión "compuesta del prefecto de Puerto Montt [Francisco] Melo, un oficial de carabineros [Alfredo] Ramírez y el señor Froilán Muñoz, estanciero del Bolsón [sic], para investigar los abusos cometidos por la policía con los súbditos chilenos". Querían comprobar las denuncias realizadas por el abogado Lorenzo Damasco por los sucesos ocurridos a partir de julio de 1911, es decir, en el momento en que la Fronteriza asolaba el noroeste de Chubut. La comisión debía comunicar sus averiguaciones al Ministerio de Relaciones Exteriores de Chile. Al mismo tiempo, como una forma de alentar nuevas denuncias, el gobierno transandino abrió consulados en Bariloche y Esquel, y se iniciaron conversaciones entre las cancillerías.

Las autoridades locales obstaculizaron la investigación. "El prefecto se entrevistó con el jefe de policía –dijo el corresponsal en Bariloche de *La Nación*– y le solicitó permiso para tomar declaración a los detenidos, pedido que fue denegado cortésmente [argumentando] que le era imposible sin orden superior [y además] el juez letrado se encontraba en viaje." La respuesta del gobierno argentino no fue mejor: el Ministerio del Interior le pidió a Gebhard que aclarara los hechos. El mayor quedó encargado de constatar los abusos que él mismo ordenaba. Nadie pudo sorprenderse, así, cuando Eduardo Nickel fue declarado inocente del cargo de apalear a un poblador. En cambio, la situación del subcomisario Eufemio Palleres, denunciado por robo y extorsión, fue indefendible.

En septiembre de 1910, cuando estaba al frente del destacamento de Epuyén, el secuaz de Gebhard se trenzó en una oscura disputa con el subcomisario Narciso Espinosa, de la Colonia 16 de Octubre. El conflicto comenzó luego de que Palleres detuvo y le entregó a tres pobladores chilenos. Estaban acusados de robo, pero no les había instruido sumario. Espinosa no aceptó en tales condiciones a los presos, que quedaron en libertad, y el 28 de septiembre vecinos no identificados de Epuyén, pero seguramente allegados a Palleres, se quejaron ante la jefatura de policía de Rawson de los chilenos que "les causan serios problemas en sus haciendas sin que el subcomisario Espinosa los haya querido atender".

Esta puja se resolvió al mes siguiente, cuando Espinosa, un policía que parecía más apegado a las normas, fue licenciado y Palleres puesto a cargo de la subcomisaría de Cholila, lo que suponía un ascenso. Entre los chilenos acusados se encontraba Genaro Márquez, quien en noviembre de 1911 denunció a Palleres por extorsión y robo de algunas herramientas, lo que indica una persecución sostenida por parte del policía. El desagravio para ese poblador honesto llegaría años después. En 1919, los inspectores de la Dirección de Tierras y Colonias, en un informe por otra parte cargado de comentarios xenófobos, mencionarían a Genaro Márquez, antes estigmatizado con el rótulo de "bandido", como un vecino "bien conceptuado" y emprendedor, dueño de un molino harinero al sur del lago Epuyén.

En enero de 1912 Nicanor Vargas denunció haber sido "brutalmente apaleado en mi misma casa por el subcomisario de la Policía Fronteriza Palleres, a quien acompañaban tres agentes: por el solo hecho de ser de nacionalidad chilena". A su vez, Arturo Borreber, un joven chileno radicado en El Foyel y acusado de bandolerismo, reveló que el mismo policía, al detenerlo, "le quitó cincuenta kilogramos de harina, ocho de yerba y dos de tabaco y dos de jabón sin haberlo pagado". Eran prácticas habituales, que había sido toleradas, pero la acumulación de causas hizo que Palleres fuera exonerado. Milton Roberts ocupó su lugar.

Gebhard tampoco pudo salvar a su mano derecha, el subteniente Jesús Blanco. "El gobernador del Chubut –dijo Bailey Willis– lo tenía vigilado y muy pronto lo arrestó por robar ovejas. El cargo fue probado y Blanco destituido después de un corto período en la cárcel." Pero el mayor no lo dejó librado a su suerte: el subteniente se convirtió en su secretario. "Es de tipo muy común entre cierto elemento de la juventud argentina –agregó el geólogo–: regordete y poco escrupuloso." Le adjudicaban un robo de poca monta, insignificante con relación a los saqueos que practicaba la Fronteriza; la sanción se explica por la rivalidad que sostenían Gebhard y el gobernador Maiz, de la que Willis pudo dar fe.

–Soy responsable sólo ante el ministro –le dijo el mayor–. El gobernador hace cuanto puede para arruinarnos y trató de hacerme transferir a otra parte; como no lo logró, molesta a mis oficiales.

Las expulsiones de Palleres, Blanco y algún otro oficial (el subcomisario Bernardo Arias, acusado por violación) sirvieron para maquillar la imagen de la Policía Fronteriza. Andando el tiempo, a fin de hacer comprensivas sus prácticas, los defensores de Gebhard plantearon que había actuado en una situación excepcional y que en tales casos, según el historiador Clemente Dumrauf, "la sociedad se ve obligada a instrumentar medios de represión extraordinarios para no sucumbir". La afirmación parece desmesurada respecto a las reales dimensiones del delito en la época. El propio gobernador Maiz reconoció en su memoria de 1911 que el temor provocado por los bandidos había sido "agrandado por la leyenda y el comentario". La inseguridad que sentían los habitantes era el producto de una compleja suma de factores. Los bandidos, y en particular el robo de hacienda, estaban en la punta del iceberg; subyacían la incertidumbre por la propiedad de la tierra, la violencia que mediaba en las relaciones personales y la inestabilidad política por las continuas rivalidades entre los representantes del Estado, que la Policía Fronteriza incluso acentuó, con su desconocimiento de los poderes constituidos y sus críticas tanto al gobernador como a la justicia. Tales enfrentamientos afectaban la imposición del ansiado orden, ya que allí chocaban distintas ideas, como ilustra la decisión de Gebhard de hacer "justicia" por mano propia al descubrir que el juez de Rawson liberaba a los presos que le enviaba. Decir que Mateo Gebhard era sinónimo de orden, como apuntó Bailey Willis, significaba negar la idea misma de orden, su dimensión impersonal. El mayor no aplicaba la ley sino una interpretación particular de la ley.

En definitiva, la mayoría de los tormentos y los robos que cometió la Fronteriza, sus rapiñas y arbitrariedades, quedaron sin castigo. Gebhard tuvo más poder, al ser puesto a cargo en julio de 1912 también de las policías fronterizas de Río Negro y Santa Cruz, y siguió en funciones hasta 1918, cuando el gobierno nacional disolvió la fuerza. La población perseguida inició un nuevo éxodo. David Orellana, que había sido el primero en llegar a Río Pico, fue ahora el que abrió el camino hacia el valle del Río Simpson. "Con gran pesar había visto pocos meses antes la injusta campaña que hizo el Comandante Gebhard en contra del elemento chileno que ocupaba tierra argentina. La arbitrariedad de este jefe me hizo volver los ojos a mi país", dijo José Silva Ormeño, otro de los primeros pobladores de aquella zona. En esa dirección también marcharon Juan Aguilar, el amigo de los norteamericanos, y la familia Cadagan.

Pese a sus desmanes, la Policía Fronteriza se esforzó por mostrar una apariencia de legalidad. La acción militar tuvo su complemento en la primera investigación más o menos sostenida de los hechos ocurridos desde una década atrás con la aparición de Cassidy. Mientras Gebhard iba al sur, el capitán Navarro permaneció en Súnica para continuar el sumario abierto con el testimonio de Lucio Ramos Otero.

La segunda declaración de Wenceslao Solís, tras la detención en Buenos Aires de Ricardo Perkins, condujo a revisar la historia de Butch Cassidy y Sundance Kid en Cholila y los asaltos que les atribuían. Los sucesos involucraban a otras personas y en primer lugar a Daniel Gibbon, que aparecía una y otra vez como el nexo entre la comunidad y los norteamericanos. Su rol quedó expuesto por los testimonios de Milton Roberts, un grupo de galeses de la Colonia 16 de Octubre y los chilenos Francisco Albornoz y Honorato Insunza, que habían trabajado a su lado. Roberto O. Jones, por caso, había visto varias veces al hombre que decía llamarse Santiago Ryan en casa de Gibbon "y le fue presentado por éste como un amigo"; de la misma forma conoció a William Wilson y Peter Litjens y por si le quedaba alguna duda Gibbon le manifestó que "era íntimo amigo de Enrique Place (a) Harry Longabaugh o Sun Dance Kid [sic] o Ed Jones, y de James P. Ryan o Santiago Ryan o Ge Parker o Patricio Cassidy (a) Buch Cassidy [sic]". Asimismo, Guillermo Barber conoció a Andrew "Dientes de Oro" Duffy y Robert Evans a través de Gibbon.

El sumario de la Policía Fronteriza fue otro instrumento para quebrar la solidaridad entre los puesteros y jornaleros y las relaciones de lealtad que amparaban a los norteamericanos. Al margen del cruce de acusaciones entre Wenceslao Solís y Diego Cadagan, ya mencionado, Juan Cadagan delató a Antonio Solís; los Gibbon y el ex comisario Eduardo Humphreys quedaron sospechados por los relatos de sus vecinos y Wenceslao Solís comprometió a pobladores de Valle Huemules. En cambio, al ser interrogado cuando Evans y Wilson eran objeto de búsqueda, Daniel Gibbon dijo que debían estar en Río Pico: una forma de salir del paso y a la vez de no entregarlos.

El secuestro de Ramos Otero quedó olvidado como objeto de investigación; Navarro intentó precisar los vínculos de Gibbon y Humphreys con distintos "negocios" de los norteamericanos, por un lado, y a la vez recopiló testimonios o más bien comentarios sobre algunos episodios lejanos en el tiempo, como los robos a los bancos de Río Gallegos y Villa Mercedes. El 25 de marzo de 1912 la Policía Fronteriza dio por cerradas sus actuaciones y remitió el expediente al juez Luis Navarro Careaga. El magistrado no mostró mucho entusiasmo en continuar la pesquisa. Se limitó a tomar algunas declaraciones, en las cuales emergió un aspecto oculto: las condiciones en que habían sido interrogados los testigos e imputados. Guillermo Cadagan, que reconoció las fotos que le exhibieron de Sundance Kid y Etta Place, "quiere hacer constar que ha sido castigado a palos por el oficial Milton Roberts"; Juan Cadagan "fue obligado a decir lo que los sumariantes querían y hasta inventar y mentir"; Manuel E. Cadagan había declarado "después de haber sido azotado con un palo y golpes de puño"; Wenceslao Solís "fue castigado por el capitán Navarro (...) También hicieron el simulacro de estaquearlo, mandando clavar cuatro palos al efecto".

Navarro Careaga no obtuvo mayores testimonios sobre los norteamericanos. En julio de 1912 dictó la prisión preventiva de Daniel Gibbon, Juan Cadagan y Wenceslao Solís, acusados de encubrimiento. Los tres, sin embargo, quedarían desvinculados de la causa.

"La muerte de los bandoleros Wilson y Evans –dijo Manuel Pastor y Montes, gobernador interino de Chubut, el 3 de enero de 1912– ha puesto fin a la intranquilidad en que vivían los habitantes de la Cordillera, disipando la atmósfera de inseguridad de vidas y haciendas." Caía el último bastión de los bandidos. Río Pico dejaba de ser una zona peligrosa de la frontera para convertirse en un sitio de exploraciones científicas y en una nueva área que se abría para la explotación económica. Las descripciones de los viajeros evocaban un paisaje de ensueño: las llanuras podían ser comparadas a las de la provincia de Buenos Aires, aunque la cordillera cerrara el horizonte; las lluvias y los cursos de agua garantizaban la fertilidad del suelo. "La flora –destacó un cronista de *Caras y Caretas*– es riquísima y variada. En las pampas es muy frecuente ver grandes extensiones cubiertas de frutillas de un sabor exquisito. Pero la vegetación más interesante la forman, sin duda, los grandes bosques que encierran riquezas incalculables y cubren más de la mitad de la reserva." Había otros dos motivos de atracción: la zona carecía de habitantes argentinos, es decir que se imponía su poblamiento, y acababa de ser conquistada para la civilización: "Los pobladores son de dos clases: nativos [araucanos] y chilenos y europeos (...) Los pobladores europeos son en su mayoría alemanes y dinamarqueses (...) Por desgracia se ven expuestos frecuentemente a las depredaciones de los bandoleros que infestan esos parajes y que les roban haciendas, atacan viviendas y tienen sus vidas constantemente comprometidas. Afortunadamente la acción de la policía en estos últimos tiempos se ha hecho sentir en aquellos parajes". El ingeniero Luis E. Fablet, que recorría la región por orden del gobierno nacional, creyó de interés pasar por el sitio donde habían caído muertos Evans y Wilson. Cerca, en el campo de Hahn, una cruz de madera señalaba sus tumbas, un sitio que ahora es de peregrinaje. En principio no había más que tierra y unas piedras, pero alguien plantó un rosal, como una indicación del renacimiento de esos hombres violentos en la memoria y la leyenda.

El colono John William Reale reveló que Daniel Gibbon había mantenido correspondencia con Butch Cassidy, quien estaba en Bolivia. Sin embargo, al preguntarle en los últimos tiempos por el llamado Santiago Ryan, su amigo "le contestaba que no había tenido más noticias". Alberto Gibbon, hijo de Daniel, afirmó que otro norteamericano frecuentaba la cabaña de Butch en Cholila y que según le habían dicho "estaba en Bolivia de gerente en una mina". Esta sorprendente declaración puede ser una alusión a Percy Seibert, el asistente del administrador de la mina de estaño Concordia, donde, como se verá, habían encontrado trabajo los prófugos más buscados por la Agencia Pinkerton. Sin embargo, no hay datos de que Seibert haya estado en la Argentina; es posible que el testigo, habiéndolo conocido a través de las noticias que llegaban por correspondencia, lo haya confundido con David Moore, el enigmático socio de Longabaugh en Cholila.

Para confundir las cosas, Daniel Gibbon especuló que ese tercer hombre era Harvey Logan, quien "se encontraría en La Paz, Bolivia, según dijo cuando se fue de aquí". En una segunda declaración, consultado sobre Cassidy y Longabaugh, respondió que su conocimiento del asunto procedía de haber leído en los diarios "que había ocurrido un asalto en Oruro". Su hijo Alberto fue más explícito: "Le había dicho Juan Perry en Cholila que habían muerto los dos en Bolivia el año pasado". Lamentablemente, el ex *sheriff* no fue interrogado al respecto.

El número de *The Wide World Magazine* de septiembre de 1910 hallado entre las pertenencias de Evans y Wilson ofrecía un artículo de John McIntosh, "La evolución de un bandido". El autor, un ex detective la Agencia Pinkerton convertido en escritor, había perseguido a Harvey Logan hasta que fue amenazado y prefirió cambiar de oficio. Desde entonces, buscaba al bandido por simple interés periodístico, lo que parecía menos arriesgado para ambos: decía que Logan, o Kid Curry como le llamaban, estaba en la Argentina, "donde las autoridades han solicitado la ayuda de la policía secreta de Estados Unidos".

Después de repasar algunos de los robos de la Pandilla Salvaje, McIntosh citaba un supuesto telegrama del cónsul norteamericano en la Argentina: "Kid Curry y su gavilla [están] obrando en la Argentina a gran escala". De acuerdo con su historia, el gobierno norteamericano había enviado un grupo de cinco agentes, formado por policías y detectives de la Pinkerton, las compañías de Ferrocarriles del Oeste y la Asociación Nacional de Banqueros.

Butch Cassidy y Harry Longabaugh aparecían mencionados como cómplices de Logan. Por entonces estaban lejos del lugar donde los imaginaba el escritor.

Epílogo
El regreso de Butch Cassidy

En una sociedad en la que los hombres viven subordinados,
como auxiliares de máquinas de metal o
como partes móviles de una maquinaria humana,
el bandido vive y muere de pie.

ERIC HOBSBAWM

Los pobladores de Cholila pudieron ver por última vez a Sundance Kid en abril de 1906, cuando apareció con Robert Evans. Venía desde Chile, donde se había escondido después de asaltar el banco de Villa Mercedes. Era una visita arriesgada, porque su foto y su nombre estaban en los diarios, que además exhumaban el pedido de captura de la Agencia Pinkerton. Pero necesitaba fondos y no había otro lugar al que recurrir. Los viejos amigos le dieron algo de dinero y hasta le consiguieron un préstamo, a cuenta de los animales que había dejado a cargo de Daniel Gibbon. El trío original se había disgregado: Sundance dijo que Etta Place estaba en San Francisco, mientras Butch Cassidy había seguido viaje hacia el norte de Chile, para pasar algún tiempo en Antofagasta (a 1364 kilómetros al norte de Santiago de Chile).

El período que se abrió entonces, tras la salida de la Argentina, fue el más oscuro, por la carencia de datos concretos y los interrogantes que se plantearon. A falta de circunstancias comprobadas hubo más leyendas. Un corresponsal de la Agencia Pinkerton, por ejemplo, afirmó que Cassidy trabajó como custodio de una compañía minera y entró en relaciones con empleados de un banco de Antofagasta, al que habría asaltado en compañía de una mujer. Sin embargo, el reporte no fue sino otro caso de fabulación basada en las informaciones contenidas en los avisos de búsqueda. Al margen de ser puerto de embarque de los productos mineros de la región, desde 1890 Antofagasta estaba vinculada por el ferrocarril con las minas de estaño y plomo del sudoeste de Bolivia. Cassidy decidió seguir ese camino, y en el curso del viaje cambió de nombre, para llamarse Santiago Maxwell e intentar una nueva vida.

En un momento no determinado de 1906, Cassidy encontró trabajo en una mina de estaño llamada Concordia, ciento cuarenta kilómetros al sudeste de la ciudad de La Paz, en los Andes centrales bolivianos. El gerente, Clement Rolla Glass, confió en él y le encargó en primer término que se ocupara de las compras de animales y provisiones y luego, cuando notó que era un hábil negociante, la custodia del transporte del dinero de los sueldos. Pagaba ciento cincuenta dólares al mes, más alojamiento y comida. Cassidy, o Maxwell, no lo defraudó: dio cuenta de cada centavo que se le confió, incluso por montos que, dicen, excedían los cien mil dólares.

Al regresar a Chile, Sundance pasó a llamarse Enrique Brown. Con ese nombre comenzó a trabajar para el contratista Roy Letson, que llevaba mulas del norte de la Argentina a un campamento ferroviario cercano a La Paz. Se presentó "bien vestido, sin dinero, tenía un pedazo de pan en el bolsillo para su próxima cena y un fino reloj de oro Tiffany", recordó más tarde el observador Letson. Enseguida demostró su pericia como jinete, en la doma de mulas. "Le conté que iba a Bolivia y me dijo que estaría encantado de ir por allá –dijo el contratista, ya advertido de quién había sido su empleado–. Ese viaje nos llevó varias semanas. Sin guía, a menudo llegábamos a un punto donde las huellas salían en todas direcciones. Longabaugh sugería el camino a seguir y en cada caso fue el rumbo correcto." Por supuesta casualidad la meta no era sino el campamento de Concordia, donde Sundance reencontró a Butch (aunque fingieron no conocerse) y decidió instalarse. El gerente Glass no opuso reparos, pero enseguida descubrió sus verdaderas identidades, al parecer porque uno de sus colaboradores había visto en Buenos Aires los avisos de búsqueda de la Agencia Pinkerton.

—No le robamos a la gente para la cual trabajamos –aclaró Cassidy.

A fines de 1906 conocieron y se hicieron amigos de Percy Seibert, un ingeniero norteamericano que trabajaba como asistente de Glass, a quien luego reemplazó. Seibert se convirtió en la principal fuente de información sobre estos días. Ambos se habrían explayado libremente en su casa, donde los invitaba a comer los domingos. Parece que Sundance depuso su habitual reserva y contó su novela familiar; había decidido hacerse *cowboy*, dijo, "después de leer algunas novelas del Oeste" y tomó parte en un par de robos "sólo por diversión" antes de probar suerte en las grandes bandas e ingresar en La Pandilla Salvaje. A su vez Cassidy dijo que habían abandonado Cholila porque un *sheriff* procedente de los Estados Unidos y radicado en las cercanías de su cabaña los había reconocido (una alusión a John C. Perry, quien no obstante había tenido tratos comerciales con ellos). Recordó la fuga de Villa Mercedes y contó que había tratado de convencer a Harvey Logan para que los acompañara hasta Sudamérica. Tal vez se reprochaba no haber insistido, ya que en caso de haberlo conseguido el viejo amigo estaría quizá con vida. Después de comer, le gustaba sentarse en un sofá ubicado entre dos ventanas, posición que le permitía una vista del exterior, y acaso después de evocar a sus compañeros permanecía en silencio, abstraído en algún punto del paisaje.

Seibert recreó la leyenda. "A lo largo de Bolivia –dijo– Cassidy parecía gozar de la simpatía de nativos y mestizos. Tan pronto como llegaba a un pueblo, quería jugar con los chicos y por lo general tenía caramelos y otros dulces en sus bolsillos para darles. A causa de esta simpatía los lugareños lo miraban como a una especie de Robin Hood y cuando fue acosado por las autoridades, Cassidy pudo encontrar siempre un refugio entre la población." Más allá de la evidente exageración, es probable que intentaran desarrollar las condiciones que aseguraban su supervivencia, es decir, captar la confianza y canalizar las postergadas ansias de justicia de la gente. Pero la realidad parecía diferente de la descripción del encargado de la mina Concordia: más bien estaban expuestos, no lograban asentarse demasiado tiempo en ningún lugar, y eso los hacía vulnerables.

Cassidy atraía como un imán a quien se le acercaba y provocaba su adhesión instantánea. "Era un hombre extraordinariamente agradable, culto y encantador –afirmó Seibert–. Se mostraba correcto al hablar y nunca se mostró vulgar." Ese carisma se reforzaba por contraposición a la desconfianza que provocaba Sundance Kid con su actitud distante y su hosquedad. El ingeniero no pudo contar mucho de él, pero en cambio guardó otras anécdotas sobre su compañero. Entre ellas, perduró una especialmente significativa. La historia asegura que Butch fue al campamento de unos mineros escoceses con el plan de asaltarlo. "Le dieron trabajo como vigilante nocturno y le dijeron que en realidad no necesitaban a nadie –relató Seibert–, pero querían darle la posibilidad de hacer algo de dinero para que pudiera seguir haciendo exploraciones, ya que les había confiado que era un buscador de oro y había salido con el propósito de conseguir dinero y equipos." Semejante actitud desarmó a Cassidy, que desistió de perjudicar a tan buena gente. La moraleja del cuento tenía doble faz: mostraba los principios que podían guiar a un bandido y su reconciliación con el orden, a través de aquel empleo como vigilante. La conversión del fuera de la ley en defensor del mismo orden al que tenía en vilo es un camino trillado por los bandidos tradicionales. Ese recorrido es posible en la medida en que el bandido no sea percibido como criminal sino como vocero o encarnación de ciertas demandas populares, es decir, que a su manera se haya mantenido dentro del orden. No sería el caso de Butch y Sundance: las persecuciones de que eran objeto les impedían asimilarse a la población común, y en el último instante demostrarían que eran capaces de la decisión más extrema para no someterse a la ley.

En Bolivia todavía alentaban su viejo sueño: establecerse con una cabaña en el campo y dedicarse a criar ganado. En octubre de 1907, acompañados por un tercer norteamericano no identificado, fueron con ese objeto hacia las zonas más fértiles del este del país, hasta llegar a Santa Cruz de la Sierra. "Encontré el lugar que anduve buscando durante veinte años", anunció Cassidy, en una carta dirigida "a los chicos de Concordia". Estaba de buen humor: "Éste es un pueblo de dieciocho mil [habitantes] –decía–, y catorce mil son mujeres, y muchas de ellas son chicas (...) Uno nunca es demasiado viejo si tiene ojos azules y rostro bronceado". Y de hecho disfrutaba un romance: "Es la cosita más linda que he visto, pero temo que el Papa [sic] tire abajo nuestro nido".

A continuación Cassidy volvía al motivo del viaje. "Este lugar no es lo que esperábamos. Aquí no hay ganado. Toda la carne que se consume viene de Mojo, a ochenta leguas de distancia, y se cobra entre ochenta y cien Bs [pesos bolivianos]. Pero el ganado andaría muy bien. El pasto es bueno, aunque el agua escasea (...) Aquí pueden obtener agua potable a cuarenta pies, pero son demasiado haraganes como para cavar pozos. La tierra es barata y todo lo que se siembra crece bien (...) Si no me muero, estaré viviendo aquí muy pronto." Se despedía diciendo que en un mes regresaría a Concordia. "Estoy buscando el lugar que quiere Hutch, ocho leguas de largo, media legua de ancho, con un gran río atravesándolo de punta a punta", agregaba en posible referencia a un nuevo amigo, el joven escocés James "Santiago" Hutcheon.

Se cuenta que en Santa Cruz de la Sierra, por algún motivo, pasaron por una dependencia policial donde estaban exhibidos los avisos de captura de la Agencia Pinkerton. Cassidy contempló su foto en el afiche, tomada en julio de 1894, cuando había ingresado en "la gran casa de piedra", la cárcel de Laramie, en Wyoming. Se hizo un silencio; el policía a cargo lo contemplaba fijamente.

–Si los veo por ahí le avisaré de inmediato –prometió Butch.

Los planes tropezaron enseguida con obstáculos no demasiado claros. Según Seibert, en una noche de borrachera Sundance alardeó públicamente sobre sus hazañas criminales y se vieron obligados a dejar su empleo en Concordia. Ambos fueron entonces al pueblo de Tupiza, un centro minero cercano a la frontera con la Argentina. Allí los empleó Hutcheon, que se dedicaba al transporte de pasajeros y cargas. Parece más verosímil suponer que habían llegado a un entendimiento previo con él y que su mudanza se debió tanto al proyecto que compartían de comprar tierra para establecerse, como a aquel viejo precepto que recomendaba mantenerse en movimiento para evitar las delaciones.

En 1908 se produjeron varios robos en la región por la que circulaban Cassidy y Longabaugh. En abril, tres norteamericanos abordaron un tren y robaron la remesa de sueldos de una construcción del ferrocarril en Eucaliptus, una estación al sur de La Paz. Según versiones periodísticas, se trataba de ex empleados despechados por el trato que habían recibido, pero no fueron identificados. En agosto, en el mismo lugar, dos enmascarados asaltaron al pagador de la empresa South American Construction. Percy Seibert aseguró que Cassidy y Longabaugh fueron los responsables al menos del primer golpe, que reeditaba los clásicos del Sindicato de Asaltantes de Trenes, como se llamó también a La Pandilla Salvaje.

En agosto aparecieron en Verdugo, pocos kilómetros al sur de Tupiza, y lograron ser admitidos en el campamento del ingeniero inglés A. G. Francis, que supervisaba el transporte de una draga en el Río San Juan del Oro. Se presentaron como George Low y Frank Smith.

Francis los recibió con los brazos abiertos. "Mi equipo de cerca de treinta hombres estaba conformado por criminales argentinos y chilenos de diverso tipo y mestizos bolivianos", según escribió en un artículo publicado en mayo de 1913 en la revista *The Wide World Magazine*. Debió sentir alivio al escuchar a dos hombres que hablaban su misma lengua y, por otra parte, afirmaban dedicarse al comercio de ganado y "demostraban ser una compañía entretenida".

Sin embargo, el ingeniero inglés no tardó en sospechar que sus huéspedes no tenían demasiado que envidiar a sus empleados. Lo que primero le llamó la atención fue que mientras Longabaugh se quedaba en el campamento, Cassidy pasaba el tiempo en Tupiza. Que él supiera, no había mucho para ver en ese pueblo. Luego, Sundance mantuvo un altercado con un carrero chileno que no pasó a mayores por la intervención de Francis; sus maneras y lenguaje no eran las de un hacendado.

Las dudas aumentaron después de un accidentado viaje a la provincia de Jujuy. Sundance acompañó a Francis hasta un almacén de Santa Catalina, paraje cercano a la frontera con Bolivia, en busca de provisiones. El dueño del negocio era un comisario amigo, a quien encontraron "con dos visitas, los comisarios de Córdoba y Jujuy [sic]". La reunión transcurrió en una atmósfera distendida hasta que se pusieron a hacer competencias de fuerza. Sundance se midió en una cinchada cuerpo a cuerpo con uno de los policías; de pronto, sin decir palabra, se desprendió de su contrincante, salió del almacén y, montando su caballo, se alejó al galope.

Más tarde, cuando Francis le preguntó qué había pasado, ofreció dos respuestas. Primero "explicó que el hombre había tratado de sacarle el revólver" y luego trató de convencer al ingeniero "diciéndome que pensó que el cordobés lo había reconocido y quería desarmarlo fingiendo una manera amistosa". Sundance tenía en cuenta que la policía argentina estaba alertada de su identidad y mantenía vigente el pedido de captura por los robos en Villa Mercedes y Río Gallegos.

El ingeniero tuvo que mudarse a un segundo campamento en Tomahuaico, a pocos kilómetros del anterior, y sus nuevos amigos lo siguieron. Cassidy mantenía sus visitas a Tupiza. Esos viajes respondían a un objetivo secreto: preparar el asalto al banco local. Sin embargo, por esos días había llegado al pueblo un destacamento del Regimiento Abaroa, fuerza especial del Ejército boliviano. En principio resolvieron esperar que los soldados siguieran viaje, ya que se alojaban en la misma cuadra del banco; pero andaban sin fondos y en definitiva decidieron aprovechar un dato que le habían pasado a Butch.

En Tupiza se encontraba la administración de Aramayo, Francke y Compañía, la empresa minera más importante del país. Una vez al mes un empleado salía con los sueldos de los obreros y otros caudales rumbo al vecino pueblo de Quechisla, donde se hallaba el centro de operaciones. Era mucho dinero: ochenta mil pesos bolivianos (actualmente, medio millón de dólares). Y el encargado de esa tarea no llevaba custodia. El próximo viaje estaba previsto para el 3 de noviembre.

Cassidy y Longabaugh habrían salido del campamento al menos un día antes de esa fecha, llevando un caballo que les prestó Francis. Marcharon hacia Tupiza y desde allí siguieron, sin ser advertidos, al hombre que transportaba aquella fortuna: se llamaba Carlos Peró e iba acompañado de su hijo, Mariano, y un peón, Gil González. El informante de los norteamericanos nunca fue identificado; aportó datos precisos, pero se equivocó en la cuestión más importante.

En la mañana del 4 de noviembre, cuando descendían la colina Huaca Huañusca, un desolado paraje andino, Peró y sus acompañantes se toparon con dos hombres que les apuntaban con carabinas de gruesos cañones. Vestían ropa de corderoy rojo oscuro, llevaban los sombreros torcidos hacia abajo y cubrían sus caras con pañuelos. El empleado de Aramayo sólo pudo distinguir los ojos azules del desconocido que se adelantó, mientras el compañero permanecía inmóvil. Además, dijo, tenían revólveres Colt en sus fundas y pistolas de bolsillo Browning escondidas en sus cinturones, que estaban llenos de municiones.

De una manera cordial, como si hablaran en el *lobby* de un hotel y no en los áridos Andes bolivianos, Cassidy les ordenó desmontar y entregar el dinero que llevaban. Sundance contemplaba la escena sin traslucir la menor emoción. Peró respondió que podían tomar lo que quisieran y entonces Butch, hablándole en inglés, aclaró que no buscaban los valores o las pertenencias personales sino el dinero de la compañía Aramayo. Y fue más preciso: querían los ochenta mil bolivianos que, tenían entendido, componían la remesa del mes.

La información no era del todo correcta. Peró llevaba quince mil bolivianos; el resto, aclaró, iba a ser trasladado en pocos días. Cassidy quedó demudado. La suerte giraba como en una bisagra: si hasta entonces el plan había funcionado de acuerdo con lo previsto, a partir de ese momento se sucederían los errores y los contratiempos. Siguió un momento de silencio e indecisión, y luego Butch sacó el dinero del equipaje y se lo alcanzó a Sundance. Sin perder tiempo en revisar a las víctimas, tomaron la mula de refresco que llevaban y escaparon.

Peró quedó asombrado por la información que manejaban los asaltantes: no solamente habían ido directamente al grano sino que además sabían que él hablaba inglés. Horas más tarde encontró a un arriero y escribió una nota para informar del suceso; la noticia se propagó rápidamente y no tardó en llegar a los oídos de los soldados del Regimiento Abaroa. El empleado de la Compañía Aramayo identificó a los asaltantes como norteamericanos y los describió de manera difusa: "Los dos son altos; uno es delgado y el otro –que llevaba un buen par de binoculares Hertz– corpulento". En cambio detalló las armas que llevaban y resaltó que la mula robada, de color café oscuro, podía ser fácilmente identificada, dado que ostentaba la marca de la compañía y "la conocen todos los peones de Tupiza". No dudaba de que habían preparado cuidadosamente tanto el robo como la fuga, ya que no se molestaron en maniatarlos o quitarles los animales en que viajaban.

Según A. J. Francis, después del asalto Butch y Sundance "hicieron su camino a través de las montañas hacia un paraje desolado, donde decidieron esperar la caída de la noche antes de proseguir su marcha a Tomahuaico". Los ladridos de los perros despertaron al ingeniero inglés en su campamento, en las primeras horas del 5 de noviembre:

–¿Quiénes son? –preguntó.

–¿No conoces a tu viejo caballo, chico? –replicó Butch.

Pese a la broma, Cassidy "parecía estar enfermo" y se acostó a dormir de inmediato. Sundance permaneció en vela. Se mostró inesperadamente locuaz; a la luz de los sucesos posteriores, realizó una especie de "confesión en el umbral", como la de los personajes literarios que, al enfrentar su último momento, cuentan episodios o acciones que permanecían ocultas y son decisivas. Francis pudo escuchar así un relato del plan para robar el banco de Tupiza y del golpe contra Aramayo. En una conversación anterior, Sundance había planteado un descargo: "Me contó que había intentado muchas veces hacer una vida pacífica, pero esos intentos habían sido frustrados por emisarios de la policía y detectives particulares enviados tras su rastro, forzándolo a volver al viejo camino. Aseguró que nunca había matado o herido a nadie salvo en legítima defensa y que nunca había robado a los pobres sino sólo a las grandes corporaciones capaces de absorber sus 'demandas'", reveló Francis.

En la mañana siguiente un mensajero les advirtió que una patrulla militar, siguiendo sus huellas, venía en dirección del campamento. Grupos de soldados y mineros armados y enardecidos por el despojo de sus sueldos recorrían otros puntos vecinos. Francis decidió ayudarlos, o lo invitaron a que indicara el camino. Pero Cassidy y Longabaugh no mostraron nerviosismo ni mayor apuro. Antes de seguir viaje tomaron un largo desayuno.

—¿Dónde van? —preguntó el ingeniero—. ¿A la Argentina?

—No —dijo Sundance—. No podemos ir allá. Queremos ir hacia el norte. Conocemos un lugar donde ocultarnos hasta que pase todo.

Posiblemente se refería a Oruro, una ciudad lo suficientemente grande como para que pudieran pasar inadvertidos o encontrar un escondite.

Francis los condujo primero hacia el sur, costeando el Río San Juan del Oro, y luego al norte a través de un estrecho barranco, hasta la localidad de Estarca. El ingeniero los hospedó en la casa de una mujer y se despidió. La presencia de los norteamericanos, armados como estaban, llamó la atención de los habitantes de ese perdido pueblo. Llevaban consigo la mula robada a Peró, que ostentaba la marca de Aramayo. Al ser interrogados por su rumbo, dijeron que iban a inspeccionar el camino hacia San Vicente, otro caserío de la comarca. La respuesta debió sonar poco creíble: "Los caminos, como entendemos este término en Inglaterra, aquí son desconocidos", dijo Francis. Y que el gobierno se acordara de enviar inspectores, y que estos inspectores fueran dos norteamericanos, debía ser algo asombroso.

Por añadidura, Butch y Sundance revelaron su verdadero rumbo. Al atardecer del 6 de noviembre llegaron a San Vicente, un pueblo minero a cuatro mil quinientos metros de altura; los había precedido un pelotón del Regimiento Abaroa, al mando del capitán Justo Concha, que participaba de la búsqueda. Los perseguidos seguían de cerca a sus perseguidores. Al atravesar la calle principal se cruzaron con el corregidor Cleto Bellot, la principal autoridad local, a quien le preguntaron si conocía algún alojamiento. Bellot dijo que esas comodidades no existían en el pueblo, pero que podían alquilar un cuarto en la casa de un vecino, Bonifacio Casasola, que también tenía forrajes para sus mulas.

El corregidor los acompañó mientras se instalaban en una especie de rancho separado por un patio de la vivienda del dueño de casa. "Me preguntaron cuál era el camino a Santa Catalina —recordó— y dijeron que venían de La Quiaca." La frase implicaba un contrasentido, ya que hablaban de dos puntos vecinos en el norte argentino; Bellot les dijo que no tenían más que volver sobre sus pasos. Tal vez trataban de despistar; a Francis le habían pedido que dijera que iban hacia la frontera argentina. Pero el supuesto recorrido era un dislate, ya que venían viajando en dirección al norte. El hecho mismo de pernoctar en el pueblo y encerrarse en una casa, en vez de hacer campamento en algún lugar sobre el camino, suponía otro grave error, tan desconcertante en los norteamericanos como llevar la mula robada cuando el golpe contra Aramayo era *vox populi*. Y además dejaron dos carabinas en el patio de la vivienda, con las monturas y los animales. Tal vez Cassidy continuaba enfermo, como lo había visto A. J. Francis, y pensaron que lo mejor era buscar un sitio lo más confortable posible para descansar.

En otro giro inesperado, o tal vez porque entraron en confianza "más tarde me preguntaron por el camino a Uyuni y Oruro", dijo Bellot, es decir, la dirección contraria a la anterior. A su pedido, el corregidor mandó a comprar cerveza y sardinas, con plata que le dio Sundance.

Bellot se despidió deseándoles buenas noches y una grata estadía en San Vicente. De allí fue a la casa del vecino donde se alojaban los soldados del Regimiento Abaroa. Los yanquis que buscaban, reveló, estaban en el pueblo.

El pelotón, compuesto por cuatro hombres, ingresó sigilosamente en la finca de Casasola. Querían dar una sorpresa, pero Cassidy les ganó de mano: cuando atravesaban el patio interno, Butch se asomó y disparó su Colt, hiriendo en el cuello al soldado Víctor Torres, que encabezaba la marcha. El soldado respondió con un disparo de su rifle y huyó a una casa cercana, donde murió al poco rato; era el primer hombre al que mataba Cassidy.

Los soldados comenzaron a disparar desde el patio, mientras llegaban vecinos para vigilar el techo y la parte trasera de la casa. No había escapatoria posible. El tiroteo continuó hasta que se oyeron, según Bellot, "tres gritos desesperados" desde el cuarto de los bandidos. Los guardias se mantuvieron en sus lugares sin atreverse a averiguar qué ocurría. Al amanecer, por fin, entraron en el cuarto. Butch yacía en el suelo, con una herida en la sien y otra en su brazo, mientras Sundance estaba sentado en un banco detrás de la puerta, abrazado a un jarrón, con un disparo en la frente y varias heridas en el brazo. Para evitar la captura, Cassidy mató a su compañero herido y se suicidó de un disparo.

Los bandidos no habían sido heridos de gravedad y tenían municiones para resistir un asedio prolongado. Pero prefirieron morir libres antes que caer prisioneros. Harvey Logan había tomado la misma decisión, cuando lo acorralaron sus perseguidores. Aun en su último momento los otrora jefes de La Pandilla Salvaje burlaron la ley; y en esta acción se destacaba el protagonismo de Butch.

"Butch Cassidy fue concebido en un molde único –dijo el historiador del oeste Charles Kelly–. Por sus ancestros fue tan inglés como Robin Hood; por su ambiente, un típico *cowboy* americano. Para él, la rutina era mortal y la aventura el tónico de la vida (...) Tuvo un sentido de justicia aun cuando robaba trenes y bancos. Hizo muchos amigos y pocos enemigos. Aunque nunca robó conscientemente a los ricos para alimentar a los pobres, realizó muchos actos de generosidad. Por lo que sabemos, no mató a nadie en toda su carrera, hasta su último momento. Eso lo hace excepcional entre los hombres de su clase."

Cassidy y Longabaugh fueron enterrados como desconocidos en el cementerio de San Vicente. El dinero robado estaba en su equipaje y pasó a engrosar los bolsillos del capitán Concha. De acuerdo con el informe oficial, Butch tenía consigo un revólver Colt, de seis tiros, con treinta cartuchos; Sundance, una carabina Winchester y ciento veintiún cartuchos y en sus alforjas guardaba otra carabina. Algo bastante diferente del arsenal que les adjudicó Carlos Peró.

Entre los objetos requisados a Cassidy había una libreta con muchas anotaciones, un papel con la dirección de una casilla de correos de La Paz y siete tarjetas personales a nombre de Enrique Hutcheon. Piezas de un rompecabezas perdido.

Lo más enigmático son las tarjetas. Parece extraño que alguien tenga tantas tarjetas de otra persona, y por eso se supuso que acaso se trataba de un nuevo seudónimo de Cassidy. Pero también se planteó la posibilidad de que el muerto, en realidad, haya sido el propio Hutcheon. Al parecer éste habría sido un medio hermano de James Hutcheon, el escocés que empleó por un tiempo a los norteamericanos; no se conocen más datos de tal personaje, si es que existió.

Por su parte, de acuerdo con el inventario oficial, Sundance tenía consigo un "diccionario inglés" (y no, en principio, un diccionario español-inglés). Este simple dato se convirtió en un punto de apoyo para negar que fuera Longabaugh, en correspondencia con algunos informes que sindicaban como chileno a uno de los muertos. Tampoco tiene mucho sentido imaginar que un bandido chileno fuera un estudiante de idiomas. Como observaron algunos investigadores, más bien se habría tratado de un diccionario bilingüe, que para los norteamericanos era tan importante como el mapa de Bolivia que llevaban en su equipaje.

Los cuerpos fueron reconocidos por Peró, a pesar de que sólo les había visto los ojos, y la justicia boliviana inició un sumario en el que, si bien no identificó a los muertos, recopiló testimonios que ahora permiten deducir sin margen de duda quiénes eran. El testimonio del ingeniero Francis resultó también relevante, aunque al relatar la historia confundió a Sundance con Harvey Logan. En julio de 1909, Frank D. Aller, quien en el pasado había sacado de apuros a Sundance Kid en Chile, escribió desde Antofagasta a la Embajada norteamericana en La Paz para confirmar la muerte de dos americanos a los que conocía como Frank Boyd o H. A. Brown y Maxwell, quienes "fueron reportados asesinados en San Vicente, cerca de Tupiza". Al responder al pedido en septiembre de 1910, Alexander Benson, en nombre de aquella embajada, afirmó que "Brown y Maxwell fueron los hombres que asaltaron muchos de los trenes de la Compañía Boliviana de Ferrocarriles y transportes de empresas mineras, y tengo entendido que murieron en una pelea con soldados enviados a detenerlos".

Sin embargo, el tiroteo de San Vicente dejó abiertos los suficientes resquicios como para que se plantearan interrogantes y dudas. El hecho de que los muertos no hubiesen sido identificados de manera oficial fue el primer paso. Enseguida circularon versiones contradictorias. La Agencia Pinkerton mantuvo abierta la búsqueda de Butch y Sundance e incluso consideró un invento la historia de la muerte, tal como apareció relatada por primera vez en los Estados Unidos, en 1930, cuando Percy Seibert refirió los hechos al periodista Arthur Chapman. Se decía que Butch y Sundance habían alentado esa versión, para regresar de incógnito y a salvo a su país natal. Y que los viejos amigos habían financiado el viaje de un investigador a Bolivia, quien entrevistó a los soldados que mataron a los asaltantes de Aramayo –rezaba la leyenda– y obtuvo fotos de los muertos, que no lograron despejar las dudas entre los veteranos del Lejano Oeste.

Tanto el robo a la compañía Aramayo como la muerte de los asaltantes se conocieron casi de inmediato en Buenos Aires, a través de los diarios. "Dos individuos que, según se dice, deben ser norteamericanos o chilenos" eran buscados por el asalto, consignó un despacho desde Tupiza publicado por *La Prensa* el 6 de noviembre; "hay opiniones de que deben ser los norteamericanos que asaltaron el Banco de la Nación en Villa Mercedes, y que después se refugiaron en esta República, donde han llevado a cabo varios asaltos". El mismo cable informó que el ejército tenía presos "a dos norteamericanos que traen municiones y armas", aunque "parece que éstos no son los verdaderos salteadores". En efecto, fueron identificados y liberados días después. El 9 de noviembre, *La Prensa* dio cuenta del enfrentamiento en San Vicente. "Los bandoleros eran dos y se tomaron en pelea con las fuerzas que los perseguían –apuntó una breve crónica–. Del encuentro resultaron muertos los dos delincuentes y un soldado. Se les encontró dinero."

Las noticias no tardaron en llegar a Chubut: como ya se mencionó, Daniel Gibbon dijo que había leído en los diarios algo respecto de un asalto cerca de Oruro, lo que no era sino una referencia al último golpe de Cassidy y Longabaugh. Tal vez hayan sido las informaciones periodísticas las fuentes de John C. Perry, quien contaba que los antiguos vecinos de Cholila habían muerto en Bolivia. O tal vez quedó algún otro corresponsal en Bolivia (el supuesto tercer americano citado en el capítulo anterior) que los puso al tanto de lo ocurrido y reavivó el fuego de los recuerdos.

"En el Chubut –consignó un artículo de *The Standard* de diciembre de 1911– casi no hay hombre que no cuente al viajero algún encuentro, verdadero o falso –falso más bien– con la intrépida banda, estancieros que los han hospedado y agasajado sin saber quiénes eran (...) El viajero en las regiones desiertas no temía que le trataran mal si topaba con ellos, porque se limitaban a asaltar casas de comercio y bancos." El comentario afirmaba la nostalgia por un estado de cosas desaparecido; paradójicamente, con la supresión de los bandidos norteamericanos se abría una situación de inseguridad.

Esos relatos trastocaban la sucesión de los hechos y hacían del tiempo un elástico que ligaba acontecimientos sin vinculación y personajes que nunca se conocieron, o los reinventaba. A pesar de la falta de evidencias, en cada lugar donde habían pasado, comenzaron a circular historias según las cuales Cassidy y Longabaugh no habían muerto en Bolivia sino que lograron regresar a los Estados Unidos, donde protagonizaron nuevas aventuras.

Los bandidos revivieron para morir y renacer muchas veces. La mayoría de los relatos aluden a Cassidy, como una prolongación evidente de su magnetismo. La memoria popular no quería olvidarlo en un pueblo perdido, sino traerlo a casa. Así llegó a ser hombre de negocios, vendedor ambulante, banquero, estanciero, cazador, minero, ingeniero civil y ferroviario, vendedor de zapatos y extra de Hollywood. "Se dice que Butch murió en Vernal, Utah, en 1920 –enumeran Daniel Buck y Anne Meadows–; en Oregon y Denver, Colorado, en 1930; en una isla cerca de la Costa de México en 1932; en los Andes Chilenos en 1935; en Tombstone, Arizona, en 1937; dos veces en Spokane, Washington, en 1937; y tres veces en Nevada –Goldfield, Johnnie y Las Vegas– entre fines de 1930 y principios de 1940." El relato más gracioso fue el del minero Art Davidson: había un doble de Butch Cassidy, afirmó, un sobrino homónimo que había sido el verdadero líder de La Pandilla Salvaje y vivió hasta los años cuarenta; el más impactante, el de Lula Parker Betenson, hermana menor de Butch, quien afirmó, aunque sin evidencias, que la familia reencontró a Cassidy en 1925 y que él falleció recién en 1937.

Sundance tuvo menos "testigos" de sus resurrecciones, pero fueron igualmente bizarros: en sus historias recorrió América Central, combatió junto a Pancho Villa, ganó y perdió al poker una mina de oro en Alaska, viajó a Europa, luchó con las árabes contra los turcos en la Primera Guerra y regresó a los Estados Unidos. Etta Place constituyó también un poderoso motivo para la imaginación. Los relatos acuñados la ubicaron como vecina de Denver hasta su muerte, en 1924; madre de muchos hijos, entre ellos una joven que integró una banda de asaltantes en los años veinte; combatiente en la Revolución Mexicana; detenida en Buenos Aires por el mayor Mateo Gebhard; casada con un funcionario del gobierno paraguayo, con un empresario de boxeo o con Elzy Lay, el antiguo amigo de Cassidy, y establecida pacíficamente en Bolivia. El comerciante William T. Phillips afirmó ser Butch Cassidy en los años treinta, y un simpático personaje conocido como Hiram BeBee decía que era el verdadero Sundance Kid.

En 1991, con la intervención del antropólogo forense Clyde Snow, se hizo la exhumación de un esqueleto y parte de una calavera en la supuesta tumba de Cassidy y Longabaugh, en el cementerio de San Vicente. La calavera pertenecía a un boliviano y los exámenes de ADN determinaron que el esqueleto no correspondía a Butch ni a Sundance. Poco después los investigadores descubrieron que habían hurgado en la tumba de un minero alemán llamado Gustav Zimmer. En un intento por desmentir las dudas y las fábulas, la ciencia terminó por agregar otro elemento de incertidumbre: la principal conclusión es que se desconoce el sitio en que fueron inhumados los bandidos.

Ninguna prueba podrá ser tan concluyente como para sancionar el final. A través de los relatos que preservaron sus andanzas hasta la actualidad, los bandidos encarnaron al hombre libre, ajeno al oprobio de la autoridad, y se convirtieron en símbolos de un pasado heroico, cuando la vida era difícil y nadie conocía las reglas que sujetan la existencia cotidiana. Las muertes de Butch y Sundance eran inaceptables, porque significaban la pérdida de aquellas virtudes y esperanzas que ellos representaban, extrañas al orden y la ley corrientes. En última instancia el recorrido no se interrumpe: Butch Cassidy y su banda vuelven al camino cada vez que alguien se interesa por sus historias.

Agradecimientos

Este libro fue posible gracias a la colaboración de muchas personas. Quiero destacar la generosidad de Osvaldo Topcic, quien me facilitó el expediente sobre el asalto al Banco de Tarapacá y otros materiales relacionados con el caso. Ricardo Vallmitjana aclaró detalles sobre personajes importantes, en particular sobre Jarred Jones y los hermanos Wagner, como también a propósito de la relación entre Jones y Cassidy. Esteban Caffa, del Instituto Autárquico de Colonización y Fomento Rural, en Rawson, aportó numerosos datos y respondió con paciencia mis dudas sobre las gestiones en torno a la propiedad de tierras a principios del siglo XX. María Elba Argeri, en Tandil, contribuyó a afinar mi punto de vista sobre los hechos y respondió en particular sobre Elena Greenhill y las relaciones entre los grupos de poder en la Patagonia.

Mercedes Bilbao de Galina me abrió las puertas del Archivo Histórico de Chubut. Con la misma atención fui recibido en el Museo Salesiano y en el Museo Policial de Rawson. Tegai Roberts me proveyó copias de *Y Drafod* y accedió a traducir algunas crónicas en el Museo Histórico Regional de Gaiman, cuya visita recomiendo. José del Tránsito Solís, en Río Pico, despejó el intrincado árbol genealógico de la familia Cadagan. Sten Carlos Hommerberg tuvo la gentileza de cederme una copia del contrato firmado por Robert Evans y los hermanos Hahn en 1908. El Archivo del diario *La Capital* fue una fuente inagotable de recursos y un ambiente propicio para la investigación. También destaco la inestimable ayuda de Jorgelina Cerrutti y María Verónica Luna en el escaneado de imágenes.

Agradezco la hospitalidad de Claudia Sastre y Ariel Williams, en Puerto Madryn; de Gustavo de Vera, en Esquel; de Marta Blanco y Eduardo Rojas, en Bariloche. Cristian Aliaga (Lago Puelo), Sergio Millar Soto (Puerto Montt), Norma García (Neuquén), María Elena Besso Pianetto, Claudia Gotta, Hernán Lascano, Andrés Moretti, María Luisa Mugica y Fernando Toloza (Rosario), Marcelo Gavirati

(Puerto Madryn), María Marta Novella (Esquel), Juan Carlos Moisés (Sarmiento), Ernesto Maggiori (Comodoro Rivadavia), Daniel De Paola y Clemente Dumrauf (Trelew) aportaron distintos materiales.

Fernando Cittadini hizo numerosas correcciones y sugerencias al original. Pablo Makovsky y Christian Kupchik (cuya biblioteca de libros de viaje también aproveché) me asesoraron en la traducción de la *Balada de Sam Bass*. Gabriela Ferrari, mi esposa, me acompañó en el viaje de investigación y se encargó también de recabar datos y hacer averiguaciones. Joaquín, mi hijo, todavía no había nacido, pero lo tuve conmigo en el tramo final de la escritura.

Aclaración
Los diálogos reproducidos a lo largo del libro han sido tomados de fuentes documentales y son textuales. La grafía de los escritos de Lucio Ramos Otero ha sido corregida, dados sus gruesos errores.

Bibliografía

AA. VV.: *Historias de Sangre, Amor y Locura, Neuquén 1900-1950*, Departamento de Publicaciones de la Facultad de Derecho y Ciencias Sociales, Universidad Nacional del Comahue, General Roca, 2000.

ABEIJÓN, ASCENCIO: "La banda de Butch Cassidy en Chubut", en *Caminos y rastrilladas borrosas. Memorias de un carrero patagónico*, Galerna, Buenos Aires, 1976.

ADAMS, WILLI PAUL (comp.): "La revolución industrial en los Estados Unidos", en *Los Estados Unidos de América*, Siglo XXI, México, 1982.

AGUADO, ALEJANDRO: *El viejo oeste de la Patagonia. Lago Blanco, Valle Huemules, El Chalía –Chubut–*, s/e, Rawson, 2001.

ÁLVAREZ, ANTONIO: *Los pueblos santacruceños hasta 1900*, s/e, Buenos Aires, 1970.

ANÓNIMO: "Nueva documentación relacionada con una historia policial de principios de siglo", en *Jornada*, Trelew y Rawson, 17 de abril de 1970.

————"Aventuras de un jefe de policía en la Patagonia", en *Fray Mocho*, N° 104, Buenos Aires, 24 de abril de 1914.

ARGERI, MARÍA ELBA: "De guerreros a delincuentes. Una frontera étnica para la exclusión social. Territorio de Río Negro a principios del siglo XX", ponencia presentada ante las Jornadas de Departamentos-Interescuelas de Historia realizadas en La Pampa, 1998, mimeo.

————"La construcción de un mito: Elena Greenhill, la inglesa 'bandolera' de la Patagonia", en *Entrepasados*, N° 17, Buenos Aires, 1999.

————"Mecanismos políticos y expropiación de las sociedades indígenas pampeano patagónicas, Río Negro (1880-1930)", en *Revista Quinto Sol*, N° 5, Facultad de Ciencias Humanas, Universidad Nacional de La Pampa, 2001.

ARGERI, MARIA ELBA Y SANDRA CHIA: "Resistiendo a la ley: ámbitos peligrosos de sociabilidad y conducta social. Gobernación de Río Negro, 1880-1930", en *Anuario IEHS*, N° 8, Tandil, 1993.

————"Bajo la lupa del poder. La vida cotidiana de los grupos domésticos en los 'hogares-boliche' del territorio nacional del Río Negro, Norpatagonia, 1880-1930", en *Boletín Americanista*, N° 47, Barcelona, 1997.

AUZA, NÉSTOR TOMÁS: *La Patagonia mágica*, Marymar, Buenos Aires, 1972.

BANDIERI, SUSANA Y GRACIELA BLANCO: "Propietarios y ganaderos chilenos en Neuquén: Una particular estrategia de inversión (fines del siglo XIX y comienzos del XX)", en *Revista de Estudios Trasandinos*, N° 2, Santiago de Chile, 1998.

BANDIERI, SUSANA Y OTROS: "Los propietarios de la nueva frontera: tenencia de la tierra y estructuras de poder en el área andina del Neuquén. Primeros avances", en *Revista de Historia*, N° 5, Facultad de Humanidades, Departamento de Historia, Universidad Nacional del Comahue, mayo de 1995.

BARBERIA, ELSA MABEL: *Los dueños de la tierra en la Patagonia austral, 1880-1920*, Universidad Federal de la Patagonia Austral, Río Gallegos, 1996.

BAYER, OSVALDO: *Los vengadores de la Patagonia trágica I: Los bandoleros*, Galerna, Buenos Aires, 1972.

BIEDMA, JUAN M.: *Crónica histórica del Lago Nahuel Huapi*, Del Nuevo Extremo-Ediciones Caleuche, Buenos Aires, 2003.

BOHOSLAVSKY, ERNESTO: *Bang, Bang: El Mundo del Delito en el Territorio del Neuquén, 1900-1930*, tesis de Licenciatura, 1998, mimeo.

BRAUN MENÉNDEZ, ARMANDO: *Pequeña historia fueguina*, Emecé, Buenos Aires, 1945.

BUCK, DANIEL Y ANNE MEADOWS: "Who are those guys?", *True West*, noviembre-diciembre de 2002.

————"Did Butch Cassidy Return? His Family Can't Decide", *Western Outlaw-Lawman History Association Journal*, vol. VI, N° 3, primavera de 1998.

————"Los últimos días de Butch Cassidy y el Sundance Kid", en Antonio Paredes Candia, *Bandoleros, salteadores y raterillos*, Ediciones Isla, La Paz, 1998.

————"New Wild Bunch documents surface", *True West*, agosto de 1997.

————"Etta Place: a Most Wanted Woman", *Western Outlaw-Lawman History Association Journal,* vol. 3, N° 1, primavera-verano de 1993.

CAILLET-BOIS, T.: "El asalto al Banco de Londres y Tarapacá en Río Gallegos (1905)", en *Argentina Austral*, N° 212, Buenos Aires, febrero de 1949.

————"El mayor Mateo Gebhard, jefe de la Policía Fronteriza del Chubut según semblanza por Bailey Willis", en *Argentina Austral*, N° 208, Buenos Aires, noviembre de 1948.

————"Ascención Brunel, el bandido fantasma de la Patagonia (según Holdich)", en *Argentina Austral*, N° 166, Buenos Aires, abril de 1945.

CARRAZZONI, JOSÉ ANDRÉS: "Jorge Luis Fontana, crónica de una vida azarosa", en *Todo es Historia*, N° 339, Buenos Aires, octubre de 1995.

CATANIA, OSCAR Y FERNANDO SALES: *El Bolsón de antes (1862-1916),* edición de los autores, Buenos Aires, 2001.

CHATWIN, BRUCE: *En la Patagonia*, Sudamericana, Buenos Aires, 1979.

CHUCAIR, ELÍAS: *Partidas sin regreso de árabes en la Patagonia,* Editorial de la Patagonia, General Roca, 1993.

————*La Inglesa Bandolera y otros relatos patagónicos*, Siringa Libros, Neuquén, 1983.

CUEVAS ACEVEDO, HUBERTO: "El monte volvió a callar", en *Viento y camino largo*, Proel Ediciones, Buenos Aires, 1964.

DEBATTISTA, SUSANA Y OTROS: "El bandolerismo rural en la última frontera: Neuquén 1890-1920", en revista *Estudios Sociales*, N° 14, Santa Fe, 1998.

DÁVILO, BEATRIZ Y CLAUDIA GOTTA (comps.): *Narrativas del desierto. Geografías de la alteridad*, UNR Editora, Rosario, 2000.

DIEZ, MARÍA ANGÉLICA Y OTROS: "Conflictos y delitos en la etapa de formación de la sociedad pampeana (1885-1922)", en Julio A. Colombato (coord.), *Trillar era una fiesta*, Instituto de Historia Regional, Facultad de Ciencias Humanas, Universidad Nacional de La Pampa, Santa Rosa, 1995.

DUMRAUF, CLEMENTE I.: *La comunicación interoceánica*, Chubut: Documentos de su Historia, N° 3, edición del autor, Trelew, 1998.

————*Historia de Chubut*, Plus Ultra, Buenos Aires, 1996.

————*La Policía Fronteriza del Chubut*, inédito, 1995.

————*Historia de la Policía del Chubut*, Editorial Universitaria de la Patagonia, Comodoro Rivadavia, 1994.

FERRO, EMILIO E. J.: *La Patagonia inconclusa*, Marymar, Buenos Aires, 1981.

FINKELSTEIN, DÉBORA Y MARÍA MARTA NOVELLA: "Frontera y circuitos económicos en el área occidental de Río Negro y Chubut", en Susana Bandieri (coord.), *Cruzando la Cordillera... La frontera argentino-chilena como espacio social*, Centro de Estudios de Historia Regional, Universidad Nacional del Comahue, Neuquén, 2001.

————"'El Oeste': población, identidad y relaciones económicas entre el Lago Nahuel Huapi y el Lago Buenos Aires 1880-1920", en *III Congreso de Historia Social y Política de la Patagonia Argentino-Chileno, Trevelin, 1999*, Secretaría General de la Gobernación, Rawson, s/f.

FINKELSTEIN, DÉBORA Y OTROS: "Ocupación de la tierra en el noroeste del Chubut. Poblamiento y producción agropecuaria en el valle de Cholila. Sección J III (1900-1919)", en *II Congreso de Historia Social y Política de la Patagonia Argentino-Chileno, Trevelin, 1997*, Secretaría General de la Gobernación, Rawson, 1999.

FIORI, JORGE Y GUSTAVO DE VERA: *Trevelin, un pueblo en los tiempos del molino*, Consejo Federal de Inversiones-Municipalidad de Trevelin, Esquel, 2003.

————*1902. El protagonismo de los colonos galeses en la frontera argentino-chilena*, Municipalidad de Trevelin, Esquel, 2002.

FONTANA, LUIS JORGE: *Viaje de exploración en la Patagonia austral*, Marymar, Buenos Aires, 1976.

GARZONIO, HÉCTOR: "El cañadón de los bandidos", en *El Oeste*, Esquel, 25 de noviembre de 1985.

GAVIRATI, MARCELO: "Del Lejano Oeste norteamericano al Lejano Sur argentino. Inmigración norteamericana en la Patagonia", en AA.VV., *Patagonia. 1300 años de historia*, Museo Leleque-Emecé, Buenos Aires, 2002.

————*Buscados en la Patagonia. Butch, Sundance, Ethel, Wilson, Evans*, La Bitácora, Buenos Aires, 1999.

GRAHAM-YOOLL, ANDREW: "Empresarios y bandidos norteamericanos", en *La colonia olvidada*, Emecé, Buenos Aires, 2000.

GUERRERO, ALEJANDRO: "De allá lejos y hace tiempo", en *Jorge Newbery*, Emecé, Buenos Aires, 1999.

GUTIÉRREZ, RICARDO A. Y HUGO A. MORENO: *Butch Cassidy & The Wild Bunch. Asalto al Banco Nación en Villa Mercedes*, Instituto Científico y Cultural El Diario, San Luis, 1992.

HALVORSEN, PATRICIA: *Entre el río de las vueltas y los hielos continentales*, Editorial Vinciguerra, Buenos Aires, 1997.

HAURIE, VIRGINIA: "Elena Greenhill, una bandida inglesa en la Patagonia", en *Mujeres en tierra de hombres*, Sudamericana, Buenos Aires, 1996.

HOBSBAWM, ERIC J.: *Bandidos*, Ariel, Barcelona, 1976.

HOSNE, ROBERTO: *Barridos por el viento. Historias de la Patagonia desconocida*. Planeta, Buenos Aires, 1997.

HUBERMAN, LEO: *Nosotros, el pueblo. Historia de los Estados Unidos*, Nuestro Tiempo, México, 1984.

IVANOFF WELLMANN, DANKA: *La Guerra de Chile Chico o "Los Sucesos del Lago Buenos Aires"*, Ediciones Cruz del Sur de la Trapananda, Valparaíso, 2002.

JONES, MATTHEW, H.: *Trelew, un desafío patagónico, 1904-1913*, tomo II, El Regional, Esquel, 1998.

JONES, NELCIS N.: "Los galeses y su expansión hacia el oeste", en *II Congreso de Historia Social y Política de la Patagonia Argentino-Chileno, Trevelin, 1997*, Secretaría General de la Gobernación, Rawson, 1999.

JUÁREZ, FRANCISCO N.: Serie de notas publicadas en el diario *Río Negro*, General Roca, 2002-2003.

——"Cowboys en la Patagonia", en *Revista Co & Co*, N° 4, Barcelona, junio de 1993.

KELLY, CHARLES: *The outlaw trail. A history of Butch Cassidy & his Wild Bunch*, Bison Books, University of Nebraska Press, Lincoln and London, 1996.

LIVON-GROSMAN, ERNESTO: *Geografías imaginarias. El relato de viaje y la construcción del espacio patagónico*, Beatriz Viterbo Editora, Buenos Aires, 2003.

LOVELL, OSCAR Y ENRIQUE BLAHO: *Bandoleros norteamericanos en Río Pico*, s/e, Esquel, 1999.

LULES, ALBERTO: "Territorios Nacionales: Exploración de Río Pico", en *Caras y Caretas*, N° 780, Buenos Aires, 13 de septiembre de 1913.

LUQUI LAGLEYZE, JULIO. A.: "Dos aventureros y una paciente pionera", en *Todo es Historia*, N° 231, Buenos Aires, agosto de 1986.

MADSEN, ANDREAS: "Ascencio Brunel, el bandido de la Patagonia", en *La Patagonia vieja*, Galerna, Buenos Aires, 1975.

MAGGIORI, ERNESTO: *Los bandoleros de la Patagonia*, edición del autor, Buenos Aires, 2002.

————*Donde los lagos no tienen nombre*, Editorial Universitaria de la Patagonia, Comodoro Rivadavia, 2001.

MARAMBIO, SOLEDAD: "Butch Cassidy, el bandido de la Patagonia", en *El Mercurio*, Santiago de Chile.

MATAMALA, JUAN DOMINGO: *El Bolsón. Testimonios*, edición del autor, El Bolsón, 2001.

MEADOWS, ANNE: *Digging up Butch & Sundance*, Bison Books, University of Nebraska Press, Lincoln and London, 1996.

MÍGUEZ, EDUARDO JOSÉ: *Las tierras de los ingleses en la Patagonia*, Editorial de Belgrano, Buenos Aires, 1985.

MILLAR SOTO, SERGIO: *La conquista de Aysen (provincia de Llanquihue 1900-1918)*, Cayenel Ediciones, Puerto Montt, s/f.

MORENO, FRANCISCO P.: *Reminiscencias del Perito Moreno*, El Elefante Blanco, Buenos Aires, 1997.

————*Viaje a la Patagonia austral, 1876-1877*, Solar/Hachette, Buenos Aires, 1969.

————*Apuntes preliminares sobre una excursión a los territorios del Neuquén, Río Negro, Chubut y Santa Cruz*, Museo de La Plata, La Plata, 1897.

MUSTERS, GEORGE CHAWORTH: *Vida entre los patagones*, El Elefante Blanco, Buenos Aires, 1997.

NORAMBUENA, CARMEN: "La chilenización del Neuquén", en Jorge Pinto Rodríguez, *Araucanía y Pampas: un mundo fronterizo en América del Sur*, Universidad de la Frontera, Temuco, 1997.

ONELLI, CLEMENTE: *Trepando los Andes*, El Elefante Blanco, Buenos Aires, 1998.

PALMA GODOY, MARIO: "Los tehuelches meridionales bajo el gobierno argentino", en *Todo es Historia*, N° 327, Buenos Aires, octubre de 1994.

PATTERSON, RICHARD: *Butch Cassidy. A biography*, Bison Books, University of Nebraska Press, Lincoln and London, 1999.

PAURA, VILMA: "Comodoro Rivadavia, capital del petróleo", en *Todo es Historia*, N° 327, Buenos Aires, octubre de 1994.

PAYRÓ, ROBERTO J.: *La Australia Argentina*, Eudeba, Buenos Aires, 1963.

PIERNES, JUSTO: "Butch Cassidy en la Patagonia", en *Clarín*, Buenos Aires, 2 al 4 de mayo de 1970.

RAFART, CARLOS GABRIEL: "Crimen y castigo en el Territorio Nacional del Neuquén, 1884-1920", en *Estudios Sociales*, N° 6, Santa Fe, 1994.

RAMOS OTERO, LUCIO: *Para evitar el escándalo*, edición del autor, Buenos Aires, 1915.

————*La Policía de Tecka o La Comandita*, edición del autor, Buenos Aires, 1912.

————*La Expedición mayor que se haya hecho a la Cordillera del Chubut para agarrar a tres bandidos. Obra hecha por el farsante* [sic], edición del autor, Buenos Aires, 1912.

————*Son cosas de la vida, dijo Yake*, edición del autor, Buenos Aires, 1911.

RHYS, WILLIAM C.: *La Patagonia que canta. Memorias de la colonización galesa*, Emecé, Buenos Aires, 2000.

ROUX, CURRUHUINCA: *Las matanzas del Neuquén*, Plus Ultra, Buenos Aires, 1984.

SALINAS JACA, CONSTANTINO: "Dramático epílogo tuvieron en el valle de Río Pico las correrías de los famosos bandidos norteamericanos", en *Argentina Austral*, N° 292, Buenos Aires, noviembre de 1955.

SLATTA, RICHARD: *Los gauchos y el ocaso de la frontera*, Sudamericana, Buenos Aires, 1985.

TOLEDO, OSCAR A.: *La colonia galesa del Chubut* (introducción, selección y notas), Centro Editor de América Latina, Buenos Aires, 1973.

TOPCIC, OSVALDO: *Posibles causas de la llegada de la banda de Butch Cassidy a Río Gallegos*, inédito, 1999.

————"Río Gallegos, 1905. ¿Butch Cassidy cabecilla del robo? Asalto al Banco de Tarapacá", en *Todo es Historia*, N° 276, Buenos Aires, junio de 1990.

VALENZUELA MÁRQUEZ, JAIME: *Bandidaje rural en Chile Central, Curicó, 1850-1900*, Dirección de Bibliotecas, Archivos y Museo y Centro de Investigaciones Diego Barros Arana, Santiago de Chile, 1991.

VALLMITJANA, RICARDO: *Un tejano en Nahuel Huapi*, Archivo Histórico Regional, San Carlos de Bariloche, 1997.

————*La presencia de norteamericanos en Nahuel Huapi*, inédito, 1997.

VEZUB, JULIO: "Cacique mayor de los campos. El cacique Valentín Sayhueque y su relación con el gobierno argentino", en *La Bitácora*, N° 14, General Roca, primavera de 2000.

VIVANTE, ARMANDO: "La Ciudad de los Césares y el mito de Nahuel-Huapí", en *Argentina Austral*, N° 168, Buenos Aires, junio de 1945.

WILLIS, BAILEY: *Un yanqui en la Patagonia*, Editorial Sudamericana, Buenos Aires, 2001.

YGOBONE, AQUILES D.: *Soberanía argentina de las islas Malvinas. Antártida Argentina. Cuestiones fronterizas entre Argentina y Chile*, Plus Ultra, Buenos Aires, 1971.

Diarios y revistas

Caras y Caretas, Buenos Aires, 1901-1912.

El Diario, Buenos Aires, enero-febrero de 1905, junio de 1908, noviembre-diciembre de 1911.

El País, Buenos Aires, julio-septiembre de 1904.

El Tiempo, Buenos Aires, febrero-abril de 1905.

Esquel, número especial Bodas de Plata, Esquel, 25 de febrero de 1950.

La Capital, Rosario, 1901-1906.

La Cruz del Sur, Rawson, 1908-1911.

La Nación, Buenos Aires, 1900-1911.

La Prensa, Buenos Aires, 1901-1911.

The Buenos Aires Herald, Buenos Aires, marzo de 1903, febrero-diciembre de 1905, enero de 1910, septiembre de 1911.

The Standard, Buenos Aires, marzo-abril de 1904.

Tribuna, Buenos Aires, diciembre de 1905-febrero de 1906.

Y Drafod, Trelew, abril-mayo de 1904, enero de 1910.

Entrevistas
Raúl Cea
Clemente Dumrauf
Tegai Roberts
Ricardo Vallmitjana

Notas y expedientes
Archivo de la Provincia de Chubut: *Expedientes Ex Territorio 1908-1911.*

Archivo General de la Nación: *Ministerio del Interior, Expedientes año 1905.*

Colección Sten Carlos Hommerberg: *Contrato entre Roberto Evans y Juan y Eduardo Hahn,* Río Pico, 20 de noviembre de 1908.

Diario de sesiones de la Honorable Cámara de Diputados de la Nación, 1911: *Informe de la Comisión de Investigaciones de Tierras y Colonias.*

Dirección de Tierras y Colonias: *Inspección de Tierras de la Sección J III,* 1919.

Gobernación del Territorio de Chubut: *Registro Oficial,* 1902-1910.

Instituto Autárquico de Colonización y Fomento Rural de la Provincia del Chubut: Expediente N° 378/1904.

Juzgado Letrado del Territorio Nacional del Chubut: Expediente N° 4532, *Querella del Sr. Lucio Otero contra Roberto Evans, Willis Wilson y Manuel Gibons, por asalto y robo en despoblado, secuestro y extorsión, robo de estancia y otros delitos,* 1912.

———Expediente N° 4650, *Roberto o Bob Evans o Hood y William Wilson (Bandoleros), Sumario instruido por la muerte de éstos,* 1911.

———Expediente N° 4929, *Roberto Evans o Bob Evans o Hood, William Wilson, Mansel Gibbon, Juan Vidal, Guillermo Cadagan, Juan Cadagan, Eusebio Cadagan, Diego Cadagan, Wenseslao Solís, Eduardo Humphreys, Guillermo Lloyd John Glyn, por asalto y robo al Sr. Lucio Ramos Otero,* 1911.

Juzgado Letrado del Territorio Nacional de Santa Cruz: *Subgerente del Banco de Tarapacá y Argentino Limitado solicita captura y remicion de los antecedentes hechos en la Policía referente al asalto y robo al Banco referido* [sic], 1905.

Ministerio del Interior: *Memoria 1910-1911*, Imprenta de Juan A. Alsina, Buenos Aires, 1911.

————*Memoria 1904-1905*, Imprenta de V. Daroqui y Cía, Buenos Aires, 1905.

Policía del Territorio Nacional del Chubut: *Libro de altas y bajas*, 1914-1918.

————*Libro de partes diarios,* 1900-1902, 1907-1910.

Policía de los Territorios Nacionales: *Prontuario de Asaltantes de Bancos. Harbey Logan, Jorge Parker, Harry Longbaugh, E. A. Place (mujer)* [sic].

Impreso por **RDG** **Red De Gráfica Internacional S.A.**
Argentina - Chile - Brasil - España - México - China
e-mail: Reddegrafica@aol.com